大嵩山
—— 华夏历史文明核心的文化解读

张广智 等著

中原出版传媒集团
中原传媒股份有限公司
大象出版社
·郑州·

图书在版编目(CIP)数据

大嵩山：华夏历史文明核心的文化解读／张广智等著.— 郑州：大象出版社，2018.3
ISBN 978-7-5347-9528-2

Ⅰ.①大… Ⅱ.①张… Ⅲ.①嵩山—文化史 Ⅳ.①K928.3

中国版本图书馆 CIP 数据核字(2017)第 253283 号

DA SONGSHAN

大嵩山
——华夏历史文明核心的文化解读

张广智　等著

出 版 人	王刘纯
责任编辑	孙　波
责任校对	裴红燕　张迎娟　安德华　李婧慧　毛　路
装帧设计	杜晓燕

出版发行	大象出版社(郑州市开元路 16 号　邮政编码 450044)
	发行科　0371-63863551　总编室　0371-65597936
网　　址	www.daxiang.cn
印　　刷	郑州新海岸电脑彩色制印有限公司
经　　销	各地新华书店经销
开　　本	787mm×1092mm　1/16
印　　张	31
字　　数	538 千字
版　　次	2018 年 3 月第 1 版　2018 年 3 月第 1 次印刷
定　　价	78.00 元

若发现印、装质量问题，影响阅读，请与承印厂联系调换。
印厂地址　郑州市文化路 56 号金国商厦七楼
邮政编码　450002　　　　电话　0371-67358093

目 录

绪 论 001
    一、这是一座非常古老的祖山 004
    二、这是中华民族的圣山 006
    三、这里是华夏文明的核心区域 009
    四、这里是诞生早期中国的热土 011
    五、这里是孕育灿烂文化的圣地 012
    六、这里是世界文明对话的高地 014

第一章 万山之祖：嵩山大变迁 017
  第一节 "五代（七代）同堂"的地壳变迁史 018
    一、太古宙：嵩箕古陆块形成，嵩山独立成祖 020
    二、元古宙：融合铸就了统一的华北古陆基底 023
    三、古生代：生命爆发，生机盎然 025
    四、中生代：嵩山自此巍然屹立，看云起云落 030
    五、新生代：嵩山大局已定，在呵护生命中涵育文明 032
    六、嵩山地区地质年代和地层单位的对应关系 036
  第二节 "三大运动"的地学典型构造遗迹 039
    一、嵩阳运动——太古与远古的分水岭 039
    二、中岳运动——刚柔兼具的构造形态遗迹 040
    三、少林运动——重力滑动构造理论形成 042

第三节　盛名远播的山岳地质景观　044

　　一、地壳运动遗迹景观　044

　　二、地质构造景观　046

　　三、嵩山世界地质公园　050

第二章　天中福地：嵩山大环境　059

第一节　优越的区位　060

　　一、过渡性空间　061

　　二、边缘效应　063

　　三、交通咽喉　064

第二节　肥沃的黄土　065

　　一、嵩山的黄土分布与特征　065

　　二、黄土与文化的对应关系　066

　　三、黄土与旱作农业　068

第三节　纵横的水系　069

　　一、黄河水系与嵩山文化　070

　　二、淮河水系与嵩山文化　072

第四节　适宜的气候　075

　　一、过渡性特征　075

　　二、演变记录　077

第五节　景观异质性　079

　　一、地貌类型　079

　　二、生物资源　082

　　三、土壤类型　084

第六节　社会生态　086

目 录

　　一、社会生态优势 086

　　二、生态优势类比 087

　　三、荟萃的文化 089

　　四、林立的城邑 094

第三章　允执厥中：嵩山大理念 097

　第一节　中和思想的成因 098

　　一、中和思想形成的环境条件 098

　　二、以中为尊形成的政治原因 102

　　三、中和思想形成的思想渊源 104

　　四、"天地之中"与中和思想 107

　第二节　中和思想的内涵 108

　　一、"和生万物"的世界本源观 108

　　二、"天人合一"的和谐共处观念 111

　　三、"过犹不及"的居中平衡思想 113

　　四、"和而不同"的共生共赢原则 115

　第三节　中和思想的特质 116

　　一、一以贯之的学术思想道统 116

　　二、守中求新的与时俱进精神 117

　　三、对立统一的辩证思维逻辑 118

　　四、中华民族的高超生存智慧 120

　第四节　中和思想的功能 122

　　一、"中和"为事物运行的普遍规律 122

　　二、"中和"为文化发展的内生动力 124

　　三、"中和"为审美追求的理想境界 125

四、"中和"为人与自然的和谐之道　128

第五节　中和思想的运用　130

一、"中和"为治国理政的基本准绳　130

二、"中和"为做人处世的行为标准　132

三、"中和"为民族融合的有效途径　133

四、"中和"为身心和谐的调治良方　134

第四章　三代之居：嵩山大文明　137

第一节　由人类聚集到文明孕育　138

一、人类的足迹与嵩山最早的文化　138

二、走向中心地位的嵩山农耕文明　143

第二节　最早的中国：由人文始祖黄帝到夏朝政治中心的确立　153

一、黄帝都有熊与嵩山政治地位的确立　154

二、禹都阳城与中国第一都的确立　156

三、夏朝的都城分布与作为夏桀都城的二里头城址　160

第三节　青铜文化鼎盛时期的嵩山地区　165

一、商朝的历史与政治中心的变迁　165

二、嵩山东侧郑州商城的辉煌　166

三、嵩山周围商代城邑的发现　171

第四节　"天地之中"的确立与嵩洛核心的形成　174

一、西周新都"依天室"与"天地之中"的确立　175

二、两周时期的洛阳城　177

三、两周时期嵩山历史文化的基本脉络　182

目 录

第五章　定鼎中原：嵩山大一统　187

第一节　大一统政权基础与大嵩山　188
一、大嵩山地区的战略枢纽地位　189
二、大嵩山地区举足轻重的经济地位　193
三、大嵩山地区宗族变迁与选官制度　198

第二节　大一统国家祭祀与嵩山　203
一、嵩山是通天圣山　203
二、中岳祭祀的礼制化　208
三、武则天中岳封禅　212

第三节　大一统思想实践与嵩洛　217
一、先秦大一统理论的肇始与大嵩山地区　218
二、秦汉大一统思想的确立与大嵩山地区　221
三、魏晋隋唐大一统思想的发展与大嵩山地区　225

第六章　万姓同根：嵩山大家园　231

第一节　中华姓氏的重要起源地　232
一、中华姓氏发源于大嵩山地区　232
二、中华姓氏发展于大嵩山地区　234
三、中华姓氏普及于大嵩山地区　238

第二节　中华姓氏的重要发祥地　243
一、郡望：记录姓氏发展的辉煌　243
二、河南郡：众多姓氏在此发祥　245
三、荥阳郡：天下郑氏出自荥阳　248

第三节　中原士民的重要播迁地　251
一、永嘉之乱与嵩洛士族的首次大规模南迁　251

二、安史之乱与嵩洛人口的再次大规模南迁　255

三、靖康之难与嵩洛人口的三度大规模南迁　258

第四节　海内外华人重要寻根地　262

一、拜祖大典：民族共有精神家园的载体　262

二、洛阳：主体客家先民首次南迁出发地　270

三、荥阳：全球郑氏寻根谒祖的文化圣地　273

第七章　三教融合：嵩山大智慧　277

第一节　道教与嵩山　278

一、道家思想起源于大嵩山地区　278

二、道教学说发源于大嵩山地区　280

三、完备的道教体系形成于大嵩山地区　282

四、嵩山是隋唐时期的传道中心　286

五、中岳庙在中国道教中的重要地位　288

第二节　儒学与嵩山　290

一、嵩洛文明是儒学的重要源泉　291

二、大嵩山地区是洛学的衍盛之地　294

三、嵩阳书院是理学的历史地标　298

第三节　佛教与嵩山　303

一、佛教在京畿之地落地生根　303

二、禅宗在大嵩山地区孕育生成　305

三、禅宗独盛及对佛教的影响　307

四、禅宗祖庭少林寺的历史地位　309

第四节　禅武结合的嵩山少林文化　311

一、少林文化的渊源　311

目 录

　　二、少林文化的形成 316

　　三、少林文化的内涵 316

第五节　儒释道在嵩山的并存共荣 319

　　一、儒释道并存共荣于嵩山的缘由 319

　　二、儒释道在嵩山的碰撞 321

　　三、儒释道在嵩山的融合 324

　　四、儒释道在嵩山并存共荣的启迪 328

第八章　格物致知：嵩山大发明 331

第一节　大嵩山与天文地理 332

　　一、"天地之中"与地学成就 332

　　二、先进的历法与天文观测 338

第二节　大嵩山与农学和植物学 344

　　一、嵩山与中国农业的起源 344

　　二、粟稻交汇区与新石器时代先进的农耕技术 345

　　三、《吕氏春秋》与农学发端 347

　　四、《南方草木状》《救荒本草》与植物学的创始及发展 348

第三节　大嵩山与冶铸技术 351

　　一、青铜器及其冶铸技术 351

　　二、冶铁技术的辉煌成就 353

第四节　大嵩山与陶瓷文化 359

　　一、制陶工艺的演变 359

　　二、大嵩山地区的瓷窑群 362

第五节　大嵩山与建筑技术 366

　　一、都城营造 367

二、礼制建筑　371

　　三、佛教建筑　374

　　四、教育建筑　379

　　五、《营造法式》——中国古代的建筑规范　380

第六节　四大发明与大嵩山　382

　　一、指南针发源于嵩洛　382

　　二、造纸术发明于嵩洛　384

　　三、印刷术兴盛于大嵩山　386

　　四、火药发端于大嵩山　388

第九章　群星璀璨：嵩山大英杰　393

第一节　思想家与嵩山　394

　　一、出生于大嵩山地区的思想家　394

　　二、活动于大嵩山地区的思想家　398

第二节　政治家与嵩山　402

　　一、出生于大嵩山地区的政治家　402

　　二、活动于大嵩山地区的政治家　407

第三节　军事家与嵩山　413

　　一、出生于大嵩山地区的军事家　413

　　二、活动于大嵩山地区的军事家　414

第四节　科学家与嵩山　420

　　一、出生于大嵩山地区的科学家　420

　　二、活动于大嵩山地区的科学家　422

第五节　文学家与嵩山　425

　　一、出生于大嵩山地区的文学家　425

目　录

　　二、活动于大嵩山地区的文学家　428

第六节　艺术家与嵩山　436

　　一、出生于大嵩山地区的艺术家　437

　　二、活动于大嵩山地区的艺术家　439

第十章　传承创新：嵩山大作用　445

第一节　大嵩山的当代价值　446

　　一、大嵩山的文脉传承　446

　　二、大嵩山的观念激荡　451

　　三、大嵩山的革故鼎新　456

第二节　大嵩山的世界意义　459

　　一、大嵩山文化促进世界和谐　459

　　二、大嵩山推动时代发展　464

　　三、大嵩山引领文化交流　468

第三节　文明交流互鉴的嵩山论坛　470

　　一、文明对话的论坛　471

　　二、生态文明成为对话主题　473

　　三、文明多样性纳入视野　474

　　四、在和而不同中对话　476

　　五、嵩山论坛的重要价值　477

后　记　479

郑泰森 摄影

绪 论

大哉，嵩山。美哉，嵩山。

嵩山古称"外方"，后称"崇山""天室""太室""嵩高""岳山""嵩岳"等，是中国著名的五岳之一。

嵩山属伏牛山系，伏牛山属秦岭山脉。狭义的秦岭指陕西南部，渭河与汉江之间的山脉。广义的秦岭西起昆仑，中经陇南、陕西，东到豫陕交界处，一分为三。北支为崤山，呈西南－东北走向，西接华山，中有甘山、千山、冠云山等，再向东沿黄河南岸延伸到荥阳广武山，洛阳以东称邙山或北邙山。崤山向来以地势险峻、关塞牢固著称，为历代兵家必争之地。中支为熊耳山，是河南西部山脉，呈东北－西南走向，因两峰状如熊耳而得名，是伊河和洛河的分水岭，西南端与伏牛山相接。南支为伏牛山，位于河南的西南部，呈西北－东南走向，东南与桐柏山相接，是淮河与汉江的分水岭，这是秦岭延伸到河南的重要支脉。秦岭在中国的山川大势中占有独特的位置：秦岭是黄河、长江的分水岭；秦岭－淮河一线是中国地理上最重要的南北分界线——以南属亚热带气候，自然条件为南方型，以北属暖温带气候，自然条件属北方型，其农业生产特点有着显著差异。所以，有人把秦岭尊为中华文明的龙脉。

伏牛山号称八百里，衍生出尧山、九里山、太子山、鸡角尖、老君山、宝天曼、五垛山、白云山诸山脉。伏牛山向北与熊耳山毗连，再向东北方向延伸是外方山脉，外方山脉的东端即嵩山，所以古代也有称嵩山为外方的。从山川大势来看，秦岭像一条巨龙，从昆仑，携千山万岭一路逶迤东来，最终结穴在嵩山。崤山护于左，伏牛卫于右，嵩山恰似一尊硕大的罗圈椅，背靠群山，东瞰平原，远眺大海，藏风聚气，万物繁滋，是人类宜食宜居的宝地。

绪 论

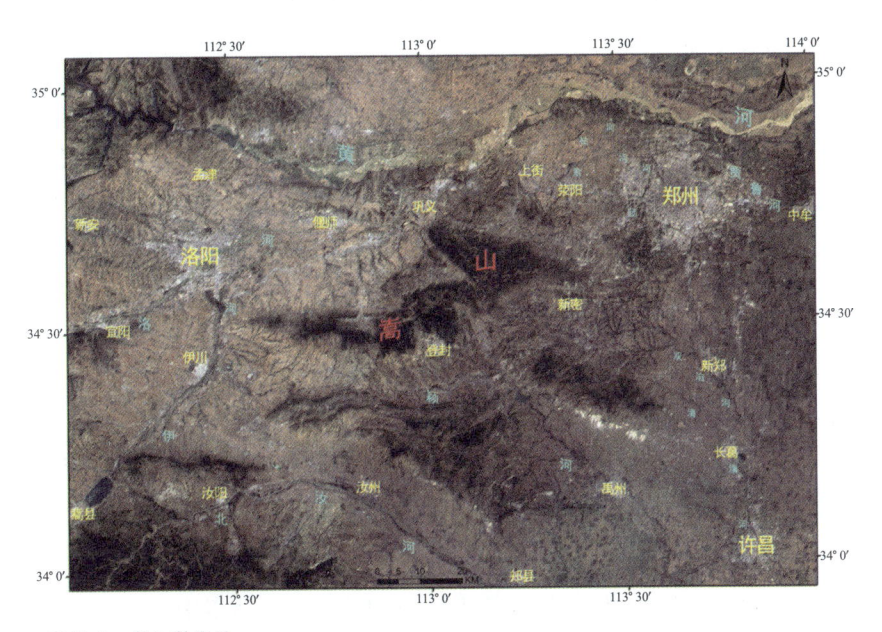

图 X-1 嵩山影像图

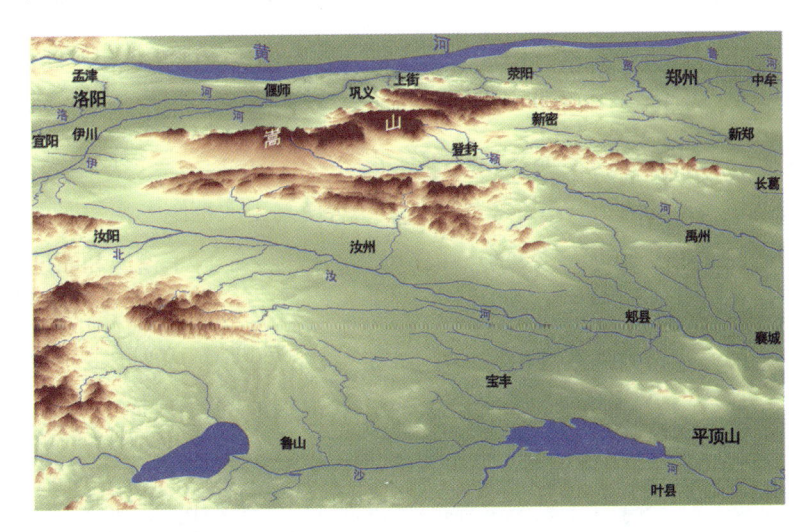

图 X-2 嵩山三维图

如果我们把眼光放得更远些，嵩山北麓，我们的母亲河——黄河奔腾东去，长驱入海，黄河北岸与嵩山隔河相望的是巍巍太行山。太行山是黄土高原和华北平原的分界线，纵跨北京、河北、山西、河南四省市，北起北京西山，南到河南王屋山，呈东北-西南走向，如同中原向东北展开的一只巨大翅膀。嵩山南隅，是四渎之一的淮河，古有"走千走万不如淮河两岸"之说。淮河南岸即大别山脉，嵩山与之隔淮相望。大别山西接桐柏山，东至安徽的天柱山、张八岭，纵跨河南、湖北、安徽三省，如同中原向东南展开的一只巨大翅膀。中国大地上，如有一只硕大无比的鲲鹏在翱翔，御九天磅礴之气，瞰九州，观六合。

一、这是一座非常古老的祖山

嵩山有着36亿年的造山历史，被誉为万山之祖。嵩山是首批国家地质公园，也是首批世界地质公园。在漫长的地质变迁过程中，沧海桑田，先后经过距今25亿年前后的"嵩阳运动"，距今18亿年的"中岳运动"，距今5.43亿年的"少林运动"，使嵩山形成了"五代（七代）同堂"的地质奇观。在嵩山世界地质公园内连续完整地裸露出太古宙（新太古代）、元古宙（古元古代、中元古代、新元古代）、古生代、中生代、新生代的地层序列，层序清楚，构造典型。

"嵩阳运动"形成了"登封岩群"，"中岳运动"形成了嵩山构造地质体的雏形，"少林运动"第三次使嵩山大范围露出海平面。后来的"燕山运动"对嵩山产生了强烈的挤推，形成了褶皱和断层，也使嵩山基本定型。再后来的"喜马拉雅运动"，使嵩山进一步隆升，最终定格为现在的山形地貌。

地质学界把30多亿年的地壳演化划分为11个构造期，加上古太古代总共12个构造期，嵩山属第四个构造期，而秦岭属于第十个构造期，燕山属于第十一个构造期。所以把嵩山誉为万山之祖当之无愧。

古文献中对嵩山多有记载，《禹贡》中称嵩山为"外方"，《诗经》中称"嵩高",《国语·周语》中称"崇山",《山海经》中称"太室""少室",《竹书纪年》中称"嵩高",《尔雅》中称"嵩高为中岳",《史记·封禅书》中称"太室""中岳嵩高""嵩高""太室嵩高""中岳太室""崇高"等,《黄帝内传》中称"嵩山",《穆天子传》中称"黄室",《晋书》中称"中岳",《魏书》中称"嵩高山",《隋书》中称"嵩高山""少室山""中岳嵩山",《新唐书》《旧唐书》中称"少室""嵩高""中岳嵩山"。隋唐以后多省"高"字,而通称"嵩山"或"中岳嵩山"。

狭义的嵩山,有特指太室山的,一般指太室、少室二山。太室、少室各有36峰,共72峰,峰峰有名,峰峰有典。嵩山最低处海拔350米,最高处为少室山的连天峰,海拔1512米。嵩山的主峰是位于太室山的峻极峰,海拔1491.7米。

广义的嵩山是指整个嵩箕山系。清叶封《嵩山志》描述道:"山脉绵亘五百里。东具茨,黄帝访造处也。西伊阙,南汝海,大禹之绩,文王之化在焉。北有宋八陵,为古东周君地。仪而图之,全嵩在目矣。"广义的嵩山包括洛阳龙门以东,中牟以西,黄河以南,汝郏以北的广大地区。其山地分布,除太室、少室外,尚有围绕其周围的万安山、阳城山、中灵山、东龙门山、阳乾山、五指岭、轩辕山、万金山、缑山、浮戏山、玉仙山、大苦山、挡阳山、具茨山、箕山、小熊山、大熊山等,有的在登封境内,有的坐落于周边地带,包括现在的洛阳、嵩县、偃师、巩义、荥阳、郑州、中牟、新郑、新密、长葛、禹州、许昌、襄城、郏县、汝州、伊川等。本书所言的"大嵩山",即广义的嵩箕山系及其所包括的周围地区。

大嵩山地区非常适合古人类的生产和生活。这里属黄土高原的东南边缘,堆积有深厚的黄土。地貌呈西高东低走向,西部是山区丘陵,东部是冲积平原,嵩山恰处在山地与平原的交会处。这里的气候属暖温带和亚热带的过渡带,雨量充沛,水网密布,四季分明,形成了宜居宜耕的优越地理环境。从农作物的种植看,这里也是南方稻作区和北方粟作区的交叉过渡地带。从人类的发展历史看,一般都是从高山走向浅山丘陵，从浅山丘陵再走向平原、走向水岸。高山可以躲避洪涝灾害，浅山丘陵可以供狩猎和采摘，平原可以发展农业。大嵩山地区有高山，有丘陵，有平原，加之适宜的气候和丰沛的雨量，因此堪称诞育人类文明的理想之地。

二、这是中华民族的圣山

嵩山居"天地之中"，是五岳中的中岳。

《史记·封禅书》云："昔三代之居皆在河洛之间，故嵩高为中岳，而四岳各如其方。"

古人把全国最知名的名山大川概括为"五岳四渎"。五岳即东岳泰山、西岳华山、南岳衡山、北岳恒山、中岳嵩山。天下之山让岳、四方之岳让中，虽同列于下土，实尊处乎中央。《诗经》曰："嵩高惟岳，峻极于天。"《白虎通》云："中央之岳，独加高字者何？中央居四方之中而高，故曰嵩高山。""四渎"指黄河、长江、淮河、济水，其中黄河、淮河、济水均与嵩山有紧密的联系。华夏先民认为，嵩山是天地之所合、四时之所交、风雨之所会、阴阳之所和之地，把嵩山当成圣山去敬仰，去崇拜，去祭祀。

《山海经·中山经》记载："少室、太室皆冢也，其祠之：太牢之具，婴以吉玉。"意思是说，嵩山是万山之祖，是众神居住的地方，在这里祭拜，可以接天通地，佑国护运，上达天听，下理民意。所以祭祀嵩山，要以天子最高的"太牢"之礼，要用最好的玉器。历代统治者对嵩山的祭祀，既体现出君权神授的政治理念，也表明了嵩山作为中华民族圣山的崇高地位。

《史记·封禅书》说，嵩山"黄帝之所常游，与神会"。这是远古帝王朝圣嵩山的最早记载。黄帝一生主要活动于嵩山一带，奠基于此，发展于此，壮大于此，这大大增加了嵩山在中华民族心目中的神圣性。

嵩山是夏人的发祥地，禹的父亲鲧，又称崇伯鲧，居住地就在嵩山一带。"禹居阳城"，亦建都于此。商代都城也大多分布在嵩山周围。周武王灭商后,亲登嵩山,"祀于天室",等于在嵩山举行了开国大典,开创了帝王封禅的先河。周平王东迁洛阳以后,嵩山又成为京畿之地,开始建神祠祭祀嵩山。汉武帝登嵩山,吏卒皆闻"万岁"之声,武帝大悦,划嵩山下三百户为嵩山奉邑,专司祭祀。同时扩建太室祠,从而进一步提升了嵩山的崇高地位。东汉光武帝、章帝都曾亲自巡祭登临嵩山,其他皇帝也多遣使致祭。魏晋南北朝时,祭祀嵩山的皇帝也很多,其中影响最大者当属北魏孝文帝,他不仅两次致祭嵩山,还亲撰祭岳文,是为现存最早的祭中岳文。隋唐时,隋文帝曾望祭中岳,唐太宗李世民曾登临嵩山巡视。唐高宗曾三次下诏欲封禅中岳,但分别因吐蕃犯境、突厥反叛、高宗病重而罢封。历代帝王对嵩山情有独钟者莫过于武则天,她曾八次亲临嵩山,祭祀封禅,从而把嵩山推到至高无上的地位。垂拱四年(688)改嵩山为"神岳",封中岳神为"天中王"。证圣元年(695)加封中岳神的夫人为"天灵妃",这是岳神有妃之始。天册万岁元年腊月(696年1月),武则天在嵩山举行封禅大典,并改元万岁登封。加封中岳神为"天中皇帝","灵妃"为"天中皇后",中岳神成为五岳中首位被封帝的岳神。天宝五载(746),唐玄宗加封中岳神为"中天王"。宋代对祭祀中岳也很重视,宋太宗制订了祭祀中岳于河南府之制。大中祥符四年(1011),宋真宗加封中岳为"中天崇圣帝",之后神宗、徽宗也都曾遣使祭祀。金朝沿袭宋制,大规模修复了因战争遭受破坏的中岳庙,章宗、宣宗、哀宗也都曾望祭或遣使致祭。元朝对中岳祭祀也同样重视,至元二十八年(1291),世祖忽必烈加封中岳神为"中天大宁崇圣帝",成宗、武宗、仁宗、泰定帝、顺帝都曾遣使致祭。明太祖朱元璋,于洪武三年(1370),去前五岳帝王称号,五岳皆称神,中岳改称"中岳嵩山之神"。明代16位皇帝,除建文帝外,15位皇帝先后遣使到嵩山祭祀47次。清代从顺治到宣统10位帝王都曾遣使致祭,有记录可查的共46次,其中康熙帝12次,乾隆帝14次(包括一次亲临致祭)。

嵩山为历代统治者的祭祀场所,据史书记载,共有73位帝王亲临致祭或遣使祭祀。但嵩山的神圣并不是只存在于统治者心目中，也存在于知识分子和老百姓心目中。

嵩山是道教的策源地。史载张道陵曾在嵩山修道9年，在嵩山石室中发现了《三皇内文》和《黄帝九鼎丹书》，并以此作为立道的依据。北魏寇谦之在嵩山对道教进行改革，创立新天师道，世称北天师道，以至寇谦之被奉为国师，道教被奉为国教。就连道教的始祖老子，也是长期任职和生活在嵩洛地区，应该说道家、道教和嵩山有着密不可分的关系。

儒家和嵩山也有着异常密切的关系，不说孔子入周问礼是在嵩洛地区，就说孔子周游列国，绝大部分国家也都是在嵩山附近的中原地区。而孔子周游列国时期，正是儒学思想与当时剧烈的社会变革相碰撞的时期，也是儒学思想提高和成熟的时期。嵩阳书院是宋代四大书院之首，程颢、程颐在此讲学研理，历史上还有许多权臣、贤达、名士如司马光、范仲淹、朱熹、韩维、吕诲、李纲、杨时、元好问、耿介、汤斌等在此传道授业。这使嵩阳书院在中国儒学发展史上，留下了浓墨重彩的一笔。

大嵩山地区是中国佛教文化的传播中心。东汉时，当佛教传入中国内地之后，首先在大嵩山地区流播，洛阳白马寺、嵩山法王寺和慈云寺成为中国最早的寺院，也是中国佛教的传播中枢。北魏时，印度高僧达摩来到嵩洛地区，后在嵩山少林寺首传禅宗，少林寺遂成祖庭。随着禅宗的广传，佛教文化融入中国社会，并深刻地影响着中国人的世界观和人生观。

儒、释、道思想应该说是中华文明的骨干和中坚，凡受此影响的人们，都不应忘记嵩山。离开了嵩山就难以厘清儒、释、道的脉络和真谛。

游览嵩山者，登峻极望黄河，壮观天地，捧云拿雾，开阔胸襟；探究嵩山者，面对"五代（七代）同堂"的岩层累积，感人生之须臾，浴山间之松风；朝拜嵩山者，学子可去嵩阳书院观书，参禅可去少林古刹，涤心可去嵩山深处之幽谷、清潭、石室、秘洞等。置身其中，可以想象：许由曾在这条河边洗过耳，孟浩然曾在这棵树下悠然休憩，潘师正曾在这块岩石上盘膝望月，"诗仙"李白则发出了"我有万古宅，嵩阳玉女峰"的感慨。

嵩山，是神山，是圣山，是中华民族心灵滋养之地，心往之、神驰之。

三、这里是华夏文明的核心区域

早期人类活动留存的旧石器时代和新石器时代遗址在嵩洛地区广有分布。

大嵩山地区留存有许多旧石器时代遗址，如许昌灵井遗址、荥阳织机洞遗址、巩义洪沟遗址、汝州张湾遗址、洛阳北窑遗址等，最为典型的是许昌灵井遗址。该遗址在许昌市西北约15公里的灵井镇西侧，是嵩山南麓丘陵和黄淮平原的过渡地带，距今10万年左右，有多层文化堆积。其上层文化的年代不晚于距今1.2万年，出土石器兼具南北方石器的特点，这与大嵩山地区许多旧石器时代遗址的文化特点相一致。更为珍贵的是，在灵井遗址发现了距今10万—8万年的古人类化石，考古专家将其命名为"许昌人"。这一发现是继北京猿人之后，我国古人类研究的又一重大发现，填补了中国现代人类起源的最重要缺环。

在新密市岳村镇发现的李家沟遗址，距今10500年左右，属于旧石器时代晚期向新石器时代早期过渡的遗存，出土石制器物数以千计，还有数量众多的动物骨骼和陶片。该遗址是同类遗址中出土文物最多、年代延续最长的遗址，揭示了从旧石器时代晚期到新石器时代过渡再到裴李岗时期的连续堆积，为认识嵩洛地区早期农业起源和新石器时代之初的文化特点提供了直接的依据。

新石器时代早期的裴李岗遗址位于新郑市新村镇裴李岗村，距今9000—7000年。从考古发掘看，居住区和墓葬区有明显规划，随葬品多寡有不同，并且出土有数量众多的农业生产工具，这说明人类已进入以农业、手工业为主，以饲养、渔猎为辅的阶段。裴李岗文化在嵩洛地区分布广、影响大，目前已发现180多处遗址，其中最典型者当以新郑唐户遗址为代表。唐户遗址位于新郑市观音寺镇唐户村西南部，溱水河与九龙河两河交汇的夹角台地上，是一个规模巨大的聚落遗址，发现裴李岗时期的房屋基址60多座，是该文化目前所见房基数量最多的聚落，具有环壕防御性质和凝聚式向心布局的特征，显系经过初步规划。

仰韶文化距今7000—5000年，大嵩山地区迄今共发现300多处遗址，可以秦王寨、点军台、大河村等为代表。大河村遗址位于郑州市的东北部，文化堆积厚达7—12.5米，包括仰韶文化、龙山文化、夏文化、商文化。仰韶文化遗存可分为连续的七期，经历了仰韶文化产生、发展和衰落的全过程。其陶器上彩绘的太阳纹、日晕纹、月亮纹、星座纹等，反映了华夏先民对天文现象的探索和认知。大河村遗址为探讨中原仰韶文化的发展序列、文化内涵和类型划分，以及中原仰韶文化与周边区域诸文化的关系提供了珍贵的实物资料。

河南龙山文化距今4800—4000年左右，是继仰韶文化之后在黄河中下游发展起来的一种新石器时代晚期文化。嵩洛地区发现有王城岗、煤山、古城寨、瓦店、稍柴、吴湾、娘娘寨、金钟寨、人和寨、站马屯、西柏社、灰嘴等典型遗址。王城岗遗址位于登封市告城镇西颍水和五渡河交汇处的台地上，早期发现有东、西并列的两座小城，其中东城大部分已被五渡河冲毁，西城依东城西城墙而建，城内发现有灰坑、窖藏，并出土有大量的石器、陶器，以及青铜鬶残片。近年来，又在小城之外发现有面积较大的城郭基址。结合"禹都阳城"的文献记载，王城岗遗址有可能是夏代初期大禹都城之所在。

新砦遗址位于新密市刘寨镇新砦村西部，经多次发掘，填补了龙山文化晚期至二里头文化早期过渡阶段的缺环。该遗址面积达100万平方米，是拥有内外三重城壕和大型建筑的夏代早期大型城址。有学者认为，新砦城址有可能系夏启都城所在地。

从旧石器时代晚期到整个新石器时代，大嵩山地区以其优越的地理区位和自然环境，博采众长，淬炼出丰富多彩的早期人类文化，长期处于同时代人类文化的领先地位，并最终孕育了夏商周三代文明。华夏文明一经诞生，历经数千年而不衰，成为世界上存续时间最长和唯一没有中断的人类文明。在这一历史进程中，大嵩山地区始终是华夏文明的核心地区，为中华文明的发展做出了重大贡献。

四、这里是诞生早期中国的热土

最早的中国诞生于嵩洛地区，这已成为学术界的共识。

《史记·五帝本纪》记载的第一人就是黄帝。黄帝本姓公孙，后改姬姓，居轩辕之丘，建都于有熊（今河南新郑）。史载黄帝有土德之瑞，故称黄帝。黄帝统一中原各部落之后，教民种五谷，制衣冠，建舟车，定音律，创医药等，肇造文明，体物爱民。黄帝制定了以云为名的职官之制，管宗族的称青云，管军事的称缙云，又设置了左右大监，负责监督天下诸部落，并对官员提出"六禁重"，"重"即过分的意思，要求官员节俭朴素，以德治国。设"九德之臣"教养百姓。黄帝在位期间政治安定、百姓乐业。故和炎帝一起被尊为中华人文始祖。

《史记·夏本纪》开篇讲的即是大禹，其为黄帝的玄孙，帝尧时洪水泛滥，禹之父鲧奉命治理洪水，因治水无果被杀。大禹继鲧治理洪水。禹改革治水方法，由堵塞改为疏导，治水获得巨大成功。他还把大地划分为九州，号令天下，并最终建立了夏王朝。大禹的丰功伟绩除治水之外，更重要的在于他结束了部落联盟时代，开启了华夏国家文明的新时代。嵩山地区有丰富的关于大禹的民间传说，至今还保留着"禹都阳城"的王城岗遗址，以及后人纪念大禹的启母石、启母阙、禹生石纽石、禹王锁蛟井等。

嵩山是夏民族的祖居之地、势力中心，也是夏的地理中心，又是沟通天地的冢山。禹主政嵩山，近悦远来，以此为中，以中为正，以中为尊。"允执厥中"是舜传授给禹的治国理念，这种理念成为

"圣人心传之秘"，绵延不绝，为历代帝王治国理政的核心理念。

禹都阳城在今登封的王城岗，桀都斟鄩在今偃师的二里头，夏代最重要的都城遗址均分布在嵩山一带，加上大量相关的文献记载和民间传说，足可说明最早的中国诞生在嵩山一带。

"殷因于夏礼。"商朝建立之后，因建都于中原地区，故自称中商。大嵩山地区也是商朝的重要建都之地。郑州商城遗址、偃师商城遗址皆为商朝早期的都城遗址。而中丁的隞都也在嵩山地区。商朝中晚期迁殷（今河南安阳）之后，虽距大嵩山略远，但仍在以嵩山为中心的中原地区之内。由此，大嵩山地区也是商代国家文明的中心。

周朝灭商之后，周武王在天室山（太室山）举行开国大典，并制定了"定天宝，依天室"的建都治国的方略。之后，周公旦在嵩山下的阳城（今告成）测日影，定"天地之中"，并营建东都洛邑，实行两京制。至周平王东迁洛阳到春秋战国，大嵩山地区也一直是国家的政治中心、经济中心和文化中心，也是国家文明的核心。

五、这里是孕育灿烂文化的圣地

大嵩山文化最底色的是农耕文化。我们说旧石器时代、新石器时代、青铜时代、铁器时代，都是以生产工具为标志来说明那个时代的生产力水平。一直到大工业时代的出现，或者说资本主义大生产出现以前，人类文明积累的基本都属于农耕文化。大嵩山地区具有人类宜居的地理、气候环境，同时具有宜耕的土壤和水利条件，这些都为大嵩山地区先民提供了便利的生产和生活条件。农业的发达，进一步为人们在这里从事政治、经济、文化、宗教、艺术等提供了条件。嵩山一带的河流，大部分流入淮河，黄淮地区四季分明、气候适宜，又有松软丰厚的土壤，所以先民在此总结出的指导农业生产的二十四节气，主要适用地区就是嵩山一带。同时，这里可粟可稻，是南北农业生产的过渡地带。所以很早就有黄帝教民植谷、嫘祖教民织衣的传说。

嵩山文化最具世界领先地位的是天文文化。从大河村遗址出土的陶器上的太阳纹、日晕纹、月亮纹、星座纹等天象图案，到周公测影，定嵩山为"天地之中"，无不反映了华夏先民对天文现象的细致观察和深入探究。唐代著名高僧一行，20岁时在嵩山会善寺出家，他是世界上第一次实测子午线长度的人，比阿尔马蒙实测子午线早90年。他主持制订的《大衍历》是当时世界上最先进的历法。元代初年创建于嵩山的观星台是中国现存最完整、最古老的天文台，是天文学家郭守敬的杰作。根据观星台观测制订的《授时历》所求得的一个回归年时间，比欧洲的《格雷果里历》早300多年。

嵩山文化最具代表意义的是河洛文化。河出图、洛出书，河图洛书是华夏文明的源头，是中华民族的根文化。《尚书》《周易》《诗经》《礼记》《山海经》《道德经》等，这些元典皆为河洛文化的经典。河洛文化反映的是天人合一的思想，这对中国人从世界观到日常生活都有着深刻的影响。由洛人程颢、程颐所创立的"洛学"，经朱熹继承和发展之后而形成的"程朱理学"，成为宋代以来中国传统思想的基石。张岱年曾在《河洛在中国文化史上的地位》一文中写道："程朱理学是中国近古时代占统治地位的思想。程朱学说是洛学及其发展。这也就是说，中国近古时代的统治思想导源于洛阳。这就表明了河洛在中国文化史上的地位。"河洛地区是中原人最早、最集中的播迁之地，客家人的根都在河洛，中国南方很多地方的人自称"河洛郎"。随着客家人的播迁，河洛文化也随之传扬，并深刻影响着当地的文化发展和演进。

嵩山文化最具核心价值的是中和文化。嵩山屹立于"天地之中"，这里特殊的地理优势，深刻全面地影响着嵩山文化的形成和发展。"中"在中国人，特别是在河南人的心目中占有核心位置，河南人口头说"行"时就说"中"，说"不行"时说"不中"。可见"中"字的含义十分丰富。"中原""中州""中国"这些称谓也都源于嵩山。"中"字似乎只强调了中心、原则、秩序、方位，在儒家那里加上"和"才是一个完整的思想。"和"字强调的是顺畅、协调、温润等含义。"和"最初是用在音乐上，各种乐器演奏时要"和"，达到"合"的效果，引申到社会生活中就有了令人向往的丰富含义。在《礼记》中，首次完整地表达了中和思想："喜怒哀乐之未发谓之中，发而皆中节谓之和。中也者，天下之大本也。和也者，天下之达道也。致中和，天地位焉，万物育焉。"中和思想后来发展为儒家的中庸思想，成了儒家的治国理论和政治思想。

嵩山文化中最具标志性的是建筑文化。登封"天地之中"历史建筑群被列为世界文化遗产，包括8处11项历史建筑。这些建筑是嵩山文化的物质载体，是凝固的诗，既能体现出建筑学上的美，又能体现出礼制、科技、教育、宗教、民俗等方面的美。嵩山作为古代建筑的荟萃之地，历史上遗留下来的寺、庙、宫、观、楼、台、亭、阁以百千计，每一座都是一个故事，都是一部书，都是一段历史。它们坐落在那里，就是在无声地讲述嵩山的奥博、华夏文明的璀璨、中华民族的伟大。

嵩山文化中最具鲜活特征的是功夫文化。人本身无外乎两种追求，一是心灵上的，一是肉体上的。儒释道是人们思想上的教化、修行和提高，让人保持一种健康向上的心态；而功夫文化为人们提供的是身体上的教育、修行和提高，让人保持一个健康的体魄。各种思想、各种文化会有不同的观点，但身体健康是人类共同追求的目标。所以全国各地有许多人到嵩山学习少林功夫，在校学员有七八万人。少林文化之所以得以在世界范围内广泛传播，是与少林功夫文化分不开的，一部《少林寺》电影，激发了无数青少年的功夫梦。

六、这里是世界文明对话的高地

世界上的文明是丰富多彩的，多种文明经过漫长悠久的历史变迁，经过各种磨难和淬炼，能走到今天，都有其存在的理由，都有其自身的特质。我们主张各种文明之间要摒弃偏见和对抗，广泛开展交流和对话，通过交流对话，达到互鉴互赏的目的，正如费孝通说的:"各美其美""美美与共",共同营造一个和谐、繁荣、幸福的人类生命共同体。

在嵩山腹地举办嵩山论坛的目的,就是要打造一个华夏文明与世界各种文明平等对话交流的高地。要达到交流的目的,要取得良好的交流效果,我们面临着两个任务:一个是要研究透自己的文明,即华夏文明;一个是虚心学习和研究其他文明。

大嵩山是产生华夏文明的核心地区,有其独特的地位和作用。嵩山的古老使她被人们称为万山之祖,嵩山的灿烂文化使她被尊为众山之英。

最早的中国在这里诞生,

最早的中华民族在这里形成,

最早的"天地之中"宇宙观在这里孕育,

最早的中和思想在这里生成,

……

中国的传统文化,大的方面不外儒释道三家。儒家思想有明显的伦理色彩,讲究处理好各种关系,讲究仁,讲究礼,讲究修齐治平,中和思想更是儒家要义;佛家讲修行,讲圆融,讲顿悟,发掘善根,广结善缘;道家讲自然,讲无为,讲和谐。儒释道三家的发展历史和思想内涵,都和嵩山密不可分。

儒家讲入世,佛家讲出世,道家讲现世,三家虽有不同,却互相吸收、互相融合,你中有我、我中有你。这种关系在少林寺《混元三教九流图赞碑》中得到了形象的表现。这种并存共融的独特文化现象,令人产生无限遐思。不论是在中国,还是在世界,还有什么地方可以与嵩山媲美呢?还有什么地方比嵩山更适宜于人类各种文明对话呢?

嵩山是文明之山,是文化之山;

嵩山是中华民族心灵中的圣山。

神秘的嵩山巍峨雄峙,其大、其奥、其全、其博,期待海内外更多的学人,关注嵩山、走进嵩山、体验嵩山、感悟嵩山、研究嵩山。

郑泰森　摄影

第一章
万山之祖：嵩山大变迁

嵩山位于河南省中部，北纬 34°15′至 34°35′，东经 112°49′至 113°19′，横贯登封市北部，东西长 60 公里，南北宽 20 公里。嵩山主体由少室山、太室山组成，海拔 300 米至 1500 米之间。太室山最高峰峻极峰，古称"嵩高峻极""峻极于天"，海拔 1491.73 米；少室山主峰连天峰，海拔 1512 米。太室山、少室山各有 36 峰，峰峰有名，峰峰有典。

在漫长的地质时代，嵩山先后经历了嵩阳运动、中岳运动、少林运动等大的地壳变化，形成的不整合界面清晰可辨。在地球发展史上，历太古宙（新太古代）、元古宙（古元古代、中元古代、新元古代）、古生代、中生代、新生代七代，被地学界誉为"五代（七代）同堂"。2.3 亿年前后，又经历了延续很长时间的燕山运动，受到南北方向的推挤，从而形成了今天的地层和岩石。嵩山岩石发育完整，岩浆岩、沉积岩、变质岩皆备，构成了中国最古老的岩系之一——登封岩群的"登封杂岩"。在地质结构上，形成石英岩、花岗岩褶皱山脉。嵩山地史悠久，植被丰茂，姿态雄秀，或峰峦，或幽谷，或峭壁，林木、雾霭、溪流、飞瀑俱佳，众多名胜古迹点缀其间。2004 年 2 月，嵩山被联合国教科文组织批准为首批世界地质公园。

第一节 "五代（七代）同堂"的地壳变迁史

地球形成的时间大约距今 46 亿年，地质学家以地质年代单位表示地质历史的年代划分。地质年代单位并非一个地层单位，而是相当于地层单位的时间跨度。地质学家和古生物学家根据自然地层形成的先后顺序，将对应的地质年代由远及近分为太古宙（分始太古代、古太古代、中太古代、新太古代四代）、元古宙（分古元古代、中元古代、新元古代三代）、显生宙（分古生代、中生代、新生代三代），即三宙十代。

许慎在《艺林伐山》中说："上下四方曰宇，古往今来曰宙。"即"宇"代表空间，"宙"代表时间。按照这一释义，地质学家对年代和地层分别用不同单位表示，如"宙"表示地质时代，"宇"表示地质时代形成的地层。正如时间单位"年、月、日、时、分、秒"一样，地质时代单位可分为"宙、代、纪、世"不同层级，而与之对应的地层则为"宇、界、系、统"。就像一年可分为12个月，一个月又可分为若干日一样，一个宙可下分为若干代，一个代可下分为若干纪，以此类推。而与之对应的地层，一个宇可下分为若干界，一个界可下分为若干系，等等。许慎的"宇宙"阐释了时间和空间的统一，地质学中的"宇宙"表示了地质年代（时间）和地层（占据一定空间的地质体）的统一。如太古宙形成的地层叫太古宇，古生代形成的地层叫古生界，寒武纪形成的地层叫寒武系，早、中、晚寒武世形成的地层叫下、中、上寒武统。

表1-1 年代单位和地层单位对应表

适用范围	年代地层单位	地质年代单位
国际性的	宇 　界 　　系 　　　统	宙 　代 　　纪 　　　世
区域性的	阶 　时带	期 　时
地方性的	群 　组 　　段 　　　层	

宇、界、系、统主要依据地层中生物化石的界、门、纲、目、科特征与大范围的地壳构造运动事件划分，是国际性地层单位。由于各地区环境有明显差异，其所形成的地层岩性也有差别，因此，除上述国际性地层单位以外，地质学中也普遍采用以岩石性质为依据划分的地层单位——岩石地层单位，如"群、组、段"。正因为如此，我们常常会看到"太古宇登封岩群""新太古代登封岩群"和"古元古代罗汉洞组"这样的地层名称。

嵩山地史可上溯至太古宙，距今约30亿年。在这段漫长的地质历史中，按照多种地质事件发生的规律性变化及有序产生的特点，其地质演化史可大体划分为四个阶段：陆核增生阶段，时限在距今18亿年前；华北统一陆块形成阶段，时限在距今18亿—6.8亿年之间；华北地台形成发展阶段，时限在距今6.8亿—2.5亿年之间；华北地台破裂－解体阶段，即距今2.5亿年以来。

嵩山是在漫长的地质年代中由内力、外力作用逐渐形成的。内力作用（地壳运动、岩浆运动、变质作用）起决定性作用，留下了明显的痕迹。嵩山之所以中外驰名，一个重要的原因就是在不足400平方公里范围内，分布着三宙五代（七代）地层，尤以前寒武纪地层序列发育较为完整，为研究华北板块南缘前寒武纪地壳组成及其演化的重要窗口。

一、太古宙：嵩箕古陆块形成，嵩山独立成祖

嵩箕山系（嵩山－箕山）在距今32亿年时形成古陆核；距今28亿年时长出海面形成古陆，初始结晶陆壳构成了嵩山地区新太古代花岗岩绿岩地体的基底。嵩箕山系从古陆核的形成到地壳构造演化的历史自成体系，成为中国最古老的独立山系，因此被誉为"万山之祖"。

嵩山山脉自西向东依次有万安山、安坡山、马鞍山、五佛山、挡阳山、玉寨山、嵩山（峻极峰）、五指岭和尖山等。嵩山古称太

室山，巍峨雄壮，屹立于登封市城北，其最高峰峻极峰海拔1491.7米。玉寨山又名少室山，群山耸峙，雄踞于嵩山主峰西南，海拔1512米。五指岭蜿蜒起伏，逶迤于嵩山东北，海拔1215米。

箕山山脉隔白降河及颍河谷地与嵩山山脉南北相望，自西向东依次有暴雨山、禹王山、老婆寨、密腊山、大洪寨、圪垃垛、荟萃山、火煤山、陉山等与嵩山诸山相对应。二者如两条巨龙，尾西首东，分异黄淮，共同构成嵩箕山系，造就出一方风水宝地。

陆核是大陆地壳形成过程中最早阶段形成的硅铝质大陆块体，随后的大陆围绕其生成，因而其构成大陆的核心。30多亿年前，嵩山处于岩浆喷溢和岩浆侵入的岩浆活动频发期，随着岩浆活动的减弱和温度的降低，嵩山逐渐凝结成核，再经后期的岩浆活动和正常沉积，形成了对应的岩石组合，该岩石组合经剧烈地壳运动的温压作用而重新结晶的变质岩层构成了嵩山的结晶基底。这些变质显著、构造变形剧烈、遭受过广泛岩浆侵入的结晶岩系，奠定了嵩山的"钢"性（坚硬而稳定）根基，被称为结晶基底。嵩山的结晶基底由三部分组成：其一，年龄大于28亿年的变粒岩和片麻岩类，这些岩石遭受了混合岩化，属花岗岩－绿岩序列，组成被地质学家命名为"登封岩群"的中、下部层位，也是结晶基底的根基。其二，年龄在距今28亿—25亿年的变粒岩和片岩类，属浅变质的正常沉积碎屑岩。组成"登封岩群"的上部层位，是结晶基底的第二组成部分。其三，年龄在距今25亿—18亿年的一套碎屑岩夹碳酸盐岩岩石组合。这套岩层被地质学家命名为"嵩山群"，是一套浅变质地层，组成结晶基底的第三部分。构成结晶基底的三套岩系，在三次剧烈的地壳运动——距今约28亿年的晋宁运动、25亿年的嵩阳运动和18亿年的中岳运动中，经历了三次变质、变形及造山过程，铸成了嵩箕古陆块的结晶基底和嵩箕山系的雏形。

通过同位素年龄测定，侵入该基底下部的变闪长岩全岩年龄为30.1亿—33.1亿年，这是侵入岩的变质年龄，它的原岩年龄应该还要大，而被侵入的基底下部的岩石年龄更大。所以，嵩箕古陆块的结晶基底应为中国大陆最早的古核之一。

嵩箕山系在距今32亿年时形成古陆核，28亿年时长出海面形成古陆，25亿年时第一次褶皱成山，接受长期的风化剥蚀；18亿年时第二次成山，巍然屹立了约4亿年，并与鞍山、冀东等地区共同铸成华北古陆块统一的结晶基底；8亿年前后第三次成山，巍然屹立2.5亿年；4.38亿年前后第四次成山；2.5亿年前后第五次成山，并一直挺立至今。所以，嵩箕山系第一次成山年龄为25亿年，最后一次成山年龄为2.5亿年。经历了36亿年的沧桑变迁，历经13次全球性、大区域的剧烈地壳运动，嵩箕山系呈现出今日的山形地貌。

地学界将距今36亿年的地壳演化分为11个构造期，若一个构造期为一辈，并留出尚未厘定构造期的古太古代为第1辈，则依其先后顺序可分为12辈。嵩箕山系第一次造山为距今25亿年的"嵩阳期"（即五台期），属地壳演化历史的第4辈；而与其相邻的秦岭山系及伏牛山的造山期为距今2.4亿年的"印支期"，属地壳演化历史的第10辈；喜马拉雅山系的造山期为距今2500万年的"喜马拉雅期"，属地壳演化历史的第12辈。嵩箕山系从古陆核的形成至今，始终是在独特的地理环境中沉积和营造着独立的地层序列，其地壳构造演化历史自成体系，故在中国地学界制定地层分区时被单独划为一个地层区——嵩山地层小区，被地学界划分成独立的构造单元——嵩箕地块。

大自然历经千百万年精心雕塑的五岳险峻峥嵘、气势磅礴、群峰挺秀，巍然雄踞在辽阔的中华大地上。其中，东岳泰山把天通地，雄峙东方；西岳华山"峭拔峻秀冠天下、奇险天下第一山"；南岳衡山群峰突起，素有"五岳独秀"的美誉；北岳恒山雄踞塞北，号称"人天北柱"；中岳嵩山地质历史久远，被誉为"万山之祖"。"东岳雄、西岳险、南岳秀、北岳奇、中岳奥"，五岳山水是中华大好河山的代名词。在地球数十亿年的演变中，五岳地区的地壳演变所形成的褶皱、断层、节理，仿佛是一部厚厚的"石质天书"，记录着历次撼天动地的造山运动的累累痕迹，见证着中华大地数十亿年间的沧桑演变。泰山主峰以变质杂岩为主体，华山和衡山由花岗岩体构成，恒山主要是寒武纪石灰岩形成的盖层，嵩山主峰以巨块石英岩为主，横卧在中州大地上。有专家说："谁想了解中华大地形成的历史，就必须了解五岳。"[①]

表1-2　五岳孕育成长史

山名	孕育成陆时间	第一次成山时间	山体最终形成时间	海拔高度	主峰	地质地貌特点
中岳嵩山	距今约30亿年前	距今约25亿年前	距今约2.3亿年前	1491.7米	峻极峰	嵩山如卧，育峻藏奥，"五代（七代）同堂"地质奇观，世界罕见
东岳泰山	距今约20亿年前	距今约4亿年前	距今约3千万年前	1545米	玉皇顶	泰山如坐，山势雄伟，气势磅礴，山体以泰山变质杂岩为主体
西岳华山	距今约6亿年前	距今约1.37亿年前	距今约4千万年前	2160米	南峰	华山如立，山势险峻，群峰巍峨，由巨大、完整的花岗岩构成
南岳衡山	距今约2.3亿年前	距今约6500万年前	距今约250万年前	1300.2米	祝融峰	衡山如飞，景色秀丽，群峰挺秀，是由花岗岩组成的一座孤山
北岳恒山	距今约18亿年前	距今约14亿年前	距今约260万年前	2016.1米	天峰岭	恒山如行，雄旷高峻，宏伟壮丽，是华山地块上最古老的陆块之一

二、元古宙：融合铸就了统一的华北古陆基底

1.元古宙嵩山地质简史

花岗岩-绿岩地体形成及古陆核增生以后，嵩山及周边地区曾遭受较长时期的风化剥蚀。在距今约21—20亿年的古元古代中期，在区域拉张力或地壳离散作用影响下，受基底构造再活动的影响，嵩山及其南北古陆再次开裂移离，发生了大体具有继承性的裂陷槽，形成一个古裂谷带上的上叠海槽，接受早期单陆屑碎屑建造

[①] 袁可林：《院士、专家眼中的五岳山水》，河南文艺出版社，2013年。

（罗汉洞组）和中晚期复陆屑－复理石建造（五指岭组、花峪组）的沉积。

　　大约在距今18亿年前后的古元古代末期，发生了以强烈构造变形为主要形式的中岳造山运动，这一地壳运动可能是强烈的古陆块之间发生拼合作用的反映。中岳运动使嵩山上叠海槽迅速闭合，结束了古元古代沉积并褶皱隆起。华北大区内各陆块最终拼合在一起，形成华北统一古陆块即统一结晶基底的构造运动，嵩山所处的大地构造位置也由原来的位于嵩山古陆核东部边缘，转为拼合后的华北陆块南缘的一部分。

　　大约在距今18亿—16亿年的中元古代早期，嵩山处于造山运动的后阶段，地壳再次快速隆升，其中发生强烈的以中性为主的火山溢流活动和喷发作用，形成嵩山西缘熊耳群安山岩火山弧。它与嵩山区造山后深成岩浆活动所反映的构造背景相互关联，是统一华北陆块形成阶段最后一次强烈的构造岩浆热事件。

　　中岳运动不整合面的形成，反映了中岳期变形之后，嵩山又经历了一个长期的风化剥蚀过程。直至大约距今14亿年前后的中元古代中期才又开始沉降。这一沉降的范围大大超出以前，形成了处于熊耳安山火山弧之后、嵩山陆块之前的弧后或前陆盆地，盆地中心连续接受动态的沉积，形成具有韵律性的沉积地层。

　　新元古代中晚期，大约距今8亿年左右，少林运动开始，嵩山急剧隆升。由于各地隆升速率不均一，位于盆地边缘的嵩山主脊以南地区抬升较快、幅度相对较大，加上沉积层向盆地中心倾斜，在抬升过程中岩层向北倾斜角度加大，尚未完全固结或刚刚固结成岩的五佛山群岩层内引起重力失稳。同时，区域拉张力还在五佛山群内部形成一系列向北倾斜的正断层或边坡断层，在基底断层重新活动的引发和重力作用下，沿其内部的构造软弱层发生破裂，岩层沿着这些破裂面由上而下，由南向北滑移运动，形成了嵩山地区独具特色的、发育在浅表构造相环境下的伸展构造体系——重力滑动构造。此时，华北地台第一盖层形成。

2. 古元古代嵩山地层——嵩山群

嵩山群构成嵩山主体峰，西起鞍坡山，东至新密助泉寺，集中分布在登封市西北部的鞍坡山、挡阳山、玉寨山、嵩山、五指岭一带，在摩天寨地区也有少量出露。王曰伦于1960年将该套地层首次改为元古宇嵩山群，并在同年的全国地层会议上得到确认。嵩山群主要分布于登封、巩义、偃师、禹州、汝州等县（市）境内的嵩山、箕山、荟萃山地区，沉积韵律明显，旋回性强，并储藏着丰富的石英岩（硅石）、白云岩及铁、磷等矿产。

嵩山群的时代归属以嵩阳运动界面为标志，其下限在距今21亿年左右，上限在距今19亿年前后，其时代应属古元古代晚期，自下而上划分为罗汉洞组、五指岭组、庙坡山组、花峪组。

3. 中-新元古代嵩山地层

嵩山的中-新元古界岩石地层包括兵马沟组和五佛山群，后者自下而上分为马鞍山组、葡萄峪组、骆驼畔组和何家寨组。

三、古生代：生命爆发，生机盎然

距今5.43亿年时，地质历史进入显生宙古生代的第一个纪——寒武纪。寒武纪以出现大量较高级动物为特征，其动物群又以具有坚硬外壳的、门类众多的海生无脊椎动物大量出现最为显著，是地球生命史上的一次空前的生物物种大发展时期，也是显生宙的开始。

寒武纪时期，在2000多万年内不约而同地突然涌现出大量不同种类的动物，节肢动物、腕足动物、蠕形动物、海绵动物、脊索动物等一系列与现代动物形态基本相同的动物在地球上"集体亮相"，形成了前所未有的多门类动物同时存在的繁荣景象，因而被古生物学家称作"寒武纪生命大爆发"，简称"寒武爆发"。令人费解的是，在寒武纪之前更为古老的地层中并未见到这些动物化石的前身。换言之，这种奇特现象与达尔文的进化论完全相悖，因此被国际学术界列为"十大科学难题"之一和地史研究的第二大悬案。

古生代始于5.43亿年前,结束于距今2.5亿年,延续了近3亿年,分为寒武纪、奥陶纪、志留纪、泥盆纪、石炭纪、二叠纪共六个纪。习惯上前三个纪被统称为早古生代,后三者被统称为晚古生代。

嵩山地区自古生代起未发生岩浆活动,只有古陆的升降和海水的进退。中奥陶世晚期(距今约4.68亿年)嵩山以及华北广大地区地壳开始上升,在4.38亿年前后第四次成山,延续了1亿年。直到中石炭世(距今约3.18亿年)才开始下降,这一时期,剥蚀作用大于沉积作用,因此嵩山和华北其他地区一样缺少这一时期(志留纪、泥盆纪、中晚奥陶世和早石炭世)的沉积。在古生代,嵩山地区生物繁盛,除大量三叶虫外,尚有腕足、腹足、软舌螺、藻等门类的生物,鳞木、封印木、科达树繁茂生长。

1. 寒武纪简史与寒武系岩石地层单位

早寒武世(距今约5.43亿年)为寒武纪海域的形成时期。华北区在寒武纪初期(相当于我国南方的梅树村期、筇竹寺期和沧浪铺前期)仍是剥蚀区,嵩山一带也已被夷为平地。沧浪铺中期(辛集早期),海水开始由东南和西南两个方向向华北古陆推进,从两侧绕过熊耳古岛汇合后继续北侵,淹没嵩山地区。由于古陆长期遭受剥蚀,因此堆积有大量的碎屑物。辛集晚期,海水已进至太行山南麓焦作、开封一线。嵩山地区形成以期间带为主的碳酸盐潮坪,潮坪内水体温暖洁净,潮间藻席开始形成并大面积发育,从而形成了广泛分布的豹皮灰岩层。

中寒武世毛庄期华北海基本上继承了早寒武世晚期的潮坪环境,但海域继续扩大。嵩山一带接受了由北方来的碎屑,沉积了泥质粉砂质岩层。晚寒武世为全面海退时期,海域面积不断缩小,海水变浅。至凤山末期,海水全部退出嵩山一带。

寒武纪经历了海进和海退过程,嵩山也经历了由陆地变成海洋,又成为陆地的沧桑巨变。不过这时的嵩山地势已大不相同,海侵前总的地势是北高南低,现在却成了南高北低,嵩山地区已改换门庭,成为熊耳古陆的一部分了。华北地台南缘这次地壳上升是受加里东运动早期的影响，仅仅表现为造陆运动形式，未发生岩浆活动。

嵩山地区的寒武系主要分布在嵩山主体的周边地区。嵩山北坡西起偃师上徐马，向东经佛光峪、登封五乳峰、唐窑至巩义窑粮坑一线，南麓青石岭、红石寨、送表、西白坪、阳城等地也有连续分布。

嵩山寒武系发育完整，出露良好，化石丰富，历年来为地质学界所重视。1933年孙健初先生在调查禹县、密县煤田地质时就曾对其进行过描述，并做了最初的划分。以后随着对岩性组合、岩层对比，特别是古生物化石研究的不断深入，地层划分也在不断变化，曹世禄、冯景兰、张伯声、张尔道、王曰伦、杨志坚、刘印环、裴放等及中南煤田局、北京地质学院、河南地质研究所、河南区调（测）队、河南地矿局（厅）等都曾做过相关研究。

嵩山寒武系属于华北台区沉积类型，嵩山寒武系以登封市唐庄乡关口—巩义市涉村乡窑粮坑出露较全，研究程度相对较高。1973年北京地质学院在该地曾经实测过剖面，称为"登封关口至巩县王顶剖面"。1975年河南地质局区测队在巩县窑粮坑重测了北段张夏组顶界以上部分。1983年编写《河南省区域地质志》时，区调队再次重测了这条剖面，采集了数量众多的化石。这条剖面在嵩山世界地质公园五指岭景观区内，为"五代（七代）同堂"地层剖面遗址之一。

2. 奥陶纪简史与奥陶系岩石地层单位

寒武纪末（距今约4.9亿年），昔日浩瀚辽阔的华北海已退缩到博爱、永城以北，熊耳古岛占领了整个豫西和豫东南地区，改称"熊耳古陆"。整个早奥陶世，嵩山一直是遭受剥蚀的陆地，没有沉积。其间豫北曾经过一次短暂的海侵，因受怀远运动的影响又匆匆退去，嵩山一带一直是陆地。

中奥陶世下马家沟沉积时期，海水从东北向侵入，嵩山一带再度成为宽阔、平坦的潮坪，海岸线大致在三门峡、禹州、确山、息县一线。上马家沟组沉积早期，华北陆表海明显变浅退缩，海水已退至三门峡、禹州以北，嵩山再一次成为陆地。这次地壳抬升仍由加里东运动引起，为了区别于寒武纪末的那次抬升，有人称这次抬升为中加里东运动。

奥陶纪为古生代第二个纪。"奥陶"一名来源于英国威尔士一个古代民族名 Ordovices，音译为"奥陶"。奥陶纪开始于距今 4.9 亿年，延续时间 5300 万年。奥陶纪是地史上海侵范围最广的一个纪。由于当时浅海广布，气候温和，故海生无脊椎动物空前繁盛，其中尤以笔石类和鹦鹉螺类十分繁盛为其特征。

奥陶纪形成的地层称为奥陶系，分为下、中、上三个统。中国的奥陶系共分三统六阶。嵩山奥陶系仅在北坡偃师参驾店、巩义涉村以南出露，另在登封玉台、阳城附近也有零星分布。嵩山奥陶系仅有中统下马家沟组属于稳定地台上的陆表海沉积。

3. 石炭纪简史与石炭系岩石地层单位

石炭纪为晚古生代第一个纪，也是古生代第五个纪，名称乃 1922 年创用于英国，因这个时期的地层中蕴藏着丰富的煤层而得名。石炭纪开始于距今 3.54 亿年，延续了 5900 万年。

嵩山地区中奥陶世上马家沟组沉积早期海水向东北退走以后，在长 1.3 亿多年的时期内，南秦岭仍处于海进海退中，继续演绎着志留纪－泥盆纪的历史，而嵩山一直是陆地。早古生代形成的碳酸盐岩地层遭受了长期的风化剥蚀，在湿热的亚热带气候条件下，形成了红土风化壳喀斯特地貌。中石炭世本溪期，海水由东北方向侵入嵩山地区。海水刚来时，首先进入喀斯特洼地，形成了一系列面积较小、封闭滞流的海漫潟湖，潟湖内发育黄铁矿、铁质岩、铝质岩、黏土岩，它们对地形起了填平补齐的作用。海水继续南侵，嵩山地区成了滨岸潟湖环境。沉积物主要为铝质岩、黏土岩。顶部为沼泽形成的炭质页岩或煤层。未发现动物化石，植物化石也不很丰富，但已经出现了高大的鳞木。

晚石炭世太原期至山西期早期，嵩山地区气候潮湿，海水时进时退。嵩山在这一时期一直处在海平面上下波动频繁的陆表海中，此期海相生物十分发育，计有䗴、有孔虫、腕足类、珊瑚、双壳类、介形虫、棘皮类、苔藓类、腹足类、藻类、牙形石、海绵类、头足类等。

山西期晚期，受中华里西运动的影响，海水向东南方向缓慢退出，嵩山一带由潮坪、潮道环境逐渐发展为宽阔平坦的海滨平原，气候温暖湿润，鳞木、科达树、真蕨以及羊齿植物茂盛，在滨海平原形成了大面积的淡水森林沼泽环境，沉积了较厚的二1煤层，煤质优良而且稳定。

嵩山和整个华北地区一样，自从中奥陶世地层沉积以后，就整体抬升为陆地，以后的1亿多年时间，一直是陆地，缺少沉积物，故缺失了奥陶系上统、志留系、泥盆系以及石炭系下统。

石炭纪是全世界最早的成煤时期，在嵩山地区分布于北坡参驾店、涉村一线，东坡玉台阳城以东有零星出露，南坡西起伊川老君堂，向东在登封唐窑、新新煤矿、西白坪、徐庄一线有连续分布。

4. 二叠纪简史与二叠系岩石地层单位

二叠纪是古生代最后一个纪，地层岩性二分明显，1841年俄罗斯以乌拉尔西坡的彼尔姆城命名。二叠纪始于距今2.95亿年，延续了4500万年。

二叠纪时期，豫西—皖北一带是一个与南方海域有时半沟通的半淡化海湾，嵩山就处在这一海湾中。二叠纪之初，中国东部发生海侵，波及嵩山地区，致使二1煤的堆积中断。其时整个华北区气候湿热，陆生植物大量繁殖，森林密布，特别是高大粗壮的科达类、真蕨类和石松类高等植物更是茁壮生长，是二叠纪成煤的物质基础。

二叠纪早中期，嵩山一带地形起伏不大，地势北高南低。河流水系伸入海湾，三角洲发育，三角洲经历了建设期和废弃期的旋回演化，每个旋回都沉积了煤层。大约有五个旋回形成了三至八组共六个煤组的煤层，其中六、七煤组形成于同一三角洲旋回中。

晚二叠世石千峰期，华北地台南缘受晚华力西运动的影响抬升，海水向东南方向退出。嵩山地区在海退后的滨海浅滩上发育了大型海滨淡水湖泊。开始由于海水后撤不远，时有海水侵入湖中，发生了淡水生物群中混入海洋生物的现象。后来盆地渐渐缩小，湖泊渐次闭塞，气候也转为炎热干旱。植物仅剩下耐干旱的松柏类，动物仅有淡水动物。嵩山地区的海洋历史也从此结束了。

二叠纪形成的地层称为二叠系。华北地区二叠系以陆相沉积为主。嵩山一带二叠系分布在北坡的参驾店、涉村一带，东麓的玉台、景店、阳城等地，南麓东自箕山向西经新新煤矿、东窑、李沟至伊川老君堂一线连续分布。与下伏石炭系山西组和上覆三叠系刘家沟组均为整合接触关系。

四、中生代：嵩山自此巍然屹立，看云起云落

中生代起始于距今2.5亿年前，终止于距今6500万年前，延续了1.85亿年。嵩山自距今2.5亿年前后第五次成山后一直挺立至现在。历经升降、构造、侵蚀等内、外地质营力的作用，登封盆地发生断裂，地貌雏形形成，湖进湖退，水系变迁，嵩山一直巍然屹立。

中生代植物以裸子植物为主，故中生代有"裸子植物时代"之称。动物界以爬行动物的极度繁盛和菊石类的规律演化为特征，故中生代又有"爬行动物时代"和"菊石时代"之称。嵩山一带中生代第一个纪三叠纪与古生界二叠纪之间没有明显的构造运动，两者为连续沉积。

1. 三叠纪地质简史

三叠纪（距今2.5亿年）是中生代第一个纪。三叠纪生物与二叠纪相比有了显著的变化，繁盛于晚古生界的鳞木、封印木、科达树相继灭绝。苏铁类占重要地位，真蕨类和木贼类逐渐繁荣。鱼类以全骨类占主要地位，爬行动物迅速发展，恐龙类开始出现。繁盛于晚古生界的四射珊瑚和蜒已完全灭绝，菊石等软体动物化石成为重要标准化石。

早三叠世刘家沟期为干燥气候的河流冲积环境。早三叠世和尚沟期，为安静水体条件下的滨湖、浅湖环境的沉积。植物为肋木和

较多的轮藻，动物主要为介形虫和少量脊椎动物。中三叠世二马营期—油房庄期，干旱气候渐次解除，逐渐转向湿润。有节植物、轮藻、介形类动物大量出现，并有脊椎动物。晚三叠世气候更温暖湿润，华北地台进一步上升，湖盆的面积逐渐缩小。动物以淡水双壳类及叶肢介为代表。三叠纪末，印支运动使河南全省大部分地区隆起、剥蚀，嵩山也不例外。

嵩山的这次隆起成陆，大约延续了1亿多年，缺失了侏罗系、白垩系和古近系古新统的沉积。然而这1亿多年并非空白，燕山运动以其强烈的褶皱运动和断块运动对嵩山进行了大规模改造。

燕山运动可分为五幕，第一、二、五幕以升降运动为主，在嵩山表现为不断的抬升和断陷盆地的下沉，第三、四幕表现为激烈的褶皱运动。区内盖层从中元古代至三叠纪地层均发生了褶皱和断裂，并波及基底岩系，使嵩山形成了东西向的褶曲，如嵩山-双尖岭复背斜、东金店-颍阳复向斜等。断裂主要有近东西向、北西-南东向、北东-南西向三组。近东西向断裂形成较早，与燕山期褶皱有成因上的联系。北西向和北东向断裂形成较晚，对早期的褶皱和断裂有明显的破坏和改造作用。断裂以高角度的正断层为主，其次为逆断层。嵩山著名的滑动构造在燕山运动中也有出色表现，形成了荥阳、芦店等大型滑动构造，其发生时间较上述褶曲和断裂稍晚。燕山期滑动构造大大缩短了煤层的埋藏深度，扩大了煤田勘查的思路，经济意义重大。

嵩山地区的构造格架和地貌格架，经过燕山运动，遂告定型。

2. 嵩山地区三叠纪地层

三叠纪形成的地层叫三叠系，分为三统六阶。嵩山一带为一套红、紫红、灰绿色交替的内陆碎屑岩复理式沉积建造。

三叠系主要分布在嵩山东南麓和南麓，景店、芦店、李沟、卷门水库、安庙、石道、颍阳、江左、丁流街等地都有分布，受新生代的覆盖，出露多不连续。

五、新生代：嵩山大局已定，在呵护生命中涵育文明

地球历史进入最新的一代——新生代。人们把新生代划分为两个纪七个世：

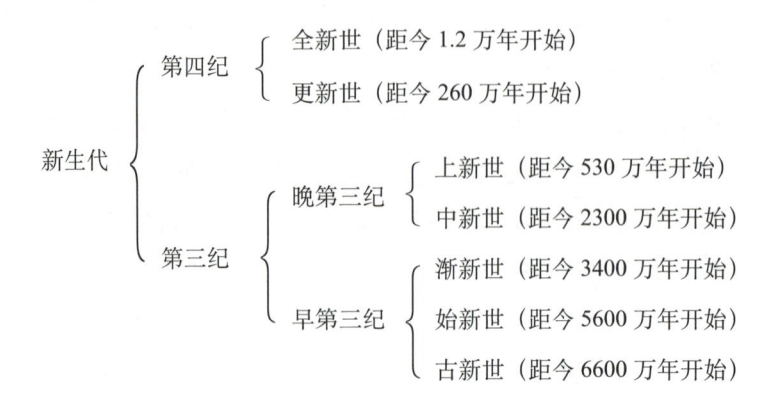

$$
\text{新生代}\begin{cases}
\text{第四纪}\begin{cases}\text{全新世（距今 1.2 万年开始）}\\ \text{更新世（距今 260 万年开始）}\end{cases}\\
\text{第三纪}\begin{cases}
\text{晚第三纪}\begin{cases}\text{上新世（距今 530 万年开始）}\\ \text{中新世（距今 2300 万年开始）}\end{cases}\\
\text{早第三纪}\begin{cases}\text{渐新世（距今 3400 万年开始）}\\ \text{始新世（距今 5600 万年开始）}\\ \text{古新世（距今 6600 万年开始）}\end{cases}
\end{cases}
\end{cases}
$$

经过燕山运动，嵩山周围形成了一些山间断陷盆地，其在新生代的沉积各具特点。进入新生代之初，嵩山一带河流纵横，湖泊密布，气候炎热，大型哺乳类脊椎动物大量繁盛，淡水双壳类、腹足类、介形类仍较发育，草本植物、被子植物、裸子植物、蕨类植物以及藻类均甚茂盛。

第四纪作为地质历史上最新的一个纪，是地质历史上曾发生过大规模冰川活动的少数几个纪之一，又是哺乳动物和被子植物高度发展的时代，人类的出现是这个时代最突出的事件。"嵩山冰期"发生时间大约在距今 200 万年前后，中更新世以后，嵩山一带气候逐渐湿润炎热，但时有干冷气候的交替。

1. 嵩山地区古近纪地质简史及岩石地层单位

嵩山南麓的大金店盆地没有接受古新世和渐新世的沉积，只有始新世中期沉积，即张家村组。自张家村期开始，因地壳急剧上升遭受剥蚀，在山麓低洼地带快速堆积了一套磨拉石建造，反映了干旱气候条件下的洪积－河流冲积沉积环境。后来坳陷内得到充分的物质补偿，以浅水沉积为主，形成巨厚的红色沉积层，反映了处于

干旱炎热气候条件下的河流湖泊沉积环境。最后盆地持续下沉，盆地处于封闭或半隔绝状态，在干旱炎热气候条件下蒸发量大于补给量，水体快速浓缩，造成钙质粉砂岩、泥灰岩及石膏层的沉积，反映了当时干热气候条件下的湖泊沉积环境。陆地上生活着尤因他兽等大型哺乳类动物。

张家村期以后，嵩山发生了早喜马拉雅运动，这次运动在继续加强断块差异的同时伴有坳褶运动，造成张家村组顶面的不整合。受这次运动的影响，大金店盆地缺失了渐新世的沉积。

嵩山地区古近系发育不全，只有中始新统张家村组，分布于东金店盆地的阳城、大金店附近。该组为一套红色磨拉石－碎屑岩复理石沉积建造。张家村组不整合覆于三叠系不同层位之上，上部被新第三系洛阳组不整合覆盖。

2. 嵩山地区新近纪地质简史及岩石地层单位

中新世洛阳期，盆地才又接受沉积，开始时为山麓堆积的紫红色砾岩，之后逐渐转变为湖泊相的灰绿、褐黄色砂质泥岩和粉砂岩。嵩山一带的气候在洛阳期逐渐转为温暖湿润，轮藻等植物十分发育。

新近纪上新世早期，受喜马拉雅运动影响，河南省发生大型的坳褶运动，西部大面积隆起，东部全面大幅度沉陷，嵩山以西的伊川、汝阳一带正处在西隆东坳衔接带上，深断裂、大断裂强烈活动，沿断裂带发生地幔物质向上喷溢现象。虽然近在咫尺，嵩山地区却未见动静。

上新世末，晚喜马拉雅运动造成了新第三系中新统与第四系早更新统之间的假整合或不整合。经过喜马拉雅旋回的晚期发展阶段，形成了河南省西高东低的现代地貌形态及黄淮海平原。

新第三系洛阳组是中新世沉积，主要分布在嵩山南麓山前垄岗地带，东起芦店程堂村，向西在北旨村、任村、君召、颖阳、吕庄等地的垄岗上都有分布。仅在登封北旨村南发现该组与下伏古近系张家村组为不整合接触。

3. 嵩山地区第四纪地质简史及岩石地层单位

第四纪的开始年龄说法不一，有180万年、200万年和260万年等几种观点。第四纪这个名词是法国学者德斯诺伊尔斯在1829年创立的。当时地质年代有第一、二、三纪，于是他把第三系上面的松散沉积物称为第四系，第四纪的名称也一直沿用至今。第四纪分为更新世和全新世。

第四纪基本继承了新近纪的构造格局和地貌景观，但仍在继续发展，豫西山地进一步抬升。嵩山以北的黄河、卫河和嵩山以南的长江水系、淮河水系的支流已经定型。这时的河南省分属两个地貌台阶，以太行山、秦岭、熊耳山等中山山地构成第二级地貌台阶，京广铁路以东的华北平原属第三级地貌台阶，嵩山处在两个台阶的过渡地带。

早更新世，嵩山地区由于气候变冷，降雪量大，嵩山南部形成了冰川。所谓冰川就是沿斜坡缓慢流动的冰体，或者叫"固体河流"。冰体从嵩山山顶沿南坡而下，大体上以峻极峰—白石尖南北向山脊为界，东边的冰川主体顺龙潭沟、寺里河而下；西边的较短，大塔寺、法王寺、会善寺一带都可见到。冰川以惊人的力量将大量泥土砂砾搬运到山前平缓地带。今天在嵩山以南、颍河以北许多岗垄顶部都可看到下更新统冰碛层，其中不乏带有冰川擦痕的冰川砾石。

早在距今数百万年的新近纪上新世末期本次冰期业已开始，但到第四纪才出现冰期与间冰期的交替。这次冰川主要发育在北半球。在最寒冷的时候，高纬地区形成一些大冰盖，格陵兰冰盖覆盖了格陵兰和冰岛；劳伦大冰盖覆盖了整个加拿大，向南一直延伸到纽约；西伯利亚冰盖占据了西伯利亚北部，大约达到北纬60°。许多高山地区出现了大规模的山岳冰川，嵩山的冰期应该是这次冰期的一次亚冰期，1∶5万登封幅区调报告称其为"嵩山冰期"，发生时间大约在距今200万年前后，相当于我国北方的朝阳冰期和南方的鄱阳冰期。

中更新世以后，嵩山一带气候逐渐湿润炎热，时有干冷气候的交替。古菱齿象、安氏驼鸟、双壳类软体动物等生物十分繁盛，也为人类由猿类进化提供了必要的环境和物质基础。在颍河两岸沉积了洪积，冲积成因的亚黏土、亚砂土和砂砾石层。

嵩山地区第四系分布在嵩山南北两侧的山麓地带，尤以南麓分布广泛。由松散的碎屑沉积物组成，局部呈半胶结状态。以冲积、洪积、冰碛为主，次为风积、残积、坡积、沼泽及牛轭湖沉积等，多为复合成因类型。第四系总厚度为27—102米。

根据古生物组合、成因类型、岩性、岩相、地貌特征、层位关系和考古资料等，将嵩山第四系自下而上划分为：下更新统冰碛层、中更新统冲－洪积层、上更新统冲积层、全新统。

在登封大龙尾沟、茶庵沟、申半坡、十里铺、北新庄、杨岗村等地的岗垄顶部都可看到下更新统冰碛层，而冰蚀地貌多在嵩山南坡的沟谷山岭间。泥砾结构是冰碛的典型特征。

在嵩山地区发现保存较完整的冰蚀地形有冰斗、U形槽谷、悬谷、冰坎、鱼脊（刃脊）、角峰等地貌形态。这些冰蚀地貌与上述冰碛地貌相配套，共同组成典型的冰川地貌，对研究中原地区早更新世的古气候变化和古地理变迁有着十分重要的意义。

中更新统。中更新统形成于湿热与干燥气候周期性变化的条件下，属冲－洪积物。其中夹古土壤5—7层，且厚度大，结构完整。近年来，在登封市方家沟、库庄、安窑、西十里铺及新密市牛店等地发现丰富的脊椎动物化石，登封方家沟棕红色黏土中采获古菱齿象，安窑红色亚黏土中产安氏驼鸟等化石（以上化石据登封市文物管理所资料）。

上更新统冲积层主要分布于颍河两侧，组成河谷二级阶地，呈带状展布。另外在山前丘陵地带也有少量分布。黄土是在比较干冷的草原环境中形成的，褐土型古土壤层是在比较温湿的森林草原环境中形成的。晚更新世时嵩山地区为湿热—干冷气候周期性波动条件下的河流——牛轭湖相沉积环境。

全新统冲积层广泛分布于嵩山南北各大河流两侧及河漫滩中，

组成河流一级阶地及河床，下部是在横向环流作用下形成的一套粗砂砂砾层，上部是在洪水期间由河水漫出河槽而形成的一套薄层亚砂土和亚黏土互层。

第四纪全新世晚期以来，地壳仍处于缓慢的升降运动中，特别是在河面宽广、曲流发育的地段，如颍河的东金店、阳城段，富集大量砂层。这些河砂是良好的建筑用砂。砂砾层中，还含有丰富的有益重矿物，如石站山金异常，黄家岭—张光沟、缸瓷窑的辰砂异常，中岳庙后沟的铅异常等，均富集于全新统上部冲积、坡积残积层中。

六、嵩山地区地质年代和地层单位的对应关系

地质学家为将一个地区的地质年代与地层特征、地层的岩性特征等主要地质内容直接对应联系起来，往往以绘制地层柱状图的形式形象地反映区域地质发展历史、地质条件和地层特征。地层柱状图是工作区内地层、岩性特征、厚度变化、岩相、古生物的变化等情况的总结，是区域地质资料的重要组成部分。这种图有助于综合了解该地区地壳运动、岩浆活动及地质发展史。

以上对嵩山地区自太古代到新生代地质简史以及相应地层进行了简述。根据相关专业调查和研究，我们绘制了"嵩山地区综合地层柱状图"（表1–3），标明地层时代、地层名称、地层代号、厚度、岩性和接触关系等，以便于综合了解嵩山地区的地质发展历史。

第一章 万山之祖：嵩山大变迁

表1-3 嵩山地区综合地层柱状图[①]

界	系	统	地方性地层名称 群 / 组和段	符号	柱状图	厚度/m	岩 性 描 述	构造运动
新生界	第四系			Q		27—102	残积坡积、洪积冲积亚黏土，夹冰碛砾岩	喜马拉雅运动阶段
	新近系		洛阳组	Nl		34.9	黄绿色钙质粉砂岩与灰绿色泥岩互层，底部为紫红色砾岩	
	古近系		张家村组	Ez		435	下部为红色砾岩与中厚层中粒长石石英砂岩互层，中部为细粒长石石英砂岩，上部为暗红粉砂岩和沙质泥岩	
中生界	三叠系	上统	谭庄组	T_3t		95.8	灰绿色、紫红色泥质粉砂岩与粉砂质泥岩互层，夹黑灰色页岩、泥岩，含菱铁矿结核，水平层理发育	燕山运动阶段
			椿树腰组	T_3ch		170	灰绿色泥岩、粉砂岩，夹泥灰岩	
		中统	油房庄组	T_2y		107	米黄色长石石英砂岩，水平层理发育	
			二马营组	T_2er		463	暗紫色、黄绿色泥岩、粉砂岩，夹泥灰岩	
		下统	石千峰群 和尚沟组	T_1h		81.9	紫红色钙质泥岩夹砂岩，含钙质结核	印支运动阶段
			刘家沟组	T_1l		281	粗粒紫红色石英砂岩	
上古生界	二叠系	上统	孙家沟组（石千峰组）	P_2s		82—280	紫红色、灰绿色粉砂质泥岩、粉砂岩、中粒砂岩，夹钙质结核	海西运动阶段
			石盒子组 平顶山段	$P_{1+2}s^p$		60—160	厚层状灰白色中粗粒长石石英砂岩	
			云盖山段	$P_{1+2}s^F$		450	黏土岩夹砂岩，底部为灰黄色巨厚层细粒长石石英砂岩、煤线	
			小风口段	$P_{1+2}sh^x$		60—140	紫色粉砂质黏土岩、黏土岩夹细粒长石石英砂岩、煤线	
		下统	山西组	P_1s		50—109	砂岩、粉砂质页岩、泥质页岩、黏土岩、炭质页岩夹煤层	
			月门沟群 太原组 上段	P_1t^3		20	深灰色中厚层燧石灰岩、砂质泥岩、泥岩和煤	
			中段	P_1t^2		5—11	由灰色中细粒石英砂岩、砂质泥岩夹薄煤层及灰岩透镜体组成	
			下段	P_1t^1		5—23	由4层灰岩、4层煤组成，夹泥岩、炭质泥岩，局部含燧石层	
	石炭系	中上统	本溪组	$C_{2+3}b$		8	为铝土质泥岩、泥岩、页岩，夹透镜状赤铁矿或黄铁矿层、煤线	
下古生界	奥陶系	中下统	马家沟组 三段	$O_{1+2}m^3$		30	灰黑色致密灰岩与灰色白云质灰岩互层	加里东运动阶段
			二段	$O_{1+2}m^2$		50	深灰色致密角砾状灰岩	
			一段	$O_{1+2}m^1$		12	黄绿页岩、白云岩、含燧石团块白云岩	
			三山子组	ϵ_3-O_1s		94	灰白色厚层状含燧石团块白云质灰岩、细粒白云岩，本组具有穿时性	
	寒武系	上统	炒米店组	ϵ_3c		47	厚层鲕状白云质灰岩	
			崮山组	ϵ_3g		42	厚层鲕状白云质灰岩	
		中统	张夏组	ϵ_2zh		200—265	上部为鲕状白云质灰岩，中部为鲕状灰岩，下部为灰岩及泥质条带灰岩	
			馒头组 三段	$\epsilon_{1+2}m^3$		95	灰色鲕状灰岩、粉砂岩、泥质条带灰岩夹黄色、黄绿色、紫色页岩	
			二段	$\epsilon_{1+2}m^2$		126.5	以暗紫色含云母页岩、粉砂岩为主，夹灰岩及薄层砂岩	
			一段	$\epsilon_{1+2}m^1$		35.6	紫红色薄层泥灰岩、页岩	
		下统	朱砂洞组	ϵ_1zh		90	白云质灰岩，含燧石团块白云岩	少林运动
			辛集组	ϵ_1x		19	紫红色砾岩、砂岩	

[①] 司荣军：《嵩山世界地质公园》，中国矿业大学出版社，2010年。

续表

界	系	统	地方性地层名称 群	地方性地层名称 组和段	符号	柱状图	厚度/m	岩性描述	构造运动
新元古界	震旦系			罗圈组	Zl		27	下部冰碛砾岩，上部泥沙页岩夹薄层粉砂岩	少林运动
新元古界			五佛山群	何家寨组	Pt_3h		337	紫红色、灰绿色页岩及灰岩	
新元古界			五佛山群	骆驼畔组	Pt_3l		68	灰白色和紫红色砂砾岩，石英砂岩	
新元古界			五佛山群	葡萄峪组	Pt_3p		130	上部黄绿色页岩、含砾粗砂岩，中下部黄绿色和紫红色页岩夹细砂岩、灰色页岩	
中元古界				马鞍山组	Pt_2m		176	上部紫灰色厚层状石英砂岩夹白色石英砂岩，下部紫红色石英砂岩，底部为砾岩	中岳运动
中元古界				兵马沟组	Pt_2b		546	上部暗紫红色砂质页岩夹薄层粉砂岩、中粗粒砂岩及砂砾岩，底部为泥沙质胶结砾岩	中岳运动
古元古界			嵩山群	花峪组	Pt_1h		129	紫红色杂色千枚岩，绢云母石英岩夹白云岩，石英岩，底部为角砾岩。千枚岩含磷，产叠层石	中岳运动
古元古界			嵩山群	庙坡组	Pt_1m		275	上部紫红色条带状中粗粒石英岩，下部灰白色厚层状中粗粒石英岩夹细粒石英岩（天然油石层）	中岳运动
古元古界			嵩山群	五指岭组 三段	Pt_1w^3		321	上部杂色铁质绢云母片岩，绢云母石英片岩及假象赤铁矿，底部为稳定的绢云母石英岩	中岳运动
古元古界			嵩山群	五指岭组 二段	Pt_1w^2		190	青灰色绢云片岩、千枚岩、千枚状石英绢云片岩夹石英岩	中岳运动
古元古界			嵩山群	五指岭组 一段	Pt_1w^1		123	灰白色绢云母石英片岩与中薄层石英岩互层，不稳定白云岩	中岳运动
古元古界			嵩山群	罗汉洞组 上段	Pt_1l^2		203	浅黄色厚层状粗粒石英岩夹绢云石英片岩	中岳运动
古元古界			嵩山群	罗汉洞组 下段	Pt_1l^1		546	上部灰白色厚层-巨厚层中细粒石英岩，底部具不稳定砾岩	嵩阳运动
太古界			登封群	老羊沟组	Arl		630	上部为绢云母石英片岩、绿泥石英片岩夹变质砾岩及含砾绢云母绿泥石石英片岩，下部为云英岩、云母片岩、石英片岩	
太古界			登封群	郭家窑组	Arg		857	黄褐色角闪片岩，斜长石角闪片岩、斜长角闪片麻岩和各种变质砾岩	
太古界			登封群	石牌河组	Arsh		>256	灰绿色和灰黄色黑云斜长变粒岩、黑云斜长片岩、斜长角闪片麻岩夹斜长角闪岩	

大嵩山

第二节 "三大运动"的地学典型构造遗迹

地质构造是指组成地壳的岩层和岩体在内、外动力地质作用下发生的变形变位,从而形成诸如褶皱、节理、断层、劈理以及其他各种面状和线状构造等组成地壳的岩层和岩体,在内、外动力地质作用下(多为构造运动),发生变形和变位后,形成的几何体,或残留下的形迹。地质构造是一个地区不同地质年代时期地壳活动的记录仪,通过对地质构造的研究可以分析该区域地壳活动的强度和受力方向、运动规律等。

嵩阳期登封群的构造轮廓尚难确切辨别,现今登封群的构造面貌是中岳期改造的结果。主要分为基底褶皱构造和基底断裂构造,基底褶皱构造以强烈褶皱复杂变形为特征,基底断裂构造表现出顺层剪切的特性及脆性、脆-韧性断层特征。盖层构造,主要是燕山运动造成的褶皱和断裂。

一、嵩阳运动——太古与远古的分水岭

1950年,河南省政府组织了一次新中国成立以来本省规模最大的地质调查,河南籍地质学家张伯声应邀作技术指导。其间,他在登封嵩岳寺西南一条小沟中发现了片麻岩及片岩和石英岩之间的角度不整合接触关系,提出:不整合面以下的片麻岩为泰山系,称作"泰山杂岩";不整合面以上的石英岩和片岩为"五台系",称作"嵩山石英岩"和"五指岭片岩"。由于这一地点处在嵩山之阳,故命名为"嵩阳运动"。

嵩阳运动为发生在太古代登封沉积以后,早于嵩山期沉积的一次强烈造山运动,距今25亿年前后,嵩山群以角度不整合覆盖在

登封岩群各组不同层位之上。虽然登封岩群由于嵩阳运动以后又经历了历次构造运动尤其是中岳运动的改造，失去了嵩阳运动所造成的原始构造形态，但登封岩群在顺从中岳运动经向改造的同时，仍保留着原始的纬向构造烙印。

登封岩群现在所表现的近南北向褶皱构造是卷入中岳期构造运动的结果，其与嵩山群一起形成复杂的复式倒转背、向斜构造，如御寨山间的复式倒转背斜、御寨山与嵩山主峰间的复式倒转背斜等。在这些和嵩山群共同构成倒转背斜的倒转翼上，登封岩群片麻岩及片岩吻合地盖在嵩山群石英岩之上，并在其核部和翼部均发育着次一级、更次一级的形态复杂的褶皱，如相似褶皱、同心褶皱、层状褶皱、折带形褶皱以伴随褶皱所形成的劈理、片理、次生变质条带，挤压透镜体及矿物线理等。

嵩阳运动所造成的古元古界嵩山群与新太古界登封岩群的不整合面以及研究嵩阳运动的意义，可以通过对登封岩群地层、构造剖面和对玄天庙、老母洞等接触关系的观察得以了解。峻极宫东西一线，山势由缓变陡处，就是嵩阳运动不整合面，构造形迹明显清晰，被地质界誉为经典遗迹。

二、中岳运动——刚柔兼具的构造形态遗迹

中岳运动是1954年张尔道首次命名的，指发生在下元古代嵩山期沉积之后，中元古代五佛山期沉积以前的一次强烈造山运动。中岳运动使整个嵩山群产生了紧密的走向近南北、轴面向西倾斜、向东倒转的复式背斜和复式向斜。

中岳运动时期的断裂构造主要有北东－南西向、近南北向和近东西向三组，前两组较发育，规模也较大。其构造形态和角度不整合面，在少林水库附近有明显表露。不整合面的存在，反映了中岳运动变形后嵩山所经历的一次长时期风化剥蚀，五佛山群底部砾岩中的大量滚圆砾石就是这种风化剥蚀的产物。中岳运动还形成一系

第一章 万山之祖：嵩山大变迁

图 1-1 嵩阳运动不整合面

图 1-2 中岳运动不整合面

列近南北向的褶皱群，褶皱多为紧闭同斜褶皱和平卧褶皱，轴面多数西倾。

三、少林运动——重力滑动构造理论形成

少林运动使五佛山群形成了近东西向的平缓开阔褶皱，并伴有与褶皱构造线相平行或近于垂直的断裂组合。对于少林运动在五佛山区所形成的构造形态，马杏恒建立了"重力滑动构造"的观点和理论。

1959年，中国地质科学研究院在嵩山开展调查，王曰伦和王泽九等将寒武系与五佛山群之间的不整合面命名为"少林运动"，提出其活动时间约在距今8亿—5.43亿年间。因这个不整合的典型出露地点位于少林寺西边的山梁上，故而以"少林"命名之。少林运动除在嵩山西北坡表现为造山运动外，在其他地区均表现为造陆运动。嵩山的造山运动持续了大约2亿多年，其间的震旦纪，豫西地区曾发生冰川活动，嵩山以南的汝州、平顶山等地在这次大陆冰川活动后曾出现过海盆，有冰前海相沉积，但嵩山地区地势较高，一直处在剥蚀过程。

少林运动为发生在晚前寒武世的一次构造运动。在华北地台上，表现为明显的沉积间断，寒武系下统馒头组与前寒武系分界清楚，馒头组底部杂面页岩之下均有侵蚀石存在。

在地处华北地台西南边缘的嵩山地区，少林运动表现为明显的多面不整合，寒武系下统馒头组之下的辛集组底部砾岩呈现角度不整合覆盖在五佛山群何家寨组之上，或趋覆于马鞍山组及嵩山群各组之上。这一角度不整合面在御寨山和嵩山北坡都可见到，尤其是少林寺西山出露显著，界面清晰，一目了然。

少林运动使五佛山群形成了近东西向的平缓开阔褶皱，并伴有与褶皱构造线相平行或近于垂直的断裂组合。对于少林运动在五佛山区所形成的构造形态，马杏垣建立了"重力滑动构造"的观点和

第一章　万山之祖：嵩山大变迁

图 1-3　少林运动不整合面

表 1-4　嵩山地区前寒武纪岩石（地层）序列分表

时代	地层		火成岩	界面名称
寒武纪	关口组（新集组）			少林运动（王曰伦等，1960，约 0.8Ga）
震旦纪	罗圈组			
新元古代	五佛山群	何家寨组		
		骆驼畔组		
中元古代		葡萄峪组		
		马鞍山组		
	兵马沟组			中岳运动（张尔道，1954，约 1.8Ga）
古元古代	嵩山群	花峪组	竹园沟基性岩墙群 石秤钾长花岗岩序列（1652Ma，1805Ma）	
		庙坡山组		
		五指岭组		
		罗汉洞组		
新太古代	登封岩群	老洋沟岩组	路家沟钾长花岗岩系列（2176Ma）、李家沟变基性岩墙群、晋窑伟晶岩群	嵩阳运动（张伯声，1951，约 2.5Ga）
		金家门岩组	君召北区片麻岩套（2520—2563Ma）、	
		郭家窑岩组	登封城区片麻岩套（2557—2604Ma）	

理论。该理论认为，由于南部基底断块翘起，在重力控制下，上覆地层经过长期流变—断裂—滑动的复杂发展过程，从而形成表层滑动构造。这一理论也奠定了勘探登封煤田的理论基础。

第三节　盛名远播的山岳地质景观

本区地壳运动经过了多次造山运动和新构造运动，中岳运动末期形成岩浆入侵，同时又产生变质作用，已形成的岩石经过变质形成了复杂的变质岩系。又经风化、剥蚀、溶蚀、沉积、改造、滑动、崩塌等作用，形成了瑰丽多姿、怪石林立、景色峻幽的嵩山山体景观。太室山、少室山作为嵩山的核心峰峦，其主要岩石为石英岩，这与五岳中的泰山变质杂岩（花岗岩变质）、华山和衡山的花岗岩、恒山的石灰岩明显不同。相对这几种岩石的岩性来看，石灰岩最易风化，形成年代相对较晚，花岗岩中因包含长石、云母，在外地质营力（自然改造力）的作用下，较石英岩更易风化成砂。嵩山主峰的石英岩，岩性坚硬，抗风化能力强，从而山势陡峻。由于裂隙发育，风化后形成梳状山峰，沟谷深切，山坡崩塌而形成的石河、倒石锥现象普遍。

一、地壳运动遗迹景观

嵩山地区地层发育层序清楚，太古代、元古代、古生代、中生代、新生代地层和岩石均有良好的出露，在地层中保留了大量地壳运动遗迹。典型的代表有嵩阳运动地质景观、中岳运动地质景观、少林运动地质景观、印支–燕山运动景观、怀远运动地质景观。

1. 嵩阳运动地质景观

峻极宫东西一线，山势由缓变陡处，就是嵩阳运动不整合面，构造形迹明显清晰，被地质界誉为经典遗迹。该景观代表距今25亿年前后太古宙末期的一次地壳运动，形成了嵩阳运动不整合面。不整合面之下的新太古界登封岩群片麻岩与上覆元古宙嵩山群变质底部砾岩，本来是一种角度不整合接触关系，而现在看到的却是平行不整合接触。

2. 中岳运动地质景观

中岳运动是发生在古元古代嵩山群沉积之后，中新元古代五佛山群沉积以前的一次造山运动。五佛山群呈现高角度不整合覆盖于嵩山群以及更为古老的岩层之上。中岳运动是嵩山地区最强烈的一次造山运动，活动的时间大约在距今18亿—11亿年间。中岳运动造成的不整合面在嵩山随处可见，遗迹保存完整，处于少林水库西崖的一座小山即为中岳运动的遗迹。

挡阳山北段有一峰突现山脊，状如香炉，高1303米，即香炉寨。山脊东西走向，山顶陡峭部分为距今11亿年左右滨海环境沉积的紫红色砾岩、砂岩，称马鞍山组，属于五佛山群的最下面一个组。它像一床被子盖在山岭上，被子下面是古元古界嵩山群石英岩和片岩，上面的五佛山群岩层走向为东西向，下面的嵩山群岩层走向为南北向，其间有明显的角度不整合。

3. 少林运动地质景观

在少林寺西山寒武系下统馒头组之下的辛集组底部砾岩呈现角度不整合覆盖在五佛山群何家寨组之上，或趋覆于马鞍山组及嵩山群各组之上。这一不整合的典型剖面出露地点位于少林寺西边的山梁上，露头良好、界面清晰，地质学家将寒武系与五佛山群之间的不整合面命名为"少林运动"。

少林运动活动时间约在距今8亿—5.43亿年间，除在嵩山西北坡表现为造山运动外，其他地区均表现为造陆运动。少林运动造成嵩山抬升了大约2亿多年。其间的震旦纪豫西曾发生过冰川活动，但嵩山地区地势较高，一直处在剥蚀环境中。

4. 印支–燕山运动景观

图1—4　五佛山的五个三角形主滑面

印支-燕山运动为造成嵩山地区盖层褶皱和断裂的主要构造运动，使本区形成了纬向构造格架，又经过新生代的掀斜构造过程，塑造了盆岭构造面貌。

5. 怀远运动地质景观

在嵩山张家村北面的山坡上可以清楚地看到，上寒武统三山子组之上为一层砂砾岩、砂岩页岩及白云质灰岩，这就是所谓的"贾旺页岩"，属奥陶系中统马家沟组，二者为平行不整合接触期间缺乏奥陶系下统。造成这个平行不整合的运动即"怀远运动"，1922年由李四光命名，其发生时间大约在奥陶世末期，影响到华北地台南部大部分地区，其性质是抬升。

二、地质构造景观

主要有重力滑动构造地质景观、褶皱遗迹地质景观、节理构造地质景观、山体滑坡遗迹、断层地质景观等。

1. 重力滑动构造地质景观

马鞍山北坡有个小山村，村南山坡上由东向西排列着五个平滑的三角形山坡，形如并排打坐的五尊佛像，背靠马鞍山，当地人称五佛山。这些三角面就是重力滑动构造的主滑面。五佛山至晋窑山路西侧，分布着五佛山群剖面、中岳运动界面和登封岩群剖面等地质遗迹。

2. 褶皱遗迹地质景观

纸坊水库周围嵩山群片岩分布区发育着各种形态的褶曲，这些褶曲大小悬殊，小的在一块手标本上就可以看到，大的则遍布一面山坡。有两翼产状近于水平的，叫"平卧褶皱"；各层岩石保持一致形态弯曲的叫"协调褶皱"；还有一种外形像肠子一样的褶皱，叫"肠状褶皱"。纸坊湖附近有一处褶皱更典型，后期褶皱重叠于先存褶皱之上，叫"叠加褶皱"。它可以反映出当地几次构造变形的演化过程，所以备受地质学家青睐。

尖棱褶皱：尖棱褶皱是嵩山群石英岩中最常见的一种褶皱，它是一种两翼平行的尖顶褶皱。一层层直立的石英岩看似层层相叠，直观的岩层厚度貌似其真实厚度，实则不然，这些近似平行的岩层中常有尖棱褶皱存在，岩层被反复折叠，是岩层厚度的假象，故而被称为"假厚度"或者"片褶厚度"。

平卧褶皱：平卧褶皱是两翼产状近于水平的一种褶皱，嵩山世界地质公园内有多处保存极好的大型平卧褶皱。在西十里铺附近西望，少室山东坡一个大型平卧褶皱清晰可见。

3. 节理构造地质景观

进入少室山西侧的三皇寨景区，可见一簇簇白色岩柱，如同一柄柄利剑直刺苍穹，世所罕见。少室山石英岩垂直层面的节理并不十分发育，最发育的裂隙是层理或平行层理的节理裂隙，形成的石林地貌不是柱状而是板状。

4. 山体滑坡遗迹

图 1-5 少林石林

经历了燕山运动的洗礼，嵩山山体变得高峻陡峭，悬崖众多。0.65亿年以来的喜马拉雅运动，导致嵩山进一步隆升，悬崖地貌更趋发育。虽然石英岩异常坚硬，但节理发育的山体仍存在裂解下滑之虞，三皇寨景区多处可见滑塌的山体。

5. 断层地质景观

登封大断层：近东西向的断裂以登封大断层为代表，该断层也称"玉皇庙断层"或"君召－太后庙断层"。该断层西起君召，沿太后庙、玉皇庙、箕山东延长到石占山一带，大体与登封大背斜轴向平行，东西延伸约50公里，断面南倾，倾角30°—70°，为张性正断层。

石淙河断层：位于登封阳城赵家门，石淙河沿断层破碎带追踪发育形成断层谷，地貌特征明显，由于两侧岩性不同，南侧谷坡陡峭，北侧相对较缓，断层走向265°，倾向355°，倾角49°，断层性质为正断层。

五指岭断层：分布于登封、巩义两市交界的五指岭西南侧，南东段在花家岭以东没入第四系，往北经北阴潭、塔水磨、庙凹至巩义市老井沟。出露长20公里，呈310°方向延伸，切割嵩山大背斜和颍阳－石道大向斜。断面倾向南西，倾角80°左右，破碎带宽10—100米。断层切割嵩山群、马鞍山组及古生界，五指岭西坡嵩山群与古生代地层在走向上呈断层接触，断层北东盘至少向北西方向推移4—7公里，五指岭断层破坏了登封大背斜的完整性和连续性，是嵩山地区影响很大的平移正断层。

唐窑－中岳庙断层：出露在唐窑、龙山头北、崇福宫、申半坡及中岳庙一带，地貌上多形成凹谷，向东南被第四系覆盖，再向南东经五渡村至阳城南与魏家窑－尧坡山断层相交，总长40公里以上。断层走向315°，倾向南西，倾角65°—80°。断层切割新太古代岩浆岩、嵩山群、五佛山群及古生界，破碎带宽100—200米。东南段切割大向斜，使卢店盆地向北西方向位移3公里左右，西北段两盘地层相对位移2公里左右，为较有影响的平移正断层。

三、嵩山世界地质公园

地质公园是以具有特殊地质科学意义、稀有的自然属性、较高的美学观赏价值，有一定规模和分布范围的地质遗迹景观为主体，融合其他自然景观与人文景观而构成的一种独特的自然区域。联合国教科文组织命名的世界地质公园是国际地球科学和地质公园计划的一部分，是一项国际合作机制。凭借该机制，拥有具有国际价值的地质遗产的地区可采取自下而上的办法保护该遗产，并相互支持，促使地方社区参与提高对这些遗产的认识。这些地区可向联合国教科文组织申请指定为"联合国教科文组织世界地质公园"。2004年，在联合国教科文组织的支持下，欧洲地质公园网络的17个成员及8个中国地质公园共同创建了世界地质公园网络（GGN），此后有100多家世界地质公园成为该网络的成员，该网络于2015年获得联合国教科文组织正式的法律地位。

嵩山世界地质公园是首批世界地质公园，总面积464平方公里，主要地质遗迹类型为地质（含构造）剖面。在公园范围内，连续完整地出露36亿年以来太古宙、元古宙、古生代、中生代和新生代五个地质历史时期的地层，地层层序清楚，构造形迹典型，是一部完整的地球历史教科书。

表1-5 嵩山世界地质公园地质遗迹类型划分表

大类	类	亚类	型
地质（体、层）剖面大类	地层剖面	区域性标准剖面	新新太古界登封岩群地层剖面、古元古界嵩山群地层剖面、中-新元古宙五佛山群地层剖面
		地方性标准剖面	震旦纪罗圈组地层剖面，古生界寒武系、奥陶系、石炭系、二叠系地层剖面，中生界三叠系地层剖面，新生界古近系、新近系、第四系地层剖面
	岩浆岩（体）剖面	典型基、超基性岩体（剖面）	李家沟变基性岩墙群、竹园沟基性岩墙群

续表

大类	类	亚类	型
地质（体、层）剖面大类	岩浆岩（体）剖面	典型中性岩体（剖面）	大塔寺英云闪长（质片麻）岩体、青杨沟变辉长闪长岩体
		典型酸性岩体（剖面）	会善寺奥长花岗（片麻）岩体、牛屋栏奥长花岗岩体、北沟二长花岗（片麻）岩体、吴家门二长花岗岩体、晋窑伟晶岩脉
		典型碱性岩体（剖面）	路家沟钾长花岗岩体、石秤钾长花岗岩体
	变质岩相剖面	典型接触变质带剖面	石秤岩体北缘交代接触变质带
		典型热动力变质带剖面	花岗绿岩分布区角闪岩相变质带、嵩山群分布区绿片岩相变质带
	沉积岩相剖面	典型沉积岩相剖面	登封岩群火山沉积相沉积、五佛山群浅海相沉积、下古生界开阔台地相沉积、中寒武系潮坪相沉积、二叠系滨海沼泽相沉积、上石炭系潟湖相沉积、二叠系三角洲相沉积、二叠系石千峰组滨海湖泊相沉积、三叠系刘家沟组曲流河相、三叠系内陆淡水湖泊沉积、古近系张家村组辫状河相沉积
地质构造大类	构造形迹	典型构造运动剖面	嵩阳运动不整合面、中岳运动不整合面、少林运动不整合面
		中小型构造	大塔寺复背斜、五指岭复向斜、玉寨山复向斜、嵩山-双尖岭大背斜、颍阳-东金店-芦店大向斜、嵩山北坡正断层、王峪正断层、龙潭寺正断层、西瑶村北正断层、老虎头寨逆断层、安坡山逆断层、水磨湾逆断层、老君殿逆断层、水峪逆断层、东月湾-太后庙断层带、五指岭断层、唐窑-中岳庙断层
古生物大类	古人类	古人类活动遗迹	唐庄新石器遗址、胡杜坪原始穴居坑遗址、颍河两岸遗址群、夏王城岗遗址、春秋战国—汉阳城遗址
	古动物	古无脊椎动物	有孔虫、䗴、海绵骨针、珊瑚、牙形石、苔藓虫、园货贝、长身贝、锄形贝、魏斯顿贝、双壳、介形虫、海胆

续表

大类	类	亚类	型
古生物大类	古动物	古脊椎动物	二齿兽、副肯氏兽、安氏驼鸟、中华缟鬣狗、水鹿、纳玛古菱齿象
	古植物	古植物	古菌藻、蕨类、楔叶、裸子、松柏、被子植物、硅化木等
	古生物遗迹	古生物活动遗迹	虫迹
矿物与矿床大类	典型矿物产地	典型矿物产地	黄铁矿、黄铜矿、水晶、方解石、孔雀石、重晶石、黑云母、石英、长石、电气石、萤石
	典型矿床	典型金属矿床	铁、铜、铅、锌、铝、金
		典型非金属矿床	水泥灰岩、化工灰岩、熔剂灰岩、白云岩、硅石、耐火黏土、黄铁矿、麦饭石、油石、玉石
		典型能源矿床	煤
地貌景观大类	岩石地貌	花岗岩地貌	嵖岈山型（低山塔峰型）、神灵寨型（浑圆巨丘型）、鼓浪屿型（风化石蛋型）
		碎屑岩地貌	嶂石岩地貌（元古宙石英砂岩）
		可溶岩地貌（喀斯特地貌）	岩溶峡谷、溶洞、石芽、石柱
		黄土地貌	黄土塬、黄土沟
	冰川地貌	冰川堆积地貌	冰碛层
	流水地貌	流水侵蚀地貌	宽谷、峡谷（一线天、连天峡、三皇峡）、嶂谷、隘谷、壶穴、侵蚀阶地
		流水堆积地貌	沉积阶地
	构造地貌	构造地貌	飞来峰、断层崖、断层三角面、掀斜单面山、断块山、褶皱山、石林（书册崖）
水体景观大类	泉水景观	冷泉景观	下降泉、冷间歇泉、涌泉
	湖沼景观	湖泊景观	人工湖（少林湖、纸坊湖、朝阳沟水库）
	瀑布景观	瀑布景观	河道型瀑布（卢崖瀑布、八龙潭、九龙潭）、山岳型瀑布（天瀑）

续表

大类	类	亚类	型
环境地质遗迹大类	灾变地质环境遗迹	山体崩塌遗迹	倒石堆、崩塌悬崖、石船、云城、启母石
		滑坡遗迹	滑坡体、滑坡壁、滑动面
	古采矿遗迹	古采矿遗迹	露天采场、采矿坑道

表1-6 嵩山世界地质公园地质遗迹和地质景观评价一览表

景区	景点	属性	等级	级别
五佛山景区	新新太古界登封岩群地层剖面	自然	国家级（★★★★）	II
	中-新元古宙五佛山群地层剖面	自然	国家级（★★★★）	II
	重力滑动构造遗迹	自然	世界级（★★★★★）	I
	少林运动不整合面	自然	世界级（★★★★★）	I
	TTG花岗绿岩系	自然	国家级（★★★）	II
	角度不整合	自然	国家级（★★★★）	II
	叠层石	自然	国家级（★★★★）	II
	五佛山五个断层三角面地貌景观	自然	国家级（★★★★）	II
	九妖十八洞	自然、人文	地方级（★★）	IV
少室山景区	嵩阳运动不整合面	自然	世界级（★★★★★）	I
	少室山倒转复式向斜构造	自然	世界级（★★★★★）	I
	黄寨凌空	自然	国家级（★★★★）	II
	山体滑塌遗迹	自然	省级（★★★）	III
	一线天	自然	国家级（★★★★）	II
	少室山地貌景观	自然	国家级（★★★★）	II
	尖棱褶皱	自然	国家级（★★★★）	II
	水晶洞	自然	省级（★★★）	III
	石瓮	自然	国家级（★★★★）	II
	山体滑塌遗迹	自然	国家级（★★★★）	II
	复合褶皱	自然	国家级（★★★★）	II
	节理	自然	国家级（★★★★）	II
	中岳运动不整合面	自然	世界级（★★★★★）	I

续表

景区	景点	属性	等级	级别
少室山景区	猴子观天	自然、人文	省级（★★★）	III
	少室石林	自然	国家级（★★★★）	II
	珠帘飞瀑	自然	国家级（★★★★）	II
	少室晴雪	自然	省级（★★★）	III
	达摩洞	自然、人文	国家级（★★★★）	II
	古生界寒武系地层剖面	自然	省级（★★★）	III
	少林水库	自然、人文	地方级（★★）	IV
	石僧迎宾	自然、人文	省级（★★★）	III
	中岳运动不整合面	自然	世界级（★★★★★）	I
	水帘洞	自然、人文	省级（★★★）	III
太室山景区	古元古界嵩山群罗汉洞组地层剖面	自然	国家级（★★★★）	II
	古元古界嵩山群五指岭一段地层剖面	自然	国家级（★★★★）	II
	古元古界嵩山群五指岭二段地层剖面	自然	国家级（★★★★）	II
	嵩阳运动不整合面	自然	世界级（★★★★★）	I
	太室山倒转复背斜	自然	世界级（★★★★★）	I
	石笋闹林	自然	省级（★★★）	III
	嵩门待月	自然	国家级（★★★★）	II
	唐窑-中岳庙断裂带	自然	国家级（★★★★）	II
	罗汉洞	自然、人文	省级（★★★）	III
	地质博物馆	自然、人文	地方级（★★）	IV
	启母石	自然、人文	省级（★★★）	III
	背斜褶皱	自然	国家级（★★★★）	II
	倒转褶皱	自然	国家级（★★★★）	II
	波痕	自然	国家级（★★★★）	II
	一线天	自然	国家级（★★★★）	II
	壶穴	自然	省级（★★★）	III
	高山草甸	自然	省级（★★★）	III
	卢崖瀑布	自然	国家级（★★★★）	II
	包卷构造	自然	国家级（★★★★）	II
	滑草场	自然	地方级（★★）	IV
	交错层理	自然	国家级（★★★★）	II
	八龙潭	自然	省级（★★★）	III

续表

景区	景点	属性	等级	级别
太室山景区	龙潭沟变质岩峡谷地貌及水体景观	自然	国家级（★★★★）	II
	猎渔沟变质岩峡谷地貌及水体景观	自然	国家级（★★★★）	II
	大型平卧褶皱	自然	世界级（★★★★★）	I
九龙潭景区	雪沟"褶叠山"	自然	世界级（★★★★★）	I
	三叶虫化石	自然	国家级（★★★★）	II
	纸坊水库	自然、人文	地方级（★★）	IV
	中岳运动不整合面	自然	世界级（★★★★★）	I
	褶皱构造遗迹	自然	国家级（★★★★）	II
	古元古界嵩山群五指岭三段地层剖面	自然	国家级（★★★★）	II
	五指岭断层	自然	国家级（★★★★）	II
	古元古界嵩山群庙坡组地层剖面	自然	国家级（★★★★）	II
	古元古界嵩山群花峪组地层剖面	自然	国家级（★★★★）	II
	尖哨东沟嵩山群构造变形遗迹	自然	国家级（★★★★）	II
	林台山飞来峰	自然	国家级（★★★★）	II
	蛤蟆头山两次地壳运动复合遗迹	自然	国家级（★★★★）	II
	九龙潭嵩山群构造变形遗迹	自然	国家级（★★★★）	II
	九龙潭峡谷地貌	自然	国家级（★★★★）	II
	角度不整合	自然	国家级（★★★★）	II
	老虎头寨大型褶皱山	自然	世界级（★★★★★）	I
保护区	新生界古近系、新近系、第四系地层剖面	自然	省级（★★★）	III

嵩山地质公园博物馆始建于2003年6月，是嵩山世界地质公园的核心展示部分，东距嵩阳书院200米，背依山峦，面临清溪，占地面积3万多平方米，设计新颖别致，朴实大方，分为博物馆和标志碑两部分。

图 1-6 嵩山世界地质公园标志碑

第一章 万山之祖：嵩山大变迁

博物馆建筑面积3000平方米，展厅面积1500平方米，共分设6个展厅，分别为走进嵩山、地质大典、海陆变迁、地学摇篮、岳立中天及多媒体厅。嵩山地质公园博物馆日接待能力达5000人次。

标志碑造型为一本打开的地学百科全书，五种不同时期岩层中所取的岩石组成五层环形基座，三组台阶分别代表三次前寒武纪区域性地壳构造运动（嵩阳运动、中岳运动、少林运动）。标志碑基座直径为21米（代表21世纪），建筑总高度为15.12米（是嵩山最高峰连天峰海拔的1%）。

嵩山是我国版图上少有的几块古陆之一，历经几十亿年的海陆变迁，承受了强烈的构造运动，积累了多个地质历史时期的地层。这些典型的全球构造运动所形成的构造形态遗迹、自太古代以来的地层序列均在嵩山地区较小的范围内集中出露，既是地球演化史的科研场所，也为相应的地壳活动造就的矿产资源留存提供了空间。连续出露的地层使丰富的煤炭、铁矿、铝土矿、黏土、硅石、石灰岩等矿产资源更易得到开发利用。嵩山在第四纪的中更新世以后，气候逐渐湿润炎热，动植物十分繁盛，大范围分布有黄土层和河流沉积土层，冲积成因的亚黏土、亚砂土和砂砾石层，也为动植物和人类生存提供了环境保障。

嵩山雄踞五岳之中，翠峰挺拔，景色俊秀。就地质而言，其岩石发育完整，嵩山地区的岩浆岩、沉积岩、变质岩，构成了中国最古老的岩系——登封群的"登封杂岩"；在漫长的地质时代，嵩山又经历了嵩阳运动、中岳运动、少林运动等几次大的地壳变化，前寒武纪的"三大运动"所形成的不整合面遗迹清晰可见；在地球发展历史上，先后历经太古宙（新太古代）、元古宙（古元古代、中元古代、新元古代）、古生代、中生代、新生代，被地质学界誉为"五代（七代）同堂"。尤其是从古陆核的形成到地壳构造演化历史均自成体系，成为中国最古老的独立山系，是万山之祖。

郑泰森 摄影

第二章

天中福地：嵩山大环境

自太古代以来，嵩山地区几经沧海桑田，营造了多样的地貌，形成了密布的水系，沉积了巨厚的黄土，富集了丰富的物种，为人类的繁衍生息和华夏文明的形成和崛起塑造了优越的生境。

在全新世大暖期，由于北纬30°附近的副热带高气压沙漠带随着全球行星风系的调整而向高纬推移，亚非季风势力深入内陆，使北半球北纬20°—40°之间的中纬度向高纬度的过渡地带，得以终年享有季风雨露的沐浴，从而形成了所谓的北半球文明带。埃及文明、巴比伦文明、印度文明、以嵩山为中心的华夏文明等四大古代文明的形成与崛起，都在这一生境优越的地带。除了政治、经济、文化等社会优势，嵩山地区特有的复合生态优势堪称孕育华夏历史文明的温床。为了从人与人的关系和人与自然的关系这两条主线阐释嵩山文化和嵩山文明的起源和崛起，我们通过阐述嵩山地区生态系统各因子的特点，揭示其人地系统的内涵与特征，并与北方草原地区和东南沿海地区的脆弱生境条件相类比，以期阐明嵩山地区的复合生态优势。

第一节　优越的区位

嵩山是我国第二级阶梯向第三级阶梯的过渡带、中纬度向高纬度的过渡带、北亚热带向暖温带的过渡带。由于嵩山地区地处大中原之腹心，又是华夏历史文明的摇篮，所以自夏商周三代尤其是秦汉时期以来，这里便被赋予"天地之中"的美誉。

第二章　天中福地：嵩山大环境

一、过渡性空间

生境指人类及自然万物的生存环境，生境的优劣对于人类文明的起源和发展有着关键的推动或制约作用。世界各大文明起源中心都处在中纬度水热条件良好、适宜农业垦殖的大河流域。而世界许多社会发展阶段滞后的少数民族，其生存与发展都受到恶劣生境的胁迫，导致生产力发展缓慢、与外部交往受阻等。

我国的宏观地形自西向东大致可以划分为三个阶梯。昆仑山、祁连山以南，岷山、邛崃山、横断山脉以西的青藏高原属第一级阶梯，平均海拔4500米。青藏高原的外缘至大兴安岭、太行山、巫山、雪峰山之间，包括云贵高原、黄土高原为第二级阶梯，海拔多在1000—2000米之间。东部辽阔的平原和丘陵构成第三级阶梯，平均海拔在500米以下[1]。第一级阶梯海拔过高，除少部分地方适宜土著游牧民生存之外，大部分高寒地带因空气稀薄自古至今都是所谓的"无人区"。而东部以平原为主的第三级阶梯，一方面具有地势平坦、广袤无垠、易于农耕、交通便捷等诸多优势，同时许多地方又因地势低洼而易受洪水侵袭，给社会经济的稳定发展造成干扰破坏。

嵩山地区地处第二级阶梯与第三级阶梯的过渡带，其西部与广袤的黄土高原和秦岭山地接壤，北部与层峦叠嶂的太行山脉毗连，东部与南部没入辽阔的黄淮海冲积平原。这种三重过渡带的地理特性，塑造了嵩山地区丰富多样的地貌类型和景观特质。这种相对围合而又不失开放的景观格局，既可有效阻挡西北冷空气的侵袭，又可规避洪水淹没，为人类活动提供了广阔、适宜、富有弹性和拓展潜力的生存空间。即便在当代，其防灾减灾优势也依然存在。

受太行山-伏牛山东麓地质构造带控制，嵩山地区表现出西部隆升、东部沉降的地理态势。嵩山西部地区山地丘陵广布，主要由崤山、伏牛山、熊耳山、外方山等山脉东麓及嵩箕山脉构成。

自新生代以来的6000多万年间，嵩山以西区域由于受到秦岭、

[1]《中国自然地理》编写组：《中国自然地理》，第2版，高等教育出版社，1984年。

渭河盆地、洛阳盆地构造带两组东西向次级构造单元伸展运动的影响，盆地断陷与山地隆升相伴随，从西安起，自西向东形成了关中盆地、灵宝盆地、洛阳盆地等一系列串珠形断陷和坳陷盆地。

与嵩山以西地区不同，嵩山以东地区在持续的沉降与黄河、淮河等河流的冲积作用下，形成了广阔的黄淮大平原。该区域地形平坦，地势普遍较低，易受洪涝灾害的侵袭。这里之所以密集地分布着荥泽、圃田泽、菏泽、巨野泽等大型湖泊，就是因其地形低洼所使然。当时的黄河下游地区除山东泰沂山区和丘陵地区地势较高外，其余大部分区域多为低湿平原，是河流湖泽众多的水潦之地，土地多咸卤之壤，极易遭受洪水漫流与泛溢之患，限制了旱地粟作农业的发展。所以在嵩山乃至整个太行山以东的黄淮海平原上，自远古时期以来形成了众多星罗棋布、独具特色的所谓"堌堆"遗址。这些堌堆一般高于地表5—10米，大多是由不同历史时期塌陷或废弃的房屋等堆积而成。其时代多自仰韶时代以迄汉代。这种由人类废墟堆积而成的高台，在世界其他地区十分罕见。这些堌堆遗址所出土的人类遗物中，均包括大量采用鹿角、蚌壳等制成的生产工具和生活用品，由此推断，当时的黄淮海平原上分布着大片的水草丰美之地，十分适合鹿等喜水性动物和鱼类、蚌类的繁衍，然而对于早期人类而言却非"理想生境"，因为人们为避水患必须"择高而居"，因而也就只能在平原上人为营造"堌堆"[①]。这一古老的避水方式，直到当代在黄淮海平原的行蓄洪区仍有孑遗，即躲避洪水的"庄台"仍被广泛采用。

处于第二级阶梯和第三级阶梯过渡带的嵩洛地区，北为黄土高原，南为秦岭山地，其西部与地势隆起的第二级阶梯相连，其东没入一望无际的黄淮海大平原。有人形容嵩洛地区的地形犹如一把硕大的"太师椅"，不仅可拓展的空间异常广阔，而且形成既封闭又开放的景观格局。

南北过渡的气候特征与嵩山地区"天地之中"的历史地位同样有着密切的关系。一般而言，气候条件主要由气温与降水等要素决

① 宋豫秦等：《淮河流域可持续发展战略初论》，化学工业出版社，2003年。

定。就气温而言，我国温度变化具有北低南高的特征，自北向南分为寒温带、中温带、暖温带、亚热带、热带等温度带。同时，按照与海洋的距离远近，我国降水变化又具有极为显著的海陆分异性特征。由于嵩山地区处于暖温带与北亚热带交界地带，既不似南方地区气候炎热，潮湿多雨，也不似北方地区干旱少雨，气候寒冷，而是四季分明，日照充足，降雨适中，适合人居。显然，南北过渡的气候条件、第二级阶梯向第三级阶梯的过渡地带、中纬度向高纬度的过渡地带，共同奠定了嵩山地区"天地之中"的环境基础。

二、边缘效应

边缘效应是生态过渡带特有的自然生态和社会生态效应。在生态系统中，处于两种或两种以上的物质体系、能量体系、结构体系、功能体系之间的界面以及向外延伸的过渡性空间域被称为生态过渡带。嵩山地区地处我国地形上的第二级阶梯向第三级阶梯的过渡带，纬度上的中纬度向高纬度过渡带，气候上的北亚热带向暖温带的过渡带。这三种过渡性环境特征共同决定了嵩山地区自古以来就是我国典型的生态过渡带。

边缘效应是生态过渡带的显著特征之一，在自然方面，具体表现为生态系统的结构比较复杂，生态功能相对较强。不同生境的物种于此共生，生物金字塔基宽，种群密度大，生产力水平相对较高。在社会方面，其具体表现为景观类型多样，动植物资源丰富，可为人类提供多元的生计。在嵩山地区，生态过渡带的边缘效应具体表现，如当全新世大暖期之时，这里虽然主要种植旱地作物，但也可种植水稻等亚热带作物，是全国最先"五谷俱全"的区域。

边缘效应一方面能为人类提供相对丰富的物质、能量和信息，这对于人类而言属于"正效应"；另一方面也易引发激烈的竞争和频繁的自然灾害，这对于人类而言则属于"负效应"。嵩山地区地处生态过渡带，其自然和社会两方面的边缘效应共同构成优越的人地关系系统，对早期人类所带来的正效应远远大于负效应。自远古时代以来，嵩山地区虽然也频频发生过无数次的自然灾害，屡屡对人类的生存与发展造成胁迫，但这些灾害从未对本区域带来颠覆性、毁灭性的破坏，这无疑乃华夏历史文明得以绵延不绝的关键原因之一。

三、交通咽喉

在我国中部地区，不少地方都有"通衢"之称，亦即交通便利发达。但从全国交通系统总体格局来看，嵩山地区却无论古代或当代，都具有无可替代的地位和作用，在全国交通网络体系中有着名副其实的咽喉地位。这种优势地位首先体现在这里是贯通我国内陆地区东西和南北的十字形枢纽。20世纪50年代，河南省的省会由开封迁往郑州，主要原因就在于郑州处在京广和陇海铁路这两条交通大动脉的十字形交叉口。

就东西方向而言，在晋豫两省之间的黄河中游和下游交界地带，自西而东横贯今河南省的三门峡、洛阳、郑州三地区之间，有一条东西向的深陷涵状地带，此地带为华北地台西南隅与昆仑-秦岭地槽东缘的接合部。这一涵状地带西与渭河盆地相连，东至郑州与黄土高原向黄淮平原的过渡地带相接，长约500公里[①]。这条景观廊道自古以来就是我国东西交通要道，近代所修陇海铁路、当代所建连霍高速公路均经由此道。这一地带分布着极为丰富的新石器时代以来的古文化遗址。

就南北方向而言，受太行山构造带的影响，沿伏牛山、嵩山、太行山山前地带的今京广铁路沿线，存在一条南北长约1000公里的交通要道，与豫晋间黄河中下游那条东西要道一样，近代所修京汉铁路、当代所建京港澳高速公路均经由此道。这条通道所处狭长地带也同样分布着极为丰富的新石器时代以来的古文化遗址。

正是由于这两条交通要道对于贯通我国东西南北、四面八方具有特殊作用和意义，所以自古以来，这两条要道也成为东西南北四

[①] 周昆叔等：《再论嵩山文化圈》，《中华文明与嵩山文明研究》（第一辑），科学出版社，2009年。

方文化交流碰撞的重要廊道，其交汇点恰好位于以嵩山为中心的中原文化核心区。正因为如此，使得这里成为早期中国区位条件最为优越的物质流、信息流汇集之地，从而为大嵩山地区社会、经济、文化的快速发展提供了契机。

由于地处中国内陆的腹心地带，尤其是南北和东西两条大的景观廊道在嵩山地区的交会，加之嵩山周围自夏商周三代时期以来被诸多大小城镇所拱卫，使得这里自古便具有居"天地之中"而辐射四方的中枢地位和作用。这一特殊的空间优势，决定了嵩山地区至今仍在全国交通体系中具有无可替代的优势，享有"中国的交通心脏""中国的十字路口"等美誉。按照国家和区域交通发展规划，嵩山地区将形成辐射周边的半小时城际铁路交通圈，覆盖全河南省的1小时快速铁路交通圈、3小时高速公路交通圈，连接国内主要城市的2小时航空交通圈，通达国际的15小时航空交通圈、15天新欧亚大陆桥运输通道。当前，河南省和郑州市正在嵩山东麓近左的新郑境内加速兴建郑州综合航空港，不久之后，作为国内最大的综合性航空运输港口，这里将成为中国连接世界各地的一个空中枢纽。这一空中交通枢纽之所以建在嵩山地区并非偶然，而是对这里陆地交通优势的一种呼应。这些交通优势充分显示：无论在古代还是在当代，嵩山地区的区位优势对于区域持续繁荣与稳步发展都具有无可替代的地位和作用。

第二节　肥沃的黄土

一、嵩山的黄土分布与特征

黄土是第四纪以来形成的黄色堆积物，主要由黄灰色或棕黄色的尘土和粉沙细粒组成，其结构疏松，质地均一，含大量钙质或黄土结核，多孔隙，有显著的垂直节理，无明显层理，干燥时较坚硬，但易受流水侵蚀。黄土是在长期的风力作用下由西北向东南输送而来的。由于吕梁山、太行山、中条山、秦岭、伏牛山等山地地形的拦阻作用，黄土粉尘在吕梁山、太行山、中条山等山地外围和秦岭－伏牛山山地北侧，以及这些山地的山间盆地和谷地上持续沉积，从而形成了巨厚的黄土堆积。此外，黄河在孟津以东形成宽阔的河滩，由于冰期时期这些河流含沙量大，干燥季节河滩堆积大量沙尘物质，形成近地粉尘或沙源。正是这两方面的来源，共同营造了嵩山地区广泛发育、堆积巨厚的黄土地貌。

嵩山地区的黄土地貌范围大致从西部边缘起，向东至郑州、荥阳一带，向南可至洛宁、宜阳、登封、禹州等地，北至黄河南岸的广武山。由于远古时期强烈的侵蚀作用，嵩山地区普遍罕见早更新世黄土分布，但中更新世离石黄土常见，为黄土－古土壤沉积序列。如，黄河南岸的邙山出露10层以上的黄土－古土壤序列，其厚度可达数十米。离石黄土之上往往覆盖晚更新世马兰黄土，一般在地势较高的地区堆积，最厚处也可达数十米。而在这些地势较高地区的马兰黄土之上，每每发育着距今1万多年的全新世黄土，周昆叔将其命名为"周原黄土"[①]。这类黄土一般可划分为5层。第1层，耕土，厚0.2—0.3米；第2层，新近黄土，距今2000年以降，厚约0.5米；第3层，褐色古土壤，距今3000—2000年，厚约0.5米；第4层，褐红色古土壤，距今8000—3000年，厚约0.8米；第5层，杂色黄土，距今10000—8000年，厚0.2—0.5米。如此巨厚且理化性质良好的黄土堆积，为大嵩山地区文化和文明的崛起奠定了重要的物质基础。

二、黄土与文化的对应关系

按照绝对年代，嵩山地区的全新世黄土与本区域古文化演化轨迹和气候变化序列具有较密切的对应关系（图2-1）。一般而言，

① 周昆叔：《周原黄土及其与文化层的关系》，《第四纪研究》1995年第2期。

第二章　天中福地：嵩山大环境

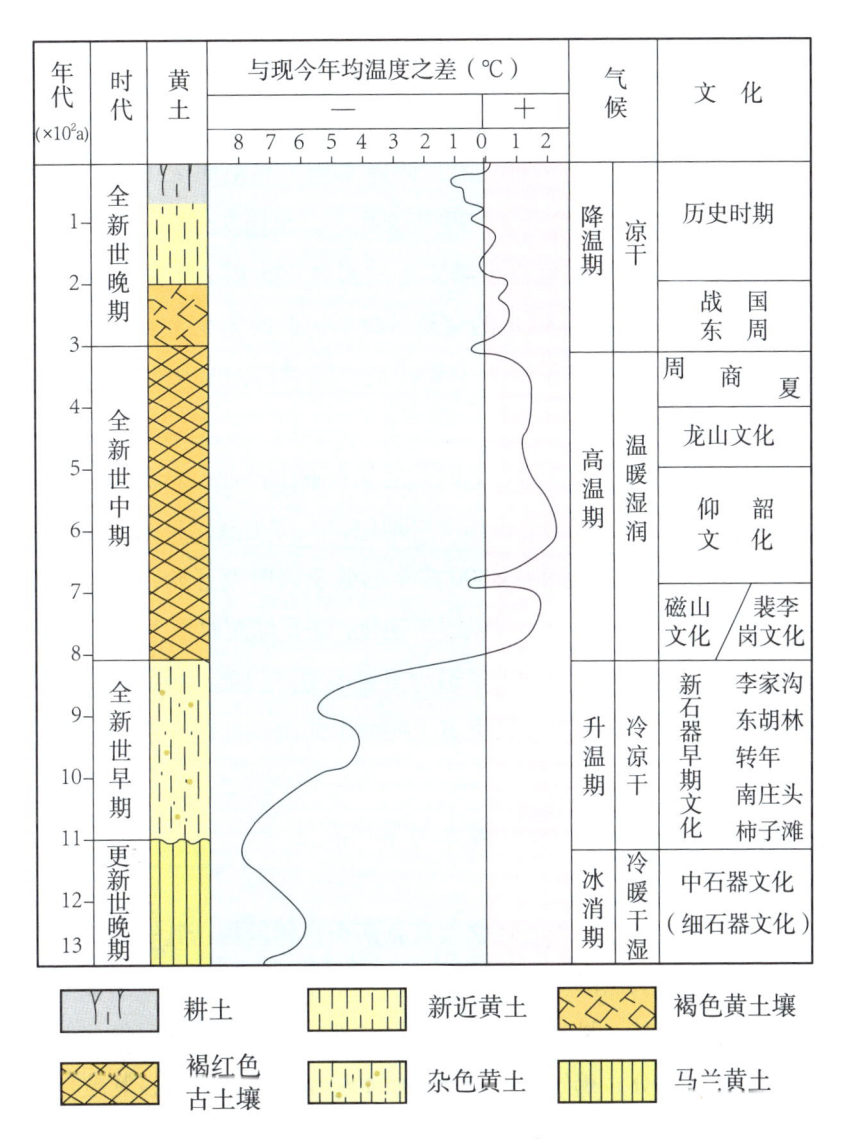

年代(×10²a)	时代	黄土	与现今年均温度之差（℃）	气候		文化	
1	全新世晚期	耕土/新近黄土		降温期	凉干	历史时期	
2						战国	东周
3		褐色黄土壤					
4	全新世中期	褐红色古土壤		高温期	温暖湿润	周 商 夏	
5						龙山文化	
6						仰韶文化	
7						磁山文化	裴李岗文化
8							
9	全新世早期	新近黄土		升温期	冷凉干	新石器早期文化	李家沟 东胡林 转年 南庄头 柿子滩
10							
11							
12	更新世晚期	马兰黄土		冰消期	冷暖干湿	中石器文化（细石器文化）	
13							

图例：耕土　新近黄土　褐色黄土壤　褐红色古土壤　杂色黄土　马兰黄土

图2—1　"周原黄土"地层、气候与文化的关系示意图[①]

① 周昆叔：《环境考古》，文物出版社，2007年。

067

第5层杂色黄土发育于全新世早期，处于末次冰期向全新世大暖期之间的转换期，气候总体上体现出干凉特征。这一时期通常对应距今10000—8000年的新石器时代早期文化，在嵩山地区主要为"李家沟文化"。褐红色古土壤发育于距今8000—3000年的全新世中期，此时恰好处于全新世大暖期，气候以温暖湿润为特征。与之相对应的为新石器中晚期至夏、商、西周文化，嵩山地区以裴李岗文化、仰韶文化、龙山文化、二里头文化、二里岗文化、殷墟文化、西周文化为主。褐红色古土壤之上的褐色古土壤、新近黄土和耕土发育于距今3000年以来的全新世晚期，此时为全新世大暖期之后的降温期，气候以干凉为主要特征，所对应的文化期主要为东周至现代。

研究表明，尽管在新石器时代之初农业生产业已出现，但其并未在人类的生产性活动中占据主要地位，人类仍然以狩猎采集为主要生产方式。大致从距今8000多年的裴李岗时期开始，农业在人类生产性活动中的地位才得以逐步强化，并在仰韶时期、龙山时期、夏商时期持续发展，成为人类最为重要的生产门类。因此，与农业快速发展期相对应的为全新世黄土序列中的褐红色古土壤[1]。

三、黄土与旱作农业

早期人类发展旱作农业需要具备两个自然前提：其一是维系作物生长所需的天然降雨，一般而言，一季作物的天然年降水量不低于400毫米。其二是具有适宜的土壤条件，包括土壤的厚度、理化性质和有效养分。褐红色古土壤的成土母质为风成黄土，其粒径较细，一般在30微米左右。由于其成壤时期与全新世大暖期温暖湿润的气候特征相对应，因此富含腐殖质，有机质含量较高。其富含菌丝体和黏性粒胶膜，颜色整体呈深色调。元素分析显示，褐红色古土壤中钙、镁、铁、锰、钾、硅等元素含量普遍较高，其中许多元素具有增强土壤肥力、促进作物生长的作用。土壤结构分析显示，

[1] 周昆叔等：《裴李岗文化农业物质基础——褐红色古土壤》，《中华文明与嵩山文明研究》（第一辑），科学出版社，2009年。

由于经历了漫长的生物作用，褐红色古土壤形成了明显的团粒结构，而因团粒之间存在孔隙，因此土质一般较为疏松。这些孔隙还可保存水分和空气，使得土壤更具肥力，从而更有利于农作物的扎根和生长[①]。正是基于这些优良特质，使得以褐红色为代表的黄土成为农业起源与发展的良好载体。在全新世大暖期，嵩山地区的年降水量可达800毫米，足以保证两季作物的生长之需。加之有利的土壤条件，从而有力地保障了嵩山地区早期农业的兴起和持续稳定发展。

第三节　纵横的水系

水是人类赖以生存和发展的不可或缺的物质基础，充足的水资源是农业起源与发展的先决条件。四大文明古国之所以分别位于尼罗河流域、两河流域、印度河流域、黄河流域，除纬度、气候等因素之外，更在于大河流域拥有丰沛的水资源所带来的灌溉之利。

在生态系统各要素中，降水这一气候要素既具有长时段的稳定性，又具有短时期的突变性。对于早期人类而言，前者决定了人们对降水规律可以有所认知和把握，后者则决定了人们无从支配降水的多寡。纵观人类文明的发生与发展过程，可知气候的冷暖干湿变迁必然带来自然生态系统的相应变化。如若降水量和河流水系等要素适宜人类生存，会因风调雨顺而带来农牧业的丰产；反之，则可能诱发严重的自然灾害，甚至因干旱或洪涝而引发剧烈的社会动荡。

嵩山地区降水量充沛稳定，河流众多，水网密布（图2-2），分属河水（古黄河）、淮水、济水三大水系，现代河流则分属黄河、淮河两大流域。在嵩山腹地，山间那星罗棋布的大小盆地，山中那茂密的森林植被是储存雨水的"天然水库"，可以应对或减轻干旱

[①] 周昆叔等：《裴李岗文化农业物质基础——褐红色古土壤》，《中华文明与嵩山文明研究》（第一辑），科学出版社，2009年。

图 2-2 嵩山地区水系图

年份给农业造成的缺水之虞;而第二级阶梯边缘地带,又可及时排泻过量雨水以规避洪灾,避免作物受淹。

一、黄河水系与嵩山文化

黄河东出三门峡后,流经嵩山以北的洛阳、偃师、巩义、荥阳、新安、孟津、郑州,此段河道总长约 200 公里。古代黄河下游的流路与现代黄河有所不同,其于郑州西北部桃花峪附近折向东北,从武陟、原阳之间穿过,经新乡、安阳及冀南地区,最终于天津附近汇入渤海。尽管黄河被誉为中华民族的母亲河,但由于黄河干流易发洪水,加之主流改道频繁,所以在其两岸古代人类文化遗址分布甚少。反之,远离主流河道的许多支流两岸,却遍布古代人类文化遗址。

伊洛河乃黄河的一级支流,由伊河和洛河交汇而成。伊河发源

第二章　天中福地：嵩山大环境

于秦岭东支熊耳山南麓的河南省栾川县，流经嵩县、伊川、洛阳、偃师等地，全长268公里。其在熊耳山、伏牛山、外方山、嵩山之间的峡谷中穿行，并接受两侧来水，总体形态呈羽毛状。其中熊耳山将其与洛河隔开，外方山构成了伊河和北汝河之间的分水岭。伊河流至伊川附近接纳源于嵩山的狂水，并在登封市颍阳、君召一带形成与颍河之间的分水岭。洛河源出陕西省洛南县西北部，东入河南后经卢氏、洛宁、宜阳、洛阳，至偃师杨村附近与伊河汇流。其主要穿行于秦岭东端华山、崤山与熊耳山之间的峡谷当中，总体形态也呈羽毛状。华山、崤山也为洛河与黄河及渭河之间的天然分水岭。伊河、洛河进入平原地带后汇为一体，始称伊洛河，呈东北向流经偃师至巩义市洛口以北汇入黄河。此段河流总体上呈锯齿状，主要接纳南部源自嵩山的坞罗河、后寺河、东泗河等支流来水。其中嵩山北麓的山前地带构成了伊洛河与东侧汜水河之间的分水岭。

伊洛河流域是早期人类文化遗址密集分布的重点区域。自旧石器时代起就有人类在伊洛河流域活动，巩义洪沟遗址和栾川蝙蝠洞遗址、孙家洞遗址等均发现有旧石器时代文化遗存。至新石器时代，伊洛河流域更成为早期人类活动的重点区域，自裴李岗时代至仰韶时代、龙山时代，始终保持着强劲的可持续发展态势，人类文化遗存星罗棋布。其中，裴李岗文化遗址主要分布于巩义、偃师一带，重点遗址包括西坡遗址、铁生沟遗址、瓦窑嘴遗址、北营遗址等。至仰韶时代，伊洛河流域聚落遗址密集分布，其形态呈现出沿河流分布的特征。伊河、洛河上游地区河流两岸以及下游的洛阳、偃师、巩义地区分布有大量仰韶时期聚落遗址。此时出现了几处规模宏大的大型遗址，巩义双槐树遗址的面积甚至接近100万平方米。至龙山时代，聚落分布延续了仰韶时代密集分布的态势，并仍然呈现出沿河流分布的特征，典型的聚落遗址包括王湾遗址、高平寨遗址等。自夏商周三代以降，伊洛河流域长期成为嵩山地区、中原地区乃至整个早期中国的政治、文化中心之所在。偃师二里头遗址被认为夏代的都邑，其面积达数百万平方米，发现有宫殿基址、青铜器、玉器、绿松石礼器等代表聚落等级与地位的重要遗迹遗存。偃师商城遗址同样是一座具有都邑性质的商代早中期大型聚落。其发现有面积可达数百万平方米的城址遗存，由大城、小城、宫城三重城垣构成。城址内发现有城门、道路、宫殿、居址等遗迹，并出土大量铜器、玉器等高品次的文化遗物。自周代起，伊洛河流域仍长期是古代中国都城的所在地，西周洛邑、东周洛阳城、汉魏洛阳城、隋唐洛阳城等无不彰显着伊洛河流域作为王都所在地的气势与辉煌[1]。

二、淮河水系与嵩山文化

嵩山以东、以南的绝大部分河流属淮河水系，其中最大的河流为颍河。颍河是直接发源于嵩山的河流，其源头位于嵩山南麓的登封市君召乡与石道乡交界地带。其上游是贯通我国第二级阶梯和第三级阶梯的景观廊道，也是黄河水系与淮河水系的分水岭。

颍河最先在嵩山与箕山之间的宽谷内呈东向流，接纳多条两侧汇入的支流后，在登封市告成镇附近转向东南，继而汇入白沙水库并进入禹州市。又经禹州、襄城、许昌、临颍、西华、周口与沙河交汇。两河汇流后继续流向东南，经项城、沈丘，至界首市城关镇附近进入安徽省，经太和、阜阳，在颍上县沫河口注入淮河干流。

流经嵩山地区的颍河形态略呈羽毛状，但北侧支流众多，仅登封境内就包括顾家河、少林河、书院河、五渡河、石淙河等数条河流。颍河干流南侧支流则相对较少。颍河流域是古代人类重要的活动场所，分布有大量早期人类遗址，而且秉承了中原地区文化演化的特征，具有连续、同步发展的特质。自旧石器时代开始，颍河流域就有人类栖息，在此发现了君召陈窑遗址、卢店方家沟遗址等多处旧石器时代遗存地点。至裴李岗时期，颍河流域仍是人类活动的重要地带，双庙沟遗址、向阳遗址等发现有裴李岗时期文化遗存。到了仰韶文化时期，人类开始在颍河流域聚居，迄今已发现当时的人类文化遗址达20多处。至龙山时期，这里的聚落数量较仰韶时

[1] 宋豫秦等：《中国文明起源的人地关系简论》，科学出版社，2002年。

第二章 天中福地：嵩山大环境

期有所增加。到了夏商时期，聚落数量较仰韶、龙山时期有所减少，但仍有十几处之多。此外，颍河流域还分布着数处非常重要的遗址，如位于登封告成镇颍河与五渡河交汇处的王城岗遗址，被认为是"禹都阳城"之所在。遗址中发现大小两座城址遗存，其中小城面积约1万平方米，大城面积达30万平方米。此外还发现有夯土奠基坑、青铜器残片、玉器、绿松石器、白陶器等代表聚落较高等级的重要遗存和器物[①]。除颍河外，贾鲁河、双洎河等也是嵩山地区重要的河流。贾鲁河系颍河支流，其发源于新密北部的黄土丘陵地区，向北流经郑州后转向东流，其间接纳索须河、金水河、熊儿河等，经中牟，入开封，过尉氏县，后至周口市入沙颍河，最后流入淮河。嵩山地区主要涉及贾鲁河干流沿岸的郑州及其主要支流索须河、枯河沿岸的荥阳、上街地区，其位于嵩山东北部，黄河从其北部流过。北部的广武山（邙山）为黄河与贾鲁河及其支流索须河、枯河的分水岭。西部嵩山山前的黄土台地与黄土丘陵，构成了贾鲁河与其支流枯河、索须河、七里河及其西部的汜水河之间的分水岭。

贾鲁河流域也是早期人类集中活动的区域，具有晚更新世以来基本完整的文化演化序列。位于索河源头的荥阳市崔庙镇王宗店的织机洞遗址，近年来引起考古学界的高度关注。这是一处旧石器时代中期向晚期过渡的早期遗址，距今5万—3.5万年[②]。另外，位于贾鲁河源头地区郑州侯寨镇樱桃沟的老奶奶庙遗址，发现了大量石制品、动物骨骸和用火痕迹，对探讨我国及东亚地区现代人类出现与发展等有重要意义[③]。这一带裴李岗遗址分布较少，仅在丘陵、台地有少量发现。至仰韶时代，这里出现几处重要聚落遗址。东部的大河村遗址面积达数十万平方米，文化内涵以土著仰韶文化为主，也包含湖北屈家岭文化和山东大汶口文化因素，文化交流特征显著。在郑州西山发现有我国境内迄今所知最早的仰韶时代城址。至龙山时期，这一带分布有数处规模较大的聚落遗址，其中站马屯遗址、楚家湾遗址的面积均达数十万平方米。到了夏商时期，这里早期聚落密集分布，并且出现几处规模宏大、具有都邑或区域文化中心性

[①] 河南省文物考古研究所、密苏里州立大学人类学系、华盛顿大学人类学系：《颍河文明——颍河上游考古调查试掘与研究》，大象出版社，2008年。
[②] 张松林、刘彦锋：《织机洞旧石器时代遗址发掘报告》，《人类学学报》2003年第1期。
[③] 郑州市文物考古研究院等：《郑州老奶奶庙遗址暨嵩山东南麓旧石器地点群》，《中国文物报》2012年1月13日。

质的高等级聚落。例如，东赵遗址发现有新砦期文化、二里头文化和东周文化三个时期的城址；大师姑发现有二里头时期城址；郑州商城则是商代早期的都城遗址。此外，贾鲁河流域还是古代城址分布最多、时代最为连续的地带之一。从西山仰韶城址到东赵新砦期城址和二里头城址、大师姑二里头城址、郑州商城二里岗时期城址，到两周时期的娘娘寨、京襄城、官庄遗址、圃田故城，一直到秦汉时期的汉霸二王城，城址数量达数十座之多，突显了贾鲁河流域重要的地理位置和环境背景。

双洎河流域位于嵩山东麓，系淮河支流颍河的二级支流。其有两大源头，北侧的绥水发源于五指岭南麓的新密市尖山乡下寺村，南侧的洧水发源于马岭山南麓的登封市大冶镇西施村。这两条河于新密市超化镇王村的西侧交汇，始称双洎河。其东流至新郑市新村镇邓湾村西南，接纳左岸源于新密市白寨镇王寨河村的溱水，改东南流。至新郑市城关镇双龙寨村东南，接纳左岸源于新密市曲梁镇王寨河村的黄水河。继续东南流经长葛、尉氏、鄢陵，最终在扶沟县彭庄汇入贾鲁河。双洎河流域地势由西向东逐渐降低。西北部为嵩山的东端余脉，由五指岭、香峪山、大顶坪、尖山、小顶山、马头山等组成，海拔700—1100米，最高为五指岭的东麦熟堌堆，海拔1108米。西南部为具茨山，包括荟萃山、大鸿山、柏崖山、寨山、石牛山、大隗山等，海拔500—700米，最高为荟萃山，海拔792米。这些山脉将双洎河与颍河、贾鲁河、伊洛河、汜水、溮水隔开。其中嵩山及其余脉为双洎河与伊洛河、汜水、贾鲁河上游的分水岭。具茨山则为双洎河与颍河、溮水的分水岭。双洎河在这些山脉中蜿蜒而行，河谷狭深，总体形态呈U形。双洎河水系的总体形态呈羽毛状，但北侧支流明显多于南侧，溱水河、黄水河等均位于双洎河北侧。双洎河及其支流洧水、溱水、黄水河等在历史上颇为著名，如《诗经》有"溱与洧，方涣涣兮。士与女，方秉蕳兮"，这是有关溱水和洧水的记载（溱洧）。双洎河流域也是史前人类聚居之所，尤其是裴李岗文化的聚落分布约20处，几乎占整个嵩山地区裴李岗聚落总数的三分之一。裴李岗文化的命名地也位于双洎河流域。此外，双洎河流域还是迄今为止发现的中原地区早期文化演化序列最完整的分布区域。位于登封大冶镇的西施遗址为一处旧石器时代晚期遗址。新密岳村镇的李家沟遗址为一处新石器时代早期遗址，其填补了中原地区旧石器时代晚期文化和新石器时代裴李岗文化之间的缺环与空白[①]。到了仰韶时代，区域聚落数量较裴李岗时期大幅度增加，主要分布在西部地区，东部地区也有分布，只是数量相对较少。至龙山时代，区域聚落数量较仰韶时代有所增加，总体分布形态则与仰韶时期类似。新密古城寨遗址至今还保留有较为完整的龙山时期夯土城墙遗存，是目前所见龙山时期保存最为完好的古代城址。到了夏商时期，聚落数量较龙山时期有所减少，但发现了几处较为重要的遗址。新密新砦遗址发现有新砦时期的夯土城墙遗迹，黄水河流域的望京楼遗址发现有二里头和商代两期城址。至两周时期，位于新郑市黄水河与双洎河交汇处的郑韩故城是春秋战国时期郑国与韩国的都城遗址。此外，西周时期的浍国故城也分布于双洎河支流溱水河流域。

分布于嵩山地区的众多河流构成了一套密集的水网体系，为早期农业的起源与发展提供了良好的条件，为本区域人类文化的可持续发展提供了必要的水资源，这是嵩山地区在中华文明形成和发展过程中得以发挥核心作用和辐射作用的另一个重要的环境支撑。

第四节　适宜的气候

一、过渡性特征

嵩山地区位于暖温带与北亚热带的交界地带，属大陆性季风气候，年降水量600—800毫米，无霜期200—220天，具有明显的

[①] 郑州市文物考古研究院、北京大学考古文博学院：《新密李家沟遗址发掘的主要收获》，《中原文物》2011年第1期。

过渡性特征，表现为四季分明，冬季寒冷而少雨雪，春季干旱而多风沙，夏季炎热多雨，秋季晴朗而日照较长。这里年平均气温在13—15℃之间，极端高温出现较少，可以满足喜温作物的生长之需。7月均温25—28℃，1月均温0℃左右，对于温带植物越冬威胁较少，气候条件足以满足两季作物生长的需要。在全新世大暖期，这里的年均气温约比现今高2℃左右，与今之江淮地区约略相当，所以是以旱作农业为主、旱作与稻作农业的混合种植区。

按照气候区划，嵩山地区涉及两个气候区，其大致以新安、宜阳、汝阳为界，西部属伏牛山山地温凉湿润区，东部属黄土丘陵温和半湿润区。伏牛山山地温凉湿润区仅包括栾川、洛宁、嵩县等地的部分山区。这些区域海拔高度多在500米以上，气候温凉湿润。由于地形起伏变化大，气候条件的区域差异和垂直变化较为明显，水、热资源和光照条件随高度、坡向的不同而显著不同。总体来讲，伏牛山山地温凉湿润区的年平均气温在12℃左右，最热月7月均温25—26℃，全年日平均气温稳定≥10℃的持续日数约210天，无霜期200天，10℃以上积温大部地区在4500℃上下。年降水量800毫米，年湿润系数1.0。嵩山地区的绝大部分区域属黄土丘陵温和半湿润区。这一地带地形复杂、沟壑纵横，植被覆盖率小，地表径流大，年平均温度14—15℃，最热月7月均温27—28℃，全年日平均气温稳定≥10℃的持续日数为210—220天，10℃以上积温大部地区在4700—4800℃。年降水量700毫米左右，年湿润系数0.6—1.0，属半湿润[①]。总之，嵩山地区冷暖交替，既不似北方地区干冷，也不似南方地区湿热。就传统农业生产而言，700毫米以上的年降水量即可满足两季作物的生长之需。另外，世界各农业民族的传统生业都是多元的，即在从事农耕的同时，必以采集、狩猎、捕捞为辅。适宜的气候条件有利于生物多样性发展，这便为河洛先民提供了更多的食物来源。

① 时子明：《河南自然条件与自然资源》，河南科学技术出版社，1983年。

二、演变记录

嵩山地区全新世气候演变历史符合我国北方气候变迁的总体规律，具体可分为以下几个阶段：8500—7000 aBP 为波动升温期；7000—5000 aBP 为稳定的暖湿时期，高温进入最盛期；5000—4000 aBP 为波动降温期；4000—3200 aBP 为较稳定的温暖期；3200—3000 aBP 为气温波动下降期；3000 aBP 以后转入干凉时期；2000 aBP 前后气候更加干凉[①]。

郑州大河村遗址的孢粉分析显示，全新世早期草本花粉多于木本花粉，草本花粉又以中生和半湿生的禾本科花粉居多，木本花粉几乎全是松属，推测其时气候温和稍湿；全新世中期，木本花粉占优势，其中虽仍以松属花粉居多，但喜暖好湿的栎、榆、椴等阔叶植物花粉增加，且发现有少量山毛榉花粉和水蕨属孢子，说明这一时期气候温暖湿润，气温可能较今高 2—3℃；全新世晚期，草本花粉占优势或偶尔木本花粉多于草本花粉，木本花粉中松属仍占优势，显示气候由好转劣，温和稍干，大致与现今气候相仿[②]。

郑州祭城钻孔的孢粉分析显示，11000—7500 aBP 为以松为主的针阔叶混交林草原阶段，乔木植物针叶松是林中优势种，而喜温的落阔叶胡桃、鹅耳枥和槭等树种占有一定比例，也可说明气候逐渐好转，标志着末次冰期业已结束。藜科、蒿、毛茛科和麻黄等草本植物渐增，这说明当时气候湿凉偏干；7500—2500 aBP，落叶阔叶林增长，气候转为温暖湿润，林中除松和上阶段已出现的阔叶树种外，本段出现柳、胡颓子、椴和亚热带常绿针叶铁杉等植物花粉。草本植物藜科仍居首位，蒿和毛茛科有所增加，蕨类植物主要为凤尾蕨科孢子；2500 aBP 以来，以疏林草原环境为主，林中喜温好湿的阔叶树所剩无几，针叶树只有稀疏松树，这表明气温再次下降，降水减少，气候变得温凉偏干[③]。

郑州西山遗址自然沉积物有机碳、炭屑含量、碳氮比值和孢粉分析结果显示，7300 aBP 以来气候变化大约以 2900 aBP 为界，在

[①] 王绍武：《全新世气候变化》，气象出版社，2011年。
[②] 严富华、麦学舜、叶永英：《据花粉分析试论郑州大河村遗址的地质时代和形成环境》，《地震地质》1986年第1期。
[③] 刘钧枢：《郑州地区全新世古气候变化初探》，《西安地质学院学报》1994年第4期。

此之前以暖湿为主，有机碳反映出暖湿期内至少存在 5 个干旱时段。到 2900 aBP 前后，气候旱化趋势明显，与当地现今气候接近。孟津瀍河流域黄土沉积与湖相沉积粒度、磁化率以及 $CaCO_3$ 含量分析显示，7020—5660 aBP 和 4610—3755 aBP 是古湖泊形成和古土壤发育的时期，气候温暖湿润；5660—4610 aBP 经历了一次气候波动，湖泊缩小为零星湖沼，古土壤发育中断；3755—3055 aBP 湖泊萎缩干涸，黄土开始沉积，气候转向冷干。

洛阳皂角树剖面沉积物质的理化分析显示，全新世气候进程经历三大阶段，对应的年代为 12—8 kaBP，8—3 kaBP 和 3 kaBP 以来。其中，早期阶段气候特征更接近西北草原气候；中期阶段气候比较温暖湿润，更向长江中下游的现代气候特征靠近；晚期阶段气候趋向干旱化明显。上述研究表明，尽管时段上有一定的差异，但环嵩山地区全新世气候演化特征具有明显的三段式特征，这与全球与中国全新世气候演化基本一致[1]。

尽管全新世气候以温暖湿润为主要特征，但其间仍存在气候波动，其中以 5500 aBP 与 4000 aBP 两次事件最为显著，这两次事件在以嵩山地区为代表的中原地区均有反映。孟津大阳河剖面发现的 5660—4610 aBP 气候波动，寺河南剖面的孢粉记录的 5625—4580 aBP 气候恶化和易溶盐变化反映的 5660—4610 aBP 古湖水咸化，洛阳皂角树剖面研究证实在 5300 aBP 时发生过降温事件，郑州西山遗址有机碳记录显示的 5860 aBP 前后相对干旱等，都是对 5500 aBP 降温事件的响应。而孟津大阳河剖面粒度、磁化率以及 $CaCO_3$ 含量记录显示的 3755 aBP 古湖泊开始萎缩干涸，黄土开始沉积，气候转向冷干；寺河南软体动物化石种属记录显示的 4300—4100 aBP 水生和陆生软体动物化石开始明显减少，湖沼开始干化，4100—3500 aBP 水生软体动物化石消失，陆生软体动物化石的丰度也很低，说明当时湖沼已趋于消亡等则是对 4000 aBP 降温事件的响应[2]。

综观嵩山地区现代气候特征与全新世气候演化，适中的地理位置造就了适宜的区域气候特征，为人类生产、生活提供了良好的气

[1] 张本昀、李容全：《洛阳盆地全新世气候环境》，《北京师范大学学报》（自然科学版）1997 年第 2 期。
[2] 闫慧、申怀飞、李中轩：《河南省全新世环境演变研究概述》，《气象与环境科学》2011 年第 1 期。

候条件。全新世中期温暖湿润的气候特征为区域农业的起源与发展提供了良好的水热条件。尽管其间发生过多次气候波动事件，但并未构成本区域人类社会健康、稳步发展的重要障碍。

第五节 景观异质性

一、地貌类型

景观异质性是景观生态学的基本概念之一，指地表形态的质的差异性和多样性。一般而论，景观异质性强的区域，地貌类型众多，生物多样性增加，可为人类提供多元的生计，从而有利于人类的生存与发展。按照地表类型、演变过程与物质成分，嵩山地区的自然景观可划分为山地、丘陵、平原、黄土地貌、风沙地貌等类型，进一步可细分为构造中山、构造低山、侵蚀剥蚀低山、侵蚀剥蚀丘陵、洪积倾斜平原、洪积冲积缓倾斜平原、冲积河谷带状平原、冲积扇平原、冲积低平缓平原、黄土塬、黄土丘陵、风成沙丘沙地等(图2-3)。不同类型的地貌单元大致沿嵩山呈环状分布。在我国的名山大川中，似嵩山地貌类型这般丰富者实属罕见。而如此丰富多样的地貌类型，也是嵩山得以成为"天地之中"，成为中国文明重要发祥地的环境基础。

嵩山、箕山等山系主峰属中山类型，系呈整体抬升的断块构造中山，海拔一般为1000—1500米，主要由玉寨山、峻极峰、五指岭等山峰组成。这些山体矗立于周围的低山、丘陵、盆地及河谷平原之上，相对高差大，山坡异常陡峻，而顶面较为平缓。中山外围普遍分布着低山，仍系断块构造形成，海拔高度700米左右。低山以较缓的低山顶面为主，相对高差百米以内，山坡相当陡峻，坡度往往可达30°—40°，但顶面也较平缓。其间，密集分布着宽阔的

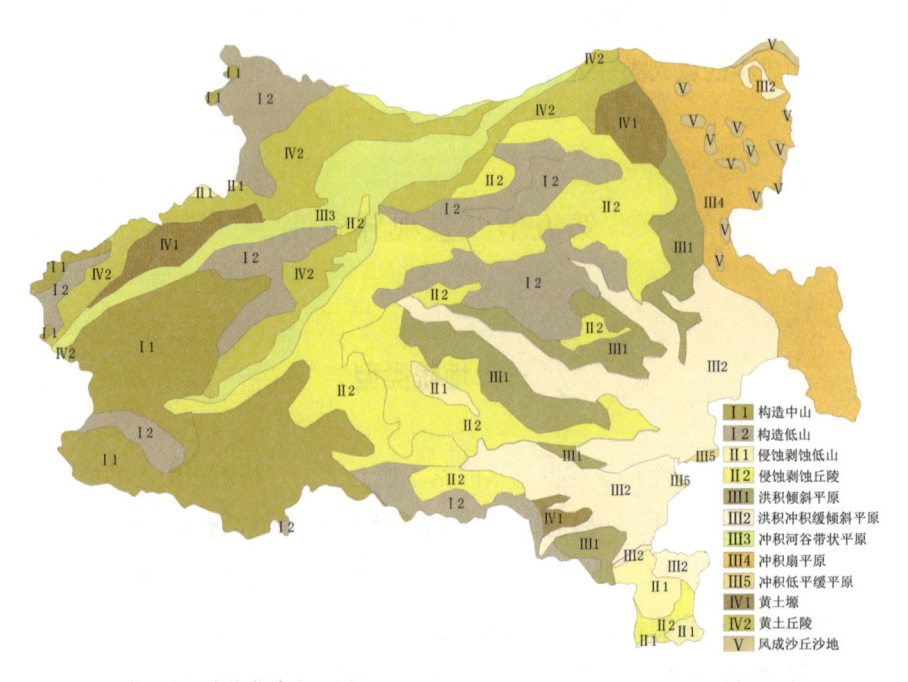

图 2-3 嵩山地区地貌类型图

河流谷地和大小不等的盆地①，从而导致山体甚为破碎。低山外围广泛分布着山前丘陵，海拔 200—500 米。这些丘陵多因侵蚀和剥蚀而成，是介于山地与平原之间的过渡性地貌类型。其相对高度较小，起伏和缓，没有明显的延伸脉络和陡峻的山峰，或呈浑圆的丘状，或呈平缓的黄土塬状。其间宽阔的河流谷地纵横交错，大小不等的盆地星罗棋布，丘陵的展布十分混乱，呈现出波状起伏的地貌景观。区域最外围为平原，海拔一般在 100 米左右。其上河谷宽浅，自第三纪以来一直处于间歇性的强烈沉降状态，形成了巨厚的新生代堆积物。特别是晚更新世以来地壳的三次剧烈沉降与相对稳定，形成了晚更新世、全新世早期及晚期三期掩覆沉积。

① 周昆叔、宋豫秦、张国辉：《嵩山腹地凹形地貌与嵩山文明》，《中华之源与嵩山文明研究》（第二辑），科学出版社，2015年。

嵩山地区的黄土地貌主要分布于伊洛河谷地与黄河南岸的广武山一带，以黄土丘陵和黄土塬为主。顾名思义，黄土丘陵乃由黄土组成，缺乏明显的延伸脉络，往往因流水切割而支离破碎。其间大小沟壑纵横，基本形态受下伏地貌形态控制，或呈丘状，一般顶面较为平缓，高度也大体相当，依稀可辨早期黄土堆积面的轮廓。黄土塬是一种由黄土组成的高平原，经流水的强烈侵蚀而保留下来的一部分高平原面，呈台地形态。其中心部位地势平坦，边缘地带倾斜明显，塬与塬之间被宽阔的深切河流谷地分割，边坡陡峭。这种黄土地貌主要分布于山间盆地或宽阔谷地，系早期的洪积面经流水强烈侵蚀破坏而保留的部分，故多沿河谷两侧的山前地带展布。嵩山地区东部零星分布有一些风成沙丘沙地，系黄河决口和改道所遗留的沙质物，在风力作用下形成。在郑州森林公园及其东约30公里处的中牟一带分布广泛，以波状起伏的沙地为主，其间点缀着大量形态各异的沙丘。

嵩山宏观地貌框架形成于距今8000万—6000万年前开始的"喜马拉雅运动"时期。经过这次构造运动，地貌轮廓、山体形态、水系格局的宏观框架基本形成。经过新第三纪夷平后，区域地形变得比较平缓。早更新世时，东部与西部的地势高差不大，西部山脉的平均海拔不超过1000米，大多属低山。中更新世初，西部山地及山前地带在构造活动影响下强烈隆起，上升幅度普遍较大，山地的剥蚀作用不断增强，大部分早更新统地层遭受严重侵蚀，使得嵩山地区早更新世地层保存较少。大约在中更新世末和晚更新世初，区域山地和山前地带再一次明显抬升，山地规模也随着这次抬升不断扩大，山体的侵蚀作用也随之加强。山前平原经过抬升和切割形成了垄岗地形。与之相对，东部地区则仍处于缓慢的沉降之中。至距今1万多年的全新世时，区域地形地貌、山体格局、河湖水系等都与现代十分接近。尽管差异性的构造运动仍在持续，但已经不像早期那么强烈。山地和山麓地带都有不同程度的抬升，基本达到当前的高度。东部平原地区仍处于持续缓慢的沉降之中，但下降的幅度一般较小。全新世时期，由于区域大部分地区缓慢抬升，使得地面产生构造变形，加之河流侵蚀和堆积过程的变化以及人类活动因素的影响等，许多河流顺应新的地形条件而改变流路，使得这些河流的河道、水系甚至流域范围都发生很大变化，并逐步形成现代水系特征。

在全新世大暖期，嵩山地区除了类型多样的地貌形态之外，密集的河流湖泊、遍布的森林草地塑造出形态各异的景观镶嵌块；众多道路、沟谷构成的景观廊道四通八达，便于物质流、信息流的传递。凡此使得嵩山地区的景观异质性远较其他地区显著。对于早期人类而言，这种异质性具有多方面的优势，如为人类提供了多种可供选择的人居环境，可粟可稻、可耕可牧、可渔可狩，还可有效规避洪水等自然灾害的侵袭。

二、生物资源

受气候、纬度、地形三重过渡带的控制，嵩山地区具有生物多样性丰富、种群密度大、生产力水平高、生物"金字塔"基宽、食物链长等特点。加之地处多种地貌单元的界面地带，景观异质性强，众多不同生境的物种于此共生，生物资源表现出南北不同地带的过渡性和自高山到平原不同环境的复杂性。不仅可为古代先民提供必要的物质资源，而且有利于提高生态系统服务功能。

嵩山地区西部的山区地带，植被类型在深山区域和浅山区域有所不同。其中深山区域主要为以落叶栎类、油松等为主的天然次生林。浅山低山地区大多为旱生型的灌丛和草甸。河川、丘陵、台地则大多已被开垦为农田，农作物主要有小麦、谷子、大豆、红薯、高粱、棉花、芝麻、烟草等，一些区域还盛产马铃薯和黑麦。与之相对应，山区森林中的动物资源比较丰富。兽类包括刺猬、蝙蝠、狼、狐狸、黄鼬、猪獾、狗獾、金钱豹、豺、松鼠、果子狸、青羊、野猪等。有些区域还可见小鹿、豪猪等。鸟类包括鸳鸯、勺鸡、红腹锦鸡、夜鹰、楼燕、红嘴山鸦等。此外，还包括壁虎、蛇类等爬行动物和蛙类、蟾蜍、大鲵等两栖类动物。东部平原地区则有所不同，因绝大部分已被辟为农田。植被类型以农作物为主，其间夹杂着多种野生杂草。同时栽种着与人类生活密切相关的旱柳、加拿大杨、刺槐、泡桐、侧柏、银杏、苹果等绿化和经济林木。动物以耕作区动物为主要特征，无大型森林动物。兽类种类非常贫乏。黄鼬、草兔为本区优势种，数量巨大。仓鼠、田鼠等鼠类数量也非常多。此外，还有稀少的普通刺猬、狐狸、猪獾等。鸟类以华北区种类为主，灰喜鹊为突出优势种，秃鼻乌鸦、喜鹊较大。此外还有雁、鸭、小田鸡、楼燕、云雀、山麻雀等。蛇、鳖、蜥蜴等爬行类动物和大蟾蜍、花背蟾蜍、泽蛙等两栖类动物也有分布。

　　早期的动植物资源与现代有所不同。裴李岗文化时期，嵩山地区发现的动物遗存中猪、狗、鹿比较常见，裴李岗遗址和瓦窑嘴遗址还发现有牛、羊。水生动物发现于瓦窑嘴遗址与中山寨遗址，主要是蚌壳和鱼类。根据动物考古学的研究，裴李岗文化时期狗、猪已经驯化，其他动物则仍属野生。水生动物遗存主要发现于平原地区的聚落遗址，浅山丘陵地区则发现较少。植物遗存中发现较多的是酸枣、核桃、榆、榛子等，仅沙窝李遗址发现有碳化粟粒。凡此说明裴李岗时期狩猎采集或渔猎采集仍在经济生产中占有很大的比重。至仰韶文化时期，嵩山地区落叶阔叶林有所增长，而且出现了柳、胡颓子、椴和亚热带常绿针叶铁杉等植物。根据考古发掘和相关研究，嵩山地区发现的仰韶文化时期的动物遗存包括猪、狗、羊、牛、鹿、兔、田螺、鱼类及软体动物、鸟类、爬行动物和哺乳动物。其中以猪最为常见，其次是狗、鹿、羊和以田螺为主的软体动物和鱼类，孙旗屯遗址和西山遗址发现有牛，大河村遗址发现有鸡。从中国古代动物驯养的历史来看，猪和狗已经驯化，绵羊可能也被家养，但其他动物均应为野生。鱼、螺、蚌、龟等水生动物普遍发现于平原地区，低山丘陵地区较少发现水生动物。从植物遗存来看，尽管嵩山地区已公布的仰韶时期植物遗存较少，已有资料也显示以粟和水稻居多，而裴李岗聚落中多见的核桃、枣等植物遗存较少发现。植物考古学的研究也表明，这一时期粟与水稻已被驯化。龙山文化时期，登封王城岗及新郑邓家剖面孢粉分析显示，区域植被景观以疏林草地为主。样品中能见到松、栎、胡桃、朴树等乔木花粉，但是除松外，其他乔木花粉的含量均较低。仰韶时代较少发现的酸枣、杏、李等野生植物资源又在一些龙山时期聚落中出现。这一时期遗址发现的栽培作物有粟、黍、稻、豆等，种类和数量均较仰韶文化时期有所增加。动物遗存方面，猪仍然是遗址中发现最多的动物，绝大多数遗址均发现有猪的遗骸，且数量较多。其他动物还包括狗、羊、牛、鹿以及一些小型哺乳动物、啮齿动物、水生动物及爬行动物。王城岗遗址甚至还发现有一只熊的骨骼遗存。除狗、羊、牛可能以家养为主外，其他动物当主要为野生资源。至夏商时期，从各个遗址发现的动植物遗存来看，无论是动物资源还是植物资源，在类型上与龙山时期相比没有太大变化。其中动物资源仍以猪、狗为主，其次是牛、羊和野生的鹿，一些遗址如王城岗、新砦等发现有鱼、蚌等水生动物以及一些小型的哺乳动物、啮齿动物和爬行动物。植物资源仍以粟、黍、大豆、稻等为主。与龙山时期相比，嵩山地区夏商时期聚落小麦发现较多，说明这一时期小麦的种植已经较为普遍。同时，新砦遗址等一些夏商聚落还发现有野大豆、酸枣、杏、李等野生植物资源。

三、土壤类型

土壤是陆地生态系统维系自然生产力的基础，也决定着早期农业的发展水平。嵩山地区的土壤因气候、纬度、植被、地貌的不同而形成不同的土壤类型。东部的平原和丘陵地区，在落叶阔叶植被下，广泛分布着褐土，此乃暖温带地带性土壤。南部地区属于淮河流域，为亚热带气候类型，植被系落叶阔叶林夹常绿阔叶林，地带性土壤为黄棕壤。总体而言，嵩山地区的土壤主要包括棕壤、褐土、黄棕壤、潮土等类型。不同类型中又可细化为若干亚类。

棕壤是暖温带湿润地区落叶或针叶阔叶混交林下形成的一种土壤，一般为黄棕色，多见于800—900米以上的中山和亚高山地区，在嵩山地区主要分布在西南部山区。在棕壤分布的地方，温暖潮湿，气候温和，雨量适中，土壤腐殖质一般较厚，有机质含量自上而下逐渐减小。表土因腐殖质含量较高而颜色发暗，微酸性。

褐土是嵩山地区分布最为广泛的土壤类型，洛阳、许昌以及郑州东南部均有分布。这些地区冬寒夏热，干湿季节明显。褐土的成土母质为第四纪黄土沉积物，一般具有深厚的土壤熟化层，黏化过程明显，具有碳酸盐淀积层。褐土发育层次很明显，通常由腐殖质层、残积黏化层和钙积层组成，再往下才与底部母质层相连。土壤呈中性，微碱性反应。

黄棕壤是北亚热带常绿阔叶林和落叶阔叶林下发育的地带性土壤，主要分布于嵩山南部地区。黄棕壤受植物、气候条件的影响，兼有北亚热带和暖温带土壤特征。黄棕壤的成土母质因所处地形部位不同而有很大差异。低丘岗地上的黄棕壤系黄土发育而成。而覆盖于浅山石质山岭上的土层，多由黄岗岩、石英岩、片岩、闪长岩、大理岩、页岩等风化后发育而成。黄棕壤淋溶作用比较强烈，黏化层明显，铁锰淋溶淀积显著。土壤呈微酸性。

潮土主要分布于东部地区。其成土母质为近代河流冲积沉积物，因成土时间短而使得土壤未得到充分的发育和演化，层次不明显。潮土的剖面沉积层界线清晰，土壤疏松，流沙与胶泥层叠覆盖，地表有机质积累较少，碳酸钙含量较高。由于地下水直接参与成土过程，因此潮土的性状与地下水位关系密切。水位高时，潮土出现蓝条纹或锈斑。水位低时，形成剖面下部灰蓝和有红褐色锈斑条纹的新生体。区域潮土主要为潮沙土，其为细沙土质，较为均匀，熟化程度较高，有少量有机质积累，具有团粒结构，但不稳定[1]。

---

[1] 时子明：《河南自然条件与自然资源》，河南科学技术出版社，1983年。

第六节　社会生态

一、社会生态优势

经济基础决定上层建筑，而自然环境则堪称经济基础的基础。生态系统的优劣往往与社会生产力水平成正相关，也对民族性格、文化特质有着直接影响。嵩山地区社会生态系统的优势集中体现在区位、文化、政治、经济诸方面。

就区位而言，河洛地区地处太行山山前地带形成的南北通道（今京广铁路沿线）和横贯三门峡、洛阳、郑州三地区的黄河中下游交界地带形成的东西通道（仅陇海铁路沿线）之交会处，便于能量流、物质流、信息流的传输，为河洛地区与周边区域的联系与交往提供了极大的便利。得天独厚的区位条件有利于吸纳四方先进文化，增强自身实力，也有利于对四方发挥其辐射效应。

就经济而言，优越的生态，多样的地貌，丰富的物种，富集的矿藏，为河洛地区古代先民的生产和交换提供了巨大的优势。这里宜粟宜稻，可渔可狩，与早期人类的多元型经济模式相适应。

就文化而言，河洛地区自全新世以来始终是人类文化的荟萃区，至少自距今8000年以来，裴李岗文化—仰韶文化—庙底沟二期文化、王湾三期文化—二里头文化—早商、晚商文化—西周、东周文化在此绵延发展，积淀深厚。加之其极化效应强，兼得四方文化辐辏，因此自新石器时代早期以来始终占据同时代文化的制高点。而文化乃科技的基础，没有文化的土壤，就不会结出科技进步的硕果。

就政治而言，自三代文明开始以迄南宋之前，嵩山地区始终为中国的政治中心，和平时期乃首善之区，战乱年代乃必争之地。作为历时3000年的政治中心，这里长期拥有政府的"第一推动力"，从而凝练出其他区域难以企及的聚集效应、极化效应和辐射效应。

二、生态优势类比

因生境恶化引发的生态胁迫效应，不仅会阻碍文明的进程，甚至会导致文明的衰亡。我国西辽河流域的红山文化和环太湖地区的良渚文化，虽已初现文明时代的曙光，却未能跨进文明时代的门槛；巴比伦古城、哈拉帕古城和我国西北地区的楼兰、尼雅等绿洲古城，虽曾盛极一时，却都骤然走向衰亡。经济基础决定上层建筑，而自然环境则堪称经济基础的基础。生态系统的优劣往往与生产力水平成正相关，也对民族性格、文化特质不无影响。人地系统的优劣则首先在于人与自然关系的和谐度，嵩山地区良好的自然生态系统与先进的经济社会系统相耦合，从而构成稳定的、自组织、自调节能力良好的人地系统。

"类比"是考古学和诸多相关学科研究的基本方法，通过"以今例古"或"以古例今"，可以得出接近实际的科学结论。我们采用类比方法揭示西辽河流域和环太湖地区文化兴衰的自然驱动力，一可说明北方草原地区和东南沿海地区生态脆弱性对当地早期文明的胁迫力，二可看出嵩洛地区生态系统的突出优势。

与嵩山地区相比，新石器时代晚期北方地区的红山文化、东南沿海地区的良渚文化虽然都曾闪现出夺目的文明曙光，却无一例外地止步于文明时代的门槛之外[1]。在《河洛文化的复合生态优势》一文中，我们曾对其原因进行过如下分析论证：

地处今内蒙古东南部的北方草原地区，在距今6500—5000年前后曾兴起红山文化，到了距今4000—3500年前后，又兴起了夏家店下层文化。前者年代约相当于中原地区的仰韶文化，后者年代与二里头文化约略相当。红山文化属北方草原地区新石器时代的早期农耕文化，因发现颇具规模的坛、庙、塚而被认为进入了文明时代的前夜。然而，与河洛地区自新石器时代早期以来人类文化绵延

[1] 宋豫秦：《河洛文化的复合生态优势》，《中原文化研究》2015年第5期。

不绝、持续发展截然不同的是，红山文化在其达到繁盛阶段时，却骤然走向衰落，而且其分布区内还出现了长达千年的人类文化"低潮"期。在此区域后起的夏家店下层文化是我国北方一支最为强盛的青铜文化，其早期农业也取得了长足的进展，但长期令人费解的是，当夏家店下层文化发展到鼎盛阶段，与红山文化一样也骤然走向没落，其后也经历了约 700 年的"低潮"期或"断裂"期[①]。

根据风沙地貌学原理，借助民族考古学类比方法，我们提出：由于该地区地处北方半干旱生态脆弱带，其景观基模为沙质土地，红山文化和夏家店下层文化先民在此进行连续千年和连续数百年的撂荒轮作，必将大范围地破坏具有抗风蚀能力的"地表结皮层"，使"暗沙"变为"明沙"，从而出现大面积的土地沙化。试想，在红山文化和夏家店文化时期，人们没有优选的良种，半干旱的气候条件难以保证一季作物生长对水分的需求，倘若本就贫瘠的土壤再出现沙化，那就将大大削弱乃至完全丧失从事农业生产所需的各种必要的自然支撑条件。这一推断虽不足以揭示红山文化和夏家店下层文化骤然衰亡的全部原因，但可以肯定必然是其重要原因之一。

地处东南沿海地区的良渚文化因出土大量精美玉器、大面积祭台等而备受瞩目。数年前新发现的大型城墙遗址更令学术界为之震撼。目前已有不少专家据此认为良渚文化已经进入早期王国阶段，甚至将其视为中国早期文明的典范。然而，良渚文化在其发展的繁盛阶段却骤然走向衰亡。对此，考古学者有不同的见解，如统治阶层腐化说、海平面上升淹没说等。后者以 5.3—4.0 kaBP 期间出现的"海面下降—低海面—海面回升"过程与良渚文化"兴起—繁盛—衰落"之间恰相对应为论据，认为海侵及水患乃导致良渚文化骤然衰落的主要原因。

良渚文化所处的东南沿海地区自古以来饱受台风和风暴潮侵袭之害，这正是东南沿海地区虽然水热条件良好，土地平坦肥沃，但在历史上却长期属于荒蛮之地的原因。国内外统计资料表明，在所有自然灾害中，风灾损失几乎与地震损失相当，而尤以台风灾害

① 宋豫秦：《西辽河流域全新世沙质荒漠化过程中的人地关系》，北京大学博士后出站报告，1995 年。

为最。由台风及风暴潮引发的严重灾害在世界各国普遍存在。例如，2005年发生在美国的"卡特里娜"飓风，导致1833人在飓风及随之引发的洪水中丧生，经济损失高达810亿美元。又如，2011年日本因发生里氏9.0级地震而触发海啸，危及太平洋沿岸大部分地区，其造成的直接和间接损失难以数计。

基于台风和风暴潮对沿海地区的破坏性强，又无可规避，最近俞孔坚以"撤退与转移"为题阐述了应该纠正传统城市建设的平原优先战略，而主张将海拔较高的浅山地带作为未来城市发展的重点区域。这一论点颇具新意，也有利于认知嵩山地区复合生态优势的历史作用和时代价值。

三、荟萃的文化

嵩山地区的社会生态优势还表现在多元文化的相互交流与融合。由于地处中国东西与南北交通要道的交会地带，使得嵩山地区自古就有南北交融的文化特性。早在数万年前，巩义洪沟、登封君召等旧石器时代遗址就并存着北方地区典型的细石器和南方地区典型的砾石石器。至新石器早中期，该区域以裴李岗文化为代表的早期人类文化更多地表现为一种扩张性特征，即以嵩山为中心，与周边同期文化交流广泛，并对周边诸多新石器文化发生辐射和拉动作用。例如，裴李岗文化不仅与河北省境内同时期的磁山文化、陕西省境内同时期的老官台文化关系密切，甚至对年代稍晚的辽西地区的红山文化、山东中南部与江苏北部的青莲岗文化、山东泰山周围的大汶口文化、甘肃秦安大地湾文化等也曾产生一定的影响。至新石器时代中晚期，嵩山地区的考古学文化在持续向外传播的同时，也以其博大的胸怀接纳着周边地区的先进文化因素。在距今5000多年的仰韶时代晚期，来自东方的大汶口文化因素与来自南方的屈家岭文化因素在嵩山地区的考古学文化中比比皆是，如郑州大河村遗址便同时存在仰韶文化因素、屈家岭文化因素和大汶口因素。至

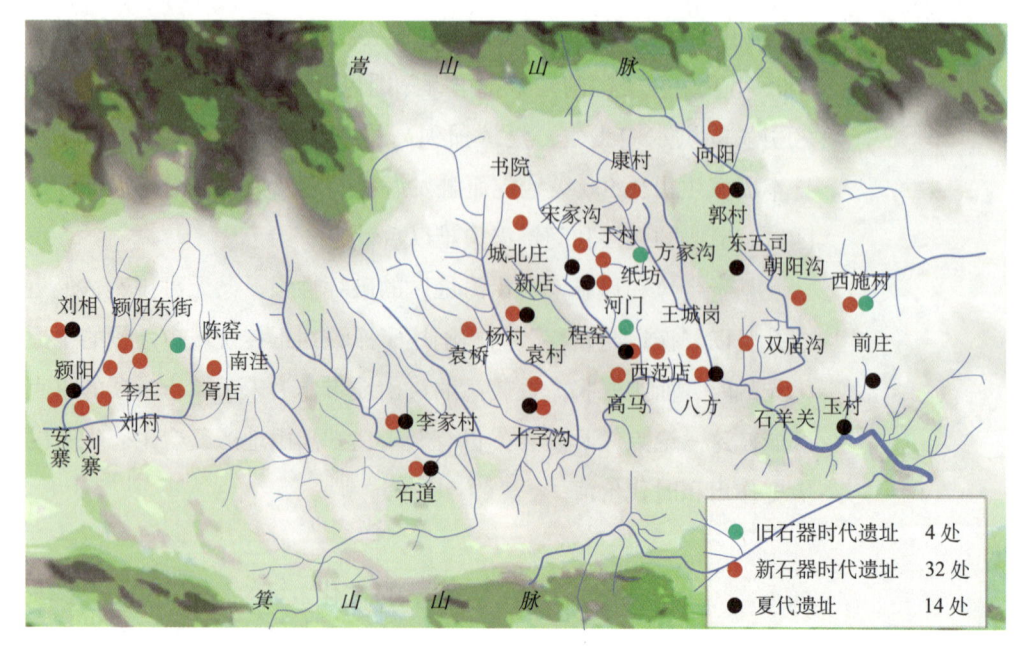

图 2-4 嵩山腹地遗址分布图

距今 4000 多年的龙山时代，这种对周边先进文化的吸纳与兼容传统仍在持续，并且保持了强劲的势头，反映在考古学文化上，是中原地区的河南龙山文化与江汉地区的石家河文化、泰沂山周围的山东龙山文化，甚至与浙江沿海地区的良渚文化之间均产生碰撞和交流。这种态势一直延续至夏商时期，二里头夏文化、二里岗期商文化，都以嵩山地区为中心向四周强劲辐射，排挤甚至取代当地文化。自周代以降，嵩山地区仍然是各地文化相互交流、相互融合最为频繁的区域，甚至与遥远西方的波斯文明、犹太文明也曾发生过交往。

文物是人类文化的载体，是人类文明内涵的体现和折射。就文物保护单位而言，嵩山有全国重点文物保护单位 21 处，河南省级文物保护单位 13 处，郑州市级文物保护单位 40 处，登封市级文物保护单位 132 处，合计 206 处（图 2-5）。作为一个县级市文物保护单位如此之多，在国内无与伦比（表 2-1，图 2-6）。

第二章 天中福地：嵩山大环境

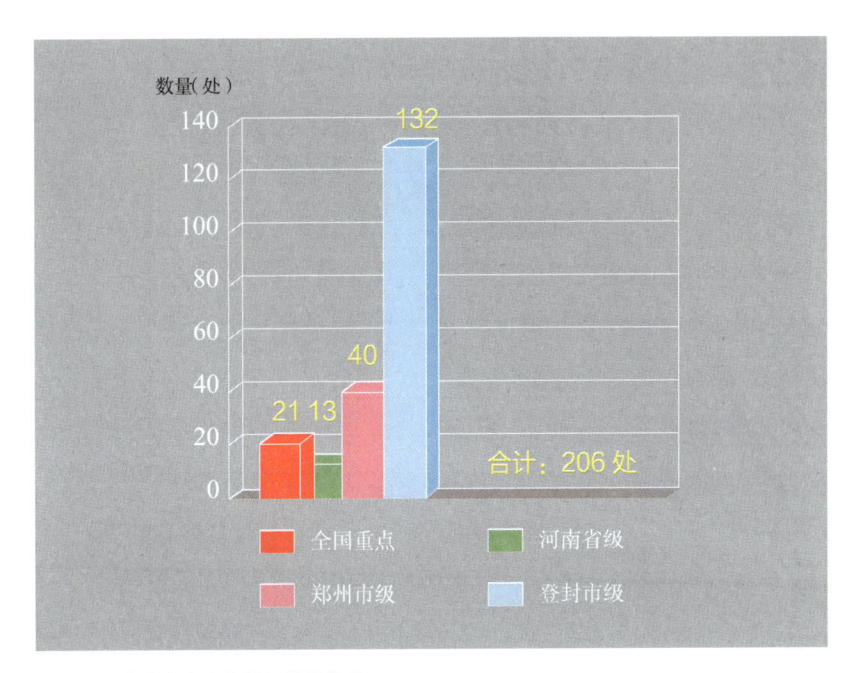

图 2-5 登封境内文物保护单位数量

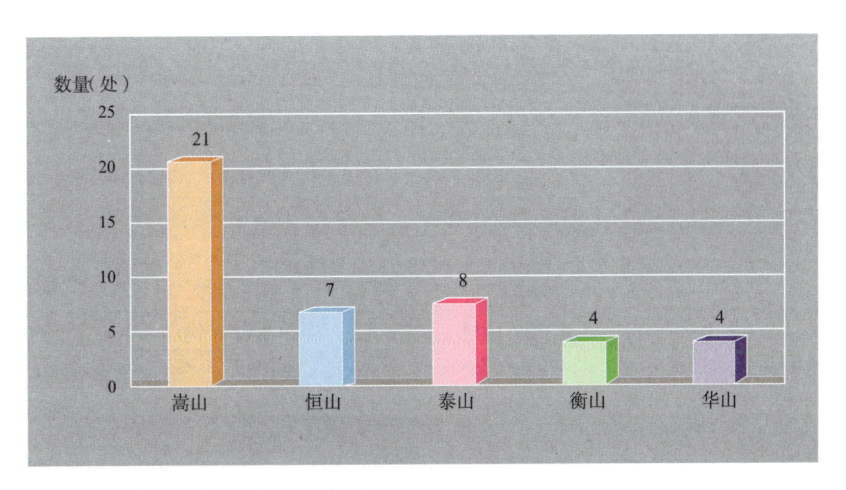

图 2-6 五岳全国重点文物保护单位数量

表2-1 五岳全国重点文物保护单位统计表

山岳名称	文物保护单位名称	时　代	合计（处）
嵩山	少室阙	东汉	21
	太室阙	东汉	
	启母阙	东汉	
	嵩岳寺塔	北魏	
	观星台	元	
	净藏禅师塔	唐	
	王城岗及阳城遗址	新石器时代—东周	
	初祖庵及少林寺塔林	唐—清	
	法王寺塔	唐	
	永泰寺塔	唐	
	会善寺	元—清	
	中岳庙	清	
	大唐嵩阳观纪圣德感应之颂碑	唐	
	大周封祀坛遗址	唐	
	刘碑寺碑	南北朝	
	崇唐观造像	唐	
	南洼遗址	夏商—唐宋	
	少林寺	唐—清	
	清凉寺	金—清	
	南岳庙	明—清	
	登封城隍庙	明—清	
恒山	悬空寺	明	7
	荆庄大云寺大雄宝殿	金	
	浑源永安寺	元	
	栗毓美墓	清	
	浑源圆觉寺塔	金	
	律吕神祠	元—清	
	浑源文庙	明—清	
泰山	大汶口遗址	新石器时代	8
	冯玉祥墓	1953年	
	岱庙	宋—清	
	泰山石刻	北齐—唐	
	泰山古建筑群	明—清	
	大汶口石桥	明—清	
	萧大亨墓地石刻	明	
	徂徕山抗日武装起义旧址	1938年	

第二章 天中福地：嵩山大环境

续表

山岳名称	文物保护单位名称	时代	合计（处）
衡山	南岳庙	明—清	4
	衡州窑	唐—宋	
	南岳摩崖石刻	南北朝—民国	
	湘南学联旧址	1919年	
华山	西岳庙	明—清	4
	魏长城遗址	战国	
	京师仓遗址	西汉	
	横阵遗址	新石器时代	

从以上图表可见，五岳的全国重点文物保护单位合计44处，而嵩山竟独占21处，几乎占总数的一半。如果不是这些文物看得见、摸得着，这种情况恐怕会令人难以置信。

嵩山全国重点文物保护单位不仅有龙山文化至战国文化，即4000年前至2000年前的王城岗遗址与阳城遗址，还有夏商至唐宋，即3000多年前至1000年前的南洼遗址，还有汉代遗址4处，北魏、唐代遗址7处，合计嵩山1000年前的全国重点文物保护单位有13处，而其他四岳全国重点文物保护单位除个别历史久远外，绝大多数为元、明、清时期遗址，即在1000年以内。嵩山登封不仅有众多历史悠久的文物保护单位，且有约80个名村，其中许多是古村落。如告成镇王城岗遗址附近的八方村为裴李岗、仰韶文化遗址，加之王城岗遗址含龙山文化至东周文化，这说明王城岗一带有5000年以上的人类盘居史。因此，嵩山的人文史显然较其他四岳久远，嵩山不愧为五岳之宗，不愧为华夏民族的"圣山"[①]。

值得注意的是，嵩山的全国重点文物保护单位全部分布在山间，而其他四岳的却大多处于山外。这是由于嵩山腹地凹地（河谷）地貌适于接纳沉积物和集存水分，特别是河旁的黄土台地龙山时代后种植粟、黍、小麦、水稻、大豆等农作物，是人们很好的粮库，而富水不仅有利于农业，而且有利于人类的生存。环视其他四岳均为峰峦耸起的凸地地貌（图2-7），不利沉积物堆积和水分积蓄，故

① 姜维、宋豫秦、张颖：《嵩山圣山说》，《中华之源与嵩山文明研究》（第二辑），科学出版社，2015年。

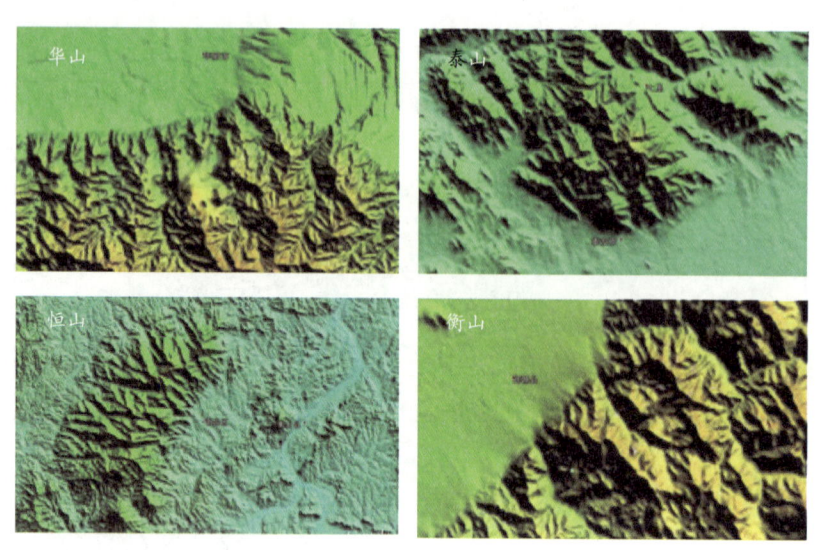

图2-7 华山、泰山、恒山、衡山四岳峰峦地貌

不利于人类生存，因而无或少人迹。

嵩山地区自远古至现今，山塬相连，台水相依，加之中纬度气候和居中的方位，人们生活资源富集，上山可以采集和狩猎，下塬可以耕作和捕捞，故嵩山适合人类生存，尤其适合文明起源时期人类的生存，是中原文化的发动机和孵化器。

综上所述，适中的地理位置不仅有利于嵩山文明向四周的传播，同时也使得大嵩山地区成为四方文化的辐辏之域，将嵩山文化与周边诸多文化连接到了一起，使其在与周边文化相互交流、相互融合的过程中不断壮大，并长期处于制高点地位。

四、林立的城邑

适中的地理位置既有利于人类文化的汇聚，也必然具有重要的战略地位。大嵩山地区既是人类生存繁衍的核心区域，也就自然而然地成为历代兵家必争之地。这便是所谓"得中原者得天下"这一古训格言的由来。

嵩山地区是我国古代城池分布最为密集的区域。自距今5000多年以来，这里先后出现了西山仰韶时代城址、新密古城寨龙山时代城址、登封王城岗龙山时代城址。进入夏商时期，这里又先后出现新砦城址、大师姑城址、东赵城址、望京楼城址、郑州商城、偃师商城。至两周时期，这里更密集地分布着郑韩故城、京襄城、黄城故城、圃田故城、荥阳故城、娘娘寨城址、东周洛阳城等诸多城址。秦汉以降，嵩山周边分布着汉王城、霸王城、小索城、汉魏故城、隋唐洛阳城等，其密集程度堪称举世罕见。众所周知，军事防御是城的重要功能，众多古代城址的集中分布，突显出嵩山地区作为战略要地的重要军事地位。此外，历史上著名的汜水关、虎牢关、函谷关也分布于嵩山地区。这些依独特位置和地形条件建造的军事关隘，在一定程度上阐释了"得中原者得天下"的历史内涵。

古来素有泰山雄、华山险、恒山奇、衡山秀、嵩山奥之说。泰山、华山、恒山、衡山四岳特点均以形表，而唯嵩山以神表，这或可从一个侧面表明嵩山与其他名山的本质性差异。嵩山的优越之处突出表现在其具有中枢性区位，过渡性气候，适宜旱作农业的黄土地表，水量丰沛的河湖水系，特别是由此构成的复合生态优势及其"边缘效应"。经济基础决定上层建筑，而生态环境的优劣则在很大程度上决定着经济基础。大嵩山地区的上述各种优良生态因子之耦合，会产生1+1>2的效应，具有周边其他区域无可比拟的生境优势，从而为华夏文明的起源与发展奠定了良好的环境基础。

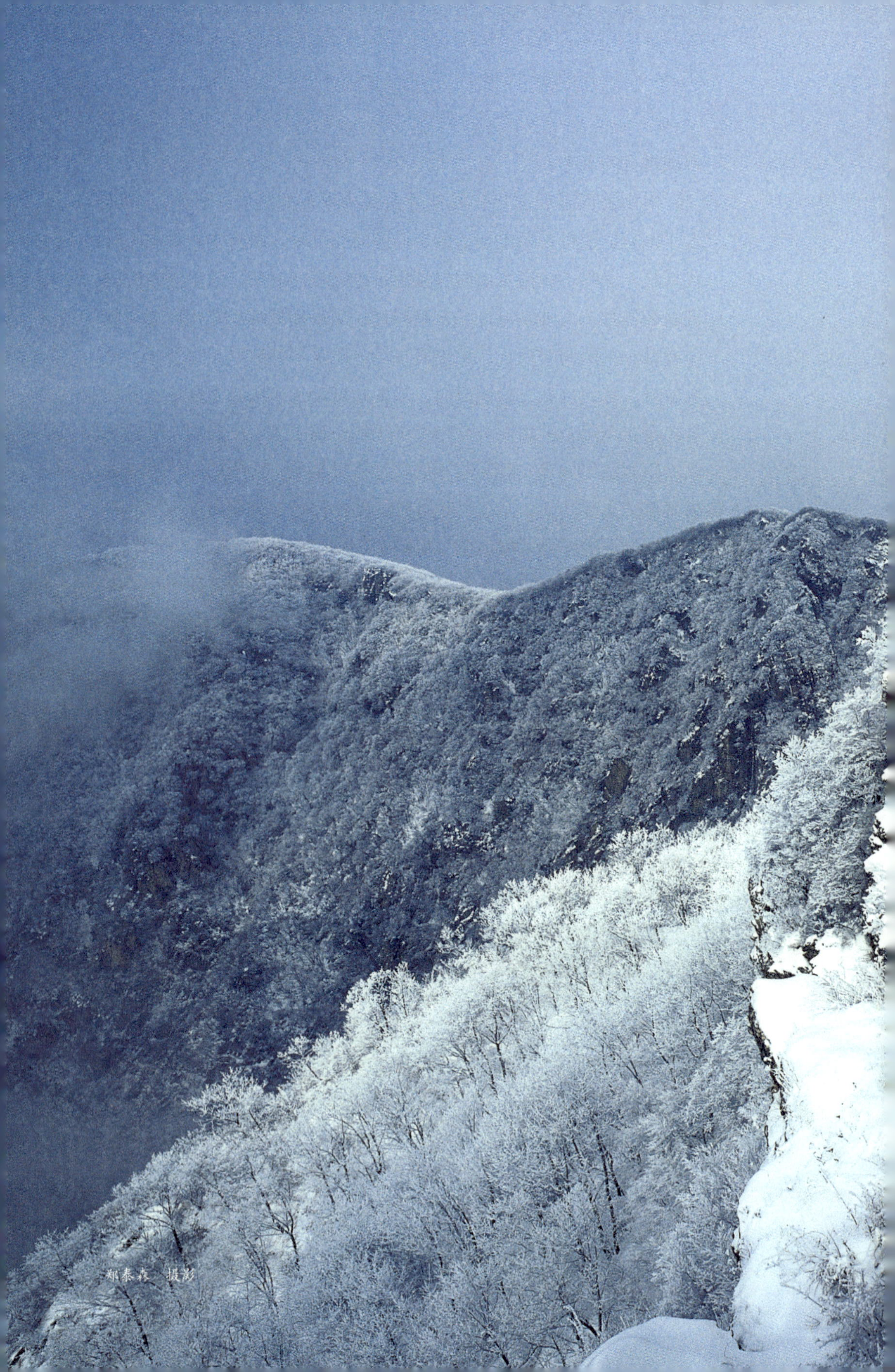
郑泰森 摄影

第三章

允执厥中：嵩山大理念

"允执厥中"出自《尚书·大禹谟》，相传是距今4000多年前活动于大嵩山地区的部落联盟首领舜告诫禹的治国道理，原文是"人心惟危，道心惟微，惟精惟一，允执厥中"①。这句话意指秉执中正之道，言行不偏不倚是为君者的修心之法和理政要诀，被后世誉为"十六字心传"。"允执厥中"的理念，经过历朝历代明师高贤的传承、阐发和升华，逐渐形成了以中和思想为内核的中华传统文化思想体系。由此，"允执厥中"这一出自大嵩山地区的大理念，不仅是历代统治者的治国之策，也是平民百姓的处世准则。

第一节　中和思想的成因

中原人惯用"中"或"不中"表达对事物的肯定与否定。"中"与"不中"自古至今成为中原人的口头禅，可见"中文化"和"中和思想"在中原地区具有悠久的历史根源和广泛的群众基础，而其产生有着深刻的自然背景和社会背景。

一、中和思想形成的环境条件

任何思想观念都源于人们的社会实践，特别是具有重大影响的思想观念，其产生不仅取决于当时的社会环境，而且与特定的自然环境条件密切相关。中和思想作为中华优秀文化的核心理念，其产生和发展是由华夏先民的社会实践及其所处的社会环境与自然环境

①《尚书·大禹谟》。

第三章　允执厥中：嵩山大理念

所决定的。

在人类认识自然、改造自然的过程中，原始人类很早就产生了方位意识。作为日常生活中的位置判断，"中"是到处都存在的，人们在生产和生活实践中不难发现，"位居正中"往往会带来种种优势或便利。在人们的意识中自然会产生"中点"与"两端"、"中心"与"四方"、"中心"与"六合"等方位概念。例如，将"以物易物"的地点设置在各个氏族、部落所在地的中心位置，交易者背负着沉重物品前来进行交易时，各自奔走的路程就会比较合理。又如，先民们在进行狩猎时，如能将猎物包围在中间，以防猎物因有缺口而逃脱，则成功捕获的概率无疑就会大大提高，所以"围猎于其中"成为各原始民族狩猎活动的一种主要策略。再如，氏族、部落社会往往将首领居住的"大房子"建在聚落的中心位置，这样，不仅便于首领与聚落成员之间的沟通，而且一旦遇到外部侵扰，也便于全体成员从四周赶来保护首领。华夏先民们生活在位居九州之中的中原地区，土地肥沃，雨量充沛，动植物资源丰富，为人们生存繁衍提供了优厚的自给自足条件，从而使身居其"中"的华夏先民们自然产生出一种优越感。

"天地之中"，从字面理解，就是天和地的中心。据文献记载，早在西周初年，周公欲迁都洛阳受阻，于是决定测日影定"地中"，为迁都洛阳寻找依据。周公认为，八尺的圭表，夏至日正午时分在太阳下的影子为一尺五寸，便是"地中"。后经测量，将天地之中的位置定在嵩山腹地登封告成镇，自此嵩山为"天地之中"之说代代相传。

在中国漫长的封建社会里，由于登封所处独特的地理位置和优越的自然环境，其华夏历史文明的发祥地核心区域的集聚和辐射效应绵延后世，以"天地之中"为理念，在嵩山腹地形成了集庙、阙、寺、塔、台、书院于一域的历史建筑群，体现了中国汉、魏、唐、宋、金、元、明、清各代的礼制、科技、教育等建筑的杰出成就，彰显了华夏先民"天地之中"的不变信仰。道教、儒家、佛教也纷纷会

图 3-1　五岳真形图碑

第三章 允执厥中：嵩山大理念

图 3-2 嵩岳寺塔

聚于此，著书立说，传经布道，使嵩山成为三教文化的荟萃之地。

"天地之中"与"天下之中"的含义虽略有差异，但基本内涵是相通的。以嵩山为"天地之中"的理念，三代以降广为流行。司马迁曾言："昔唐人都河东，殷人都河内，周人都河南。夫三河在天下之中。"[1]《晋书·王弥传》载："弥谓曜曰：洛阳天下之中，山河四险之固……"[2]《文献通考·经籍考》曰："譬如洛居天下之中，行者四面而至。"随着天下之中理念的盛行，其地域范围也不断扩大。鉴于洛阳属于九州的"豫州"，因此便有了"豫州为天地之中"之说[3]。在《吕氏春秋·有始览》中"豫州"被称为"河南"，从而又产生了"河南乃天下之中"之说[4]。

[1]《史记》卷129《货殖列传》。
[2]《晋书》卷100《王弥传》。
[3]〔明〕唐顺之：《荆川稗编》卷55。
[4]〔明〕章潢：《图书编》卷33。

嵩山据九州之中州腹地，为五岳之中心，"嵩高维岳，峻极于天，巍然居四岳之中，盖天下之绝境也"①。大嵩山地区四季分明，降水适中，光照充足，是人类生存和发展的理想之地。这一得天独厚的生存环境，不仅为华夏先民提供了优越的生产条件，也为中和思想的萌发和形成奠定了良好的环境背景。

二、以中为尊形成的政治原因

以中为尊概念的形成与传扬有着深厚的政治背景，从夏商周到北宋王朝长达3000年的时间里，历代统治者在争夺天下的过程中无不为得"中"而奋斗和拼搏。

首先，以中为尊观念萌生于传说中的黄帝时代。相传轩辕黄帝出生于新郑，广泛活动于大嵩山地区，他率领华夏部族打败炎帝部落和蚩尤部落，被各部落首领尊为共主。轩辕黄帝之所以被尊为"黄帝"，是华夏以中为尊思想观念的明确显现，"中央土，其日戊己。其帝黄帝，其神后土"②。可见，以"中"为上的观念在上古时代业已出现。黄帝、颛顼、喾、尧、舜为五帝，在古人看来，要想统领四方就必须"居天下之中"。富庶的大嵩山地区是邦国联盟共主的活动中心，黄帝所处的地理位置则是中央——全国的中心。

其次，三代时期"择天地之中立国"的政治选择，促成了以中为尊观念的流行。"天地之中"最早见于《左传》："民受天地之中以生，所谓命也。"《荀子·大略》中也云："欲近四旁，莫如中央，故王者必居天下之中。"夏朝因为在天地之中立被称作"中邦"；商代因在天地之中立国被称作"中商"；周代因在天地之中立国被称作"中国"。周人的老家在关中一带的周原，文王迁丰（今陕西西安长安区沣河以西），武王迁镐（今陕西西安长安区沣河以东），灭商之后，周武王的一个重要心愿就是迁都大嵩山一带。武王产生这一心愿的重要原因，就是以中为尊观念的驱使，在周人看来，迫于政治军事控制需要，无论是岐山还是丰、镐都太偏西，而

①〔宋〕楼钥：《攻媿集》卷76《跋先大父〈嵩岳图〉》。
②《礼记·月令》。

商都殷墟又稍靠东偏北,唯有大嵩山地区最适中,且是夏人选定用过的"天下之中",以此为建都立国之地,有利于号令四方诸侯,阜安万民。三代之后,"古之王者,择天下之中而立国"①,统治者普遍认为,只有居"天下之中",才能有效统治四方。这样,"天下之中"也就自然成为政治家们理想的建都立国之地。

最后,"盖天说"推衍以中为尊观念的盛行和提升。中国古代宇宙学说中有"天圆如张盖,地方如棋局"的天圆地方之说(即盖天说),此说大致形成于周初。《周礼》云:"日至之景尺有五寸,谓之地中:天地之所合也,四时之所交也,风雨之所会也,阴阳之所和也。然则百物阜安,乃建王国焉。"②其意是说天空如同一个巨大的"锅盖"罩着大地,大地是平的,呈方形,天地在地平线衔接,日月星辰此升又落。照此说法,既然天是圆的地是方的,二者都必有一个中心。经古人以"中"观星量天,求得北极星为"天中","地中"位置在西周初年被确定在今登封告成,并推衍为四时、风雨、阴阳均在此交汇,万物不仅发生发展在此地,而且可以在此丰茂地生长繁育,称王建国于此当然是最佳之地。

在漫漫历史长河中,大嵩山地区长期成为全国政治、军事、经济、文化的中心区域,尤其是春秋战国到北宋时期,每逢战乱群雄必"逐鹿中原",中原始终是必争之地,"得中原者得天下"已经成为一种时代共识。楚汉战争时期,刘邦即帝位后曾都洛阳三个月,曹操以许昌为都,曹丕称帝后定都洛阳,西晋建立后继续建都洛阳。北魏孝文帝统一北方后,将首都迁到洛阳。隋文帝以洛阳为东都,隋炀帝时迁都洛阳,唐朝设立河南道,以洛阳为东都。武周建都洛阳,称神都。五代时期后唐定都洛阳。赵匡胤在陈桥驿黄袍加身后建立北宋,以开封为东京,洛阳为西京。上述历史事实与以中为尊观念的影响无疑有着重要的关系。诚如刘庆柱所说:"中国的核心基因是'中','中'是东南西北的汇聚,'中'就是根。中国是从'中'来的,建国要立'中',建都要立'中',都立在哪里,就立在中原了,最后国家也叫'中',这时中国的国家是指天下,

① 《吕氏春秋·审分览·慎势篇》。
② 《周礼·地官·大司徒》。

要东西南北中，因此皇宫要建在都城正中间，皇宫里象征国家的大朝正殿要建在宫里的正中间。"①

与政治统治地点择中、居中、占中的现象相对应，古人允执厥中的政治智慧也受到后人的继承和重视。春秋时的孔子说过："舜其大知也与！……执其两端，用其中于民，其斯以为舜乎！"②可见他对尧、舜、禹等上古圣王之"中"的品格持赞美态度。孔子之后的孟子也说："汤执中，立贤无方。"③由此可见，春秋战国时期，以中为尊的观念，已经由具体的方位观念上升到哲学理念层面，并作为一种政治智慧和政治伦理流行于政治生活之中。

三、中和思想形成的思想渊源

"中"的内涵与外延。人们在日常生活中用的许多劳动工具，都会遇到"中"的问题，如一根木棒和一根绳子，都有它的中点，取其中，事物才能达到均衡，没有中，就无所谓上下左右。抓住"中"，就抓住了关键。于是，人们就有了中正、正中的概念，《周礼》说"以五礼防万民之伪，而教之中"，意思是教育人们遵循中正，合乎五礼，且可以防止人们弄虚作假。这里的"中"字，已经作为会意字出现。

"中"字最初是先民们创造出来的一个指事字。甲骨文中收有55个，现代各类辞书中，"中"的释义有30多种。"中"字字形分别源于旗帜、鼓或太阳的意象。有学者理解中间作圆者（或因甲骨文契刻不便而作方形）为太阳，指出："每当正午时刻，太阳正中照下，旗帜正投影于旗杆下，是为不偏不倚之中正，最为公正之时。因此，人间的一切行为要以天神'日中'为依据，即《左传·成公十三年》所谓'民受天地之"中"以生，所谓（天）命也'。"④另有一些学者则认为，依据"中"字字形及龟甲卜文的相关内容判断，古代君王有事需召唤民众集会时，往往会竖立旗帜并"建鼓"（中间的圆形或方形象征鼓）以表示集会地点所在，民众从四面八方根据旗帜所发出的视觉信号以及鼓声所给予的听觉指引而赶赴集

① 刘庆柱：《国祭也是祭国》，《光明日报》2015年9月7日。
② 《礼记·中庸》。
③ 《孟子·离娄下》。
④ 江林昌：《清华〈保训〉篇"中"的观念》，《光明日报》2009年8月3日。

第三章 允执厥中：嵩山大理念

会之地，这种行为被称作"建中"①。立旗、建鼓的地点便是中央，"中"由此就有了"中心"之义，并逐渐扩展到生活的各个方面，最终引申为伦理和哲学意义上的"中"，象征着中正与公平。由此可见，"中"的本义是指方位或时间的正中，它形成于人们在日常的生产与生活中对自然现象的观察和思考，而后又通过象征、类比等思维方式，以原始的宗教文化与人文价值观念系统为背景，将其与公正等伦理德行联系起来，表达了先民们对于上天及统治者的良好德行的企盼，也反映出他们对于美好生活的渴望。

"和"的内涵与外延。关于"和"字，许慎的《说文解字·口部》中说："和，相应也。从口，禾声。""和"在此处的本义是指人口所发之声音的应和；从口禾之说②，本指歌唱和奏乐的声音相应和，《尔雅》记载"和"为古代一种乐器（小笙），可演奏出和谐的乐曲。故《礼记》说："乐者，天地之和也。"③《广韵》认为，"和，顺也，谐也"。刚柔适中谓之和，描述事物存在的状况，《尔雅》也认为，"谐，和也"④。描绘不同事物间的运动形态，即和谐、融洽。此外有温和、谦和、和解、和合、和平等。

"和"的观念、含义由声音之和到音乐之和，再到人际关系之和，进而到国家政通人和，逐步拓展和深化。第一个对"和"进行理论提升，使之成为事物之本和天地法则的人是史伯。史伯是西周末期思想家，长期生活、工作在大嵩山地区，约早于老子和孔子200多年，曾为西周太史，掌管文告策命，记录史事，编写史书，兼管国家典籍、天文历法等，为朝廷重臣。史伯认为，"和"即"以他平他"。世间百物是由土和金、木、水、火相杂而成，用一物匀适地融入另一物叫作"和"。看来史伯已经认识到事物的本质与根本法则就是"和"，即二元乃至多元对立统一。事物的不断生成、不断丰富、不断发展，也就是"和"不断展示及矛盾对立统一规律不断展现。这既是客观世界自在的过程，又是人的主观世界能动的过程。

从上述"中""和"字源与意义的起源来看，二者均源于上古先民在日常生产与生活实践中对自然事物的观察以及对相关经验的

---

① 田树生：《释"中"》，《殷都学刊》1991年第2期。
② 许慎：《说文解字》。
③《礼记·乐记》。
④《尔雅·释诂》。

总结与抽象,是其生存智慧的结晶。其中所体现出来的对于公正和谐的美好生活的向往,又象征着先民们人文理性精神的萌芽。而"中"源于日中、旗帜与建鼓的意象,"和"源于声音的应和、五味与五音的调和以及同叮当声响和人心喜悦之情的联系等,因此,"中""和"字形与字义的产生和发展,显然是与礼乐的产生和发展伴随始终的。

"中"与"和"的并称合用,最早出现在《礼记》里:"喜怒哀乐之未发谓之中,发而皆中节谓之和。中也者,天下之大本也。和也者,天下之达道也。致中和,天地位焉,万物育焉。"①可见,中、和与中和思想最迟在先秦时期已经成形。随着后世思想家对礼乐的理论诠释与重构,中和思想也随之具备了更为丰富的哲学意义。

"中和"作为一个哲学范畴,当源于儒家学说的创始者孔子,标志性表述即"中庸"。"喜怒哀乐之未发"本是人内心的情感状态,"发而皆中节"则强调人随情依理而发动之行为的合理与适度。中和不仅是对人的情感与行为的伦理规定,也可被视为对人类行为的理想道德状态的描述。孔子的弟子有子也明确指出:"礼之用,和为贵。"②可见,"中"与"和"在礼乐中是一对体用范畴:"中"为礼之本体依据,即"天下之大本";"和"乃礼的实践原则,是礼之"中"的外化形态,为"天下之达道"。所以,就哲学层面看,中与和就是体与用的关系。这种体用关系不仅体现在狭义的、操作层面的礼乐之中,而且延伸推展到了广义礼乐所涵盖的以天地人为主体的整个自然与社会范畴。人类作为礼乐实践的主体,若能够致中和、兼体用,最终就可以使天地得正位,万物得养育。

天地万物与人本为一体,彼此息息相关,人所具备的"中和"智慧与德行,必然会影响到天地万物的有序与繁荣。而从另一个角度来看,"中""和"二字的字形、字义也就必然源于人与天地万物的交流互动,是天人合一的完美体现,是人类在自然界生活与劳作过程中的生存智慧和人文理性的结晶。

① 《礼记·中庸》。
② 《论语·学而》。

四、"天地之中"与中和思想

天地之中理念与中和思想的内在关系主要表现在以下三个方面：

首先，天地之中理念的出现与夏商周三代时期嵩山被赋予神圣色彩的历史背景密不可分。"禹都阳城，崇高所在"，夏王朝诞生前后，大嵩山地区不仅村落密集，而且矗立着多处颇具规模的城堡。考古、文献和民间传说无不印证了钱穆"大抵夏人先起今河南嵩山山脉中"之推断[①]。有商一代，商王朝也与嵩山有着不解之缘。例如，郑州商城和偃师商城作为商前期的两座都邑，都坐落在嵩山东西两侧；商代后期的卜辞中则多有问卜嵩山的记载，如"乙卯卜，贞：求禾于高，燎九牛"，"辛未贞：求禾于高暨河"，"癸巳贞：既燎于河于岳"，"甲子卜，燎河、岳，从雨"。郑杰祥等认为，上述卜辞所记的山岳即嵩岳[②]。这或可说明商代后期嵩山已被涂上神秘色彩，具有"神山"地位。"周因于殷礼"，大约正是因为夏商两朝皆与嵩山有着不凡的关系，武王灭商之后，即亲临嵩山举行了类似于"封禅"庄重仪式的开国大典，并赋予嵩山以"天室"之神圣地位。

其次，天地之中理念的形成与华夏先民雄踞中原的历史背景紧密相连。存在决定意识，考古发现证实，大嵩山地区先后出现二里头夏都、偃师商都、西周洛邑、东周王城、汉魏故城、隋唐洛阳城等六个王朝都邑。华夏先民长期居住和生活在"天下之中"的大嵩山地区，居中的自然优势与掌控四夷八方的便利，在面积不过数百平方公里的土地上，先后成为十几个王朝的首都所在地，始终是政治、军事、经济、文化的中心，这在人类文明史和世界城市发展史上绝无仅有。究其原因，除了自然环境和经济区位的优势，显然与这片热土被赋予了"天地之中"这个正统而崇高的地位密切相关。

最后，中原文化对周边区域文化具有广泛的辐射效应和巨大的吸纳效益，更表明大嵩山地区无愧于"天地之中"的盛名。中原文

[①] 钱穆：《国史大纲》，商务印书馆，1994年。
[②] 郑杰祥：《商代地理概论》，中州古籍出版社，1994年。

化是中华文化的主干，中原文化形成发展的核心是大嵩山地区，这一区域华夏文明的发展对周边区域文化的发展有着很大的影响，其先进程度也优于其他区域文化。从古代科学技术发展水平、经济社会发展程度都可以证明，中原文化的发展对四周区域文化表现出广泛的辐射效应。考察中原周边的齐鲁文化、三秦文化、三晋文化、荆楚文化、燕赵文化、岭南文化、巴蜀文化等，都富含着中原文化的一些营养成分，其文化内容都包含着中原文化的基因。另一方面，中原文化形成发展于大嵩山地区，中原文化在其演进的过程中，抽象出影响巨大的中和思想，对周边文化，对入主中原的少数民族文化表现出广泛的吸纳作用，在中国历代王朝的更迭中，中原地区多次被周边强悍的少数民族武力征服和统治，但少数民族文化总是被强大的中原文化所同化。中和精神总是显示出巨大的包容性和同化力，保持着经久不衰的影响力和旺盛持久的创新性。在世界四大文明中，唯有黄河文明没有中断，根源和奥秘或许与天地之中这种海纳百川的包容性与历久弥新的创造力密切相关。

第二节　中和思想的内涵

中和思想是由"中"与"和"两个理念结合而成的复合性范畴，具有深刻而丰富的内涵，在中华传统思想文化宝库中，无论是儒家、道家还是墨家、佛教，在面对自然、探究人生、观照社会时，无不体现出"尚中贵和"的观念意识，追求人与自然的和谐、人与人的和谐以及人的身心和谐是其基本的价值内涵。

一、"和生万物"的世界本源观

首先，阴阳中和——育生万物。相传，大嵩山地区是中国阴

第三章 允执厥中：嵩山大理念

阳五行学说产生的地方，河图洛书出自此地，著名的阴阳太极图出自黄河与洛河交汇处的洛汭，由此，中国古代思想家多以阴阳五行来表述中和，认为阴阳二气相适中调和而有利于万物的生长。老子在谈到自然世界的发生过程时说："有物混成，先天地生。寂兮寥兮，独立不改，周行而不殆，可以为天下母。吾不知其名，强字之曰'道'。"① 他为人们描绘出一个很形象的场景，勾画了一个"道生一，一生二，二生三，三生万物"具有普遍意义的生发模式。道生一（太极），一生二（阴阳），二生三（清气、浊气、和气），三生万物。在这一生发模式中，阴阳互动至为重要。正是有了太极化生的阴阳之气，才有了清气上升，浊气下降，清浊二气相互激荡，形成了和气。正如老子在阐释其世界本源观时所说："万物负阴而抱阳，冲气以为和。"②

《周易·系辞》曰："一阴一阳之谓道。"道指贯穿天地人的普遍规律，即强调阴阳两种力量调和相融而生成万物。《周易·系辞》又言："易有太极，是生两仪，两仪生四象，四象生八卦，八卦定吉凶，吉凶生大业。"太极是天地未分之前的原始混沌状态的气体，一而不能生，后来太极内分为阴阳两仪，阴阳二气演变为春、夏、秋、冬四时，四时的变化再生出天、地、雷、风、水、火、山、泽八种自然物，其中天、地为父母，利用这些自然物，阳性动散主生，阴性凝聚主成。世间万物就随之产生，所谓"乾知大始，坤作成物"③之说，即乾坤之间阴阳合作而生成万物，二者缺一不可。不仅是乾坤二卦，《周易》六十四卦三百八十四爻的符号系统，都是由阴阳二爻组成，由阴阳两种力量相互作用而孕育天地万物，都是天地阴阳大和的结果。阴阳本是两个对立面，这两种对立的力量在相摩相荡中达到适中平衡，从而实现对立面的统一，使天地大化生生不息。《周易》还就天地是怎样生万物的，作了形象描述："天地𬘡缊，万物化醇，男女构精，万物化生。"④天地、男女即阴阳冲突，𬘡缊、构精即融合的一种形式，冲突融合而化醇、化生万物，这便是"和"。"同"犹如"二女同居，

---

① 《老子·第二十五章》。
② 《老子·第四十二章》。
③ 《周易·系辞上》。
④ 《周易·系辞下》。

其志不相得"①。同性、同质、同居不能融合而化生新生儿、新和合体。

阴阳和谐生万物的中和思想在儒家学说中也有表现。《中庸》曰："致中和，天地位焉，万物育焉。"致就是推广、实行、达到，"致中和"就是推行或实现中和之道，去处理人与自然以及人与社会的各种关系，以求得化解矛盾，消除冲突，实现协调发展。正如《荀子》所说："天地合而万物生，阴阳接而变化起"②，"万物各得其和以生，各得其养以成"③。可见，一脉相承自"和实生物"以来的"和生"思想，回应了"天地万物从哪里来"这个根本问题。

其次，气候适中——滋生万物。《周易》认为，八卦即八种自然物具有生养万物之功能，"天地定位，山泽通气，雷风相薄，水火不相射"，"分阴分阳，迭用柔刚"，"雷以动之，风以散之，雨以润之，日以烜之，艮以止之，兑以说之，乾以君之，坤以藏之"。④其大意是，八卦中的天、地、山、泽、雷、风、水、火这八种自然物，各有其生养万物的职能。正如《礼记》所说："地气上齐，天气下降，阴阳相摩，天地相荡，鼓之以雷霆，奋之以风雨，动之以四时，暖之以日月，而百化兴焉。"⑤自然界的万物就在这样适中的气候条件下才得以欣欣向荣地繁衍生长。

到了汉代，董仲舒提出了以阴阳五行为框架的宇宙生成论。他说："天地之气，合而为一，分为阴阳，判为四时，列为五行。"⑥是说在阴阳四时的有序运转中，万物就生生不息、运行不止。他在论述阴阳于一年四季周期运转演化中，还提出了"两和""两中"的模式，"两和"指的是"春分"的东方之和与"秋分"的西方之和；"两中"指的是"冬至"的北方之中与"夏至"的南方之中，认为天地间万物的萌生与成熟都源于和，都在阴阳二气各相半而和合之时。他又说："和者，天之正也，阴阳之平也，其气最良，物之所生也。"⑦也就是说阴阳二气处于春、秋二季冷热均匀的平衡状态时，就具备了生万物与成万物的功能。

最后，天地人和——天下太平。中国先哲通过对天道、地道现

①《周易·革·彖》。
②《荀子·礼论》。
③《荀子·天论》。
④《周易·说卦》。
⑤《礼记·乐记》。
⑥《春秋繁露·五行相生》。
⑦《春秋繁露·循天之道》。

象的大量观察与研究,引申到对社会生活中人道规律的思考,认为天道、地道与人道的运行规律是一致的,天、地、人三种要素要实现相包容、相协调、相配合,达到中和状态,才能使新的事物产生、发展和壮大。

《周易》开始就说:"乾道变化,各正性命,保合大和,乃利贞。首出庶物,万国咸宁。"① 乾道就是自然天道,指四时、昼夜、风云、雷雨、霜雪、阴晴、寒暖等自然现象,人类与鸟、兽、草、木、鱼、虫等一切生灵,无不受自然天道变化的支配。太和,指最高层面的和谐,包括人与自然的和谐、人与人的和谐以及人与社会的和谐。"保合太和",即通过人的主观努力,加以保合之功,不断地进行调控,使之可持续发展,造就万物繁庶、天下太平的良好局面。

中国古代天、地、人三者中和统一而生万物的思想与早期农业的发展有密切关系。人们在长期的生产实践中,需要观察天时、气象、地宜,因此人的活动与自然界的变化就会形成互动关系。《管子》说:"顺天之时,约地之宜,忠人之和,故风雨时,五谷实,草木美多,六畜蕃息,国富兵强。"② 这里一方面强调了天、地、人各自的平衡,同时又强调了天、地、人三者之间的大平衡,只要保持这两种平衡,就能实现五谷丰收,六畜兴旺,国富民强。正如《荀子》所说:"上得天时,下得地利,中得人和,则财货浑浑如泉源。"③ 也正如《吕氏春秋》所说:"上揆之天,下验之地,中审之人,若此则是非可不可无所遁矣。天曰顺,顺维生。地曰固,固维宁。人曰信,信维听。三者咸当,无为而行。"④ 这里特别强调人应信守和遵循自然规律,与天地相参,乃可成功。

二、"天人合一"的和谐共处观念

天人合一是中和思想关于正确处理人与自然关系的基本理念。这一理念源于老子,发展于庄子,完善于董仲舒。

天人合一的思想萌芽于三代时期,天被视为有意志的人格神,

① 《周易·乾·象》。
② 《管子·禁藏》。
③ 《荀子·富国》。
④ 《吕氏春秋·季冬纪·序意》。

是自然和社会的最高主宰，天人关系即神人关系。《尚书·洪范》中说："惟天阴骘下民。……天乃赐禹洪范九畴，彝伦攸叙。"天保佑民众，因而把九类大法赐给禹，安排人伦规范。这一观点认为"天"（神）与人之间存在某种对应关系。

老子主张"人法地，地法天，天法道，道法自然"，天、地、人三者以道贯之，人生追求的目的不是认识、征服自然，而是泛爱万物。庄子认为，人与天地皆由气构成，人是自然的一部分，天与人是统一的，因而极力主张"无以人灭天"，通过"坐忘""心斋"的忘我体验来达到"天地与我并生，而万物与我为一"的天人合一境界。虽然庄子的观点被认为存在消极倾向，但是他提出的人与自然在本质上是统一的观点，具有科学性和积极意义。

《周易》从人格的最高理想和最终境界论述了人与天地的合一："夫大人者与天地合其德，与日月合其明，与四时合其序，与鬼神合其吉凶，先天而天弗违，后天而奉天时。"所谓"先天"，即为天之先导，在自然变化发生之前加以引导；所谓"后天"，即遵循自然的变化规律，从天而动；"与天地合其德"，即人与自然界要互相适应，相互协调。这一思想用现代语言来表述就是，一方面尊重客观规律，另一方面又要注意发挥人的主观能动性。

《中庸》表达了"四时行焉，百物生焉"的自然观，主张敬天法地，四时运行，万物生长乃天意之体现，天是自然万物发展变化的主宰，是宇宙的最高本体，人类社会应顺应"天意"建立尊卑秩序，协调天人关系。孟子的天人观具有浓厚的主观伦理色彩，即尽心、知性、知天，认为人的心性是沟通天人关系的桥梁，要求人以道德规范约束自己，以实现知天达命、天性与人性、天心与人心的统一。荀子从朴素唯物主义角度提出"明于天人之分"的观点，认为自然规律不以人的意志为转移，也不会因为人的好恶而改变，"天行有常，不为尧存，不为桀亡"。同时，他又强调人在自然界具有主观能动性，可以驾驭自然，提出"制天命而用之"的思想，主张尊重自然，顺应自然，利用自然。

董仲舒提出"天人之际，合而为一"①的著名理论，认为天与人具有相同的结构，人是天的派生，人事与自然规律相似，故而天人可以相互感应。这一认识是对天人关系的深刻感悟和理性阐述，既不同于原始神秘主义的神灵崇拜，也不同于自然天道，而是融自然规律、伦理原则和神秘权威为一体，成为理性与神秘主义的混合物。

至宋明时期，天人合一思想与宋明理学的有机结合发展成为具有重要影响的社会文化思潮。张载进一步拓展了天人合一的思想内涵，提出"民，吾同胞；物，吾与也"②的著名观点。他认为，天地犹如父母，人与万物都是天地所生，民众百姓是我的兄弟姐妹，万物是我的亲密朋友，人与万物、自然处于和谐、均衡与统一之中；并且认为，道德原则和自然规律也是一致的，人和自然都遵循统一的规律，天人协调是最高理想。之后的王阳明承继张载的思想观点，提出了"仁者与天地万物一体"的泛爱万物思想，这既是人性的自然表露，也是人类最高的伦理情感，是人对天地万物的一种责任意识。可以说，泛爱万物的思想达到了儒家天人观的最高境界。

总之，无论道家的天人一体观，还是儒家的中和思想，都体现了人与自然中和一体的基本内涵，人在天地间只有持中和态度，顺从天意，才能达到人与自然和谐共生的目的。

三、"过犹不及"的居中平衡思想

"执两用中"是中和思想的重要原则。"执"是把握；"两"指事物的两端，一端为"过"，一端为"不及"，"中"是两端之"中"间，是恰到好处的"无过"与"无不及"。

华夏先民认为自己居住的大嵩山地区处于"天地之中"，这里丰富的物产、秀丽的山川、适宜的气候，无不是上天所赐。生产的发展、社会的进步，更强化了这一文化认同。也正是在这一基础上，衍生出了"尚中"理念。华夏先民在长期的生产与生活中，逐渐认

① 《春秋繁露·深察名号》。
② 〔宋〕张载：《西铭》。

识到"适度""适合"才有利于生存和发展，否则就会遭遇挫折。但是如何把控适度与适合呢？最好的方法就是"无过无不及""顺应四时之序"等。简言之，就是务必达到"中和"。

华夏先民"尚中"的正向意义，可以从古代典籍中找到许多例证。《周易》夬卦九五爻辞曰："苋陆夬夬中行，无咎。""中行"指九五爻居于上卦中位，行中道，所以无咎。所以"中"是《周易》的至上追求。老子有"守中"之说，"多言数穷，不如守中"[①]；庄子有"养中"之说，"凡物无成与毁，复通为一"[②]，"且夫乘物以游心，托不得已以养中，至矣"[③]。庄子强调以"中"表示心灵状态，顺着事物的自然而悠游自适，寄托于不得已而蓄养心中的精气，这就是最好的状态。

儒家的中庸思想，其内在的逻辑在中和，"尚中"是中庸的逻辑起点，"时中"是中庸的内在本质，"中正"是中庸的规范准则，"中和"是中庸的理想目标。"中"的本义并非折中，而是强调"无过无不及"，衡量过或不及的标准，就是天地万物的自然规则，即所谓的天道。而儒家向来讲求尽人事听天命，尚中守中，便是天道，亦是人道。

佛教讲"中观"，视"中道"为基本宇宙观，小乘佛教和大乘佛教在这一点上并无异议。古印度龙树菩萨先学习小乘，再转学大乘，确立了大乘佛教的思想体系。中观的观念，是龙树菩萨在其著作《般若经·缘起性空》中提出的，也即所谓的"中论"，提倡一种脱离执着、不偏不倚的理论和观察方法。其中道思想缘起是显示事物的相对性和互相依存的关系。他认为，一切事物根本是"空"的、"无自性"的；人们所经验到的，只不过是因缘和合得体罢了，如果能够以这种既不把万物执为实有，也不执为虚无的态度去认识事物，便是掌握了不偏不倚的中道思想，从而可以获得真实智慧，达到解脱的境界。佛学在社会生活中推崇"中和"，实践六和敬，简称六和，即身和共住（在生活上互相关怀照顾）、口和无诤（在语言上彼此劝善止过）、意和同事（在思想上互相尊重和敬）、戒

[①]《老子·第五章》。
[②]《庄子·齐物论》。
[③]《庄子·人间世》。

和同修（遵守共同的戒律一起修行）、见和同解（见解一致，共同悟道）、利和同均（平等地分配受用共同财物）。

从道、儒、佛诸家观点可知，中和思想与对立统一规律在本质上是相通的。中和既反对"过（左）"，又反对"不及（右）"，是"叩其两端""和而不同"的矛盾方法论，是不偏不倚的天下正道和定理。它的核心思想就是谋求对立面统一的矛盾思想，所以，"中和"在某种意义上体现了事物对立统一的变化规律。

"中和"思想反对极端化。极端化往往扩大事物内部的对立面，而忽视其内在的统一性，片面地、孤立地、静止地看待事物，惯于采取偏执和简单化方法处置错综复杂的问题。极端化还易将事物矛盾推向两个极端，即凡是认为正确的一方，就认定其绝对正确，而认为是错误的一方，则认定其完全错误。这种极端化处理问题的方式，把两个对立面之间的矛盾看成是势不两立，没有调和的余地。由此可见，以中和思想看待事物、处理问题，有利于规避和化解极端化带来的弊端。

四、"和而不同"的共生共赢原则

"和而不同"是中和思想的原则之一，史伯最早对"和"的概念作了深入阐释，他说："夫和实生物，同则不继。以他平他谓之和，故能丰长而物归之；若以同裨同，尽乃弃矣。故先王以土与金木水火杂，以成百物。是以和五味以调口，刚四支以卫体，和六律以聪耳，正七体以役心，平八索以成人，建九纪以立纯德，合十数以训百体。出千品，具万方，计亿事，材兆物，收经入，行姟极。故王者居九畡之田，收经入以食兆民。周训而能用之，和乐如一。夫如是，和之至也。于是乎先王聘后于异姓，求财于有方，择臣取谏工，而讲以多物，务和同也。声一无听，物一无文，味一无果，物一不讲。王将弃是类也，而与剸同，天夺之明，欲无弊，得乎？"[①]

"以他平他谓之和"，即不同事物（他与他）相配合，恰当适

①《国语·郑语》。

中，达到平衡，就叫作和。"以他平他"是以一方平衡协调另一方，使对立的或有差异的双方实现平衡协调，从而形成一个和谐统一体。"以他平他"还指矛盾双方在平衡和谐的关系中相"保"相"济"，共同形成了一种协同力、和合力，从而有力地推动了事物向前发展。

"和实生物，同则不继"，则从辩证法角度揭示了"和"是事物存在和发展的根据和动力。"和实生物"之"生"不仅指横向的矛盾方面相互结合，"杂以成万物"，而且指一个事物纵向的发展过程。与"和"相对的是绝对的"同"，后者是导致事物走向衰亡的原因。有生命力的事物都是多样性的统一，任何事物只要是单一成分的自等同，而缺少差异性要素，就会从根本上丧失存在的内在根据和发展的固有动力，就难以生存和发展。

"和"作为哲学范畴，其实质是多样性的统一。它提示的是客观事物存在和发展的辩证关系，它是中国古代客观辩证法的第一个形态。

第三节　中和思想的特质

中和思想是具有中国传统思想文化特质的理念和范畴，深系中国历史和中华民族的世道人心，体现了中华民族对天、地、人三者和谐相处之道的状态、特点和价值判断。

一、一以贯之的学术思想道统

"道统"是学问家传道的脉络系统。孟子认为，孔子学说承继尧、舜、禹、汤、周文王等前代圣王，自认为自己继承了孔子思想的道统。曾在嵩山讲学的韩愈在《原道》中称自己继承了儒学的正宗。长期生活在大嵩山地区的程颐，在为程颢所作墓表中则称程颢

第三章　允执厥中：嵩山大理念

传承了儒家的道统。朱熹进一步发展完善了道统论，认为周敦颐和程氏兄弟上接孟子的儒家道统，而自己又是周敦颐和程氏兄弟儒家道统的继承者。可见儒家的道统论是一个精致的理论体系，有着作为经典依据的儒学典籍、独立的历史传承谱系，而作为这个体系的核心思想正是中和精神。中和思想在儒家看来即为"中庸之道"。儒家自孔子起便恪守"允执厥中"之中道，即所谓"道以中为至"[①]。朱熹认为，"圣人只是一个中底道理"[②]。圣人之道当以实践中和之道为路径，中和之道是成就圣人人格之要义，所以，有当代学者称"儒学本质上便是中和之学"[③]。

以老庄为代表的道家思想在中国传统哲学思想中影响巨大。从某种意义上说，老庄思想的核心理念也是中和之道，老子提出"万物负阴而抱阳，冲气以为和"，万物生化的唯一途径是阴阳的中和，中和便是万物产生的"道"。"多言数穷，不如守中。"[④]"和"为事物的常态，即"常道"，即规律，进而倡行"守中"的生活态度和行为方式。庄子也提出"至阴肃肃，至阳赫赫，肃肃出乎天，赫赫出乎地，两者交通成和而物生焉"的观点，把阴阳中和视为产生万物的根本法则，其对两汉时期的阴阳生成论起到了很大的启迪作用。庄子还从中和生成论提出"环中原则"，以达"德之和"的境界。

二、守中求新的与时俱进精神

中和思想包含着守中求新的与时俱进精神。中和之道之所以成为圣人之道，根本是在守和目的下的变通，不去变通、不能变通，便不是中道，难以达到中和，"欲求圣人之道，必于其变。所谓变者何也？盖尽中道者，圣人也"[⑤]。

有学者认为道家顺其自然的"守中""守和"思想是否定主体能动性、进取性、创造性的生活态度，这实际是对道家"无为"思想的片面理解，而"无为无不为"才是道家思想的全部，所以，说

[①]〔清〕李光地：《榕村全集》卷1《观澜录·经》。
[②]《朱子语类》卷97《程子之书三》。
[③] 董根洪：《儒家中和哲学通论》，齐鲁书社，2001年。
[④]《老子·第五章》。
[⑤]《宋元学案》卷1《安定学案》。

道家的生活态度是消极柔弱的随遇而安式的"与时俱化"是不准确的。

有人把儒家的中和或中庸视为保守的,以为是一种折中主义、调和主义的哲学,殊不知真正的儒家中和哲学是富于积极进取、勇于变革精神的。《易传》中"时中"态度,集中体现了一种积极的"顺乎天而应乎人"的生活态度。"时中"就是依时而中,随时而中,它是《易传》的核心思想。它不是随遇而安。这种自强不息、与时俱进的积极进取型的适应,也就是说是一种"时新""时中"式的适应,是一种主动性的适应或创造性的顺应。"时中"体现了儒家中和哲学的真正精神。"君子之中庸也,君子而时中"。"时中"本质上是一种主动适应的思想,"时中"所体现的就是生生求新、变通创造、自强不息的品性。《中庸》赋予中和以"中立而不倚,强哉矫;和而不流,强哉矫"的强矫刚健品性,它构成中和生命的特质。张载在阐释《周易》的时中思想时特别强调,时中的原则是"依时而中",即根据时势的变化采取相应的措施和行为,只有与时俱进,事物才能变通,只有与时俱进,处事才能成功,即"顺变化,达时中,仁之至,义之尽"。

可见,中和思想作为具有充分思辨哲理的协调原理,不仅是一种把刚健与柔适、进取与顺应有机结合起来的生活态度,而且是一种把人的主动性适应和创造性顺应有机结合在一起的生存方式。

三、对立统一的辩证思维逻辑

中和思想强调事物对立面统一与平衡达到和谐共存,中和包含事物对立面统一物的两个方面,既相互对立又相互依存,即对立双方各以自身所应有的适度为限以保持双方的稳定与平衡。这种思维逻辑体现了中国传统思想辩证思维的特点。

源于大嵩山地区的《周易》,阐释了中国文化中的阴阳理论,它是三代以来就很流行的一种关于人与自然、人与社会的理论,其内容就集中体现了中和思想的辩证思维逻辑。《周易》中乾坤、天地、尊卑、贵贱、刚柔、水火、损益、盈虚、终始、进退、得失、存亡，几乎事事处处，都充满了矛盾。然而《周易》作者不仅看到了矛盾的对立性，同时更看到了矛盾的统一性，并强调矛盾双方是以相互依存、相互合作、相互补充为主，从而形成了天地万物生生不息的变化，如《周易》所说"水火相逮，风雷不相悖，山泽通气，然后能变化"①，并且提出"一阴一阳之谓道"，"阴阳不测之谓神"，说明阴阳贯穿于天地万物的生成与发展之中。

阴阳是自然生成的基本物质，是事物发展的两个方面，如同钱币一样，有正有反，相互依存，互为表里。失去任何一方，对方就失去了存在的前提。就像白昼与黑夜、阳光与阴影一样，无此则无彼，失彼则失此，彼此相生，彼此互为依存。阴阳互根互生，才是道的本源。受自伏羲以来的阴阳学说尤其是《周易》关于阴阳理论的影响，长期在洛阳为史官的老子在《道德经》中运用"阴阳"学说，表达了阴阳互根互生的思想。

《国语》记载，周宣王时，虢文公运用阴阳消长来解释雷震和土地膏泽现象，认为农业生产必须顺时。他提出了阴阳分布说，认为自然界阴阳之气的运行与消长是有一定时令季节性的，即冬至时是阴盛阳衰，夏至时是阳盛阴衰，春分、秋分时阴阳均衡，因此农业生产的春生、夏长、秋收、冬藏，都是依据阴阳消长的变化状况来进行的。《国语》还记载了周太史伯阳父从反面，即从阴阳失调失序来解释地震的原因："夫天地之气，不失其序；若过其序，民乱之也。阳伏而不能出，阴迫而不能烝，于是有地震。"②

中和是事物多样性的统一与融合。史伯揭示了"和实生物，同则不继"的道理，即天地之间万事万物不仅呈现对立统一状态，也呈现融合统一状态。只有不同性质的事物相融合，才能形成丰富多彩的万事万物，若只是同一事物相加，那只有量的增长，而不能产生新的事物。晏婴进一步继承并发展了史伯的这一思想，主张将这种和同观运用于政治，提出了正确的君臣关系，认为君臣在议论治

①《周易·说卦》。
②《国语·周语上》。

国之道时，所见互有可否，只有相互取予，相互补充，使治国之道更加完善，君臣关系也更加协调，才能实现政通人和。他认识到事物之间有相济相成互补的作用，这就是事物多样性统一与融合的优越性。

在乐曲的演奏中，要得到美妙动听的音乐，必须使音律达到《左传》所讲的"清浊、小大，短长、疾徐，哀乐、刚柔，迟速、高下，出入、周疏，以相济也"[①]。只有当音乐中矛盾对立的声调、音色相济相助，相互补充，和合一致，才能达到最佳的艺术效果。

我国古代哲人以一种最完美的方式表达了对立面的统一和谐，这就是太极图。在图内阴与阳之间有一条互补的曲线，形成两条阴阳鱼，而且从鱼的眼目中，可见到阴鱼中有一阳核，阳鱼中有一阴核。这两个核表达了其内在的原始本质，促成了阴抱阳、阳抱阴，阴逐阳、阳逐阴，相互依存，相互取予，二者互相渗透，此消彼长，形成一个统一的整体。这就是中国思想史中关于对立统一与和谐的形象说明。

儒家中和辩证法与唯物辩证法本质上是相通的。阴阳中和发展观与唯物辩证法关于事物是对立统一的思想是一致的。中和指的是"相异""不同"的两个方面，即阴阳之间所具有的一种不偏不倚、无过无不及、和谐协同的"中"的结构和"和"的关系。这种中和的结构关系不仅使对立的阴阳结合成一个统一体，而且在阴阳的相济、相保、相生中形成了一种强劲的推动事物前进的内生力、整合力，从而有力地推动新事物的生成。显然，这种阴阳中和观本质上就是关于矛盾对立统一的思想，符合唯物辩证法的对立统一的根本规律。

四、中华民族的高超生存智慧

"中"与"和"的产生均源于古人求取更为有效的生存与发展的需要，而"中和"的并用则体现出了人类生存智慧与人文理性的完美结合，有着本体论和方法论两个层面的意义：本体论体现为一

① 《左传·昭公二十年》。

种价值理性，方法论的意义则主要体现为一种思维智慧。具体来说，"中和"强调的是适中、合理、和谐与发展，它要求人们必须拥有大智慧，并随时随地保持清醒和理性，以让一切事物都能科学合理地发展；同时，它又是一种高尚的德行，因为要达到上述要求，我们的社会和每一个社会成员都必须具备追求真理和正义的意志与勇气。

中和思想是人类命运的大道，是人类达到共同福祉的正途。传说帝尧敬事爱民，推贤让能，明察是非。他"克明俊德，以亲九族。九族既睦，平章百姓。百姓昭明，协和万邦。黎民于变时雍"[①]。"协和万邦"是万邦之间相互尊重、协调和合，并非是二元对立的一方吞并一方，一方打倒一方。"协和万邦"蕴含着亲和性和感通性，由"亲九族"而致万邦协和，由"感人心"而致天下和平。

要达到中和，无论自我修养，还是处理人与自然、人与社会、人与人以及国家与国家、民族与民族、文明与文明等之间的关系，都不能从一己私利出发，而应兼及整体利益。在中国历史上，中和思想是中华传统文化的核心理念，华夏先民以中和精神接纳和包容"四夷"，最终形成多元一体的民族大家庭，为中华民族大家庭的每一个成员提供了民族生存所需的价值观和方法论，成为中华民族最高的生存智慧。

中和思想为实现世界和平提供了有益的思维理念。当今世界种种背离"中和"的现象，其症结在于一己私利。无论是霸权主义、单边主义，还是狭隘的民族主义，都不是从全人类的和平幸福着想，不是从全人类的安居乐业着想。一些国家囿于一己私利，执着于二元对立的思维逻辑，不以中和态度求同存异、和平共处，而是不断插手、干预别国事务，甚至挑起战争冲突，给世界和平和人类社会带来极大灾难。实践证明，中和思想是实现世界和平及人类共同福祉的正途。

---

① 《尚书·尧典》。

第四节　中和思想的功能

一、"中和"为事物运行的普遍规律

中和是宇宙间天体运行的普遍规律，宇宙星空之间、各星球之间既有相互排斥的离心力，又有相互吸引的向心力。二力适中达到平衡，形成诸星定位定轨，各安其位，并行不悖，天体达到有序运行，看来因中而致和，是符合自然规律的。正如爱因斯坦所说："这个世界可由数学公式组成，也可由音乐的音符组成，整个自然界就像由各种音符组成的美妙和谐的交响乐曲。"[①]

中和也是世间万物产生发展的普遍规律。现代系统论认为，宇宙空间一切事物都是有秩序、成系统的，母系统与子系统之间、子系统与子系统之间、系统内部要素之间、要素内部分子之间，均处于有序和谐的状态，这样世间万物才能中和平衡，有序发展。中国方言谓"没有规矩不成方圆"，如万物不成系统，失去中和平衡，则将发生悲剧和灾难。

中国传统文化中的中和思想，实际上是一种朴素的辩证法思想，它的基本思想原则是从广泛的自然现象中抽象和从丰富的生活实践中概括出来的。华夏先民在自然与社会"自然中和"的现象观察基础上，产生中和辩证法的萌芽，这种中和辩证法的基本形态可以称为阴阳中和论。从史伯"和实生物，同则不继"的思想开始，经老庄阴阳生万物观念的拓展，进而发展成为日臻完善的中和辩证法思想。

阴阳中和论认为世界万物的生成源于自身固有的阴阳对立面之间的不偏不倚、无过无不及的和谐协同的中和结构和状态。"一阴一阳之谓道，然变而通之，未始不由乎中和也。"[②] 阴阳"必得中

[①] 钱长康：《试论物理学中的和》，《人天科学研究》1995年第5期。
[②] 〔宋〕司马光：《司马文正公传家集》卷61。

然后能和，然后能育万物"①。阴阳正是以中和为根本法则而产生万物、化育万物、变通万物、生成万物。因此，中和是天地之"大本""达道"，是宇宙万物产生发展的普遍规律。

希伯来文化和基督教文化都认为是上帝（神）创造了昼夜、空气、水、地、青草、树木、果子、太阳、星星、月亮、动物、鸟兽等万物。在这里，上帝被预设为唯一绝对的、全知全能的、神圣非凡的存在，世界和人类都受上帝的支配和主宰。中华民族没有一种像西方那样被普遍认同和崇拜的上帝或神，即使是商周时代的天命论，也没有关于天如何创生万物的描述，况且在春秋时天命论已备受诘问，就连孔子也说："天何言哉？四时行焉，百物生焉，天何言哉？"意即四时行、百物生并非天意使然。这显然与《圣经》所论大异其趣。

中和理念在哲学层面可以称为中和思想，在实践层面可以称为中和之道。宇宙万物都在和谐有序地运动变化着，任何事物一旦背离中和，即会丧失其存在发展的条件。《荀子》曰："列星随旋，日月递照，四时代御，阴阳大化，风雨博施，万物各得其和以生，各得其养以成。"②天上的日月星辰各按自己的轨道有规律地昼夜交替地运行着，大地上春、夏、秋、冬四季运转不忒。在生物圈中一切生物只有使自己的生命节律与自己周围环境的变化和谐一致，同步运行，才能得以生存繁衍和发展。"夫和者，大则天地，中则帝王，细则昆虫草木，皆不可须臾离者也。"③"阴阳不中，则物不生；血气不中，则体不平；刚柔不中，则德不成；宽猛不中，则政不行。中之用，其至矣乎！"④中和之道是天下之道的根本，也就是说，天下诸道本质上都是中和之道，一切规律都以中和之道为核心法则。

中国传统文化中的中和思想与唯物辩证法本质上是相通的。中和思想与唯物辩证法关于事物是对立面统一的思想是一致的。马克思说："两个相互矛盾方面的共存、斗争以及融合成一个新范畴，就是辩证运动的实质。"⑤列宁说："可以把辩证法简要地确定为关于对立面统一的学说，这样就会抓住辩证法的核心。"⑥所以，马克思主义哲学关于对立面统一的学说与中和思想本质上是相通

---

①〔宋〕司马光：《温国文正司马公文集》卷25。
②《荀子·天论》。
③〔宋〕司马光：《司马文正公传家集》卷62。
④〔宋〕司马光：《潜虚》。
⑤ 马克思、恩格斯：《马克思恩格斯选集》卷1，人民出版社，1972年。
⑥ 列宁：《哲学笔记》，人民出版社，1974年。

的、互为补充的。中和思想是中国传统哲学中关于世界观、关于事物发展一般规律的最高思想理念。

二、"中和"为文化发展的内生动力

"和而不同"是中和思想的重要内涵之一，对不同思想观点采取中和态度是促进思想文化发展的内生动力。春秋时晏子在向齐景公进言时，就明确反对"以水济水"、"琴瑟之专一"、弃和而取同的违反辩证法的错误做法，要求齐景公在国家政治生活中善于听纳与己不同的意见，反对一言堂的专制作风，君臣间不能可可相因、否否相袭，而应是可否相济："君所谓可而有否焉，臣献其否以成其可。君所谓否而有可焉，臣献其可以去其否。是以政平而不干，民无争心。"[①] "和谓可否相济，同谓同欲。"[②] 显然，晏子关于"和"的政治文化观充满了辩证法思想，也展现了中和思想的包容胸怀。

《中庸》认为："万物并育而不相害，道并行而不相悖。"即多样性事物之间可以宽容包纳、和谐相处、互补共进。"和而不同"的原则最能体现中和之道的精神，运用在文化发展方面，是正确处理各种学术流派关系和各种不同思想观点的黄金规则，对思想文化发展有巨大的推进意义。

中和思想对文化发展的推进作用，从我国文化发展史上可以得到十分有力的证据，如春秋战国时期，诸子百家学派林立，互相辩难，在争辩中互相交流、互相吸收，又互相补充，出现了诸子百家，著名者有九流十三家，儒、道、墨、名、法、阴阳、五行、兵、农、医、杂、纵横家等。汉唐以降，随着佛教传入中国，儒、释、道三家长期辩难，同时又互相吸收，形成了三教互补共存、和而不同的中国传统文化主体架构。

中国宗教发展史上也不乏类似例证。中华民族以海纳百川的博大胸怀接纳外来宗教文化，采取兼收并蓄的态度。在中国大地上，土生土长的道教与外来的佛教、摩尼教、景教、祆教、基督教、伊

① 《左传·昭公二十年》。
② 《国语·郑语》韦昭注。

斯兰教等长期并存,特别是佛教自印度传入大嵩山地区之后,在中和思想的文化氛围中,得以迅速落地生根,经久不衰。在中岳嵩山,儒、佛、道三种文化和谐共处,共同繁荣。

三、"中和"为审美追求的理想境界

在美学上,中和思想表现为和谐,和谐就是美。"天地之道美于和","和者,天地之大美"。中和之美是一种刚柔相济的综合美,是一种含蓄、典雅、肃穆的美,强调审美意蕴层度适中,无过无不及。

中和之美的功能展现在人伦道德方面,其功能主要体现为灵魂的审美形态,如儒家伦理观念,以忠孝友悌为内容的君子人格,其中的关键是尽心尽性的功夫,心性至仁即美。一个人能尽仁尽善则其表现于外的言行莫不是和,仁是和的内核,和是仁的表现,中和美的艺术是对鼓荡起来的情的疏导和澄汰,有助于真正的心性之原的挖掘和导引,这样会使整个人格向上超越,达到以德合天、"赞天地之化育"的境界。

中和之美展现在音乐方面,由高低强弱、长短不同的音符相配合而形成一个和谐悦耳的乐曲,这是由于古代重视礼乐文化的缘故。正如《吕氏春秋》所说:"夫乐,天地之精也,得失之节也,故唯圣人为能和,乐之本也。夔能和之,以平天下。"[1]荀子说:"故乐在宗庙之中,君臣上下同听之,则莫不和敬;闺门之内,父子兄弟同听之,则莫不和亲;乡里族长之中,长少同听之,则莫不和顺","故乐者,天下之大齐也,中和之纪也"[2]。这里的音乐演奏,其实是和当时宗法制内部的礼制结合在一起的,后来由音乐之美拓展到其他领域。

中和之美在中国式建筑方面也有许多体现,如在建筑布局上强调平面铺开,中轴对称,高低错落,井然有致,比如中岳庙院占地面积117000余平方米,是中国五岳之中现存规模最大、最完整的一组古建筑群,现存殿宇、楼阁、宫亭、台廊、碑楼等建筑400余

[1]《吕氏春秋·慎行论·察传》。
[2]《荀子·乐论》。

间，就是如此布局的，具有很高的历史、建筑、艺术、科学价值。又如少林寺塔林作为少林寺历代高僧的墓地，228座古塔昂然耸立，有单层单檐塔、单层密檐塔、印度窣堵波塔和各种喇嘛式塔等，千姿百态，形象各异，形似参天巨木，势如茂密森林。建筑上的雕梁画栋把各种对立或有差异的因素完美地统一其中。如少室阙，阙身保存较完整的画像有60余幅，内容主要包括车骑出行、宴饮、击剑、狩猎、犬逐兔、驯象、斗鸡、蹴鞠、鸱鹗、羊头、鹿、虎、鹳鸟哺雏、马技、月宫、常青树等，给人一览无余、和谐统一的美感。

中和之美更是中国文学创作中审美艺术的灵魂，中和是美的本质。元曲是中国戏曲发展的高峰，元代剧作家们遵循儒家的"中和之美"，戏剧作品处处体现着中和思想。认为感情不能失之太喜、失之太悲、失之太怒、失之太哀、失之太乐，要能直面悲境或者喜境，也要超越其中。因而"中国古典悲剧必有代表人民意志的光明结尾"[1]，或金榜题名，或洞房花烛，或沉冤大白，即使悲剧主人公不能在活着的时候得到圆满，剧作者也会让其死后成仙，位列仙班，或转世投胎，大富大贵。可见，中和之美已经融入中华民族的审美意识中，并成为中华传统美学的灵魂。

中和之美的功能在中国书法艺术、绘画艺术等方面展现得更充分。艺术语言要不温不火、不激不厉、势和体均、过犹不及，艺术表现要恰到好处。风格刚健的作品不可有霸气；风格柔美的作品不可有媚态；笔墨要求精深洗练，不可单薄浅俗。无论是一幅完整作品的布白，还是每个字的构架，都能把握好一个度。在墨色的浓淡干湿上，在字与字的向背呼应上，在行间的贯气流韵上，在钤印的阴阳协调上，在黑与白的空间处理上，在正文与落款的搭配上，都能达到一种和谐的美。"临池之士，进退于肥瘦之间，深造于中和之妙。"中和之美是一种均衡之美、变化之美、和谐之美。纵观中国书法史，无论是王羲之，还是颜鲁公、怀素及苏东坡、米芾、王铎等，无不在"中和之美"的美学思想指导下，创作了流传千古而不朽的书法艺术作品，诠释和丰富了书法美学中的"中和之美"的

---

[1] 王季思：《中国十大古典悲剧集》，上海文艺出版社，1982年。

第三章 允执厥中：嵩山大理念

图3-3 中岳庙鸟瞰

精神内涵。中和之美的功能展现在绘画上也是由颜色搭配、深浅浓淡、对称协调,调和成优美的图画。它们都是由对立的、杂多的甚至是不协调的因素,通过艺术的加工,匠心独运,加以雕琢,使杂多达到和谐统一,使杂乱无章有序化、条理化,最终形成优美感人的艺术品。

综上可见,万事万物具有一种不偏不倚、无过无不及的秩序和性质时,都是美的。孔子评价《关雎》之美就在于它那"乐而不淫、哀而不伤"的中和之美。而《乐记》就直接把乐视为"中和之纪",把音乐之美视为中和之美的典范和纪纲。无论是自然美、社会美、艺术美还是人格美,本质上都是一种中和之美,都以中和为标准取舍美。中和之美是中国传统美学的灵魂和原则,对音乐、建筑、书法、绘画等各种艺术形式追求完美都提供了理论指导,也是各种艺术形式所追求的最高境界。

四、"中和"为人与自然的和谐之道

人与自然的关系是人类永恒的命题。以中和思想调适人与自然的关系,实现人与自然和谐,体现在人与自然的关系上有两个重要的核心理念:一是"道法自然",一是"天人合一"。

"道法自然"是道家学派的创始人老子首先提出来的。老子做过西周的收藏史,长期生活于大嵩山地区,特别崇尚自然,在其《道德经》第二十五章指出"人法地,地法天,天法道,道法自然",认为世上万物必须顺乎自然之道,顺应自然而发展,遵循自然的规律。人类对于自然界的态度是顺应自然,而不可肆意干涉,人们在实践中应遵循自然规律,维护生态系统的和谐稳定。

中国人解决人与自然关系的法宝即天人合一思想。天人合一或天人和谐一体的观念是中和思想在处理人与自然关系时的具体表现。今天的地球环境是地球系统自我调节、自我平衡的结果。生物圈的植物、动物、微生物和各环境要素相互联系、相互利用,并通过相互制约、转化和补偿，完成动态循环，构成一个庞大的动态平衡圈。生命有机体不断地从外界环境中摄取营养物质，同时也向外界排泄废物。在进行这种新陈代谢的物质交换过程中，也伴随有能量的交换，最后形成了人与环境的物质交换。在外界条件没有或很少发生变化的情况下，这种交换过程处于正常的平衡状态，但是当外界环境有了显著变化时，这个正常的平衡就会受到破坏，机体就会不适应，从而产生疾病。所以，我们不能背离自然规律，只有实现天、地、人之间的和谐，才能实现动态平衡圈的和谐。

天人合一思想在道家和儒家思想中都是一个核心理念，既是道家学派的哲理精髓，也是儒家思想的核心内容。庄子提出"天地与我并生，而万物与我为一"的追求，就是一种人与自然在本质上相统一的境界，表现了道家人与自然地位平等，人类应与自然和谐相处的基本观点。儒家强调整体观念，认为天与人是不可分割的统一体，人与自然要协调共生。如张载《西铭》说："乾称父，坤称母；予兹藐焉，乃混然中处。……民，吾同胞；物，吾与也。"这段话是说天地是人的父母，大家是同胞，万物是朋友，强调人与万物的统一，即人与自然相互联系、融为一体的观念。

随着社会实践和人类认识的发展，特别是由于工业化、现代化和全球一体化过程中的盲目性，人类与自然的关系发生了一系列新的变化，资源过度消耗，全球热岛效应，环境污染，物种灭绝。人们向往无污染、无废气、无废料、无噪声的环境，期望生活和生产资料完全可再生循环，希望拥有绿色家园。人们呼唤天人合一，更加企求将人类社会秩序和宇宙秩序相融合，求得人天均衡有序地发展。

中和思想的核心理念是对人与自然关系的最优化调适，其"天人合一""道法自然""整体关联""动态平衡""适度发展""适度消费"等理念与可持续发展和科学发展观的结合，可为实现人类社会和谐发展，最终迈向生态文明社会阶段提供坚实的理论基础。

第五节　中和思想的运用

中和思想在春秋时期得到孔子的充分肯定和发挥，形成了"中庸之道"这一重要哲学理念。"中庸之道"作为世界观和方法论，成为华夏子孙的基本文化基因，积淀到中华民族的潜意识中，成为一种集体无意识，在现实生活中得到多维度的运用。

一、"中和"为治国理政的基本准绳

中和思想是因治国理政而提出的。"允执厥中"本初就是华夏先祖尧、舜、禹对子孙们代代相传的政治嘱托。《尚书·洪范》记载："无偏无陂""无偏无党，王道荡荡"。中庸之道在孔子那里形成一种系统思想，与他所处的"礼崩乐坏"的春秋时期密切相关。当时王室衰微，诸侯争雄，战乱频仍，民不聊生，孔子一生都在为恢复合乎周礼的社会秩序而奋斗，他讲中庸的主要目的是要把当时的社会秩序、社会制度保持在周礼的规范之内。"中庸之为德也，其至矣乎！民鲜久矣。"在他看来，中庸是一种至高无上的美德，民众已经缺少很久了。若长期处于这种状态，统治秩序就难以继续。

和谐社会是中国人所追求的社会政治理想。在中国数千年的历史长河中，人民群众普遍追求一种在精神上宽松、平静、安乐、祥和有序的社会环境。社会环境愈是冲突激烈，人们对和平安定的社会生活的向往与追求就愈加强烈。《礼记·礼运》："大道之行也，天下为公。选贤与能，讲信修睦，故人不独亲其亲，不独子其子，使老有所终，壮有所用，幼有所长，矜寡孤独废疾者皆有所养。男有分，女有归。货恶其弃于地也，不必藏于己；力恶其不出于身也，不必为己。是故谋闭而不兴，盗窃乱贼而不作，故外户而不闭，是

谓大同。"中和思想是历代统治者"外王"的法则,也是制定礼乐刑政教化治道的中心法则。《汉书·礼乐志》说:"礼节民心,乐和民声,政以行之,刑以防之,礼乐刑政四达而不悖,则王道备矣。"中和思想是现实王道政治的灵魂核心。如明代大儒湛若水所说:"中,帝王相传治天下之法,如是而已矣。"[①]历代统治者为了稳定民心、和谐社会、序化大众,无一不在礼乐刑政上用尽心力。然而,礼乐刑政两种软硬统治手段的有效发挥都有赖于中和运控于其间。礼乐刑政治理天下,其内在实质是"以中和治天下"。

《周礼·大司徒》说:"以五礼防万民之伪,而教之中。以六乐防万民之情,而教之和";《乐书》说:"乐道极和,礼道极中"。礼乐正是以其典型的中和功能特性,通过教育培植人的思想言行上的中和品行,从而实现人际和谐、社会有序。历代统治者崇尚礼乐教化的目的,是使受教育者外在言行和内在性情中和化、合理化,从而实现有序和谐的社会统治目标。显然,中和思想是历代统治教化的最高指导思想和根本统治原则。"中和之道"是王道之至,"中和治天下"是历代统治者恪守不渝的理想统治模式和运控原则。

就现代社会结构调整而言,合理的社会结构是社会和谐的前提。构建和谐社会需要按照执两用中的中和精神,寻求社会平衡发展的基本规律正确引导社会转型。据社会学家研究,世界上多数已经现代化的发达国家之所以能够长期保持平稳发展,不出现大的社会动荡和"断裂",与橄榄型社会结构形成有较大关系。所谓"橄榄型社会结构",顾名思义就是社会的分层结构如同橄榄形状——两头小,中间大,似橄榄球体,它所表明的是社会阶层结构中极富、极穷的"两极"很小而中间阶层相当庞大。这种结构中,中间阶层的出现和壮大,使原来对立的贫富两极变成了一个连续的数列,收入和财产从富裕到贫穷逐级递减,这就让每一个社会成员看到拾级而上的希望,有助于缓和贫富差距造成的社会对立情绪。中间阶层在政治上被看作社会稳定的基础,在经济上被看作促进消费和内需的重要群体,在文化上被看作承载现代文化的主体。一个社会如果有

[①]〔明〕湛若水:《格物通》卷2。

60%—70%的人口或家庭属于中间阶层,橄榄型社会结构就是稳定的。

二、"中和"为做人处世的行为标准

中和思想运用在社会道德层面就是中庸之道,即强调一个人还没有表现出喜怒哀乐的情感时,心中是平静淡然的,是为"中",但喜怒哀乐是人人都有而不可避免的,它们必然要表现出来。表现出来而符合常理,有节度,这就叫作"和"。二者协调和谐,这便是"中和"。"致中和"就是要达到中和的境界,才是为人处世的最高境界。做事要"叩其两端""执两用中",恪守中庸之道,不偏不倚。中庸之道是为人处世的思想方法和行为准则。

在日常社会生活中,中庸常常被误读,中庸被认为就是一种平庸,就是毫无原则地和稀泥,就是放弃理想与原则；认为平常道、平常心就是平庸、平凡、没出息。实际上中庸不是放弃理想和个性追求,不是自甘平庸、自甘堕落,而是一种说话做事得体和讲究分寸的修养,说话做事都要讲究分寸,从不目中无人无物,忘乎所以。一举一动都尽力要符合自己的身份,符合当时的时空限制,不蛮横、不乖张、不怪诞,不好高骛远,顺乎自然,合乎情理,合乎礼法。这就是一种"常道"。

中和的人生观,特别强调个人品德修养,一个人无论在家庭、在社会还是个人独处,都有一整套的行为规范,即温、良、恭、俭、让,在家庭中应以夫和妻顺、父慈子孝、兄友弟恭等友善态度来处理各成员之间的关系。这是修身、齐家、治国、平天下的道德前提。

中和的人生观能够更好地包容他人、理解他人,不偏不倚,公平公正,把中庸之道作为行为准则,求真求善。"中庸"或"致中和"是实现求真求善的根本途径。"执中""用中"都包含着以理想的中和关系去规范构建现实的天人关系、人际关系。依中庸之道的不断实践,促使人的社会行为更加符合中和思想,从而达至真善美的境界。

三、"中和"为民族融合的有效途径

世界上四大文明古国中，能够将文化延续至今的唯有中国。中华文明何以绵延不绝？近现代的学者也曾对此作过探讨，如许守微认为，在众多文明古国中我国独存，"其必适于天演之例"，符合优胜劣汰的自然法则；张之洞则归因于中国所处的地理位置，认为中国不仅文化起源最早，其地理位置也最为居中，因之文明状态最为良好[1]；等等。上述诸说显然没能真正触及中国传统文化的本质，若要探究中国传统文化与文明何以能够延续数千年的原因，自然当从其本质说起。蔡元培指出："中国民族，富有中和性。"[2] 梁漱溟说："中国文化是以意欲自为调和、持中为其根本精神的。"[3] 也有当代学者认为，"'中和'思想是中国传统文化的核心精神，（中国传统文化）形成和发展了一个比较完整的关于中和精神的思想体系"[4]。可见，"中和"精神成就了中华民族的繁衍和兴盛。

中华民族是在以汉族为主体的多民族长期融合中形成的民族共同体，汉民族前身是生活在以大嵩山为核心的中原地区的华夏族。中华民族信守中和思想，强调用宽厚、和解、平衡的方式来解决族群矛盾和冲突，从而使中华民族具有很强的凝聚力和向心力。

回顾历史，中原王朝一般不主张征伐四夷，而是采用中和的抚绥政策，如《论语·季氏》所言："故远人不服，则修文德以来之。"又如《韩非子·五蠹》所言："当舜之时，有苗不服，禹将伐之。舜曰：'不可。上德不厚而行武，非道也。'乃修教三年，执干戚舞，有苗乃服。"

中原王朝的"柔远能迩"政策，每每迎来四夷宾服的祥和局面。《尚书·舜典》："柔远能迩，惇德允元……蛮夷率服。"《诗·大雅·民劳》："柔远能迩，以定我王。"《汉书·百官公卿表序》："十有二牧，柔远能迩。"颜师古注："柔，安也。能，善也。"中原王朝以中和思想为要旨处理周边关系，曾多次与周边族群采取联姻媾和的方式以求国家长治久安。

[1] 张京华：《中国何来"轴心时代"？》（上），《学术月刊》2007年第7期。
[2] 高平叔：《蔡元培全集》第5卷，中华书局，1984年。
[3] 梁漱溟：《东西文化及其哲学》，商务印书馆，2003年。
[4] 杨明、吴翠丽：《中国传统文化中的"中和"思想及其现代价值》，《南京社会科学》2006年第2期。

由于中原王朝奉行中和思想，所以与周边族群在经济、文化等方面，都有着频繁的交流与合作。在我国历史上曾经历过五次民族大融合：第一次是在春秋战国时期；第二次是在魏晋南北朝时期；第三次是在宋、辽、金、西夏时期；第四次是在元朝；第五次是在清朝。五次民族大融合使得汉民族与其他兄弟民族形成血浓于水的关系。所以，中华民族犹如浩瀚的大海，汉族和众多兄弟民族犹如江河百川，最终都融汇到这个民族大海洋中来，共同形成了中华民族大家庭。正如有学者概括的那样："纵观人类文明史，世界几大文明古国都先后衰落了，唯独我们中国，经历了五千年跌宕起伏，却始终雄踞于世界的东方，永远立于不败之地，可以说中和思想是我们民族生生不息的活水源头。"①

四、"中和"为身心和谐的调治良方

中和思想在传统医学上的表现，是强调人的身体与心灵的和谐。因为中和也是人体生命健康的表征之一。通过人体各系统之间的有序协调和代谢，保持人体机能的动态平衡，即可成为中医所谓的健康人。正如《春秋繁露·循天之道》所言："能以中和养其身者，其寿极命。"

七情六欲是人体对客观事物的不同反应，在正常的情况下不会使人致病。然而，突然、强烈或长期持久的情志刺激，超过了人体本身的正常生理活动范围，就会使人体机能紊乱、脏腑气血失调，导致内伤七情，即喜伤心，怒伤肝，忧伤肺，思伤脾，恐伤肾，故中医在医治疾病时所采取的方法，也就是以实现生理机能恢复中和平衡为目的，如《黄帝内经》所说："治诸胜复，寒者热之，热者寒之，温者清之，清者温之，散者收之，抑者散之，燥者润之，急者缓之……"② 这些辨证施治的措施，都是为了扶正祛邪，使生理机能平和与稳定，恢复健康。《黄帝内经》总结出"恬淡虚无"的调摄法，指出人们若能保持心平气和、愉悦安静、虚怀若谷的精神

① 余敦康：《中和：一以贯之的道统——程静宇著〈中国传统中和思想〉评述》，《光明日报》2011年7月4日。
②《内经·素问·至真要大论》。

面貌，遇到意外事件能正确处理，"自解""自语""自悟"，就能颐养真气，却病增寿。

综上所述，中华优秀传统文化中的中和思想产生于大嵩山地区，其产生的土壤是大嵩山地区适中的生存环境和丰厚的文化积淀。以中为尊、尚中贵和的理念，维系了华夏文明的代代传承，促进了多民族文化在大嵩山地区的碰触和交汇，赋予了中国这个大一统多民族国家持续发展的生命力。所以，中和思想作为华夏历史文明的精髓，已经成为海内外华人为人处世的文化基因，融入到了人们社会生活的方方面面，成为华夏儿女的行为方式和思想方法。

郑泰森 摄影

第四章

三代之居：嵩山大文明

"昔三代之居皆在河洛之间。""三代"是指夏、商、周三个早期王朝，其核心就在大嵩山地区。由中国早期文明的形成，向上追溯人类的起源，以及史前文化的发展，尤其是通过与周边地区的比较，可以厘清大嵩山地区文化和文明发展的定位，并以此探寻"最早的中国"何以在嵩洛这个重要命题的真谛所在。

第一节 由人类聚集到文明孕育

大嵩山地区在旧石器时代晚期开始成为人类的聚集区，在农耕时代初期，由于客观和主观条件的耦合，这里开始进入快速发展的历史阶段，并在诸要素发展综合最优的条件下，成为中国文明形成的核心区。

一、人类的足迹与嵩山最早的文化

1. 古人类化石与文化的发现

人类是由猿类进化而来的，从百余年来人类化石的发现，可以逐步理清由猿向人进化的线索（表4–1）。

表 4-1　新生代人类进化与文化分期表[1]

地质年代			距今年龄(万年)	人类进化过程		人类文化分期		
新生代	第四纪	全新世	0.4±	现代人		历史时期		史前时期
			1±			新石器时代		
		更新世 晚期	5±	智人	晚期智人	晚期	旧石器时代	
			20±		早期智人	中期		
		中期	100±	直立人	晚期直立人	早期		
		早期	300或200		早期直立人	初期		
	第三纪	上新世	500	南方古猿		人类的祖先		
		中新世	2500	腊玛古猿				
		渐新世	4000	森林古猿 埃及猿		人类的远祖		
		始新世	6000	古猴类				
		古新世	7000					

在第三纪的地层中，考古学家发现猿类化石中与人类最为接近的是古猿，以南方古猿与腊玛古猿最具代表性，同时也拉开了人类起源一中心（非洲）还是多中心（非洲、亚洲等）的长期争论。虽然非洲的古人类发现地点多，但在印度西瓦立克山区第三纪中新世与上新世交会的层位中发现了腊玛古猿，后来在西亚、中国的开远和禄丰等地也均有类似发现。其中，禄丰、元谋发现的猿人化石可以早到距今 800 万—400 万年。这种猿类化石可能就是由猿向人过渡的古人类。从全球角度而言，"人类出现的时间至少可以推至距今 600 万年左右或更早，目前已经发现的最早的旧石器制品的时代，也已经早到了距今 250 万年以上"[2]。

完全形成的人，又分为直立人（猿人）和智人两大阶段。其中早期直立人又称为早期猿人，"已经具有人的基本特征，已具有适应直立行走的体质结构特点，脑量相对较大，但仍有猿类的某些原始性质。早期猿人已能打制简单的砾石工具，开始创造文化，并能进行有组织的集体劳动，达到了真人的地位，属于完全形成的人。

[1] 张宏彦：《中国史前考古学导论》，高等教育出版社，2003 年。
[2] 王幼平：《中国远古人类文化的源流》，科学出版社，2005 年。

其生存时代距今300万—200万年或150万年"[1]。我国最具代表性的是距今170万年的云南元谋人，以及距今180万年的山西芮城西侯度旧石器时代早期石制品。晚期直立人又称晚期猿人，"包括早更新世和中更新世的直立人类型，体质上仍有明显的原始性质，他们的脑容量显著增大，能制作较进步的旧石器，并开始用火。其时代约距今200万年或150万—40万年或30万年"[2]。其以陕西蓝田人为代表，其中公王岭地点的年代为距今约100万年，陈家窝地点的年代为距今65万年。北京周口店发现的北京人，被视为中国古人类的典型代表，共发现"40多个不同年岁和性别的个体，同出的石器和石制品数以万计，还有大量的大烧骨，成堆的灰烬，被烧过的石头和朴树子等，伴出的动物化石多达100多种"[3]。北京人的洞穴堆积达13层，前后分为三个阶段，延续时间较长，经测定其距今70万—20万年。其他属于晚期直立人者，还有安徽的"和县人"、山东的"沂源人"、河南的"南召人"、湖北的"郧县人"和"郧西人"、辽宁的"金牛山人"、贵州的"桐梓人"等。

智人分为早期智人和晚期智人。早期智人又称为"古人"，"他们在体质上更接近现代人，脑量已与现代人相同，但仍有相当的原始性质。他们已能制作多种形式的石器，并具备人工取火的能力。其时代距今30万年或20万—5万年"[4]。已发现的早期智人，有广东曲江的"马坝人"、陕西"大荔人"、湖北"长阳人"、山西阳高的"许家窑人"、山东襄汾的"丁村人"、安徽"巢县人"等。尤其是丁村文化发现有2000多件石制品，以石片石器为主。类似的发现也存在于河南灵宝、三门峡等地。晚期智人又称"新人"，与现代人已基本相似，其年代距今5万—1万年。以北京周口店的"山顶洞人"、广西的"柳江人"、内蒙古的"河套人"、四川的"资阳人"等为代表。旧石器晚期文化以山顶洞发现的骨角器、穿孔石骨牙器，以及各类做工较为精致的饰品为代表。旧石器时代晚期遗存在南方和北方有较广泛的发现，并形成一定的区域特点，包括器具制作传承的脉络开始清晰，精神世界的痕迹也逐步显现，生业的

[1] 丁季华、龚若栋、章义和、黄爱梅等：《中国古代文明起源》，上海科学技术文献出版社，2007年。
[2] 丁季华、龚若栋、章义和、黄爱梅等：《中国古代文明起源》，上海科学技术文献出版社，2007年。
[3] 苏秉琦：《中国远古时代》，上海人民出版社，2010年。
[4] 丁季华、龚若栋、章义和、黄爱梅等：《中国古代文明起源》，上海科学技术文献出版社，2007年。

门类逐步明确。

总体而言，这是一个由最早的适应环境向认识环境，甚或改变环境、塑造环境转变的前夜。在旧石器时代晚期，嵩山以其环境优势，开始在人类的舞台上得以展示。

2. 大嵩山地区早期人类文化的印痕

大嵩山地区周围虽然不是早期人类分布的密集区，但在其相邻地区也发现有人类化石和旧石器时代遗址。在嵩山以南的河南淅川，曾发现可能与直立人有关的人类牙齿的线索，而在南召杏花山曾发现有明确地层关系的人类牙齿，其形态与测量值都与北京人接近。在南召小空山上洞与下洞遗址，曾发现数以百计的石器制品，有石核、石片、砍砸器、刮削器、尖状器和雕刻器等，其年代属于更新世晚期偏晚阶段，属旧石器时代晚期文化。在嵩山以西的河南三门峡发现有较多的旧石器地点，如在水沟、会兴沟发现石核、大尖状器、石球等近百件，可能比丁村石器要早，与匼河出土的旧石器年代相当，属于旧石器时代早期遗存，地质时代为更新世中期。在灵宝的营里、邢家庄、朱阳镇、函谷关，陕县的张家湾，渑池的任村、青山村，以及洛阳的凯旋路和北窑等地，也都发现了旧石器时代中晚期遗存分布的线索。在嵩山以北的安阳小南海曾发现属于旧石器时代晚期的7000余件石制品，但大多为人工打下的石片，仅有石器100余件，还有红烧土碎块以及烧焦的动物骨骼残段，距今约3万年。

经过30余年的调查与发掘，在大嵩山地区已找到旧石器时代遗存300余处，如在嵩山腹地的登封发现水磨湾、宋沟、瓦窑坡、月湾、后河、贾沟、崔楼、鬼谷洞、铁炉沟、刘家庄等旧石器遗址和地点；在嵩山西侧和北坡的巩义，曾发现洪沟、猿人洞、藏经洞、盘龙山洞穴等旧石器遗址和地点；在嵩山东北侧的荥阳，发现了织机洞、王宗店、牛马坑、里沟、蝙蝠洞、谷山庙等旧石器遗址和地点；在嵩山余脉的新密，发现了刘东、西沟、天爷洞、黄寨、刘山寨、下华沟、李家沟等旧石器遗址和地点。这些发现反映出，至少在旧石器时代中晚期，人类的足迹已经遍布嵩山一带。这种情况在全国乃至世界都堪称罕见。

大嵩山地区旧石器时代最具代表性的发现，其一是荥阳织机洞遗址[1]。这是一个嵩山余脉石灰岩构造的低山丘陵中的洞穴，海拔高度仅452米，洞口30米以下为一季节性河流，洞内堆积最厚处达24米，共为23层，可分为4组，其中全新世堆积中有仰韶文化遗存，而以第4组年代最早，共发现石器制品6546件，属于石器者1597件，有石锤、刮削器、尖状器、雕刻器、砍砸器、石锥，还有有加工痕迹的骨器，以及大量动物化石，其年代为晚更新世或更早，距今10万—2万年。另一处为位于河洛交汇处黄土层中的巩义洪沟遗址[2]，在该遗址发现有动物化石、用火痕迹及石制品，其年代为距今11万年。

另外，在郑州二七区的老奶奶庙遗址，发现了以灰烬堆积为中心的居住遗迹10处，石制品数达5000件，动物骨骼数以万计，还有带有人类加工痕迹的骨器，其年代距今4.5万年。新郑赵庄遗址发现有置放象头的石堆与石器加工场，其年代距今3.5万年左右。在登封西施遗址中，发现大量石制品，应为当时的石叶加工场，且完整保留了石叶生产的加工链，其年代距今约2.5万年[3]。尤其是在许昌灵井遗址中发现的10万年前两批头骨化石碎块[4]，新近又发现2号头骨中有可能是食脑而留下的划痕。除"许昌人"外，还出土了大量的哺乳动物化石，分属18个种。出土的5690件石器，以石英岩质地的小型工具为主，属于湖相、滨湖相的沉积类型。"许昌人"的发现为探寻现代人的直系源头提供了样本。

大嵩山地区旧石器文化的密集度是其他地区罕见的，尤其是旧石器时代晚期文化最为发达。种种迹象表明，这里属于早期人类的交通通道，在南北交流中起着中枢作用，这显示出嵩山地区以其特殊的地理位置和优越环境，从旧石器时代中期已产生具有独自特征的文化圈[5]。

---

[1] 张松林、刘彦锋：《织机洞旧石器时代遗址发掘报告》，《人类学学报》2003年第1期。
[2] 巩义市文物保护管理所、河南省社会科学院河洛文化研究所：《河南巩义市洪沟旧石器遗址试掘简报》，《中原文物》1998年第1期。
[3] 以上遗址相关情况见王幼平、汪松枝：《MIS3阶段嵩山东麓旧石器发现与问题》，《人类学学报》2014年第3期。
[4] 李占扬：《灵井旧石器遗址新进展》，《中华文明与嵩山文明研究》（第一辑），科学出版社，2009年；李雅楠、邢颖：《"许昌人"2号头骨的发现》，《寻根》2015年第1期。
[5] 张松林、宋柏松、张莉：《嵩山文化圈在中国古代文明进程中的地位和作用》，《中国古都研究》（第二十一辑），2004年。

二、走向中心地位的嵩山农耕文明

1. 旧石器时代向新石器时代转折的最新证据

距今1万年,是地质学上由更新世向全新世的转折期,也是人类由狩猎时代向农耕时代的转折期。有学者将这一过渡界定在1.2万—0.9万年之间,称之为新石器时代初期[①]。我国境内的相关遗存有广东阳春的独石仔、广西柳州的白莲洞、江西万年的仙人洞、湖南道县的玉蟾岩,以及河北徐水的南庄头和阳原的于家沟等遗址。总体而言,这类遗址数量极少,而且大多仅发现极少量的陶片。

大嵩山地区的新石器时代早期遗址以新密李家沟为代表。该遗址虽然发掘面积不大,但存在着细石器、早期新石器和裴李岗文化的三叠层。在旧石器时代晚期地层中,发现有细石器和数量较多的大型石制品;而在过渡层中,最具特色的是石块聚集区,其细石器的应用明显衰落,但也发现有石砧、石磨盘及100多片陶片。这些陶片为粗夹砂陶,质地坚硬,不具有最原始陶器的特点,反映出当时的制陶技术已较成熟。动物化石较为丰富,烧石碎块较多,说明当时的人们已经开始定居。这为大嵩山地区旧石器时代向新石器时代过渡提供了重要信息,也成为大嵩山地区关键时段文化演进的真实写照。

李家沟遗址年代数据为距今10500—8600年,其发现填补了中原地区由旧石器时代向新石器时代过渡的缺环,从现有资料看,大嵩山地区无疑"是中原农业起源的中心区域,也是中国农业起源的核心地带,在距今10000年左右,该区域很有可能已经培育了粟、黍等农作物。中原地区的农业起源和发展,对中华文明的产生和发展、对促进中国早期国家的形成和发展,起到了重要的推动作用"[②]。

2. 新石器时代早期的裴李岗文化:文化的夯实性

新石器时代初期是农业和定居生活的滥觞期,文化遗存分布稀疏,但在进入新石器时代早期后,也即距今9000—7000年间,相关的发现层出不穷。大嵩山地区的新石器时代早期文化以裴李岗文

[①] 北京大学考古文博学院、郑州市文物考古研究院:《中原地区旧、新石器时代过渡的重要发现——新密李家沟遗址发掘收获》,《中国文物报》2010年1月22日。
[②] 王星光:《李家沟遗址与中原农业的起源》,《中华之源与嵩山文明研究》(第二辑),科学出版社,2015年。

化为代表，以大嵩山地区的东南部分布最为密集，在豫中、豫西也有分布。河北南部和太行山东侧则为磁山文化分布区，其与裴李岗文化有诸多同质化因素。山东一带以北辛文化为代表，陕西渭河流域则分布着老官台文化，这种文化可以延布到陕西宝鸡、甘肃天水一带，以宝鸡北首岭下层文化和甘肃秦安大地湾一期文化为代表。东北有兴隆洼文化，长江中游则有彭头山文化等。可见，这一时期的人类文化已经遍布中国大陆的大部分区域，只是有些区域尚难以确认是否形成了自身的文化系统。

裴李岗文化因首次发现于河南新郑裴李岗村而命名。在裴李岗文化遗址中出土有精致的磨制石器，如锯齿形石镰刀，还有磨制精细的石磨盘等，陶器制作比较原始，其地层关系早于仰韶文化。这类遗存一经发现便受到考古界的高度关注，其不但在大嵩山地区发现众多，在黄河北岸也有一定的分布。裴李岗文化至少有两个类型，即嵩山周边的裴李岗类型和嵩山以南黄淮平原的贾湖类型。据统计，仅在郑州地区发现的相关遗存即达 160 处之多[1]。在发源于嵩山的淮河主要支流颍水、沙水、汝水，以及黄河支流伊河等地，也都有较为密集的分布。这在其他地区同类遗存中极为少见。

聚落布局形成特色。裴李岗文化的聚落构造较有特色。一是地层堆积较为单纯，虽然也有各个时期文化层相互叠压的情况，但有不少为单纯的裴李岗文化堆积，反映出这类聚落延续时间较短。二是聚落的面积不大，多为 1 万平方米，或为数万平方米，极个别遗址也出现大型聚落，如唐户遗址已达到 30 万平方米，并有壕沟作为围护系统。三是聚落内多为较为简陋的半地穴式建筑，内部设施简陋，墓地随葬品也较为均衡。许顺湛将河南的裴李岗文化分为 7 个聚落群，分别为巩义聚落群、郑州（含荥阳、中牟）聚落群、新郑新密聚落群、长葛许昌（含禹州）聚落群、汝州聚落群、舞阳聚落群等，在环嵩山地区形成了一个大的聚落群团，他认为裴李岗"聚落遗址，分布以嵩山地区为中心，遍及全省"[2]。

最典型的裴李岗文化聚落以新郑唐户和舞阳贾湖为代表。新郑

---

[1] 张松林、张莉：《嵩山文化圈初论》，《中华文明与嵩山文明研究》（第一辑），科学出版社，2009年。
[2] 许顺湛：《豫晋陕史前聚落研究》，中州古籍出版社，2012年。

唐户遗址的裴李岗文化遗存面积达30万平方米，已发现有63座半地穴式圆形、椭圆形房基，在房基周围有水沟，在聚落周围发现有宽40米、深4米的壕沟，残段长300米，房基排列有一定规律性，大多为单间房，少数为双间房。这与贾湖遗址中的四套间、三套间与双间房存在明显差异。其房基分为北、中、南、西4个组，4个组形成圆圈状，中央有大片空地，而"这种大致呈圆圈状的布局方式，开启了仰韶文化时期向心式聚落布局的先河"①。

农业生计有所发展。裴李岗文化农业已有一定的发展，其中裴李岗类型以大嵩山地区为中心，是以粟为代表的旱作农业为主，从发现的大型石铲来看，当时主要是锄耕农业，这与贾湖类型粟、稻混合种植农业有所不同。在新郑沙窝李则发现有粟的遗存，说明在粟作农业外，裴李岗文化还以渔猎经济作为附属经济形态，而家畜如猪、羊、狗等的饲养已较为普及。另外，通过对贾湖遗址出土陶片上的沉淀物分析，证明当时已发明果酒，从而反映了中国酿酒技术的悠久。

精神生活渐具特点。从裴李岗文化的墓地来看，墓葬排列有序，墓圹、葬式、头向基本一致，随葬器物以石器与陶器为主，数量不多，十分简朴，自此中原的简约之风就已形成，没有大肆铺张与挥霍，没有浓郁的宗教色彩，没有大型的宗教建筑，这与东北的红山文化、长江下游的河姆渡文化，甚或很晚的长江上游的三星堆文化形成了鲜明的对比。

在裴李岗文化贾湖遗址发现许多契刻符号，其中镌刻在龟甲上的"目"形刻符，与甲骨文的"目"字相似。这一发现将中国刻画符号的历史揭到了距今七八千年之前。在贾湖遗址中发现25件骨笛，在汝州中山寨遗址也出土1件骨笛，这些骨笛有5孔、6孔、7孔和8孔之分，尤以7孔笛为多，多系动物胫骨加工而成，可奏出四声音阶、五声音阶和七声音阶，至今还能演奏歌曲。贾湖所发现的骨笛为探讨中国乐器的起源提供了重要的实物样本。

① 赵春青：《略论中原地区史前聚落的演变》，《中华之源与嵩山文明研究》（第一辑），科学出版社，2013年。

3. 新石器时代中期的仰韶文化：文化的强势性

广阔的分布地域。仰韶文化是中国本土最早发现的彩陶文化，发现于1921年，因河南渑池仰韶村的首次发现而得名，至今已发现相关遗址5000余处，其中陕西2040处、山西1000处左右、甘肃1040处、河南800多处、河北50余处、内蒙古50余处、湖北23处、宁夏7处、青海3处[①]。仅郑州地区的仰韶遗址就可能达300余处[②]。该文化的分布范围几乎涵盖了黄河上中游，并进入长江中游，但其核心区在陕甘的渭河流域、豫西、晋南以及大嵩山地区。与之同时期的其他地区的考古学文化虽然也不乏特色，但其分布范围却小得多。如分布于黄河下游的大汶口文化、宁绍平原的河姆渡文化、辽西地区的红山文化、川渝地区的大溪文化等，尽管都有一定的分布范围，但与仰韶文化不可同日而语。

仰韶文化距今7000—5000年，前后延续时间长达2000年。严文明将其分为八区四期十八个类型。八区分别为陕西渭河流域、甘肃地区、晋南和豫西、河南中部、汉水中游、山西中部、河套晋北和冀北、冀中南和豫北。四期十八个类型则为：一期有半坡类型、东庄类型、后岗类型；二期有泉护类型、庙底沟类型、阎村类型、钓鱼台类型；三期有半坡晚期类型、西王村类型、秦王寨类型、大司空类型、海生不浪类型；四期有常山类型、泉护二期类型、庙底沟二期类型、谷水河类型、义井类型、台口类型。严文明所谓的"河南中部"区，即郑州以西、渑池以东，也即大嵩山地区。他将王湾遗址和大河村遗址各期进行照应，形成了该区域的分期系列[③]。对大嵩山地区虽然有不同叫法，但这是一个相对独立的区域，有着自身的发展系列的认识还是一致的。除严文明外，邵望平称之为"郑洛地区"，前期以大河村一、二期和王湾一期为代表，时间与庙底沟类型相当；后期以大河村三、四期和王湾二期为代表，时间与西王村类型相当[④]。苏秉琦主张仰韶文化可分为三个支区，其中河南陕县至郑州为东支区[⑤]，而这也基本上等同于郑洛地区。石兴邦的仰韶文化分区也有豫中区，以庙底沟类型和秦王寨类型为主[⑥]，其

① 巩启明：《仰韶文化》，文物出版社，2002年。
② 张松林、张莉：《嵩山文化圈初论》，《中华文明与嵩山文明研究》（第一辑），科学出版社，2009年。
③ 严文明：《略论仰韶文化的起源和发展阶段》，《仰韶文化研究》，文物出版社，1989年。
④ 邵望平：《黄河中游的仰韶文化》，《新中国的考古发现和研究》，文物出版社，1984年。
⑤ 苏秉琦：《纪念仰韶村遗址发现65周年》，河南省考古学会、渑池县文物保护管理委员会：《论仰韶文化》，《中原文物》1986年特刊。
⑥ 石兴邦：《仰韶文化》，《中国大百科全书·考古学卷》，中国大百科全书出版社，1986年。

范围可能比大嵩山地区稍大,应包含今三门峡的范围。而巩启明在对诸家综论的基础上,也提出了仰韶文化六区五期十九类型说,其中"豫中区"[①]讲的就是郑洛一带,也即环大嵩山地区,包括石固五期遗存、后岗类型、庙底沟类型、秦王寨类型等。总的来说,大嵩山地区的仰韶文化是可以自成体系的。

强势的聚落群团。新石器时代聚落在仰韶文化时期达到了新的发展阶段。聚落可分为聚落群和聚落本身,而从目前的材料看,嵩山地区的仰韶聚落有如下优势和特点:

一是聚落群组合龙头明显。大嵩山地区的聚落群研究可以许顺湛为代表。他将郑州地区的聚落群分为荥阳聚落群(29处)、新郑—新密双洎河聚落群(38处)、巩义伊洛河聚落群(48处)、登封—禹州颍河上游聚落群(13处)、偃师伊洛河聚落群(36处)、孟津聚落群(25处)等,可视为大嵩山地区仰韶聚落群的代表。新郑群的龙头是唐户遗址,巩义群的龙头是赵城遗址和双槐树遗址,偃师群的龙头是寨湾遗址,孟津群的龙头是杨沟遗址,均为特级聚落,有的遗址面积甚至达到100万平方米。荥阳聚落群虽然没有特级聚落,但有一级聚落5处,其中大河村遗址42万平方米,西山遗址20万平方米。这两处遗址在已发掘的仰韶遗址中极具代表性。豫北、豫东、豫南的仰韶聚落群基本没有特级聚落,甚至一级聚落也不多见。豫西的陕县、洛宁、灵宝等地的仰韶聚落群有特级聚落,说明在豫西尤其是豫晋陕的毗邻地区,也是仰韶文化的中心之一[②]。

二是单体聚落具有代表性。西安半坡、陕县庙底沟、洛阳王湾、临潼姜寨、郑州大河村、淅川下王岗、灵宝西坡、郑州西山等遗址都为揭示大型聚落内部结构提供了较为详细的信息。大嵩山地区的仰韶聚落以嵩山东侧较为强势,其在聚落群的规模、结构等方面均具有代表性。郑州大河村遗址面积42万平方米,接近特级聚落的规模,其文化堆积厚度最深可达12.5米,自仰韶、龙山到二里头、二里岗文化,延续时间长达3300年,其中仰韶时期历经仰韶前三期遗存、仰韶前二期遗存、仰韶前一期遗存、仰韶第一期遗存、仰

---

① 巩启明:《仰韶文化》,文物出版社,2002年。
② 许顺湛:《豫晋陕史前聚落研究》,中州古籍出版社,2012年。

韶第二期遗存、仰韶第三期遗存、仰韶第四期遗存等，从仰韶文化早期，直到仰韶文化向龙山文化过渡时期，距今6800—4910年。该聚落发现有较多的房基遗址，尤其有长条形排房或套间，彩陶纹饰发达，其第四期被称为"大河村类型"。另一个是西山古城遗址，其面积虽然仅有20万平方米，但却发现有平面近似圆形、直径180米的仰韶晚期古城，城内有200余座方形或长方形房屋。这是目前所知仰韶文化的唯一古城，距今5500年。西山古城的发现，标志着大嵩山地区的文化已达到了同类文化的高峰。

世俗的文化风尚。仰韶文化所常见的石器有斧、铲、镰、耜、犁等工具，有为数众多的骨蚌器，还有各种质地的网坠、镞、矛等，反映出当时人们将大部分精力投入到世俗的农耕生活之中。陶器中的鼎、灶、釜、甑、钵、盆、小口尖底瓶等，因用途不同而分为夹砂或泥质，尽管这种传统在裴李岗文化中已经形成，但这一时期更加成熟。彩陶多为花卉、动植物、几何形图案。可见，仰韶文化体现的是世俗农耕生活。在大河村遗址的彩陶陶片上，在施彩之前还要施以白衣，在白衣上再进行彩绘，虽然图案很精美，但却没有神秘感，体现的是一种欢快和对现实生活的追求，这种崇尚简朴的风格与河姆渡文化和红山文化有着本质区别。

世俗的文化风尚还表现在对建筑的追求上。就建筑形式而言，地面建筑数量明显增多，排房或套间流行。就建筑技术而言，木骨泥墙经过火烧，形成"陶塑墙"，其地面经过火烧后变得更加坚硬，不但便于防潮，而且具有一定的美观性。而在墓葬中，不仅有单人一次葬、二次葬，也有多人迁葬合葬墓，墓葬中随葬的器具很少，且多为工具与生活用具。总体而言，宗教性、神秘性、奢靡性始终没有成为社会生活的主流风尚。

4. 新石器时代晚期的龙山文化：文化的稳定性

大时代中的核心文化。龙山文化因1928年在山东历城龙山镇首次发现而得名。龙山文化是以黑陶为主的文化，与仰韶文化的彩陶形成鲜明对照。经过数十年的研究，考古学家将同期文化分别名为山东龙山文化、河南龙山文化、陕西龙山文化、湖北龙山文化等。山东龙山文化也被称为典型龙山文化。后来的研究者也将这一历史阶段称为龙山时代[①]。龙山时代属于新石器时代晚期，因发现了红铜器，又称"铜石并用时代"。这一时代是文明形成的前夜，是由一个大的历史时期向更高形态历史时期的转折。在龙山时代，陕西龙山文化又被称为"客省庄二期文化"，湖北龙山文化又被称为"石家河文化"。至于更为边远的区域的同期文化，如东北辽西区的小河沿文化、甘青地区的马家窑文化和齐家文化、长江中游地区时代稍早于石家河文化的屈家岭文化、长江下游的良渚文化，都以其灿烂辉煌而令人耳目一新。

在龙山时代，大嵩山地区以河南龙山文化为代表，而在"嵩洛区"则将河南龙山文化称为"大河村五期文化"和"王湾三期文化"（表4–2）。

表4–2 华北区新石器文化区系表[②]

文化分期		渭泾区		陕豫晋交界地区	郑洛区	冀南豫北区	海岱区	距今年代（年）
		泾水上游	关中地区					
新石器时代	晚期 晚期	桥村类遗存	客省庄文化	三里桥类遗存	王湾三期文化	后岗二期文化	龙山文化	4500—4000
	晚期 早期	常山下层文化	案板三期文化	庙底沟二期文化	大河村五期	?	大汶口文化	5000—4500
	中期 晚期	仰韶文化	西王村期		秦王寨文化	大司空一期文化		5500—5000
	中期 中期		庙底沟期		大河村文化			6000—5500
	中期 早期		半坡期		王湾一期文化	后岗一期文化	北辛文化	7000—6000
	早期 晚期	老官台文化	北首岭下层		裴李岗文化	磁山文化	后李文化	8000—7000
	早期 早期		白家村遗址					
	初期				李家沟遗址	南庄头遗址		10000±

[①] 严文明：《龙山文化和龙山时代》，《文物》1981年第6期。
[②] 张宏彦：《中国史前考古学导论》，高等教育出版社，2003年。李家沟遗址为新定考古发现。

聚落发展的最高阶段——城堡。在龙山时代，郑州地区已发现的聚落遗址达 400 余处，达到了同期遗址数量的高峰，反映了这一时期聚落形态的发达多样。据许顺湛研究[①]，河南的龙山时代聚落群中，豫北 12 处，豫东 10 处，豫南 18 处，豫西 24 处。郑州、洛阳地区的聚落群分别为 4 个和 7 个。50 万平方米以上的特级聚落 12 处，除 4 处在豫北外，其他均在豫西地区。值得注意的是，在仰韶文化中开始出现的以西山古城为代表的新的聚落形态，在龙山时代开始大量出现，其中豫北地区除早期发现的后岗城外，在辉县孟庄、温县徐堡、濮阳高城等地也有发现，形成了嵩山以北地区的北部城址群，而这个城址群并没有形成集聚状态，而是呈星点式。高城遗址为特级聚落，规模达 100 万平方米；孟庄遗址则为一级聚落，规模达 36 万平方米；徐堡遗址也为一级聚落，规模达 40 万平方米。属于特级聚落的济源庙街遗址、武陟赵庄和东石寺遗址，均未发现城址，而安阳后岗遗址发现有城址，却属于二级聚落，其规模仅 10 万平方米。这种情况在其他地区也存在，如豫东的遗址规模都不大，如淮阳平粮台属于三级聚落，却发现了古城。平粮台属于豫东平原典型的堌堆形遗址，这类遗存与豫西的台地式遗址在成因、形态等方面均有显著差异。在嵩山以南地区，除平粮台外，还有郾城郝家台遗址，属二级聚落，面积 20.35 万平方米；平顶山蒲城店遗址，城址面积仅 4.1 万平方米。这些地方均发现龙山文化晚期的城址，但规模都不大。值得注意的是，在豫西洛阳、三门峡等地没有发现城址，但却发现了孟津婆萝窑遗址、宜阳水兑遗址、嵩县老樊店遗址、伊川白元遗址、三门峡小交口遗址、灵宝三圣遗址和柿圪垯遗址等一大批特级聚落遗址。

在龙山时代，嵩山地区曾存在一个古城聚落群。其中，20 世纪七八十年代发现的登封王城岗遗址有两个小城，东城被河流冲毁，西城利用东城的西墙而建，为方形小城，仅 1 万平方米。近年来，又在小城的外圈发现了面积 30 万平方米、带有护城壕的大城，这是中原地区迄今发现最大的龙山时代古城[②]。在王城岗城址以东还

[①] 许顺湛：《豫晋陕史前聚落研究》，中州古籍出版社，2012 年。
[②] 北京大学考古文博学院、河南省文物考古研究所：《登封王城岗考古发现与研究（2002—2005）》上，大象出版社，2007 年。

有新密古城寨城址和新砦龙山城址。古城寨遗址面积30万平方米，其中龙山城址近18万平方米，平面呈长方形，东墙保留最好，城墙现存高度可达15米。新砦遗址总面积达100万平方米，城址复原面积为70万平方米，其时代为龙山文化晚期末段，反映了在大嵩山地区形成了持续的聚落建造高峰，也将聚落的发展推到一个新的阶段。

新技术、新突破、新高度。最能代表龙山时代生产力水平的是铜器制作技术的发明。在郑州董砦遗址中发现了方形小铜片，在登封王城岗发现了铜鬹残片，在汝州煤山遗址发现了炼铜用的坩埚残片，其内壁还有固化的铜液残垢。此外，在山东的胶县、诸城、栖霞，山西的襄汾，河北的唐山，内蒙古的鄂尔多斯，湖北的天门，均有类似发现。尤其是在齐家文化中，铜制工具的数量较其他文化更多，反映出尽管磨制石器技术不断进步，但是制铜术成为生产力发展的新标志。

山东龙山文化中较典型的蛋壳黑陶反映了轮制技术的新成就。在大嵩山地区的登封王城岗、汝州煤山、禹州瓦店等遗址，则发现有簋、鬹、杯、盉等精致的磨光黑陶酒器，该发现不仅反映了轮制技术的普及，也反映了酿酒技术业已出现。

建筑技术成就斐然，突出表现在夯土技术的广泛应用。夯土体现了先民对黄土资源的有效利用。在永城王油坊、淮阳平粮台、安阳后岗、汤阴白营等遗址还发现了土坯，由此开启了土坯建筑的先河。此外，随着夯土的发明，高台建筑成为重要的建筑景观。高台建筑不仅具有居高临下、威仪高大等特点，也拉开了人与人之间的等级差异。"白灰面"技术的普遍运用，反映了防潮技术的提高。水井在聚落中的广泛开凿，使得人们不再仅仅依靠河湖水系获取水资源，而是有了更多、更便捷的选择。

在山东、河南等地的龙山时代遗存中，发现了诸多类似象形文字的刻画符号，如王城岗遗址发现有"日""山"等组成的文字形符号，在山东的同期文化遗存中，也发现了与甲骨文字接近的陶文。

在陶寺等墓地中，墓葬等级已经出现，有百件随葬品的大型墓与普通的仰身直肢小型墓葬并存，显示出当时社会成员之间社会地位的差异极为悬殊。

总的来看，大嵩山地区从旧石器时代晚期便已形成文化链条，并出现若干次文化发展的高峰期。在由晚更新世向全新世转折的农耕初现时期，形成了以李家沟为代表的早期聚落，这类发现在其他地区极为罕见，成为中原地区新石器时代的第一个文化高峰。裴李岗文化是大嵩山地区的第二个文化高峰，尤其是在嵩山的东南部和西北部，形成了当时重要的聚落群，开启了农耕文明的先河。到了仰韶时代，仰韶文化的版图在大河上下占据了半壁江山，嵩山周围仍为发达地区。由东部的秦王寨类型、大河村类型，到西部的王湾二期文化，庙底沟类型，以及西坡的大房子，尤其是西山古城的发现，开启了中原古城的新时代，由此也成为大嵩山地区文化发达的第三个文化高峰。龙山时代，以嵩山为中心的王城岗、古城寨、新砦等城址群为核心，形成了第四个文化高峰。以淮阳平粮台为代表的南组城址群，以辉县孟庄为代表的北组城址群，与之形成南北一线的中部古城聚落群，与山东相关城址群和山陕城址群等遥相呼应（图4-1）。

新石器时代以来的嵩山文化始终保持着这样的特性：一是持续性。如前述形成的数次文化高峰，使其保持了在整个区域的文化领先地位。这种文化持续性，在中国当时的文化版图内尚属仅见。例如，在黄河下游地区，虽然有过大汶口文化、山东龙山文化的高潮，但岳石文化则进入了低潮。甘青区有马家窑文化和齐家文化的高潮，但其后进入低潮。在长江下游和辽西地区也都曾有过一时的文化辉煌，但只有大嵩山地区的文化链条始终连续合一，并形成时代的主旋律。二是核心性。大嵩山地区的文化发展是不断累积的结果，裴李岗文化的累积，形成了较为强势的农耕族团，仰韶文化应该是若干重要族团的典型代表。龙山时代则形成了核心文化，如龙山时代晚期以王城岗为代表的城址群，开创了嵩山文化作为华夏正宗的先

第四章 三代之居：嵩山大文明

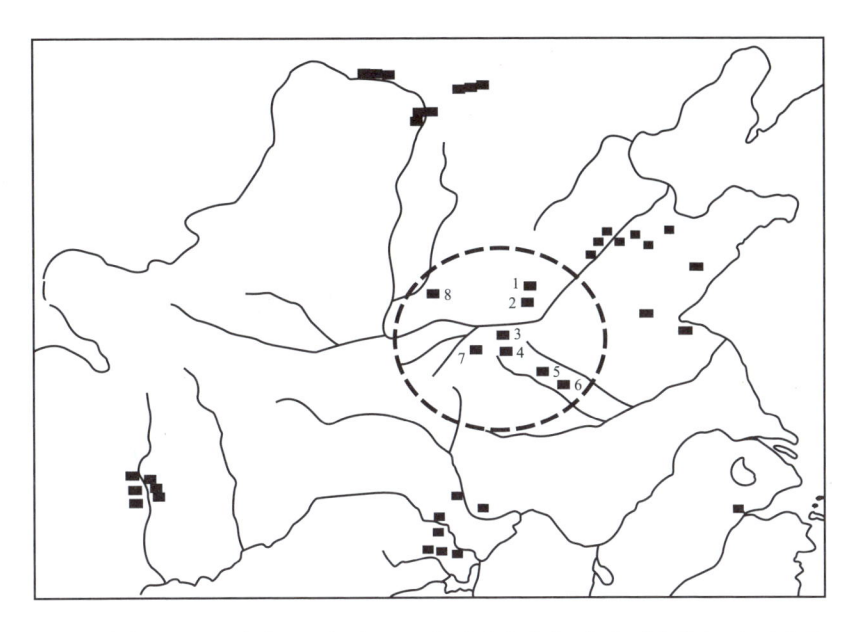

1.安阳后岗 2.辉县孟庄 3.郑州西山 4.新密古城寨 5.郾城郝家台 6.淮阳平粮台 7.登封王城岗 8.襄汾陶寺
图4-1 主要史前城址的位置及分布示意图[①]

河。三是朴实性。无论各个时段文化如何发达，嵩山文化给人的印象就是朴实、实用、简约，没有大规模的宗教建筑，没有大量精美玉器，没有豪华的装饰品。可以认为，嵩山文化确立了中华传统文化质朴实用的传统。

第二节 最早的中国：由人文始祖黄帝到夏朝政治中心的确立

① 高江涛：《中原地区文明化进程的考古学研究》，社会科学文献出版社，2009年。

司马迁在《史记》中开篇讲"五帝"，五帝之首就是黄帝。黄帝是中华人文始祖，但中国的历史显然比黄帝更为悠久。而就中国文明史而言，不能不讲黄帝，更不能不讲大禹，黄帝为中华人文始祖，大禹为中华民族最早的民族英雄和国家文明的缔造者，他们都是嵩山文化的杰出代表人物。我们将历史文献关于黄帝和大禹的记述梳理如下，以作为了解和认知华夏早期文明的佐证和参考。

一、黄帝都有熊与嵩山政治地位的确立

1. 黄帝是上古时期最有开创意义的人文始祖

"三皇五帝"中黄帝最有代表性。中华人文始祖是个群体，从目前的古史架构上看，涉及诸多的上古氏族及首领，《庄子·胠箧》中列出容成氏、大庭氏、柏皇氏、中央氏、栗陆氏、骊畜氏、轩辕氏、赫胥氏、尊卢氏、祝融氏、伏牺氏、神农氏，共12氏。《汉书·古今人表》除前述古氏族外，还有女娲氏、共工氏、昊英氏、有巢氏、朱襄氏、葛天氏、阴康氏、帝鸿氏等。而这些古氏族，都在某一方面对中华民族的发展有过贡献。如有巢氏，是造屋之祖；共工氏，为治水之祖；尊卢氏，为造币之祖；祝融氏，为用火之祖；朱襄氏，为作瑟之祖等。只有伏羲、女娲、神农、轩辕在上古时的贡献是综合性、全方位的。中华人文始祖群体最具代表性者为"三皇五帝"。"三皇五帝"虽然说法不一，但以伏羲、女娲、神农为三皇最为流行。而从相关文献与传说看，黄帝作为中华文化综合体的始创性人物，从古至今得到广泛认同，他与炎帝神农共创中华文化的早期辉煌，所以后来便有了"炎黄子孙"的说法。

黄帝轩辕氏的主要贡献。黄帝为名号，真正袭黄帝号者可能不止一代的氏族首领，但最有影响的当是黄帝轩辕氏。他在氏族部落间的征战中，与当时的另一个族团首领蚩尤进行了长期战争，史称大小"七十一战"，在"阪泉之野"经过三次大战才最终取胜。他也与炎帝族团有过征战，最终融合为新的部落族团。而这种融合奠定了后世大一统国家的基础，黄帝也因此成为开创中华一统的先驱。在典章制度方面，《左传》等书有所谓黄帝"以云纪官"之说，反

映出黄帝时或许已经有了一定的章制建构。在创制方面，黄帝制历讲的是"黄帝使羲和占日""使常仪占月""伶伦造律吕""太桡作甲子""隶首作算数"，说明在历法、计时、度量、天文等方面有了初步的认识积累。在生活条件改进上，黄帝夫人嫘祖发明蚕丝，胡曹作冕，还有於则作扉屦，这些都见于《世本》的记载。此外，黄帝还令人作水井，造舟车，作宫室，使挥作弓矢，还有指南车的发明，使仓颉造字，尤其是后世依托黄帝形成的中医"内经"，尽管有的说法无法从考古发现上得到印证，甚至相互间还有矛盾，但反映出黄帝在上古时期的地位是无法替代的。

2. 黄帝族团活动的重要地区在嵩山

有熊之都在新郑。《竹书纪年》讲道"黄帝轩辕氏……元年，帝即位，居有熊"，《史记集解》也强调黄帝为"有熊国君"，《帝王世纪》同样强调"有熊，今河南新郑是也"，其他的重要文献如《水经注》《括地志》《元和郡县志》《通志》等也都认可这一观点。《史记》讲"黄帝居于轩辕之丘"，而"轩辕之丘"的地点虽有争议，但《艺文类聚》《初学记》《册府元龟》《太平寰宇记》等文献均认可其地在新郑的说法。明清以来的方志，也都有黄帝故里在新郑的记述。新郑至今还保留不少相关的民间传说和地名，以及纪念性建筑。

具茨山是黄帝的重要活动地。具茨山位于今新郑、新密与禹州交界处，为嵩山余脉。具茨山之名在古代文献中极为常见。《庄子·徐无鬼》专门记载"黄帝将见大隗乎具茨之山"，黄帝登具茨山见大隗的途中见一牧马童子，其间有一段令黄帝记忆深刻的对话。《抱朴子》也讲到黄帝"上具茨见大隗君黄盖童子，受《神芝图》"。《水经注》谓"大騩，即具茨山也"。"大騩""大隗"，虽有不同写法，但所记均为一个十分著名的部族。大隗氏所居之山为具茨山，故具茨山也称为大隗山。具茨山与黄帝文化十分密切，所以方志所记山上不但有黄帝的避暑洞、御花园、轩辕庙、轩辕门、云岩（黄帝讲武处），而且这些遗迹还保留至今。金元明时期的碑刻，也成为当地黄帝文化传承的物证。尤其是近年来，在具茨山上发现了大量岩画，这些岩画面向苍天，以点穴状为主，以及由点穴所组成的几何形图案和图画形文字的图案。据有关专家调查和研究，推测这些岩画的时代有的与黄帝时代接近。这些发现极大地改变了人们对中原地区上古文化的看法，也使中原岩画群成为全国岩画宝库中的奇葩。李学勤认为，具茨山岩画的发现是一个"划时代意义的重要发现"，他归结为"第一方面是在远古文明的萌芽、起源的探索问题上给人们带来新的触发；第二方面是给中原地区在中国文明起源过程里面所处的特殊地位，发挥的特殊作用带来的新的发现和新的线索；第三方面也给位居中原地区中心的新郑地区的历史考古研究带来了全新的看法"[1]。

历史文献称黄帝与空同山、大鸿山关系密切。空同山又称崆峒山，其地有肃州说与原州说，远在甘宁一带。但《庄子·在宥》记载，黄帝"闻广成子在于空同之山，故往见之"。黄帝问道广成子，与他多次讨论心中的疑惑。这个空同山不可能远在甘宁一带，明《河南总志》等文献均认为在禹州与汝州交界的地方，山顶有广成子庙、崆峒观、广成子墓和城、黄帝问道处。此外，黄帝之臣有大鸿，《史记·五帝本纪》专门讲到黄帝举"大鸿以治民"，《新郑县志》等志书保留有相关文字，在新郑、新密及禹州一带山区多保留有黄帝臣属的传说，还有力牧台、风后岭等，而大鸿山则是具茨山的别峰，反映黄帝文化在嵩山余脉的东南方向，形成了核心的文化积淀，也是大嵩山地区为早期文明核心区的具体体现。

二、禹都阳城与中国第一都的确立

1. 大禹是夏王朝的建立者

按照历史文献之说，中国文明溯源于黄帝，形成于大禹。大禹是中国国家文明发端的标志性人物，其英雄事迹数千年来被广为传颂，妇孺皆知。

大禹是平原水系的疏浚者。谈到大禹不能不谈到治水。可能是

[1]《不要低估我们祖先的能力和智慧——专访黄帝文化国际论坛嘉宾李学勤教授》，《河南日报》2009年3月28日。

上古时的洪水在古人记忆中尤为深刻,《孟子》曰:"当尧之时,天下犹未平,洪水横流,泛滥于天下。"《淮南子》曰:"舜之时,共工振滔洪水,以薄空桑,龙门未开,吕梁未发,江、淮通流,四海溟涬,民皆上丘陵,赴树木。"尧舜之时,洪水泛滥已严重威胁到部族的生存,在共工氏、鲧治水无济的情况下,舜大胆起用了大禹。禹治水一改传统之法,他一方面摈弃了共工氏仅就局部治水的方法,"辟除民害除共工",带领全体部族齐努力,综合治理,全面考虑,从而使治水成为系统工程。另一方面,大禹不仅仅采取鲧的堵、塞的方法,而是在堵、塞的基础上,"辟""疏""决""葺""修"等多种方法并用,使治水更加科学,技术更加全面,从而使治水被动的局面有了较大的改观。大禹治水的传说之所以流传较广,与这种大范围治水有关。

大禹是公共权力的强化者。大禹在治水过程中,由治水而形成了两个方面的变化。一方面,大禹治水对水系格局的改造,打破了旧有部族的地域格局。《尚书》中有"禹敷土,随山刊木,奠高山大川"。《左传》也有"茫茫禹迹,划为九州"的说法。以地域为新的治理模式与血缘模式有着本质区别。另一方面,大禹在治水过程中,"平治水土,定千人百图",由此必然产生全新的权力,这种权力或与相传大禹治水身先士卒,三过家门而不入的人格魅力密不可分,也与大禹治理洪水的贡献分不开。

大禹是文明诞生的开启者。依司马迁《史记》之观点,"五帝"中并没有大禹,而在《史记·夏本纪》中开篇讲的便是大禹,大禹也因此成为中国古代王朝的第一人。大禹的"大父"昌意和"父"鲧,"皆不得帝位,为人臣"。结合《史记·五帝本纪》来看,尧禅位于舜,舜禅让于禹,均不为直系的血缘关系,反映了一种古老的继位方式。而从禹传位于启,开启了"家天下"的局面,这种父死子继、兄终弟及的传位方式,反映了新的"王位"传承方式的出现。正是大禹治水而形成的权威,帝舜去世后,"天下诸侯皆去商均(舜子)而朝禹"。禹国号"夏后",即建立了正式的王朝,待到大禹去世时，尽管还有"以天下授（伯）益"的举动，但"诸侯皆去益而朝启"，由此开启了"王朝家天下"的权位格局。

"禹划九州"的说法，或许折射出由血缘管理向地域管理方式的重大转变；禹时的"六卿三王"制度，反映了职官制度的初创；"禹铸九鼎"的说法，反映了权力的强化与权威的加强；以登封王城岗城址为代表的大量龙山城址的出现，则是国家形态的标志；而在治水过程中，船、橇以及规矩、准绳等技术的发明与改进，反映了技术水平的进步，也是生产力进步的重要折射。

2."禹都阳城"与"禹居阳城"在登封

因大禹尚属传说中的人物，所以关于大禹故里也有多种说法，但大禹之都在登封却是主流观点。《世本·居篇》有"夏禹都阳城，避商均也"，《古本竹书纪年》也有"禹居阳城"的说法，这与《史记》"昔三代之居皆在河洛之间"之说相吻合。探寻禹的故里，也应该关注禹之父鲧的故地，《国语·周语上》讲道："昔夏之兴也，融降于崇山。"崇山，就是嵩山，业已得到学界的普遍认可。《国语·周语下》提到鲧为"崇伯鲧"，鲧封为崇伯，即所谓崇山、崇地之伯。崇山，即嵩高说是非常重要的说法。《汉书·地理志》在颍川郡阳翟下，载有臣瓒所说："《世本》：禹都阳城。"这说明汉晋学者也认可阳城在当时的颍川郡范围之内。《孟子》赵岐注："阳城在嵩山下。"《史记》《史记集解》同样认可禹都阳城就是当时的"颍川阳城"。战国秦汉的阳城就在今登封的告成镇附近，阳城遗址中出土有大量"阳城仓器"的文字，而这个阳城就距今禹州很接近，是颍川郡的范围。当地的明清方志都对阳城在登封有明确的记载，《读史方舆纪要》也强调登封就是"古阳城"。因此，登封作为禹之都，有充分的文献依据，此为证据之一。

登封有较多的大禹圣迹和传说。与"禹生石纽"说吻合，在少室山东麓的马庄、尚庄、王庄、张庄、祖家庄等，有"一溜石纽屯儿"之说，尤其是祖家庄保留有传说中的"石纽"，这里是当地民间认可的大禹故里。而与大禹相关的传说景观，如试斧石、照爷石、磨斧石、马蹄石、白疙瘩庙、禹洞、石启洞、禹王庙、启母庙等,都与大禹及其同期人物、事件有关。民间还广为流传着"大禹娶妻""马蹄沟""沁水的故事""大禹与筷子""景店小米""禹铸九鼎""禹拒美酒"等传说。因此,登封作为禹之故里与故都,有流传广泛的地名与传说作依据,此为证据之二。

在登封,还有汉代时遗留至今的启母石与启母阙。启母石位于太室万岁峰下,高约8米,宽约4米,有"石破北方而生启"的说法,启为禹之子,而保留至今的启母阙,为汉代启母庙的神道阙,东汉延光二年(123)颍川太守朱宠所建,其中西阙现高3.17米,东阙现高3.18米,阙为长方形石块垒砌。阙上有铭文,篆书12行,为记述夏禹及其父鲧治水的故事,以及赞扬启母的功绩。阙身还有大禹化熊、启母化石、车马出行、郭巨埋儿等图像60余幅。启母阙是国内仅存的极为罕见的汉阙实物,尤其与禹、启有关,更显珍贵。因此,登封作为大禹故都与故里,有着极为珍稀的文物实物,此为证据之三。

战国阳城遗址及其"阳城"铭文,提供了阳城存在的实物根据。自20世纪70年代开始,在战国阳城附近的王城岗一带发现了龙山文化晚期的小城遗址。这个小城由东西并列的两个小城组成,其中东城已被五渡河水冲毁,西城的东墙就是东城的西墙,基本呈方形,面积约1万平方米,城内发现有夯土基址、窖穴,还有奠基坑,以及属于龙山文化晚期的青铜鬶残片。这些发现得到了考古界的高度重视,也引发了学术界研究夏文化的热情,这里是否为禹都阳城遂成为争议的热点,其原因之一是这里作为都城似嫌过小。但在后来的发掘中又发现了小城外的大城,其总面积可达34.8万平方米,该城城外有壕,其每面长度在600米左右,城内有大面积的夯土台基、祭祀坑、玉石琮、白陶器等重要遗存,也是"目前为止在河南发现的龙山文化晚期规模最大的城址"[①]。小城与大城,也有先与后的关系,有的学者推断小城为鲧筑之城,而大城为禹所避居的阳城,两者均称阳城,这一观点应该是有道理的[②]。因此,这类重要

[①] 方燕明:《"禹都阳城"——登封王城岗龙山文化城址研究》,《中华之源与嵩山文明研究》(第一辑),科学出版社,2013年。
[②] 马世之:《登封王城岗城址与禹都阳城》,《中原文物》2008年第2期。

的考古发现,可以称为"系列阳城",在其他地方没有发现,甚或不可能发现,所以学界主流观点认可禹都阳城在登封,此为证据之四。

大禹是中国第一个王朝夏的建立者,禹都阳城在登封,登封王城岗龙山文化晚期城址年代早于二里头遗址,属于早期夏文化,因此应为"最早的中国"都城之所在。

三、夏朝的都城分布与作为夏桀都城的二里头城址

1. 早期夏都分布在嵩山周围

除禹都在登封外,《左传·昭公四年》有"夏启有钧台之享"说,结合《史记集解》所言,"夏居河南,初在阳城,后居阳翟"。阳翟即今之禹州,而"钧台"亦当在禹州。杨育彬认为,禹州"瓦店遗址面积在100万平方米左右,最近发现河南龙山文化晚期大规模的城壕遗存,环绕范围近40万平方米,应该能找到城墙。还发现有夯土建筑基址、宗庙或祭祀遗址、奠基坑等遗迹,出土有成组非常精美的陶器和玉器,如有盖的封顶盉、爵、觚、鬶和蛋壳杯等陶礼器,直径约15厘米的玉璧和铲、鸟等玉礼品,以及带烧灼痕的大卜骨等遗物。这很可能与文献记载中的夏代早期都邑联系起来"[①]。这说明启都与禹都阳城相去不远,均在嵩山的东南方向。

新密新砦发现有龙山文化晚期城址和新砦期城址,前者由大小城结合而成,大城略呈方形,现存东、北、西三面城墙,其中东垣残长仅160米,北垣长924米,西垣残长470米,南垣已无存,城内面积70万平方米,城垣外有城壕。城内小城未发现城墙,仅存三面城壕,面积在6万平方米。后者面积在100万平方米以上,城内中心区有一浅穴式大型建筑,面积达1000余平方米,中心区外还有手工作坊区。结合《穆天子传》夏启有"黄台之丘","新砦遗址发现的龙山文化晚期城址为启都夏邑,而新砦期城墙的年代似能反映出少康居夏邑的史实"[②]。由此,在嵩山东南方向,构成了早期夏都群落。

① 杨育彬:《嵩山地区与夏文化几个相关问题的探讨》,《中华之源与嵩山文明研究》(第一辑),科学出版社,2013年。
② 马世之:《古都郑州与华夏都城之源》,《中华之源与嵩山文明研究》(第一辑),科学出版社,2013年。

第四章 三代之居：嵩山大文明

根据文献记载，夏代的其他都邑多分布在大嵩山地区的毗邻地带，如《古本竹书纪年》载"帝相即位，处商丘"，《帝王世纪》也有相"乃徙商丘"。又说相居帝丘，《左传·僖公三十一年》："卫迁于帝丘。……卫成公梦康叔曰：'相夺予享。'公命祀相。"这里讲的就是相曾定都于帝丘，卫国后迁帝丘，于是卫成公梦到了相，并命令手下祭祀相。历代注释家也多以为早期的商丘就是帝丘，在今河南濮阳。还有相居斟灌之地的说法，斟灌之地有寿光、淳于、观县三说，均在山东，与濮阳相近。帝宁所都，《古本竹书纪年》有记载："帝宁居原，自原迁于老邱。"《括地志》载："故原城在怀州济原县西北二里。"今河南省济源市有庙街遗址，学界多以为此为原都之所在。《左传》杜注："老丘，宋邑。"《清一统志》云："老邱城在陈留县北。"陈留，在今开封附近。胤甲居西河，西河有说在今陕西合阳，也有说在今河南武陟一带，此说应更接近实际。上述都城都是围绕大嵩山分布的。

2. 晚期夏都分布在嵩山以西

除禹都阳城外，桀都斟鄩也多见于文献记载，其地位也十分重要。史称，斟鄩既是桀都，也是太康之都。古今《竹书纪年》："太康居斟鄩，羿亦居之，桀又居之。"反映了斟鄩不但是夏桀之都，也是夏代较早的都城，而且在夏初还发生了内乱，导致"后羿代夏"。斟鄩曾一度衰落，到了夏末再度繁盛。

关于斟鄩的地望，《尚书》《史记》以及《水经注》等，都将斟鄩之地定位在洛水下游。《左传》杜注专门讲到巩县（今巩义）有鄩中；《水经注》京相璠讲到鄩水、鄩谷、鄩城、鄩中等。夏桀之居，在《战国策》和《史记》中都有"左河济，右泰华，伊阙在其南，羊肠在其北"的记载，也就是在嵩山以西，伊洛盆地，以及河内的南阳地区，成为当时夏的中心区。1959年，徐旭生依据文献找寻夏迹，在豫西调查时，发现巩县稍柴遗址规模大、内涵丰富，他认为该遗址可能就是桀都[①]。但是，经过数十年的考古发掘，在偃师二里头遗址不但发现了大型宫殿基址，还发现了大中型墓葬等，

[①] 徐旭生：《1959年夏豫西调查"夏墟"的初步报告》，《考古》1959年第11期。

该遗址即是"二里头文化"的命名地。学界对该遗址的认识,虽然几经变化,但不少研究者认为"二里头遗址第三期的物质文化,就是夏桀所都斟鄩的遗存"①。

3. 二里头遗址所揭示的"早期中国"的面貌

偃师二里头遗址发现于20世纪50年代末,从60年代初开始进行发掘,至今已50余年。这一遗址的发掘由中国社会科学院考古研究所主持,即使"文革"期间工作也在持续进行,至今取得了突破性的收获。可以说研究中国文明的形成,窥探"最早的中国",二里头遗址是最好的物证。

二里头遗址东西最长2400余米,南北最宽1900余米,总面积约300万平方米。经多年发掘,目前共分为四期,时间跨度为公元前19世纪中叶至公元前16世纪中叶。

在二里头遗址,已探查出夯土基址数十座。其中,一号宫殿基址(图4-2)位于遗址中部,整体略呈正方形,台基高出当时的地面0.8米,边缘呈缓坡状,东西长108米,南北宽约100米,总面积达1万余平方米。台基中部偏北为殿堂,殿堂基座略高出台基地面,东西长约36米,南北宽约25米;殿堂则略小于基座,东西为30.4米,南北为11.4米。从基座上分布的柱洞或柱础石,不仅可以测出大小,也可知这是一个面阔8间、进深3间,以木架骨外抹以草泥,四坡出檐的大型木构建筑,即《考工记》所言"四阿重檐"式高规格建筑。殿堂前为宽阔的庭院,台基周边为一周回廊形建筑,大门位于台基南边中部,应为面阔8间的牌坊式建筑,宫殿以北台基北侧还有用于排水的陶水管,整个建筑布局完整、庄重。

二号宫殿(图4-3)距一号宫殿仅150米,亦位于遗址中部。台基南北长72.8米,东西宽57.5—58米,整体结构为殿堂、回廊、围墙、大门,殿堂北还有一个大墓。殿堂基址高于台基,位于中部偏北,长32.6米,宽12.75米,为面阔3间的回廊式建筑。基址四周有北墙,东、西、南墙则有廊庑,南墙正中为带有廊庑的三间房门,庭院内广布陶水管道铺设或石板砌成的地下排水设施,在地层

① 方酉生:《偃师二里头遗址第三期遗存与桀都斟鄩》,《考古》1995年第2期。

第四章 三代之居：嵩山大文明

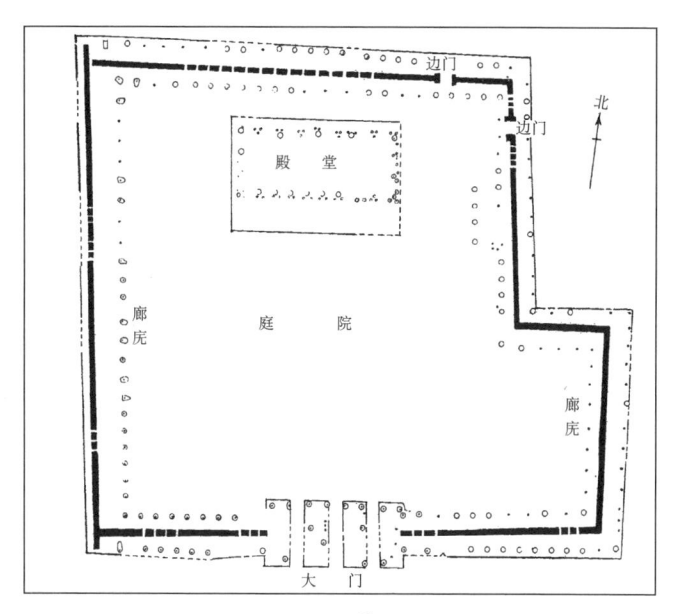

图 4-2 二里头一号宫殿遗址平面图[①]

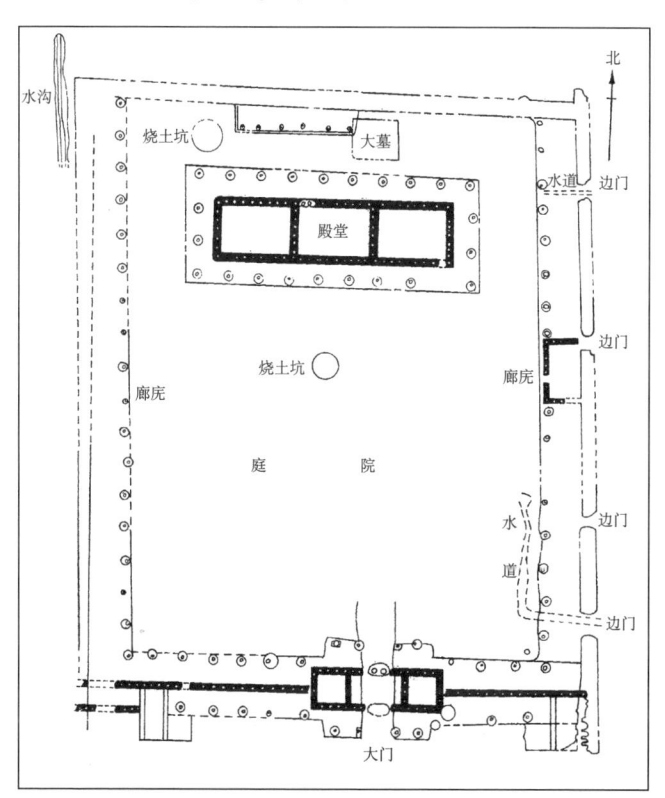

图 4-3 二里头二号宫殿遗址平面图[②]

① 洛阳市文物管理局：《古都洛阳》，朝华出版社，1999年。
② 洛阳市文物管理局：《古都洛阳》，朝华出版社，1999年。

或灰坑中有少许的玉、石、陶、铜、骨类出土物。二号宫殿建筑有可能属于宗庙类祭祀建筑，其布局严谨，反映了二里头文化时期宫室建筑已趋成熟。

此外，在二里头遗址还发现有半地穴式、地面式小型房基20余座。发现的近千座墓葬中，可分为大、中、小型三类，其中大型墓葬仅有一座，为长5米多、宽4.5米的长方形穴式墓，深达6.1米，填土均经夯打，因被盗，随葬品不详。所发现的10余座中型墓中，有的墓内铺有朱砂，随葬有青铜器、漆器、玉石器、绿松石饰品，这反映了社会阶层已出现显著分化。从目前发现的器物看，青铜器可分为容器、兵器、工具和铜饰四类，其中青铜爵、斝、鼎等器物开创了青铜礼器文化的先河。而镶嵌有绿松石片的圆形铜饰，镶嵌有绿松石的兽面铜牌饰，以及镶嵌有绿松石片的玉璋、雕刻有精细花纹的玉柄形饰，都代表了当时最高的工艺水平。

二里头遗址规模宏大，规划整齐，布局规范，内涵丰富，为迄今我国发现的最早的宫室建筑群、最早的青铜礼器群和最早的青铜冶铸作坊，是没有争议的夏朝都城遗址。二里头遗址所发现的大型宫殿基址，开创了"四合院"式宫殿建筑与"宫庙分置"式礼仪建筑的先河[1]。

二里头文化是中国所发现的最重要的青铜文化，为中国早期文明形成与发展提供了宝贵的实证。目前已发现的二里头遗址，河南有250处，山西约90处，陕西仅有两三处，中心区在大嵩山地区。在已确定的二里头、东下冯、牛角岗、杨庄、下王岗五个类型中，二里头类型是核心类型和原生类型，核心区域亦在嵩山周边地区[2]。

以嵩山周边为核心，诞生了中国最早的文明，也形成了"最早的中国"，中国的青铜文化在这里衍生和发展，中国的所谓"王国历史"在这里拉开序幕，也由此形成了东亚文明早期最为绚丽的彩霞。

[1] 杜金鹏、许宏：《偃师二里头遗址研究》，科学出版社，2005年。
[2] 杜金鹏、许宏：《偃师二里头遗址研究》，科学出版社，2005年。

第四章 三代之居：嵩山大文明

第三节　青铜文化鼎盛时期的嵩山地区

商族的历史十分悠久，先商族群早在夏朝时期就多次迁徙，商汤建国后，商族成为当时的统治族群，其政治中心就在大嵩山地区，并将青铜文化发展到鼎盛时期。

一、商朝的历史与政治中心的变迁

商朝是中国十分重要的早期王朝，自公元前 1600 年至前 1046 年，商族在立国前就已经历了数百年的发展演变。商族的早期活动地，有东方说、北方说及太行山沿线说等多种说法，"殷人起自今河北省泜水流域，其游牧所至，北抵燕蓟、易水，南抵商丘，东抵邹鲁，西抵河内武陟，其踪迹大抵沿衡漳、黄河两故渎，逐渐南下"[1]。从考古学的角度，也形成了由北而南的漳河型、辉卫型、南关外型这样的先商部族沿太行山南下的文化上的变化[2]。据《史记·殷本纪》等记载，商先公谱系为契、昭明、相土、昌若、曹圉、冥、振、主壬、主癸、天乙等，这些谱系得到了甲骨卜辞的印证。《尚书序》也讲到商先公有八迁，王国维考证八迁之地为：契居蕃，在今河北平山；昭明居砥石，在今河北隆平、宁晋之间；昭明、相土居商丘，在今河南濮阳；河亶甲居相，在今河南内黄；王亥收牛于有易，在今河北易县；汤始居亳，在今河南商丘之薄城[3]。从中也可以看到，早期商族的活动中心在今河北、河南，主要是太行山沿线及附近，由豫北到豫东，似乎与嵩山相去较远，反映了商族的文化源头应在嵩山地区以外，但是在立国之后，政治中心就与嵩山地区合而为一了。

商朝前期是商王朝初创、稳定、走向发展的关键阶段。商朝立

---

[1] 丁山：《古代神话与民族》，商务印书馆，2005年。
[2] 邹衡：《关于夏商时期北方地区诸邻境文化的初步探讨》，《夏商周考古学论文集》，文物出版社，1980年。
[3] 丁山：《古代神话与民族》，商务印书馆，2005年。

国 552 年，共历 17 世 30 王。《史记·殷本纪》所记，成汤建国之后，为外丙、中壬、太甲、沃丁、太庚、小甲、雍己、太戊、中丁、外壬、河亶甲、祖乙、祖辛、沃甲、祖丁、南庚、阳甲、盘庚。以盘庚为界点，从汤到盘庚为商前期，共经历了五次都城迁徙。汤始居亳的地望问题最为复杂，存在多种说法，而证之以新的考古发现，这些说法往往又显得苍白无力。目前绝大多数专家赞同郑州商城汤都亳说。邹衡是"郑亳说"的创立者，他还认为中丁迁隞有可能在"山东"，河亶甲居相在今河南内黄，祖乙迁邢在今河北邢台，南庚迁奄在今山东曲阜东之奄里，盘庚迁殷在今安阳[①]。当然，对上述有的地点学界尚存争议，如隞都地望，当郑州小双桥遗址发现后，陈旭就提出这里乃隞都之所在[②]。关于邢都地望，也存在由邢丘迁邢台之说，至少在目前还不能断然否定邢都与今河南温县的邢丘完全没有关系[③]。

商朝后期是商王朝的鼎盛时期，也是商朝由盛而衰的时期。《史记·殷本纪》所记商王谱系为盘庚、小辛、小乙、武丁、祖庚、祖甲、廪辛、庚丁、武乙、太丁、乙、辛（纣）。自盘庚迁殷，更不徙都。也使得安阳殷墟成为青铜文化鼎盛时期的代表。

从商王朝的历史可以看出，商的都城基本上以中原为中心，尤其是商代早期，直接形成了嵩山东侧的中心。可以将夏商并列来看，由夏代早期的以嵩山东南为中心，到夏代晚期的以嵩山西侧为中心，以及到商代早期的以嵩山东侧为中心，这种中心的转移，也离不开嵩山这个中心，这些发展实则是史前嵩山文化发展的结果。

二、嵩山东侧郑州商城的辉煌

1. 郑州商城的发现情况

自 20 世纪 20 年代开始的殷墟发掘，向世人揭示了商朝后期青铜文明的辉煌。但当时对于商朝前期的文化面貌却无从知晓。新中国成立后，在辉县琉璃阁遗址人们找到了早于殷墟的商文化遗存，在郑州二里岗等地，人们发现了更多的相关遗存，并以此命名为"二

[①] 邹衡：《论汤都郑亳及其前后的迁徙》，《夏商周考古学论文集》，文物出版社，1980 年。
[②] 陈旭：《商代隞都探寻》，《郑州大学学报》（哲学社会科学版）1991 年第 5 期。
[③] 张新斌：《商代邢都初探》，《中原文物》2008 年第 6 期。

第四章 三代之居：嵩山大文明

里岗文化"，这一文化早于殷墟文化，晚于龙山文化，尤其是二里头文化发现之后，以二里岗文化为代表的早商文化，上接夏文化，下接晚商文化，由此形成了中原地区较完整的文化链条。而在二里岗文化中，最能代表其文化辉煌的，便是郑州商城。

1955年，在郑州白家庄发现了大面积的夯土层。从1956年开始，经过数十年的努力，已基本摸清郑州商城的基本面貌。郑州商城平面近正方形，城垣周长约为6960米，其中，东城墙和南城墙均为1700米，西城墙长约1870米，北城墙长约1690米。城墙大部分已毁坏，在地面下还保留有城墙基槽，存留于地面之上的城墙最高约9米，城墙断面呈梯形，从城墙上保留的缺口观察，在这11处缺口中，有的可能与城门有关。郑州商城城墙延续了早期风格，由夯土筑成，夯土层呈水平分布，夯窝清晰。城墙结构，有主城墙与护城坡之分，构造合理，整个工程规模宏伟，在当时城筑史上居于领先地位（图4–4）。此外，近10余年又在郑州商城600米以外发现了外城，其分布呈不规则形。在南城墙外，发现夯土西段墙435米，东段墙长约2100米，南段墙长约980米。经探查，郑州商城由内城与外城组成，内城结构完整，外城仅筑南城墙与西城墙。而东、北两个方向，因沼泽地可为天然屏障，所以未筑城墙。

2. 郑州商城的布局

宫殿建筑分布密集。郑州商城内城布局为，东北部发现有大面积夯土基址，也有一些小型房基，夯土的分布地点约有20处。从目前发现看，这里为宫殿区。可以确定的宫殿建筑基址共3处。其中，第一组建筑（C8G10）位于宫殿中部，夯土台基残长约34米，残宽10.2—10.6米。根据已发现的柱洞与柱窝的分布，可以确定其为宫殿区的殿堂。第二组建筑（C8G15）位于第一组建筑以西，东西长度在65米之多，南北宽度为13.6米，从南北两排的柱础石遗存分布来看，这组建筑应为带有回廊的九层重檐顶式大寝殿。第三组建筑（C8G16）位于第一组建筑以南，夯土基址南北长38.4米，东西宽31.2米，从柱础分布情况分析，应是"堂"类建筑。这三组建筑，

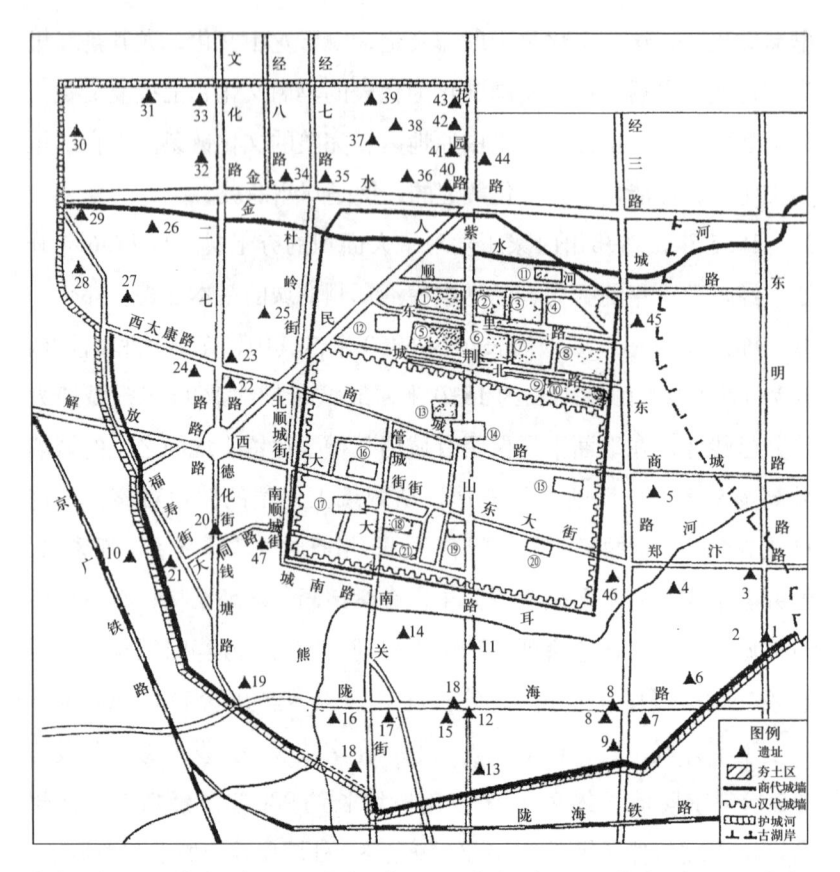

①第1夯土区 ②第2夯土区 ③第3夯土区 ④第4夯土区 ⑤第5夯土区 ⑥第6夯土区 ⑦第7夯土区 ⑧第8夯土区 ⑨第9夯土区 ⑩第10夯土区 ①—⑩夯土区为20世纪70年代探出部分已经过考古发掘 ⑪黄委会43号院夯土区 ⑫河南油田驻郑办事处夯土区 ⑬郑州民族小学夯土区 ⑭紫荆山路中段夯土区 ⑮郑州电力技校夯土区 ⑯郑州万辉大楼夯土区 ⑰郑州永恒房产夯土区 ⑱中凯置业夯土区 ⑲长江置业夯土区 ⑳东大街中段夯土区 ㉑管城房管局夯土区 ⑪—㉑夯土区均经过考古发掘 1.杨庄墓葬区 2.商代23号墓 3.郑州玻璃厂 4.郑州毛巾厂 5.郑州皮鞋厂 6.河南电机厂 7.二里岗遗址发掘区 8.南关外遗址发掘区2处 9.河南省商业储备公司 10.火车站 11.紫荆山路中南段 12.南关外铸铜遗址 13.郑州市木材公司 14.烟厂墓区 15.烟厂家属区 16.河南服装总厂 17.河南客运公司 18.郑州五中 19.郑州十五中 20.德化街 21.银基商贸城 22.二七路 23.黄泛区园艺场 24.郑州金博大商场 25.杜岭街 26.人民公园青年湖 27.九州城 28.铭功路制陶作坊 29.大石桥 30.市儿童医院东部发掘区 31.省图书馆 32.省轻工业厅 33.省豫剧团 34.河医大二附院 35.军区幼儿园 36.省委大院 37.省委家属院 38.省保险公司 39.郑州八中 40.河南省政协 41.紫荆山铸铜遗址 42.河南报业大厦 43.制骨作坊 44.省电信局 45.白家庄墓区 46.回族食品厂青铜器窖藏坑 47.南顺城街窖藏坑

图4-4 郑州商城已发现的遗址示意图①

① 郑杰祥:《郑州商城与早商文明》,科学出版社,2014年。

依次属于南关外期、二里岗下层和二里岗上层，反映其构建时间有先后，结合其他残缺的数十座基址，可以看出，在内城东北部的宫殿区内，宫室建筑分布密集。此外，在宫殿区内还发现壕沟内放置有人头骨80余个，这些人头骨上有明显锯痕，似与用作牺牲的战俘有关。宫殿区内还有夯土墙、木骨泥墙等残迹，以及石板砌的蓄水池、水井等，反映了宫殿区内有相应的配套设施，说明当时郑州商城经过了一定的规划。手工业作坊散布于外城。郑州商城的手工制作十分发达，有制陶、制骨、铸铜作坊，数量不多，却很有特点。制陶作坊位于今铭功路，即外城内侧，发现有房基、陶窑和墓葬。陶窑是作坊的工作区，有圆形和椭圆形两种，其结构分为窑室、火膛、火门、窑箅、窑柱，因长期使用，窑的外壁呈砖红色，窑区地面有的为白灰地坪，质地坚硬，还发现有陶坯集中区，从发现较多的工具残块推测，应为废弃区。房子多为小型房子，为窑工的休息区。制骨作坊则位于内城以北外城北部，在一个窖穴中发现有千余块骨料，有人骨，以及牛、鹿等动物骨块，发现有锯、磨加工后的痕迹，还有骨簪、骨镞半成品，由此推测，应与制骨作坊有关。铸铜作坊共发现2处。一处在内城北墙之外，与制骨作坊相邻，发现有房基、窖穴、冶铸现场。房子多为小型，有的多次增修，房内有铜锈面，应与工房有关。场地发现有铜矿石，冶铸用的坩埚残块，工具、兵器、车器残块等。另一处在内城以南，大城南墙以内，地点在南关外，规模较大，内涵丰富，面积达千余平方米。其中，冶铸场地长达45米，宽约2.5米，其地面坚硬平坦，有火烧痕迹和铜锈，熔铜炉已残，炉壁残高0.6米，内附以草拌泥，以及炉壁残块。坩埚，有大口尊、红陶缸，敷以草拌泥，还有一种为专门的坩埚，内壁有铜渣，陶范残块数量较多。由此可以看出，城内王室及居民的部分用物应为当地铸造。

  墓葬区分布在外城内。在外城东北有白家庄墓地，外城东南有杨庄墓地，外城南部有二里岗墓地，外城西北有人民公园墓地。所葬依规模和随葬品，可分为三类：第一类为铜器墓，在外城东、南、西均有分布，墓坑稍大，有棺和腰坑，随葬有青铜、玉器、陶器等，多者10件，一般为2—5件。第二类为普通竖穴土坑墓，在内城外各个方向多有分布，一般随葬有数件陶器，个别有铜兵器。第三类为散葬在灰层与灰坑中的骨架，基本无随葬品，有的与狗埋在一起。总体看，这些墓葬多为平民和小贵族以下各个阶层的居民，有的应为奴隶。但王侯级的大型贵族墓，至今还没有发现。

大城内发现有铜器窖藏。青铜器窖藏坑，共发现3处。一处在外城西部张寨南街窖藏，在深6米的坑内，发现有大方鼎2件，铜鬲1件。所发现的杜岭方鼎以1号鼎为代表，通高0.83米，重52.9公斤，装饰简朴，却庄重古朴，应为王室重器。另一处为内城东南角外向阳回民食品厂的窖藏坑，深4.6米的坑内埋大方鼎2件、大圆鼎1件、扁足鼎2件、罍1件、尊2件、提梁卣1件、觚2件、盂1件。另有一处是在内城西南城墙以外的南顺城街窖藏坑。在深4.9米的坑内埋有大方鼎4件、斝2件、爵2件、簋1件、钺1件、戈2件。这些铜器放置有序，有的套放其中。从出土铜鼎的庄重简朴看，似乎依然承袭了简朴的文化传统。而提梁卣、罍、扁足鼎则制作得精致细密，显示了王室的气度。

郑州商城的年代和性质。依照相关的地层叠压和打破关系，可知郑州商城始建于南关外期（先商时期），当时已开始建造宫室，铸铜作坊亦已出现。到二里岗下层期进入发展阶段，到二里岗上层期进入繁荣阶段，到白家庄期即中商时期（晚商早期），郑州商城遭到破坏，结束了曾经的辉煌。

关于郑州商城的性质，自20世纪50年代以来，中丁迁隞的隞都说长期占据主流地位。1978年，邹衡依据《左传》杜注"亳城，郑地"，以及当地发现的东周陶文"亳丘"，结合商城的考古发现，正式提出"郑亳"说，即郑州商城为"汤始居亳"之都。经过"夏商周断代工程"的进一步论证，郑州商城作为早商都城已成为学术界的主流观点。

三、嵩山周围商代城邑的发现

1. 嵩山西侧的偃师商城

偃师商城的基本格局。偃师商城西距二里头遗址仅 6 公里，地处洛河北岸（图 4-5）。其平面呈长方形，分为大城与小城。小城位于大城的西南角，大城在小城的基础上，向北向东延伸，而东南角则内凹，整体呈刀把状。其中小城南北长约 1100 米，东西宽约 740 米。大城西墙通长 1710 米，北墙宽 1215 米，南墙仍为 740 米。城墙之外环有城壕和护城河，墙与壕间为相距 12 米的平坦之地。墙上有缺口 7 处，其中东、西墙各有 3 个，北墙有 1 个。但实际上这些缺口可以确定为城门者 5 个，其中东、西墙各有 2 个，北墙上有 1 个。经发掘，西墙北门门道长 16.5 米，后又用墙封堵，门道内有木骨夯土墙。东城南门，城门之下有石砌大型排水涵道，上盖以木板，有水道通向宫城。小城年代早于大城，面积约为 80 万平方米；大城面积达 190 万平方米。小城墙体不厚，夯打不实，其质量远逊于大城城墙。

在小城内正中偏南为一号基址，实则为宫城；在宫城西南方向，即小城西南角为二号基址；在宫城东北方向小城外侧为三号基址；在大城北偏西为四号基址，反映了商城的宫殿居住区较为发达。宫城近似方形，面积约为 4.5 万平方米，宫城南墙正中有宽敞的门道。宫城东北有一处重要建筑殿堂，殿堂建设在高大的台基之上，为廊庑式建筑，其东、西、南呈凹字形的带廊庑形配殿，南庑正中为南门，各个庑殿均分作小间，在南庑与正殿之间为庭院，其东北处还有水井。类似的建筑在宫城内的西北、西南、东南各有一座，位于宫城正中的一号宫殿基址规模最大。整体来看，这些建筑既自成一体，又左右对称，从而组合成庞大的朝堂建筑群。另外，二号基址四周有围墙，墙内有成组成排的夯土建筑基址，已发现 15 排，其中南排 6 座，北排 9 座，相互间有排水沟贯通，其结构为三面有墙、一面有廊，类似于兵营或库房。

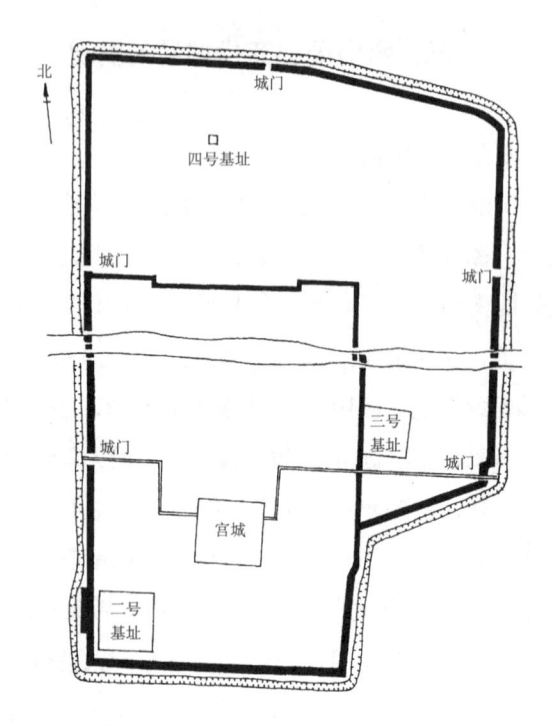

图 4-5 偃师商城示意图 [1]

在城区内，还发现有大道、"马道"与小道，有的路面铺垫有料礓石，或保留有车辙痕迹。在东城墙外侧的东南部，为一大型水池遗迹，似与城区排水系统有关。在宫城北部，亦有一座人工挖的水池和两条水渠，水池用石块垒筑，与之贯通的水渠与护城河相连，反映了城内统治者游玩的池苑与城内用水有机地连在一起。在城区内发现有小型墓，有百余座，一般多为随葬数件陶器，个别还随葬有铜兵器或玉器，未见大型贵族墓地。

偃师商城的性质。自偃师商城发现以后，二里头遗址为西亳说的观点受到了强烈的冲击，原来的西亳说者转而认为偃师商城为西亳，当然还有一种观点认为这里是太甲桐宫[2]。但从"夏商周断代工程"的相关结论看，其始建年代较郑州商城稍晚，有的学者认为两者都是商初的都城，有可能是两京制[3]最早的例证。

[1] 洛阳市文物管理局：《古都洛阳》，朝华出版社，1999年。
[2] 邹衡：《偃师商城即太甲桐宫说》，《北京大学学报》（哲学社会科学版），1984年第4期。
[3] 许顺湛：《中国最早的"两京制"——郑亳与西亳》，《中原文物》1996年第2期。

2.嵩山周边其他的商朝城邑

郑州小双桥遗址。1985年发现于郑州北郊的小双桥，1990年正式试掘，1995年再次进行了发掘。该遗址面积144万平方米，中心区面积15万平方米。已发现夯土建筑基址4处，有扁平大石块作底的柱础，发现有青铜建筑构件，反映这里应有成组的宫殿建筑群。还发现有祭祀坑，最多者埋有30头牛以上，已发现用于祭祀的牛的总数达60头以上，还有猪、狗、鹿，以及玉饰、绿松石、小件铜饰。发现的熔炉残块、炼渣、残陶范、厚胎缸残块、铜渣等，较为集中，应为铸铜作坊遗址。对小双桥遗址的性质，有的认为是郑州商城的祭祀场所与离宫别馆。但因其年代属于白家庄期，也就是说，当郑州商城废弃之时，小双桥遗址开始兴起，因此有的学者直接提出小双桥有可能为商朝的又一个都城，即"仲丁迁隞"之隞都所在[1]。

新郑望京楼夏商城址。望京楼遗址经2010年发掘，已找到较为完整的二里岗文化城址，其平面近方形，长、宽均约600米，总面积37万平方米。该城址有城有壕，已发现城门3个，其中东城门的面积达2000平方米，东城墙在城门处向内拐折形成"凹"字形，类似于后来的瓮城。目前，已在城内发现有道路、夯土台基、祭祀坑、房基、陶窑、水井等，城内也可分为宫殿区、生活区、作坊区等。此城始建于二里岗下层一期，在二里岗下层二期和上层一期达到鼎盛，上层二期正式废弃。值得注意的是，二里岗商城叠压着二里头文化的夏代城址，其面积较商城大得多，达168万平方米，仅次于偃师二里头遗址。夏城的东城墙、东南角、东北角保存较好，也发现有夯土台基、房基、灰坑、水井等。城内发现的二里头文化青铜容器，为二里头遗址之外首见。所发现的双轮车车辙，为研究中国双轮车起源提供了依据。

此外，在荥阳关帝庙商代遗址发现有制陶作坊、居地、水井、祭祀坑，还发现有以壕沟分隔的墓葬区，为商代晚期聚落与墓地。在郑州西郊的东赵遗址发现有大、中、小三座"叠套"在一起的城

[1] 陈旭：《郑州小双桥商代遗址即隞都说》，《中原文物》1997年第2期。

址，其中小城为新砦期，中城属二里头文化时期，面积在 7 万平方米左右，发现有修筑城墙时的奠基坑，以及由 40 多个排列有序的祭祀坑组合而成的祭祀区。在城中位置，发现面积超过 3000 平方米的商代早期回字形宫殿建筑基址，其规模为郑州地区最大、最完整的早商宫殿建筑，其与聚落本身的关系，与郑州商城的关系，有待进一步研究。

大嵩山地区之外的豫北地区是晚商时期青铜文化的高峰，尤其是安阳殷墟的发掘，发现有大型宫殿区、大型祭祀区、大型陵墓区及各类作坊，尤其是大批精美的青铜器和大量甲骨卜辞，极大地丰富了人们对殷商文明的认识。此外，还发现有年代稍早的安阳洹北商城，以及辉县孟庄的晚商城址、焦作府城商代城址等，说明在郑州商城衰落之后，这里形成了更为灿烂的青铜文化高峰。

综上所述，大嵩山地区在商代仍然持续着辉煌。以嵩山东侧的郑州商城为代表，商汤在建国之初，便将当时的政治中心放在了这里。嵩山西侧的偃师夏都附近，建造了用于镇抚夏人的都城偃师商城，成为中国最早的两京制的实例。研究者认为，正是由于郑州商城作为早商都城的中心地位，所以才有了小双桥、东赵、望京楼、关帝庙等重要城址和聚落，从而形成了拱卫京师的城邑群，也不排除这些城邑群有适时替代都城中心地位的可能性。总之，嵩山东侧与西侧所形成的青铜文化高峰，在全国和整个东亚地区都是无与伦比的。

第四节 "天地之中"的确立与嵩洛核心的形成

大嵩山地区的神圣地位与西周建国之初探寻"天地之中"有密切关系。对嵩山地位的认识可以追溯到尧舜时代，随着西周成周的营建，拉开了中国两京制的序幕，逐鹿中原在东周时期遂成常态。

第四章　三代之居：嵩山大文明

而这一过程又进一步强化了大嵩山地区在中国政治格局中的核心地位，嵩山的神圣地位由此确立。

一、西周新都"依天室"与"天地之中"的确立

1. 西周营建新都与"天地之中"及"天下之中"的关系

西周王朝建立之后，"小邦周"力克"大邑商"，虽然形式上确立了至高的统治权，但能否稳定政权，却是困扰周武王的一件大事。《史记·周本纪》载，武王克商后回到丰镐，"自夜不寐"，周公旦到"王所"拜见武王，武王讲出了他的担忧："天不享殷，乃有今成"，因此应该"定天保，依天室"，将都城选定在更佳的位置，形成一个掌握全局的国家政治中心。武王认为"自洛汭延于伊汭，居易勿固，其有夏之居。我南望三涂，北望岳鄙，顾詹有河，粤詹洛、伊，毋远天室。营周居于洛邑而后去"，这样就可以天下太平了。可见，在周武王看来，"有夏之居"的伊洛河一带是最佳的建都之地，这里不但是夏王朝的国都所在，关键是离"天室"近。所谓的"天室"即"天室山"，也就是太室山、嵩山，乃天神所居之地。《国语·周语下》有"崇伯鲧"之称，崇，崇山，崇高，也即嵩山，是说禹的父亲鲧的重要活动地在嵩山一带，受封之地也以"嵩"而命名，嵩山南麓的登封一带为夏早期的核心地区，不但有大量的夏禹文化遗迹，也发现了有可能为"禹都阳城"的登封王城岗遗址。而从《尚书》等文献中可以清楚地看出，周灭商的一个正当理由，是周人自认为是夏的后人，所以他们在夏的核心地区建都，也是顺理成章的事情。

周成王即位之后，即命周公依武王之愿营建洛邑。《史记·周本纪》："成王在丰，使召公复营洛邑，如武王之意。周公复卜申视，卒营筑，居九鼎焉。曰：'此天下之中，四方入贡道里均。'"所以，周公依照武王之意，在伊洛河一带，也即"天室"附近，确定新都所在地，应该是"天下之中"。

西周初期对新都的择定，不仅基于交通便利，便于四方交流，而且还有更深层次的考量。《周礼订义》讲自黄帝至商代之所以多次迁都，就是因为"不得天地之中"。这里的"天地之中"，已不仅是平面、直观的交通便利，而是如《尚书全解》所言："以土圭之法测土深，正日景（影）以求地中，天地之所合也，四时之所交也，风雨之所会也，阴阳之所和也。然则百物阜安乃建王国焉。洛邑之地既为天地之中，故作新之，而四方之民莫不和悦，而来会也。"这里的天地、四时、风雨、阴阳，相交的合、交、会、和，是一个立体的、综合的、互动的关系，正是由于这样的"择中立国"的正当性，才使得西周建国之初，在确定新都方面颇为着力，由此也拉开了长安、洛阳两京制的序幕。

2. 西周时期嵩山神圣地位的确立

西周初期的历史也见诸青铜铭文，如利簋铭文记载，武王灭商之后第八天，在阑地赏赐铜料给担任有司一职的利，利则制作了这件铜器以纪念先祖檀公。《左传》讲西周初因功而与苏忿同封于"河"之地者，有檀伯达。周武王在嵩山东侧的"阑"地，也即今郑州西郊的石佛一带接见利，而利的封地檀，也应在离此不远的黄河南岸的荥阳檀（坛）山一带[①]。在另一件青铜器天亡簋的铭文中，反映了周武王灭商后，来到今郑州西郊的管地，会同各路诸侯，"王祀于天（太）室"，在嵩山举行了祭天仪式。根据何尊铭文记载，在这次祭祀大典上，武王要将都城和政治中心放在中原，"余其宅兹中国，自兹乂民"。这里的"中国"，就是"依天室"而"定天保"的所在地，也就是"天地之中"和"天下之中"。

周武王之所以将周朝开国之后的首次祭天大典或曰开国大典放在嵩山，有其历史原因。嵩山，又称为"崇高"，在中原大地上"如卧而立"，高大庄严，所以《诗经》中有"崧高维岳，骏极于天"之誉，其意是嵩山离天最近，所以称之为"天室"，即天神居住之地。嵩山为夏人活动中心区，他们和姜炎之后都将嵩山作为祖先神居住之地。《山海经》把"太室"称为"冢"，也就是先祖归葬之

① 郑杰祥：《周初铜器铭文"王在阑师"与"王祀于天室"新探》，《中华之源与嵩山文明研究》（第一辑），科学出版社，2013年。

地，实则为"先祖神的宗室、宗堂，亦即先祖神所群居的地方"[①]。商代甲骨卜辞中，有关"岳"的贞问566条，除46条为人名外，其他皆与"岳神"有关[②]，对岳神的祭祀仅次于"河神"，嵩山作为商王专门祭祀岳神的灵所，在商代已成为重要的祭祀对象。而到西周，由于周人传承了夏人的传统，所以嵩岳成为"天室"。因此，嵩山在西周时期，成为只有周天子可以主持祭奠的圣山。

二、两周时期的洛阳城

1. 西周成周的营建

西周成周的营建与使用。依照周武王"定天保，依天室"的遗训，成王指令召公到洛水去察看地形，勘选城址，初定新都位于洛水北岸。周公则正式在涧水以东、瀍水以西的洛水之滨勘定城址。经过八九个月的时间，成周建成。《左传》有"昔成王合诸侯，城成周，以为东都"。该书还有"成王定鼎"之说，这说明成周作为东都，还迁置有象征王权的九鼎，已经成为名副其实的都城。

周成王的确在成周办公，何尊铭文所讲"初迁宅于成周"，并强调要在中央之地治理国家。《吕氏春秋》也讲道"维余一人，营居于成周"，说明成王依照武王遗愿，在成周办公。从青铜铭文推测，西周的昭王、穆王、恭王、懿王、孝王、厉王等，都曾在成周接受东方族国的朝拜，并举行祭典、册命和征伐仪式。西周时期，由周王直接掌握的军事力量"成周八师"也驻扎在成周。大批殷顽迁居在成周，他们没有土地，却有善于经商的传统，也有具一技之长的工匠，所以成周的青铜铸造、原始瓷制造、玉雕都比较发达。及至东周时期，便形成了以工商业为主的繁华城市。

西周开始的两京制度使洛阳成为东部中心，西周政权并不仅仅如《诗谱·王城谱》所言，"成王居洛邑，迁殷顽民于成周，复还归处西都"。成周与宗周一样，同样作为都城使用。平王东迁之后，洛邑成为唯一的都城。

[①] 干晖：《商周文化比较研究》，人民出版社，2000年。
[②] 郝本性、王建军：《"中"字的构形及早期的涵义》，《中华之源与嵩山文明研究》（第一辑），科学出版社，2013年。

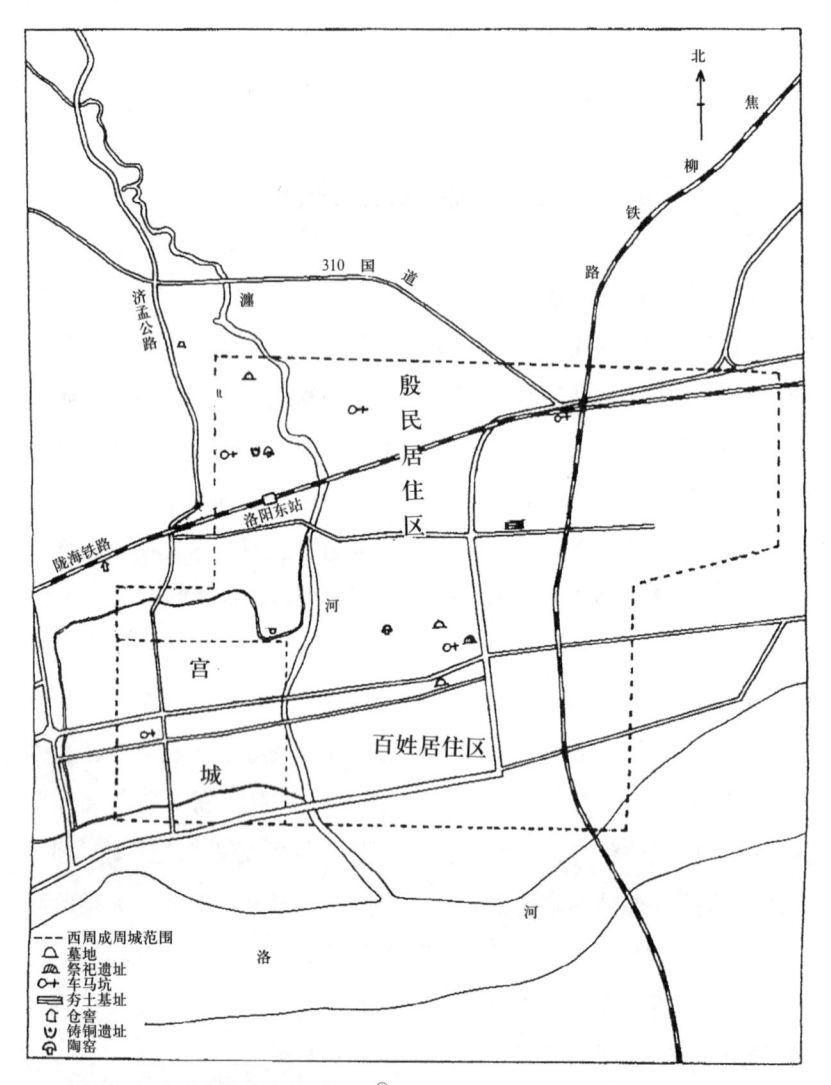

图 4-6 西周成周城结构布局示意图[①]

[①] 蔡运章、俞凉亘：《西周成周城的结构布局及其相关问题》，《中原文物》2016 年第 1 期。

第四章 三代之居：嵩山大文明

西周成周的发现与布局。《逸周书·作雒解》谈及成周，"城方千七百二十丈，郭方七十里，南系于洛水，北因于郏山"。城中有太庙、宗宫、考宫、路寝、明堂。明堂，是国家宣明政教的地方，是作为王都的主要标志。宫殿有朝堂，宗庙则是礼仪建筑，反映了成周作为都城，其功能是十分完善的。

自20世纪60年代以来，考古工作者陆续在洛阳城区发现了西周贵族墓葬、铸铜作坊遗址、"天子驾六"等车马坑、祭祀遗址、大型建筑基址以及殷顽民墓葬，为探查西周时期的成周城奠定了基础。这些遗存集中在瀍河两岸的邙山与洛水之间，其范围东西长约3公里，南北宽约2公里。整个城址坐西朝东，宫城位于郭城的西南角，郭城南部为百姓居住区，北部为殷民居住区，因宫城大部分压在洛阳老城东南部，至今未发现宫殿夯土基址。宫城内外有"宗庙"，其中纪念文王者称为"宗宫"，纪念武王者称为"考宫"。路寝当为周王居住与朝会群臣的王宫。明堂则是祭祀天帝、莅政施教的场所。依照《尚书》《诗经》等文献，成周城有应门、皋门、路门等城门，推测城内应有一条东西大道。城内的里坊以一里见方进行规划。城内居民依身份不同分为"工贾"、"胥士"（百姓）、"臣仆"（奴仆），在相应的坊里分别居住，管理者称为"里君"。

从考古发现看，成周宫城应在今洛阳老城东南部，在涧洛交汇处发现有大型建筑基址和夯土围墙。瀍河西岸也发现有大型建筑基址。在老城中州东路北发现有车马坑，当在宫城西北部，可能属于宫城内的祭祀坑。在郭城内，老城东北瀍河两岸发现有贵族墓葬600余座，在北窑发现面积17万平方米的西周贵族墓地，发现的青铜铭文，涉及王妊、太保、康伯、丰伯、毛伯等王室贵族。在郭城内，北窑附近有面积达20万平方米的铸铜作坊遗址，还发现大型竖式熔炉并有专门的鼓风设备。在中州东路北侧发现有1500平方米的范围，内有较多的马坑、狗坑、牛坑、人马坑、人猪坑、猪牛坑等，应为大型祭祀遗址。洛阳林校所发现的祭祀遗址，当属大型宗庙建筑的组成部分。至于殷民居住区，可能在瀍河以东，今下窑村至洛阳机车厂一带。在瀍河东岸，成周郭城的中部偏北也有少量贵族居住。"成周人师"的居住地，则可能在宫城附近[①]。

2. 东周洛阳城的布局

东周国都王城。平王东迁后，周朝国都正式东迁，周朝由两京制变为一京制，周王所居之处是为王城。依《周礼·考工记》可大致复原王城布局：平面呈长方形，每道城垣均有三个城门，城内正中为宫城，有殿堂，宫城后（北）有用于交易目的的市，左（东）边有宗庙祖堂，右（西）边有神坛社稷，形成典型的"前朝后市""左祖右社"的格局。经实地调查，东周王城位于邙山以南，洛河以北，平面为长方形，南北长约 4000 米，东西宽约 3000 米，周长 15 公里。其宫殿区位于西南隅，今涧河以东、涧东路以西，行署路以南、九都路以北为核心区。在今瞿家屯一带发现有大面积的夯土建筑基址，其中面积最大者长 344 米，宽 182 米。有的发现有墙基、散水、给排水设施、池苑、暗渠、陶窑等。其整体建筑显然经过统一规划、统一布局。

王陵区分为周山陵区、金村陵区和王城陵区，其中周山陵区位于王城外西南方向，号称"三王冢"，传为周灵王陵。金村陵区共分两排，第一排 6 座，第二排 2 座，有的为带有墓道的大型墓，也有贵族墓。王城东北部也发现带有墓道的大型墓葬 10 余座，有的墓有 4 条墓道，亚字形，并出土有"王作（宝）尊彝"的青铜器，尤其是发现有"天子驾六"陪葬车马坑，反映其附近的大型墓葬或为王陵所在。

另外，在宫殿区以北还发现有制陶、制石、制瓦作坊遗址。大型仓窖则位于宫殿区东南部，有的口径 10 米左右，深 10 米左右，已发现达 74 座，反映了作为王城粮食供给的富足。

东周洛阳城。在今白马寺以东，汉魏洛阳故城所在地，春秋时初为洛邑，战国时期改称洛阳。此城始建于西周时期，为长方形，春秋时向北增扩，秦代又向南增扩，东汉时向东扩展，其规模不断扩大，功能不断完善。从目前的探查看，东周洛阳城的城址应在汉

[①] 蔡运章、俞凉亘：《西周成周城的结构布局及其相关问题》，《中原文物》2016 年第 1 期。

第四章 三代之居：嵩山大文明

图4-7 洛阳出土的东周时期"天子驾六"车马坑

魏洛阳故城西北部,即今孟津金村一带。

礼乐文化是儒家文化的核心,周公是成周建设的总设计师,《尚书大传》言:"周公摄政,一年救乱,二年克殷,三年践奄,四年建侯卫,五年营成周,六年制礼作乐,七年致政成王。"所以,周公在建好成周之后,迎成王到新都,在此作礼作乐,形成了一套评判一个人德行操守的标准。孔子周游列国,专程"入周问礼",而老子作为东周的柱下史,掌握了东周最重要的典籍,也深得周礼的精髓,应该说这时的洛阳城乃文化之都。洛阳由于有殷遗民经商的传统,战国时成为闻名的商业都会,从《史记·苏秦列传》看,当时有着较为浓厚的经商氛围,并产生了白圭、吕不韦这样的大商人,甚至涉足政治,由商而政。苏秦则利用鬼谷子的纵横之术,游走于列国,成为当时显赫一时的谋略家。

三、两周时期嵩山历史文化的基本脉络

1. 两周时期嵩山周围的城国

嵩山东北侧两周城国。曼,商周曼姓国,甲骨文中有"曼人"的记载,在今荥阳汜水一带,春秋初年被东迁的郑国所灭。索,商为子姓国,《水经注》记载今荥阳有大小索城,在今荥阳城区一带,春秋时为郑国索邑,后灭国。京,商为子姓国,甲骨文中有"京"的卜辞,商王田猎之处,《左传》讲"京城大叔",京在今荥阳京襄城村,至今城址犹存。冯,周姬姓之国,周文王十五子毕公支孙之后所封,荥阳有冯池,在今郑州市惠济区古荥镇之北,有冯沟城址。东虢,西周姬姓国,在今荥阳市与郑州市惠济区交接地带,平王东迁时,郑桓公寄孥于虢、郐之间,后为郑邑。祭,商周古国,甲骨卜辞中有"祭"的记载,西周时祭伯为周卿士,其地在今郑东新区的祭城村,有城址保留至今。

嵩山东南侧两周城国。鬲,夏商偃姓国,在今新密境内。补,商周古国,历史可追溯到炎黄时代,为郑桓公在郑州立国的早期城

邑之一，在今新密境内。邻，商周妘姓国，祝融、陆终之后，受封之地在今新密市古城寨村，城址保存较好。密，周姬姓国，商为密须国，周共王将密东迁于此，故号新密，在今新密大隗镇，春秋时为郑邑。华，商周子姓国，周穆王时命簋铭文中涉及华，为郑武公在中原立足的10个城国之一，地在今新郑华阳城址。苑，商周子姓国，后称苑陵城，在今新郑龙王乡古城村，故址犹存。

嵩山西北侧两周城国。鄏，商周妘姓国，为周王畿小国，平王东迁后为郑所有，在今偃师市缑氏镇一带。刘，东周姬姓之国，王畿卿士封邑，《左传》上多有记载，在今偃师缑氏镇陶家村一带，故址犹存。巩，春秋姬姓巩伯国，为王公卿士之封邑，在今巩义市区一带，城址轮廓依稀可见，春秋时被晋所灭[①]。

2. 嵩山一带两周史实脉络

西周时期，嵩山地区为周王畿内之域，这里多为封邑小国，主要为周卿士公族的封邑。后以郑韩最为耀眼辉煌。

郑国的兴衰。平王东迁后，郑武公随迁而来，在"寄孥于虢郐之间"的基础上，先后在嵩山东侧灭掉10个小国，形成了郑国最初的疆域，并定都于新郑。郑国在大嵩山地区共历24位君主，建国431年，除郑桓公主要在宗周外，郑国历史均发生在大嵩山地区，尤其是郑庄公在位的43年间（前744—前701），他平息内乱，施政爱民，会盟诸侯，征伐拓疆，发展生产，繁荣经济，成为"春秋小霸"。郑国主要位于平原地区，为四战之地，无险可守，但对士民比较开明。郑简公时的相国子产"作丘赋"，改革内政，取信于农商，尤其是将承诺铸于铜鼎之上，形成"质誓"。所以才有了"弦高犒奉"这样机智的爱国故事，使得偷袭郑国的秦军放弃了灭亡郑国的计划。郑国长期处于齐、晋、楚大国争霸的交会地区，所以战争成为历史的常态，仅公元前722—前701年的21年间，就爆发了周郑结仇的攻周之战，以开步战先河的郑宋东门之战，郑卫之间的制北之战，郑宋之间的长葛之战，郑抗北戎之战，郑与宋、卫之间的戴之战，郑灭许之战，郑攻盟、向之战等12场战争。连年的

[①] 以上古国材料，多参考马世之：《中原古国历史与文化》，大象出版社，1998年。

战争也使郑国国内局势动荡，出现了崔符泽奴隶起义。至于郑国的文化，以"郑声"最为著名，而《诗经·郑风》则多描写男女情爱之事。从郑国祭祀坑所发现的206件编钟也可以知道，郑国的音乐艺术十分发达。

韩国的兴衰。韩国，属于姬姓之国，韩氏家族原为晋国卿士，其始封地在韩原（今陕西韩城），晋文公始启南阳之时，韩宣子徙居河内之地的州邑（今温县武德镇张计村西），以后韩以州为据点，长期掌握从邢丘（今温县北平皋附近）、野王（今沁阳市区）至太行陉的战略通道，以此连接中原与上党。韩在正式册封前后分别在平阳（今山西临汾西北）、宜阳（今属河南）、阳翟（今河南禹州）为都，到周烈王元年（前375），韩哀侯灭掉郑国，韩国正式定都于郑，迎来了韩国历史上的高峰。在都新郑的140年间，韩昭侯起用李悝变法，使得韩国国富民强，社会安定，一跃成为战国七雄之一。到公元前341年，韩魏大战失败后，国家实力受到损失，在苏秦的游说下，韩王支持"合纵"联盟，从此秦不敢出函谷关十五年。韩国历史上还涌现出了法家代表性人物韩非子、水利家郑国，这些人物都对秦国的强大做出了贡献。韩国最终没有逃脱灭亡的命运，公元前230年韩王安被秦俘虏，韩国正式并入秦的版图，嵩山的历史也随之进入一个新的阶段。

郑韩故城位于新郑境内双洎河与黄河交汇处，呈不规则长方形，东西长约5000米，南北宽约4500米，中部有一道南北向夯土墙将其分隔成东西两城。其中西城平面呈长方形，其北中部分布较密集的夯土建筑基址约10处，最大者面积达六七千平方米，应为宫殿区之所在。西城中部发现有东西长约500米、南北宽约320米的宫城遗址，不但有大型夯土台基，还有俗称"梳妆台"的高台建筑基址，以及陶井圈和地下陶排水管道。在宫城西北部发现有地下冷藏建筑遗迹，在西城南部则有出土莲鹤方壶、王子婴次炉等文物珍品的李家楼大墓。东城呈不规则形，为手工业作坊集中分布区，其中铸铜作坊遗址10余万平方米，制骨作坊遗址2万余平方米，铸铁作坊遗址4万平方米，还有制玉作坊和制陶作坊。故城内外均有墓地，贵族墓多在城内，平民墓多在城外。大型青铜礼乐器坑在城内亦有发现。

综上所述，大嵩山地区因其特殊的地理环境与区位优势，使得这里在旧石器时代晚期已成为人类的聚集区，在农业起源与农耕文明的初始阶段，则已位居全国同期文化的前列。从裴李岗文化、仰韶文化，到河南龙山文化，大嵩山地区的农耕文化始终保持着领先性和持续性。由中心聚落到邦国城邑的演变，龙山时代遗存中发现的文字形符号和青铜器具的发明等，都促进了华夏文明的繁盛。从夏初的禹都阳城到夏末的桀都斟鄩，夏的政治中心始终集聚在嵩山周围。商初的郑州商城与偃师商城，分列于嵩山的东西两侧，嵩山的政治地位得到进一步的提升。西周初年，周王对嵩山的祭拜，更是对嵩山圣山地位的强化。"依天室""定天保"，周王室在嵩山以西的洛水之畔营建成周，为千年帝都洛阳的发展奠定了基础，也为华夏文明的不断强盛奠定了根基。定鼎中原、问鼎中原、逐鹿中原、得中原者得天下，这些人所共知的词语，正是对大嵩山地区超凡历史地位的真实写照。

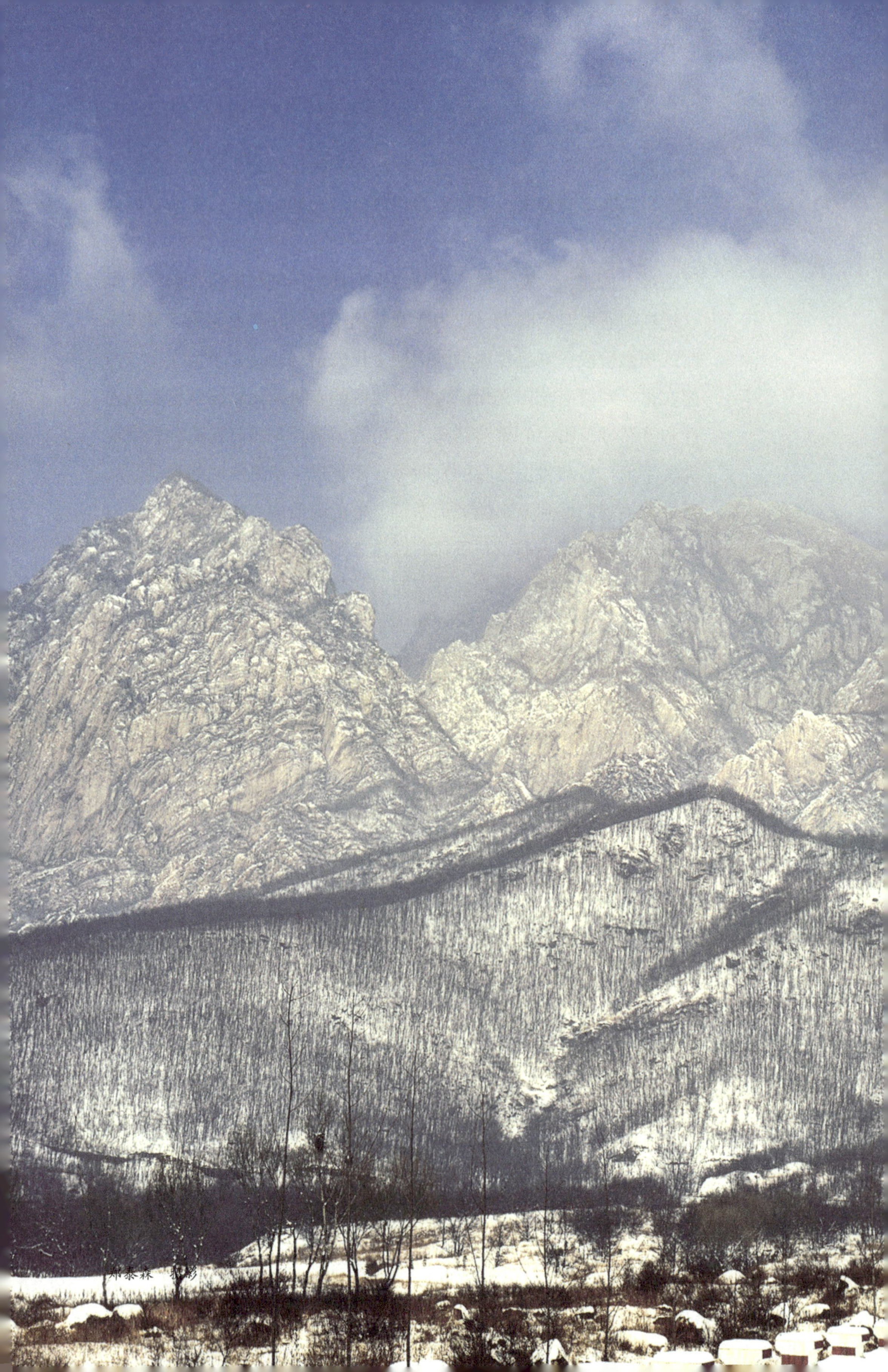

第五章

定鼎中原：嵩山大一统

大一统思想由来已久,在道、儒、法、墨等各派思想中都有体现。"大一统"一词最早见于《公羊传·隐公元年》,主要指国家领土的完整及政治、经济和思想的统一,其不仅是中国政治文化的核心内容,而且是中华民族始终不变的政治意志和国家观念。秦始皇灭六国之后,为克服分封制弊端,实行郡县制,推行车同轨、书同文,统一度量衡,开创了中央集权制统一国家的先河,从而为大一统观念的确立奠定了现实基础。

大嵩山地区作为古代中国的政治、经济、文化中心,是大一统王朝统治的京畿要地,其战略地位无与伦比,故有"中原定,国家乃定""得中原者得天下"之说。大嵩山地区是华夏族形成的核心区域,是各民族融合的重要舞台,也是大一统思想的诞生之地。大一统思想的发展与大嵩山地区也有着密不可分的关系。

第一节 大一统政权基础与大嵩山

习近平在 2014 年 5 月视察河南时曾指出:"自古以来就有'得中原者得天下'之说。实现'两个一百年'奋斗目标、实现中华民族伟大复兴的中国梦需要中原更加出彩。河南是人口大省、产粮大省,又地处连接东西、贯通南北的战略枢纽,在中华文明发展进程中占有重要地位。"[①]"得中原者得天下"的最早表述可以追溯到战国范雎入秦所献的远交近攻之策:"今夫韩、魏,中国之处而天下之枢也,王其欲霸,必亲中国以为天下枢,以威楚、赵。"[②]战

---

① 《习近平在河南考察时强调深化改革发挥优势创新思路统筹兼顾确保经济持续健康发展社会和谐稳定》,《河南日报》2014 年 5 月 11 日。
② 《史记》卷 79《范雎列传》。

第五章 定鼎中原：嵩山大一统

国以来，逐鹿中原、问鼎中原演绎了太多成败兴亡的故事。

一、大嵩山地区的战略枢纽地位

大嵩山地区河山拱戴，"形胜甲于天下"，宋代以前是立邦建都的"首善之区"。这里不仅在三代时期是国家的政治重心，西汉、东汉、曹魏、西晋、北魏、隋、唐、武周、后梁、后唐、后晋、北宋、金等诸多王朝也先后"中天下而立"，建都于此，其战略枢纽地位无与伦比。

1. 大嵩山地区乃京畿要地

大嵩山地区在先秦时期的重要地位自不待言。虽然秦朝定都咸阳，西汉定都长安，但大嵩山地区依然备受重视。正如司马迁所论："夫三河（河南、河内、河东）在天下之中，若鼎足，王者所更居也，建国各数百千岁。"[①] 东汉定都洛阳，以长安为西京、南阳为南都。曹魏、西晋皆定都洛阳。隋、唐以洛阳为东都，隋炀帝还曾环绕中原开挖长堑[②]，唐太宗、高宗、玄宗等都曾长住洛阳，武周奉洛阳为神都，五代后梁以洛阳为西都，后唐定都洛阳，后晋、后汉、后周、北宋以洛阳为西京，金朝以洛阳为中京。

大嵩山地区堪称咽喉之地，在此立都自然以嵩洛为经营全国之中枢，立都大嵩山之外则大多实行两京或多京之制，立都长安便以洛阳为东都，借此为控制东方的前沿，立都开封便以洛阳为西京，借此衔接东西、控御四方。洛阳为国家都城之时，大嵩山地区毫无疑问是全国的政治、经济、文化中心，王朝立都关中时，又必须仰仗大嵩山地区以控御东方。对于大嵩山地区的战略枢纽地位，历代统治者都有清晰的认识，宋人秦观在讨论长安、洛阳、开封作为都城之优劣时曾如是说："长安四塞之国，利于守；开封四通五达之郊，利于战，洛阳守不如雍，战不如梁，而不得洛阳，则雍、梁无以为重，故自古号为天下之咽喉。夫据洛阳之险固，资大梁之沃饶，表里河山，提封万井，河北三郡，足以指挥燕赵；南阳、汝宁，足

[①]《史记》卷129《货殖列传》。
[②]《隋书》卷3《炀帝纪》："自龙门东接长平、汲郡，抵临清关（今新乡市东北），度河，至浚仪（今开封市）、襄城，达于上洛，以置关防。"

图 5-1 峻极峰

图 5-2 峻极坊

第五章　定鼎中原：嵩山大一统

以控扼秦楚；归德足以鞭弭齐鲁，遮蔽东南，中天下而立，以经营四方，此其选矣。"[1]

大嵩山地区四通八达，纷乱之时往往成为四战之地，成为逐鹿问鼎的竞技场。战国时期秦国先取中原后一统天下之战略即其证。秦惠王时，秦相张仪即建议伐韩，控制东周王室所在的大嵩山地区："亲魏善楚，下兵三川，塞什谷之口，当屯留之道……周自知不能救，九鼎宝器必出。据九鼎、案图籍，挟天子以令于天下，天下莫敢不听，此王业也。……臣闻争名者于朝，争利者于市。今三川周室，天下之朝市也。"[2]秦武王四年（前307）秦将甘茂攻韩的宜阳之战，打通了三川通道。至昭襄王，范雎献远交近攻之策："今夫韩、魏，中国之处而天下之枢也，王其欲霸，必亲中国以为天下枢，以威楚、赵。"[3]秦用此谋，先取韩。唐代杜牧在《罪言》中认为此举为"折天下脊"[4]。之后，秦军势如破竹，在短短的10年之内先后灭韩、赵、燕、魏、楚、齐等六国而一统天下。秦王朝致力经营大嵩山地区，设三川郡，并在成皋附近建敖仓，存储漕运来的粮食，成为控制东方的重要基地。楚汉之争曾在此激烈拉锯。郦食其曾指出这么做的意义在于："收取荥阳，据敖仓之粟，塞成皋之险，杜大行之道，距蜚狐之口，守白马之津，以示诸侯效实形制之势，则天下知所归矣。"[5]敖仓影响着楚汉之争的结局，即便在汉初仍发挥着重要作用。西汉又在洛阳置武库，使大嵩山的地位更加举足轻重。七国之乱时，吴王部下曾建言："愿大王所过城邑不下，直弃去，疾西据雒阳武库，食敖仓粟，阻山河之险以令诸侯，虽毋入关，天下固已定矣。"[6]西汉、唐也基本是循秦故辙，立足关中、扩展两翼、决战中原，继而完成统一大业。

东汉刘秀自河北入主中原并击败赤眉军，是对大嵩山地区作为战略要地的另一种诠释。东汉立足河北、河内，取河南，定都洛阳，强敌赤眉军据关中。但关中缺粮，赤眉军久战之后势必东出或南下。刘秀一方面令邓禹、冯异入争关中，但不许强战争锋，同时遣侯进等屯兵新安，耿弇等屯兵宜阳。冯异领悟了刘秀的部署，对邓禹说：

---

[1]〔清〕顾祖禹：《读史方舆纪要》卷46《河南一》，中华书局，1955年。
[2]《史记》卷70《张仪列传》。"什谷"，集解说："一作'寻'，成皋巩县有寻口。"《战国策》说"辗辕、缑氏之口"，亦其地相近也。
[3]《史记》卷79《范雎列传》。
[4]《新唐书》卷166《杜牧传》。
[5]《史记》卷97《郦生列传》。
[6]《史记》卷106《吴王濞列传》。

"上令使诸将屯渑池要（邀）其东，而异击其西，一举取之，此万成计也。"①冯异于是率兵在崤山挫败赤眉军，驱其东走。至宜阳，赤眉军见汉军严阵以待，自知已无力回天，最终投降。这说明，失去中原支撑的关中地区难有作为，而以大嵩山为核心的中原地区是谋求统一的必争之地，是否能逐鹿中原、一统天下乃至控御八方、谋求天下之长治久安，都取决于对中原的经略。

2. 据大嵩山而经略四方

大嵩山地区的战略地位，很大程度上是由其"天下之中"的地理位置和政治理念决定的。大嵩山地区作为四战之地，可攻可守，向来为各方逐鹿的政治、军事舞台。对中原局势的判断以及经略中原的得失，关系着各方最终的成败兴衰。

据中原而经略四方，也是魏晋隋唐时期群雄逐鹿的基本战略定位。曹操立足中原之时，东有吕布、陶谦，南有张绣、袁术、刘表、孙权，西有马超、韩遂，北有袁绍、公孙瓒。曹操能够纵横捭阖、扫平群雄、统一北方，实在不易。诸葛亮对此也有评说："曹操智计殊绝于人，其用兵也，仿佛孙、吴，然困于南阳，险于乌巢，危于祁连，逼于黎阳，几败北山，殆死潼关，然后伪定一时耳。"②十六国时期，洛阳城的归属频繁更易，反映了当时人们对洛阳战略地位重要性的认识。但是，灭亡西晋王朝的刘汉政权在攻陷洛阳之后，认为洛阳四面受敌，不可守，遂焚洛阳宫室而去。后赵曾短暂统一北方，之后洛阳被东晋桓温收复，后又被前燕慕容恪攻占，5年之后被前秦王猛所据，东晋在太元九年（384）再次收复洛阳，之后西燕、后秦曾反复争夺洛阳，刘宋、北魏也反复争夺洛阳。隋末杨玄感、李密兴起于中原，但由于对中原局势判断失误，二人最终也败于中原。当时李密给杨玄感献策，上策长驱入河北，中策西行入关中，下策攻洛阳。但杨玄感认为"今百官家口并在东都，若不取之，安能动物？且京城不拔，何以示威？"③久攻洛阳不克时才意图入关中，但隋炀帝远征高丽在辽东的大军已然回撤，杨玄感最终失败。李密在中原经营多年，后来又取兴洛仓，与在洛阳自立

① 《后汉书》卷17《冯异传》。
② 《三国志》卷35《蜀书五·诸葛亮传》引注。
③ 《隋书》卷70《李密传》。

第五章 定鼎中原：嵩山大一统

为郑王的隋将王世充相持。部将建议李密先取关中，李密说："君之所图，仆亦思之久矣，诚为上策。但昏主尚在，从兵犹众，我之所部，并山东人，既见未下洛阳，何肯相随西入！诸将出于群盗，留之各竞雌雄。若然者，殆将败矣。"① 此一时彼一时，此时的李密居然采用了跟彼时杨玄感一样的策略，使自己的力量在中原对抗中消耗殆尽，最终降唐。却使得李渊可以从容经营关中，后东出争中原。

大嵩山地区既是四战之地，经营中原便也主要从其周围入手。唐初洛阳之战，李世民督诸军从四方合击王世充，成功攻占洛阳。当时，唐据关中，王世充称郑王据中原，窦建德据河北。当时中原周围各重要据点均有宗室诸王镇守，魏王镇襄阳、荆王镇虎牢、宋王镇怀州，太子率诸州镇骁勇守洛阳诸城。李世民采取围困洛阳的策略，自率大军屯于北邙，遣史万宝自宜阳据龙门，刘德威自太行围河内，王君廓守洛口以断郑军饷道，黄君汉自河阴攻回洛城，形成对洛阳的包围。只要郑军出战便全力击还，以切断洛阳与外部的联系。随后，许、颍、杞、夏、陈、随、尉、亳、怀等州纷纷降唐。此时，朝廷却有班师之议。李世民认为："今大举而来，当一劳永逸。东方诸州已望风款服，唯洛阳孤城，势不能久，功在垂成，奈何弃之而去！"② 于是决定围攻洛阳。武德四年（621）初，窦建德驰援王世充。薛收建议："宜分兵守洛阳，深沟高垒，世充出兵，慎勿与战，大王亲帅骁锐，先据成皋，厉兵训士，以待其至，以逸待劳，决可克也。建德既破，世充自下，不过二旬，两主就缚矣！"③ 李世民于是令齐王李元吉、屈突通等继续围攻洛阳，自己则率骁勇3500人至虎牢关阻窦建德入洛之路。窦建德战败被擒，洛阳遂成为孤城一座，王世充不战自降。

二、大嵩山地区举足轻重的经济地位

大嵩山地区长期是北方农业文明的中心。水利设施相对完善，

① 《隋书》卷70《李密传》。
② 《资治通鉴》卷188《唐纪四》。
③ 《资治通鉴》卷189《唐纪五》。

生产工具比较先进，农业、手工业等经济门类也较齐全。洛阳工商业繁荣，域内外客商往来不绝，是名扬四海的国际大都会，也是丝绸之路的东端起点。在全国的经济重心南移至江南之前，大嵩山地区代表了中国经济发展的最高水平。

1. 大嵩山地区长期处于中国经济发展的最高水平

大嵩山地区是早期农业的繁盛区，这与当地适宜的气候、肥沃的土壤、丰沛的水系等直接相关。《尚书·禹贡》载："荆、河惟豫州。伊、洛、瀍、涧既入于河，荥波既猪，导菏泽，被孟猪。厥土惟壤，下土坟垆。厥田惟中上，厥赋错上中。厥贡漆、枲、绨、纻，厥篚纤纩，锡贡磬错。浮于洛，达于河。"汉代，这里已经能够根据不同的土壤、环境等种植不同的农作物，如《淮南子》卷四《地形训》载："河水中浊而宜菽，雒水轻利而宜禾……平土之人慧而宜五谷。"农业的发达，很大程度上得益于此地拥有便利的灌溉条件，如："其川河洛……其浸瀍涧，伊水之利，环流灌溉，壤沃物丰，其地广衍，平夷洞达。"①又如："伊洛瀍涧，八溪九谷之津……眷兹谷水，俯瞰神州……都人接畛，桑枣成林。"②

灌溉农业的发展有赖于农田水利的兴修和维护。大嵩山地区兴修大型水利工程的历史十分悠久："（禹治水）功施于三代。自是之后，荥阳下引河东南为鸿沟，以通宋、郑、陈、蔡、曹、卫，与济、汝、淮、泗会。……此渠皆可行舟，有余则用溉浸，百姓飨其利。至于所过，往往引其水益用溉田畴之渠，以万亿计，然莫足数也。"③可见这一水利工程可灌溉的田亩不可胜数，经济效益巨大。《周礼·地官》载有"稻人"一职，职责是主管蓄水、出水、荡水、均水、舍水、泻水，说明大嵩山地区的农田水利十分发达，水事管理也颇到位，故而直至汉代人们仍能享其恩泽。东汉光武帝"发卒数十万"、耗资"犹以百亿计"、遣王景历时一年大规模修复汴堤，"自荥阳东至千乘海口千余里"。"景乃商度地执，凿山阜，破砥绩，直截沟涧，防遏冲要，疏决壅积，十里立一水门，令更相回注，无复溃漏之患。"④这使得河、汴决坏的水利设施得以修复，沿途

① 〔清〕董诰等：《全唐文》卷352，胡交《修洛阳宫记》，中华书局，1983年。
② 〔清〕董诰等：《全唐文》卷173，张鷟《秦新安谷水社，旧是苑内地，近被百姓并吞，将作数请收入苑，百姓不伏》，中华书局，1983年。
③ 《史记》卷29《河渠书》。
④ 《后汉书》卷76《循吏列传》。

大量农田尽得灌溉之利。

西晋王朝大建漕渠，使得"寿阳至于京师，农官屯兵连属焉"[1]。武帝时，荥阳太守傅祗修造的沈莱堰一直沿用至唐初，当地百姓为其立碑称颂[2]。

唐代的水利建设，"不像前汉那样主要由中央政府直接发动兴修，而是在中央政权统一指挥和奖励下，由各州县地方官员依据具体情况主动地去兴修。因此，中小型水利工程，比前代特别发展，风起云涌，遍及全国各州县"[3]，大嵩山地区自然不例外。天授元年（690），学士杨炯、宋之问治理瀍水、谷水，"疏瀍兮裂谷"[4]。大历二年（767），河南尹张延赏"勤身率下，政尚简约，疏导河渠，修筑宫庙，数年间流庸归附，邦畿复完，诏书褒美焉"[5]。贞元元年（785），河南尹崔纵"引伊、洛水以通里闬，都中灌溉济不逮为十一二，人甚安之"[6]。由于频繁修建水利设施，也曾引发各种争执，如"得津吏告下方伤水，请毁左右堤，水工景固争"[7]，也有因为无夫修理堤堰引发官司的[8]，还有认为重修灌龙泉是额外施加的劳役而"起讼于沤营"的[9]。凡此皆可说明，大嵩山地区的水利设施建设持续不断，工程水平日渐提高，对于促进和带动全国农业生产的发展曾做出积极贡献。

洛阳作为大嵩山地区乃至全国的经济中心，春秋以来就是中原最主要的商业都会，市场十分繁荣。周王城已经有"后市"，东汉、北朝时期洛阳有金市、马市、南市三大市场，还有粟市、羊市、鱼鳖市、西市、宫市等小市场，隋代洛阳有东市（丰都市）、南市（大同市）、北市（通远市）三大市场，唐代洛阳有南市、北市、西市三大市，以及众多的小市场。可用于交换的商品包括粮食、果蔬、家禽家畜、各种手工业产品等，种类繁富。商人与商业资本是经济中心最活跃的因素，洛阳富商大贾辈出。管仲在入齐辅佐齐桓公成就霸业之前，曾长期在原籍大嵩山地区的颍上经商。郑国商人弦高犒师救国的故事广为流传。被后世奉为行业祖师、曾入魏为相的白圭就是在洛阳经商致富的商业理论家，《史记·货殖列传》赞扬其

[1]《晋书》卷1《宣帝纪》。
[2]《晋书》卷47《傅玄传附祗传》。
[3] 中国农业科学院等：《中国农学史》下册，科学出版社，1984年。
[4]〔清〕董诰等：《全唐文》卷240，宋之问《秋莲赋》，中华书局，1983年。
[5]《旧唐书》卷129《张延赏传》。
[6]《旧唐书》卷108《崔涣传附纵传》。
[7]〔清〕董诰等：《全唐文》卷235，郑遂初《对津吏告下方伤水判》，中华书局，1983年。
[8]〔清〕董诰等：《全唐文》卷398，元承先《对无夫修堤堰判》，中华书局，1983年。
[9]〔清〕董诰等：《全唐文》卷403，裴春卿《对毁灌龙泉判》，中华书局，1983年。

经营之道"犹伊尹、吕尚之谋，孙、吴用兵，商鞅行法"。战国时洛阳商人中的佼佼者还有师史等，后期的翘楚非阳翟大贾吕不韦莫属，他囤积居奇以至成为大权在握的秦相。汉武帝时期盐铁专营等经济制度的制定者和实践者桑弘羊是"洛阳贾人子"，同样是武帝时，洛阳人卜式输粟助边的故事世代流传。西汉末年的洛阳巨富有张长叔、薛子仲，财产都高达"十千万"，面对王莽的高官厚禄也不为所动。在当时的洛阳，即便是平民也以经商为乐，"洛阳街居在齐秦楚赵之中，贫人学事富家，相矜以久贾，数过邑不入门"，以至于班固慨叹洛阳民风"治产业，力工商，逐什二以为务"①，"巧伪趋利，贵财贱义，高富下贫，喜为商贾，不好仕宦"②。从《洛阳伽蓝记》中可窥知北魏时期洛阳的商业盛况。隋炀帝又"徙天下富商大贾数万家于东京"③，至唐代，洛阳繁荣至鼎盛。

作为丝绸之路的东端起点，大嵩山地区的对外贸易往来由来已久且经久不衰。丝绸之路由西汉张骞带领十余随从首次受命探路"凿空"。张骞之行虽意义重大，但实际成效十分有限，因为十几个人的队伍不可能真正与西域开展丝绸贸易。时隔58年后，至东汉时丝绸之路再次打通。班超受命经营西域30年，真正建立了西域与内地的商业贸易关系。洛阳城的域外商人不可胜数，天下难得之货云集。罗马帝国的使者也首次顺着丝绸之路来到东汉都城洛阳，和帝"赐其王金印紫绶"。在洛阳城南，东汉设置了蛮夷邸、胡桃宫，北魏设四夷馆、四夷里供胡商寓居，洛阳显然已成为国际性的大都会。隋大业三年（607）冬，炀帝至东都，令大同、通远、丰都三市"店肆皆设帷帐，盛列酒食，遣掌蕃率蛮夷与民贸易，所至之处，悉令邀延就坐，醉饱而散。蛮夷嗟叹，谓中国为神仙"④。这显示了隋时洛阳对外交流的盛况。至唐代，洛阳的繁荣与对外交流均达到鼎盛，从洛阳发现的唐代胡商墓葬等遗迹，三彩骆驼、胡人俑、罗马金币、波斯银币等丰富遗物，以及"自从胡骑起烟尘，毛毳腥膻满咸洛。女为胡妇学胡妆，伎进胡音务胡乐。……胡音胡骑与胡妆，五十年来竞纷泊"⑤等诗歌，可见一斑。

① 《史记》卷69《苏秦列传》。
② 《汉书》卷28《地理志》。
③ 《隋书》卷3《炀帝纪上》。
④ 《隋书》卷67《裴矩传》。
⑤ 〔清〕彭定求等：《全唐诗》卷419，中华书局，1960年。

2. 大嵩山地区是隋唐大运河的中心

运河在政治、经济、军事、文化等诸多层面都有着极其重要的意义，其中，漕运和仓储对大嵩山地区保持经济重心地位发挥了重要作用。在中国运河体系形成和发展过程中，存在着以汴河为骨干、以大嵩山为中心的发展阶段，此时关键仓储的建设和使用是运河体系中心转变的重要标志。以大嵩山为中心的运河体系是大运河的重要组成部分，运河纵贯广袤的黄淮海平原，沟通了黄河、淮河、海河三大水系，其发展始自东周时期鸿沟水系的开发，大体分为秦西汉初步形成，东汉至隋唐进一步完善，五代至北宋强化完善三个阶段。随着北宋的灭亡，大运河的功能也遂告衰落。

大嵩山地区的水运历史悠久，《尚书·禹贡》描绘有大禹治水之后以河、洛为中心的水运蓝图。东周诸水运工程尤其是鸿沟的修建，实现了南北水系河、济、淮、江的大贯通，"自是之后，荥阳下引河东南为鸿沟，以通宋、郑、陈、蔡、曹、卫，与济、汝、淮、泗会"①。洛阳以西的水运主要是砥柱的开凿。秦、西汉以长安为都，但经济却须仰赖关东。漕运是物资运转的高效方式，秦在鸿沟与济水、黄河交汇处的荥阳建广武城和敖仓以利周转，标志着以大嵩山为中心的运河体系初步形成。水运的规模相当可观，如成帝时黄河决堤，仅河南郡用于救灾的漕船就达五百余艘②，每年仅漕运至京师之粟即高达六百万石③。敖仓作为黄河流域最大的中转仓，其重要性自不待言。敖仓在和平时期是漕运物资转运长安的重要中转站和赈灾的储备基地，在动荡不安时就成为争夺的战略要地，这不仅影响了楚汉战争的结局，而且也是光武帝荡平割据势力的物质基础。

东汉至隋唐，以大嵩山为中心的运河体系进一步完善，自黄河向北可抵滦河。东汉在洛阳通阳渠、建太仓，水运中心转至洛阳。阳渠引洛水使漕运可直抵洛阳城，"东通河济，南引江淮，方贡委输，所由而至"④。汉末以来，黄河以北开凿有白沟、平虏渠、泉州渠、新渠、利漕等运渠沟通海河各支流。黄河以南开凿有睢阳渠、广漕渠、讨虏渠等运渠沟通汴渠、汝水、颍水等淮河支流。洛阳以西黄

①《史记》卷29《河渠书》。
②《汉书》卷29《沟洫志》。
③《汉书》卷24《食货志》。
④〔北魏〕郦道元：《水经注》卷16，《谷水注》载上东门桥首右石柱的铭文，华夏出版社，2006年。

河水道的维护和栈道的开凿也有大量文献、题记及考古发掘成果佐证。以洛阳为起点的永济渠、通济渠进一步完善了隋唐运河体系,将洛阳与黄淮、河北、关中等地区连成一片。

东汉在洛阳设太仓,仅管理的官吏就达百人。隋唐在洛阳设有兴洛仓、含嘉仓、回洛仓,都是大型的转运仓,储米粟达千万石。如大业二年的洛口仓"于巩东南原上,筑仓城,周回二十余里,穿三千窖,窖容八千石以还,置监官并镇兵千人"①。盛唐时代的含嘉仓储粮数量更为惊人②。隋唐以洛阳为中心的漕运和仓储业,其畅通与否甚至关系到王朝的兴衰。五代后周初步建立了以汴京开封为中心的运河网,至北宋使这一网络更加强化,运河之于统治王朝空前重要,成为"建国之本",其畅通与否甚至决定着王朝的存亡。

三、大嵩山地区宗族变迁与选官制度

中国古代社会是以血缘纽带为核心而形成的宗法社会,宗族是社会政治生活中的基本单位,正如田昌五所说:"中国古代社会是以宗族为单位构成的,宗族分为不同的层次,又有同姓和异姓之别,因而形成纵横交错的网络系统。宗族之间或互相联合,或相互对立,兴衰隆替,变动不居,从而构成中国古代社会演进的历史。"③宗族形态随着时代的不同各有特色,周代被认为是典型的宗族社会,东周礼崩乐坏、典型的宗法制度破坏之后,宗族势力在两汉以豪族为代表,在魏晋隋唐以士族为代表。

1. 大嵩山地区豪族至士族的变迁

大嵩山地区作为中国长期的政治经济中心,孕育和催生了各种类型的宗族形态,在周代有周公,在东汉有构成王朝统治四大政治支柱之一的颍川集团,魏晋有颍川荀氏、陈氏、庾氏等,北朝和隋唐有荥阳郑氏等赫赫有名的宗族,大嵩山地区宗族的变迁是中国古代宗族社会发展的缩影。宗族的发展演变与土地制度等经济制度、选举制度等政治制度密切相关,"虽然在形态上历经演变,但其基

① 《资治通鉴》卷180《隋纪四·炀帝纪》。
② 余扶危、贺官保:《隋唐东都含嘉仓》,文物出版社,1982年。
③ 田昌五、臧知非:《周秦社会结构研究》,西北大学出版社,1996年。

本结构却一直保持不变。并沉积在社会人际关系和价值系统的根部，主导着中国的全部文化现象"①。

商周宗法社会的基础是分封制度、世族世官制度和井田制。西周武王克商之后，周公营建洛邑，后来也被封于此。周公一族是世代执掌周王朝行政大权的大宗族。洛邑建成后也有一些商人的宗族被安置于此。春秋以来，诸侯国内宗族之间和诸侯国之间的兼并战争，使旧有的宗族体系被破坏，大批宗族衰亡。据《汉书·古今人表》，春秋时期出身寒微的"新人"所占比例为26%，战国时期这一比例上升至55%，春秋晚期就已见衰落的大夫集团，到战国时代已经完全崩溃②。秦、西汉持续实行迁入关中等限制豪族的政策，大嵩山地区的宗族也以核心家庭为主，即便豪族之家，也是异居而有限度地同财而已。比如，曾在汉武帝时输粟助边的洛阳人卜式就是与兄弟各有独立的家庭经济，而武帝、惠帝等下诏鼓励与父母同居也佐证了这样的状况。

东汉以后，"三世共财""累世同居"的记载又多了起来，不过主流社会生活的基本形态依然是核心家庭，多代同居的义门，文献记载《南史》仅13家、《北史》12家、《唐书》18家、《五代史》2家，"但是中国古代社会最基础的宗族或家族，在居住形式和生活手段上有十分强烈的延续性"③。宗族长期聚居，势力也日趋强大，东汉以后向世族发展。东汉本身就建立在豪族的社会基础之上，大嵩山地区以冯异、臧宫为代表的颍川集团，与南阳的刘氏宗室贵族集团，以寇恂、盖延为代表的河北集团，以耿弇、窦融等为代表的关陇集团一起构成了东汉王朝的政治支柱，占据了明帝表彰的32个创业功臣中的8位，仅次于南阳集团。他们多出身地方豪族之家，臧宫"少为乡亭长、游徼"，王霸"父为郡决曹掾，霸亦少为狱吏"，坚镡"为郡县吏"等，而冯异"好读书，通《左氏春秋》《孙子兵法》"，祭遵"少好读书，家富给"，也具有较高的文化修养。此外，颍川著族还有韩棱等，洛阳有财三千万的种嵩等。和帝以后，豪族通过选举控制政治，"东汉家世可考的孝廉不仅有一半以上来自仕宦之

① 何新：《中国文化史新论——关于文化传统与中国现代化》，黑龙江人民出版社，1987年。
② 许倬云：《春秋战国间的社会变动》，《求古编》，（台北）联经出版事业公司，1982年。
③ 邢义田：《从战国至西汉的族居、族葬、世业论中国古代宗族社会的延续》，《周秦文化研究》，陕西人民出版社，1998年。

家，而且绝大部分出自累世高宦之门"①，所谓"在位不以选举为忧，督察不以发觉为负，非独州郡也。是以庶官多非其人。下民被奸邪之伤，由法不行故也"②。一个关于种暠的故事也是对此绝好的说明："（种暠）始为县门下史。时河南尹田歆外甥王谌，名知人。歆谓之曰：'今当举六孝廉，多得贵戚书命，不宜相违，欲自用一名士以报国家，尔助我求之。'明日，谌送客于大阳郭，遥见暠，异之。还白歆曰：'为尹得孝廉矣，近洛阳门下史也。'"③

颍川荀氏、陈氏、庾氏都是魏晋高门，地位显赫，但与东汉豪族关系不大，大多起于汉末，祖先恰巧在门阀特权法令得以确立的魏晋间位至上层官僚。比如颍川陈氏名重一时的祖先陈寔即出身卑微："颍川许人也。……少作县吏，常给事厮役，后为都亭佐。而有志好学，坐立诵读。县令邓邵试与语，奇之，听受业太学。后令复召为吏，乃避隐阳城山中。"④颍川庾氏是东晋当权的五大士族之一，祖先庾乘在汉桓帝时为县门下、伍伯，入魏为襄城令："颍川鄢陵人也。少给事县廷为门士。林宗见而拔之，劝游学（官），遂为诸生佣。后能讲论，自以卑第，每处下坐。"⑤庾嶷、庾遁起于魏晋，庾嶷为魏太仆，庾遁子孙至西晋仍居高位，《三国志·管宁传》注引庾氏谱说："遁胤嗣克昌，为世盛门。侍中峻、河南尹纯，皆遁之子，豫州牧长史颐，遁之孙，太尉文康公亮、司空冰皆遁之曾孙，贵达至今。"⑥汉代以来的征辟、察举等选官制度至魏晋的九品中正制使得"因族而官"乃至"士庶天隔"的士族社会结构最终形成，士族即以九品中正制、占田制、荫族制为基础。因此，随着唐代以后科举制的推行又逐步瓦解，宗族势力逐渐远离国家权力中心的同时，却更加牢固地控制着基层社会。

由于独尊儒术政策的实行和经学取士制度的确立，经学传统也成为汉代以来促使豪族士族化的重要路径之一，而与范阳卢氏、清河崔氏、太原王氏并称为四大郡姓的荥阳郑氏，是自汉至唐以经学世家而累世公卿的典范，对以大嵩山为核心的中原乃至全国的政治、社会、文化等方面有着长远而深刻的影响。

① 邢义田：《东汉孝廉的身份背景》，许倬云主编《第二届中国社会经济史研讨会论文集》，（台北）汉学研究资料及服务中心，1983年。
② 《后汉书》卷4《和帝纪》。
③ 《后汉书》卷56《种暠传》。
④ 《后汉书》卷62《陈寔传》。
⑤ 《后汉书》卷68《郭太传附庾乘传》。
⑥ 《三国志》卷11《魏书十一·管宁传》注引庾氏谱。

2. 选官制度的变迁

与宗族乃至社会变迁联系紧密的制度变迁以选官制度的变迁最具代表性。商周时代是世族世官即世卿制度，至汉代的察举制真正开创了选举制，魏晋南北朝发展为九品中正制，隋唐之后为以量才录用为基本原则的科举制。这几种制度的创立，或是完善，或是某些具体做法与大嵩山地区密切相关。

选贤任能的制度在东周时即已出现，其标志是"士"阶层的兴起。"真正使世卿制度瓦解、选贤任能制诞生的则是春秋末期'士'作为一个阶层而兴起。……战国时期的战争加剧了世卿世禄制的崩溃和选贤任能制的兴起，在制度上的表现就是军功制、养士制和客卿制的诞生。"[1]但真正开创选官制度选举制的是汉代的察举制。

察举制就是《后汉书·百官志》里所说的孝廉、贤良方正、太学博士弟子和特科特举"四科取士"。大致就是按照规定的科目，由中央或地方有一定级别的官员，将士人或下级官吏推荐给中央，再由中央授官或提升职务。荥阳郑氏崛起之际的代表人物、西汉初年官至大农令的郑当时（字庄），便以品行高尚、乐于推士著称。班固说："郑当时之推士，不如是，亦何以成名哉！"[2]司马贞颂曰："郑庄推士，天下翕然。"[3]由于他的影响，兄弟子孙官至二千石的达六七人之多。察举制至东汉获得进一步发展，是以德取人、以能取人、以文取人。选举以道德为标准，宗族乡党的批评成为选举最重要甚至是唯一的依据。以能取人体现在东汉的"试职""累功"制度上；以文取人体现在东汉"诸生试加法、文吏课笺奏"制度上。但选举一旦被世家大族所控制，就会变为以名取人、以族取人，以至于如《乐府·桓灵时童谣》所说："举秀才，不知书；察孝廉，别父母。寒清素白浊如泥，高第良将怯如鸡。"因此，曹丕继任魏王之后，即采纳吏部尚书陈群的建议实行九品中正制，旨在割除察举制的流弊，将选举权收归中央。

九品中正制也称"九品官人法"，承袭了两汉以来选举、考察的选官方法，又将清议置于政府的控制之下。具体做法是：由中央

---

[1] 刘建军：《古代中国政治制度十六讲》，上海人民出版社，2009年。
[2]《汉书》卷50《郑当时传》。
[3]《史记》卷120《汲郑列传》。

官员中"德充才盛"者兼任州郡中正官，按家世、状、品评定本郡士人，品分为上上、上中、上下、中上、中中、中下、下上、下中、下下九等，品第每三年清定一次，作为吏部授官的参考依据。品第越高所授官职往往越重要，升迁也越快，反之则不易得官，即便得官也不可能成为高官。九品中正制始于曹魏终于隋，施行了400多年。推行之初，在考课监察上有积极作用，主要以道德为标准，注重才能，采取乡议。如西晋卫瓘说："其始造也，乡邑清议，不拘爵位，褒贬所加，足为劝励，尤有乡论余风。"①魏末晋初已被世家大族所控制，弊端也逐渐显露，中正"唯以居位为贵"，"据上品者，非公侯之子孙则当涂之昆弟"，最终形成"上品无寒门，下品无世族"以及"士庶之际，实自天隔"②的局面。如荥阳郑氏在享有政治、经济等多种特权的情形之下，逐渐分衍为北祖晔、中祖恬、南祖简三支，又通过与其他著姓、皇室错综复杂的婚姻关系，更加巩固了家族一流望族的地位。察举制和九品中正制都为"门阀政治的产生提供了便利和催化剂"。真正打破门阀士族的利器是科举制，"在科举制实行之前，是政治跟着社会走；科举制实行之后，是社会跟着政治走"③。

科举制即分科取士，是以公开考试选拔人才的制度，始创于隋开皇七年（587），终于清光绪三十一年（1905），持续1300余年。唐承隋制，科举制得到进一步完善，一些做法的创立成型与洛阳密切相关。科举分为常举和制举两大类，常举固定在春季，主要为明经科和进士科，制举则是按需临时设置的科目。唐高宗在洛阳设国子监，在明经科内加试《老子》，这一做法在唐玄宗时发展为道举，又在明经科内加试贴经，以后也成为制度。武则天十分重视科举，以此察舆论、收人望。仅垂拱四年（688），就有近万人来洛阳应制举。武则天还首创了选拔武将的武举。唐玄宗在洛阳的科举活动也有不少，如面试贤良方正、智谋将帅、武足安边、文藻宏丽等科的制举人，又如开元二十四年（736）主考官和举人发生纠纷，他诏令不再由吏部主持，科举的主持机构改为礼部。科举制的实施使得以经学传

①《晋书》卷36《卫瓘传》。
②《宋书》卷42《王弘传》。
③ 刘建军：《古代中国政治制度十六讲》，上海人民出版社，2009年。

第五章 定鼎中原：嵩山大一统

家的荥阳郑氏的家族地位和声望依然十分显赫，尤其是中唐以后，著名人物代不乏人。郑余庆、郑覃、郑虔等对于中唐儒学的复兴有积极的贡献。为相的先后有12人，高中状元的有6人。从唐肃宗至唐昭宗的130年间，河南进士97人，其中荥阳郑氏便高中22人，占将近四分之一。科举制的重大意义首先在于"扩大了考生的范围，放宽了对考生资格的限制，基本上贯彻量才录用的原则，使中小地主以及普通民众也有机会入仕,这就扩大了唐朝统治的社会基础"[1]。

第二节 大一统国家祭祀与嵩山

国家祭祀可以远溯至三代，其意义正如《左传》所说："国之大事，在祀与戎。"也如《礼记·祭统》所说："凡治人之道，莫急于礼；礼有五经，莫重于祭。"[2]包括嵩山在内的岳渎祭祀是国家祭祀体系的重要组成部分，汉代开始成为象征国家地理的大坐标和王朝正统性的文化符号[3]，以及体国经野、整合社会意识形态的重要手段，呼应着大一统政治理想的实现和各项制度的总体改革。魏晋南北朝以后祭礼更成为五礼制度中最为重要的一礼[4]。嵩山早在三代时期已被视为位于"天地之中"的通天圣山。战国中晚期封禅说和五岳说出现，嵩山为"中岳"。中岳祭祀始自汉武帝，其常祀之制在宣帝时得以完成，至武则天在中岳举行封禅大典，嵩山的独特地位达到巅峰。

一、嵩山是通天圣山

相传黄帝常在嵩山与神相会。夏代时期，嵩山被认为是位于天下正中、可上通天神的极高之山。历经商周两代，嵩山都是可与至上神"天"相沟通的圣山。

[1] 邵德门：《中国政治制度史》，吉林人民出版社，1988年。
[2] 〔清〕孙希旦：《礼记集解》卷47《祭统》，中华书局，1989年。
[3] 参看顾颉刚《"四岳"与"五岳"》，唐晓峰《体国经野——试述中国古代的王朝地理学》等论述。
[4] 梁满仓：《论魏晋南北朝时期的五礼制度化》，《中国史研究》2001年第4期。

1. 嵩山作为通天圣山的肇始

嵩山包括太室山、少室山等，太室山因为"雄伟而丰腴""广阔以能容"，自古便被认为乃嵩山主体。太室山在魏晋以前写作大室山。如《左传·昭公四年》载："阳城、大室"，杜预注："（大室）在河南阳城县（今河南省登封市告成镇）西北。"又如《尔雅》载："嵩高为中岳"，郭璞注："大室山也。"邢昺疏引戴延之《西征记》："其山东谓之大室，西谓之少室，相去十七里，嵩其总名也。"嵩山的"嵩"在古代也会被写作"崧""崧""崇"等，都指山大而高。《尔雅》《史记》写为"嵩高"，《汉书·地理志》写为"崇高"，《水经注》写为"崧高"，《说文》"嵩"载："中岳嵩高山也，从山、从高。亦从松。韦昭《国语注》云：古通用崇字。"

三代时期的山川祭祀，起源于远古时期的高山崇拜，认为高山是天人之间沟通的通道，有可以通天的神秘功能。徐旭生说："按照当时人的思想，天地相隔并不太远，可以相通。交通的道路就是靠着'上插云霄'的高山。'上插云霄'在先民看起来，它是实在的，并不像在我们近代人的思想里面，它仅只是在文学上的夸张一样。"[①] 嵩山就是这样一座通天圣山。盘古开天地、女娲补天、伏羲画八卦等远古神话都起源于嵩山地区，嵩山缑氏山是西王母修道的地方，人文始祖黄帝故里位于嵩山，传说黄帝常在嵩山与神相会，大禹治水的故事也诞生在这里，与禹的儿子启的降生神话有关的"启母石"也在嵩山，中国历史上第一个王朝夏也兴起于嵩山，禹都阳城（在今登封）与之后的夏都二里头（在今偃师）都围绕嵩山而建。"天下之中"的观念正是在这样的背景下形成的。而"中"在远古的信仰中被认为是阴阳交会的地方，是万物发生和变化的根源地，非常神圣。按照《周礼》的说法，天地、四时、风雨都在这里交会。又如郭璞《古本藏经》所载："夫阴阳之气，噫而为风，升而为云，降而为雨。行乎地中而生气，行乎地中发生万物。"《诗经·大雅·崧高》"崧高维岳，骏极于天，维岳降神"的记载，反映了当时的人们就认为嵩山是位于天下正中、可上通天神的极高之山。

[①] 徐旭生：《中国古史的传说时代》，文物出版社，1985年。

第五章　定鼎中原：嵩山大一统

总之，嵩山早在夏代就已经具备通天圣山的地位，夏王朝兴起，即以"夏之兴也，融降于崇山"①来标榜天命。商朝前期之亳都（在今郑州）、西周东都洛邑（在今洛阳）都围绕着嵩山而建，更不断强化了嵩山是通天圣山的传统观念。《天亡簋》写作"天室"，表明了嵩山的性质，周武王也正是在这种传统观念的影响下，在克商之后便登上这座圣山，举行告天之礼。

2. 天亡簋铭文所见的武王封禅

武王灭商之后，旋即登临嵩山，举行向天告成、望祀的大礼，这一史实见诸西周初年周武王时铸造的青铜器天亡簋，其铭文被认为是最早的封禅记载。天亡簋现收藏于中国国家博物馆，内底铸有铭文8行78字，记述了周武王灭商后"祀于天室"的重大历史事件。关于"天室"，以邹衡为代表的诸位学者认为"天室"即嵩山②。林沄进而指出，天亡簋是"时代最早的封禅记载之一"，"纪录了一件湮没已久的周初大事——周武王在克商之役结束返回西土的途中，曾在嵩山举行封禅和望祭山川的重大典礼。这次宗教活动说是周朝的开国大典亦无不可"③。若此，天亡簋铭文便是帝王在嵩山封禅的最早记载，也是目前所知先秦封禅典礼的唯一实录。

封禅之说形成于战国时期的齐地，来源于登山告天之祀的传统，指的是受命之后向天告成的、极为重要的祭祀盛典，旨在使自己的功绩和权威获得至上神"天"的承认，以换取统治地位的合法性。《管子》的《小匡》《封禅》篇和《史记·封禅书》所阐述的"封禅"，包括了异姓禅代、致物、告成等内涵。

三代时期，只有天下共主才有资格祭祀通天圣山嵩山，登封告天之礼由此而来。尽管当时还没有将其称为"封禅"，但古代的注疏家们如孔颖达已经将相关内容与"封禅"联系了起来。《诗经·周颂·时迈》孔颖达疏曰："封禅之见于经者，唯《大宗伯》云'王大封，则先告后土'以外，更无封文也。《礼器》云：'因名山，升中于天，而凤凰降，龟龙假。'虽不言封，亦是封禅之事。"很明显，孔颖达将《大宗伯》的"大封"和《礼器》的"因名山，升

---

① 《国语·周语上》。韦昭注："崇，崇高山也。夏居阳城，崇高所近。"
② 邹衡：《夏文化分布区域内有关夏人传说的地望考》，《夏商周考古学论文集》，文物出版社，1980年；蔡运章：《周初金文与武王定都洛邑》，《中原文物》1987年第3期；曲英杰：《先秦都城复原研究》，黑龙江人民出版社，1991年；林沄：《天亡簋"王祀于天室"新解》，《史学集刊》1993年第3期。
③ 林沄：《天亡簋"王祀于天室"新解》，《史学集刊》1993年第3期。

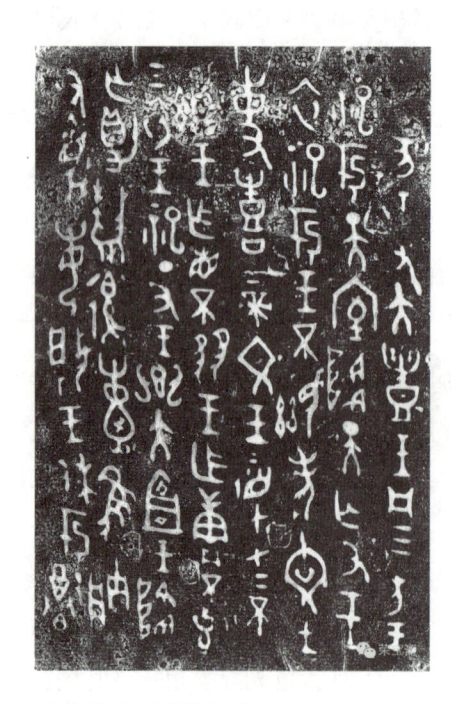

图 5-3 天亡簋（上）及其铭文（下）

第五章 定鼎中原：嵩山大一统

中于天"都理解为封禅。

封禅和"天命"关系密切，只有受天命而有功德的君主才有资格举行封禅，如《管子·封禅》所言：君王"皆受命然后得封禅"。周之受命始自文王晚年以德化虞、芮之讼，但天命到底是归商还是改归周仍是两可之间，纣王尚有"不有天命乎？是何能为"的豪言，诸侯在武王观兵孟津时也以"未知天命"为由没有立即伐商。武王克商之后，天命所归已成定局。天亡簋铭文中的"丕克气（讫）衣（殷）王祀"与《西伯戡黎》中的"天既讫我殷命"，说的都是"天命"。或许是武王深感天命无常，希望周王朝能永保天命，因此至"天室"进行了封禅大典。

与天亡簋铭文中的"天室"相合的记载，还有《逸周书·度邑》《史记·周本纪》等文献记载中武王说的"定天保，依天室"。《度邑》载："惟天不享于殷……乃今有成。……我未定天保，何寝能欲？""且，予克致天之明命，定天保，依天室。"其中的逻辑关系是这样的："依天室"—"依天"—"定天保"，即拟建的新邑应靠近天室，"依天室"才能"依天"以获得天命眷顾，继而"定天保"，"依天室"是关系到"定天保"的大事。因此，周武王时打算在天室附近建立新邑以"依天室"："我图夷，兹殷，其惟依天，其有宪命，求兹无远。天有求绎，相我不难。自洛汭延于伊汭，居阳无固，其有夏之居。我南望过于三涂，我北望过于有岳，丕愿瞻过于河，宛瞻于伊洛，无远天室。"唐兰说《度邑》中的天室指的是太室山[①]。天亡簋铭文载："王祀于天室，降，天亡又（佑）。"此处"天亡"即"太公望"[②]，指武王与姜太公一起登上嵩山。《史记集解》引徐广也说："《周书·度邑》曰：'武王问太公曰，吾将因有夏之居也，南望过于三涂，北詹望于有河。'"周武王与姜太公君臣二人在嵩山之巅讨论新邑的选址。

天亡簋铭文"王凡四方，王祀于天室"指的是武王在太室山顶以太室山为天然的宏伟祭坛祭天，同时望祭四方山川。与此相关的诗篇，有《诗经·周颂·时迈》："载戢干戈，载櫜弓矢。我求懿

① 唐兰：《西周青铜器铭文分代史徵》，中华书局，1986年。
② 于省吾：《关于"天亡簋"铭文的几点论证》，《考古》1960年第8期。

德，肆于时夏，允王保之。"还有《诗经·周颂·般》："于皇时周，陟其高山。堕山乔岳，允犹翕河。敷天之下，裒时之对，时周之命。"《度邑》与《时迈》《般》瞻望的对象相类，《度邑》的"吾将因有夏之居""定天保，依天室"与《时迈》的"我求懿德，肆于时夏，允王保之"反映的也是同一个思想。

  由此可见，周武王选择在洛阳建新都，不仅仅是因为洛阳"俾中天下"，或"此天下之中，四方入贡道里均"[①]的地理位置，更重要的是因为洛阳依着通天圣山嵩山。其实，夏商都邑集中于嵩山周围，或许都有"依天"的目的。周武王不可避免地受到这种传统观念的影响，因此在克商之后终于登上圣山，举行告天之礼和望祭四方山川，并且希望在洛阳营建新都，以托庇于通天圣山嵩山，永保天命。当周王朝面临覆灭之危急时刻，周幽王特意选择在太室山会盟诸侯，尽管这未能挽回西周灭亡的命运，但周王室东迁洛邑，仍有"依天室"以祈求天命延续的宗教意义。从中也不难看出，嵩山在三代时期通天圣山地位意义之非凡。

二、中岳祭祀的礼制化

  秦取得统一之后整合了原六国的山川祭祀，汉武帝的改革并没有改变广修神祠的做法，直至西汉末年元始仪确立。这一时期，战国东方文化和传统的影响十分深刻，尤其是黄帝传说的影响十分突出。汉武帝时的岳渎祭祀仍有很强的随意性，五岳四渎定立常祠，作为国家最高的山川祭祀"五岳四渎"祭祀的制度化在宣帝时得以实现。

  1. 汉武帝礼登太室

  汉武帝自视甚高，自认为是一代圣君，统一九州使宇内同风，追慕上古帝王、征服死亡的愿望使其对传说中化去不死的圣君黄帝无限景仰。翻阅《史记·封禅书》《汉书·郊祀志》就能够感受到黄帝传说对于汉武帝的影响和意义，方士们渲染黄帝传说，托名黄

[①]《史记》卷4《周本纪》。

第五章 定鼎中原：嵩山大一统

帝的方术绝大多数也都会被采用，东巡狩、封禅都与黄帝传说关系密切。据文献统计，武帝一生外出巡行近30次，其中东行共11次，中岳嵩山是武帝东巡路上最重要的落脚点和目的地之一。

汉武帝礼登太室之前已着手经营嵩山北麓的缑氏城。缑氏城因境内缑氏山而得名，地处交通要道，左近有古镮辕关。《括地志》载："镮辕故关在洛州缑氏县东南四十里。"① 位于登封、偃师、巩义交界处的太室山和少室山之间，形势险要，道路险隘，弯道回环盘旋，正如《元和郡县志》所说："山路险阻，十二曲道，将近复回，故曰：镮辕。"乃洛阳通往豫东、豫南及荆楚的捷径要冲。

汉武帝第一次东巡的主要目的地就是缑氏："行东，将幸缑氏。"② 武帝的第一次东巡，是在至泰山封禅的前一年即元鼎六年（前111）。他之所以在这一年特意来缑氏，动因是奉命在太室山候神的公孙卿宣称在此地发现有仙人下临的踪迹。《史记·封禅书》记载得很清楚："其冬，公孙卿候神河南，言见仙人迹缑氏城上，有物如雉，往来城上。天子亲幸缑氏城视迹。"武帝冀遇神人，满怀希望而来，但并没有看到，于是公孙卿又说："仙人可见，而上往常遽，以故不见。今陛下可为观，如缑城，置脯枣，神人宜可致也。且仙人好楼居。"③ 汉武帝依言在缑氏设置用于祭祀和候神的大型神祠"延寿城仙人祠"④，后来又依例在长安建造蜚廉桂观，在甘泉建造益延寿观，将招来神仙之属，规模相当可观，高达"三十丈"⑤。

武帝经营缑氏城，还因为缑氏靠近太室山，与中岳祭祀关系密切。汉武帝原本在元鼎五年（前112）拜公孙卿为郎，就是遣其东"候神于太室"。公孙卿却上报在缑氏发现仙人踪迹，大概是因为传说缑氏是西王母修道的地方，也是周灵王太子晋升仙的地方，有仙人降临也在情理之中。汉武帝在元鼎六年的缑氏之行没有见到仙人踪迹，第二年，即元封元年（前110）第二次东巡时再次至缑氏："遂东幸缑氏，礼登中岳太室"⑥；元封二年第三次东巡时也是先至缑氏："幸缑氏，遂至东莱。……还祠泰山"⑦。武帝自长安向东，登太

---

① 《史记》卷54《曹相国世家》正义引《括地志》。
② 《汉书》卷6《武帝纪》。
③ 《史记》卷28《封禅书》。
④ 《汉书》卷28《地理志》。
⑤ 《封禅书》索引引用的《汉武故事》说："作延寿观，高三十丈。"
⑥ 《史记》卷28《封禅书》。
⑦ 《汉书》卷6《武帝纪》。

室祭祀，进而东行泰山、东海，缑氏是必经之地。武帝经营缑氏，令备受宠信的公孙卿常年居此，既是在此候神祭祀的需要，也方便东巡途中驻跸，使东巡狩之路更加通畅。

汉武帝礼登太室山是在元封元年正式封禅泰山的前一个月。之所以礼登太室，主要是因为神山五岳说的影响以及方士们把黄帝、封禅、登天成仙联系起来的说辞，如"见之以封禅则不死，黄帝是也"，又如"封禅者，合不死之名也"①。此事在《史记·孝武本纪》《汉书·武帝纪》《汉书·郊祀志》中有大同小异的记载，《汉书·武帝纪》稍微详尽："行幸缑氏。诏曰：'朕用事华山，至于中岳，获驳麃，见夏后启母石。翌日亲登嵩高，御史乘属，在庙旁吏卒咸闻呼万岁者三。登礼罔不答。其令祠官加增太室祠，禁无伐其草木。以山下户三百为之奉邑，名曰崇高，独给祠，复亡所与。'"②武帝亲自登顶上封，因有山呼万岁之声，于是诏令禁伐嵩山草木，设太室祠，并划嵩山下三百户特设崇高县，取"以崇奉嵩高，故谓之崇高邑"之意，免除该县赋税，令其专奉太室山祭祀。

汉武帝礼登太室，明确地称嵩高为中岳，并特设崇高县，影响深远。嵩山原本就有深厚久远的祭祀传统，自此之后更是祭祀不绝。至今，嵩山中岳庙前仍保存有东汉所立的嵩岳太室石阙。随着儒家的兴盛，国家祭祀逐渐儒家化和礼制化，"五岳四渎"成为国家地理大坐标的象征和王朝正统性的文化符号③，以及体国经野、整合社会意识形态的重要手段。

2. 中岳祭祀的发展

五岳作为中国山川地理的重要概念，先秦文献已经提出构拟，如《尔雅·释山》载："泰山为东岳，华山为西岳，霍山为南岳，恒山为北岳，嵩高为中岳。"④五岳在国家祭祀中得以实现是在汉武帝时代，《史记·封禅书》关于武帝朝的记载也格外强调五岳，但仍有很强的随意性，并未形成制度。宣帝于神爵元年（前61）就山水祭祀制诏太常，"自是五岳、四渎皆有常礼。……皆一祷而三祠云"⑤，即春、夏、秋三季祭，冬季塞祷。这标志着国家祭祀

①《史记》卷28《封禅书》。
②《汉书》卷6《武帝纪》。
③ 参看顾颉刚《四岳与五岳》，唐晓峰《五岳地理说》《体国经野——试述中国古代的王朝地理学》等论著。
④〔晋〕郭璞注，〔宋〕邢昺疏：《尔雅注疏》，中华书局影印阮元校刻《十三经注疏》本。
⑤《汉书》卷25《郊祀志》。

第五章 定鼎中原：嵩山大一统

中包括中岳嵩山在内的五岳四渎祭祀的正式开始。

汉宣帝是在肃清诸霍势力、实际掌控政权之后重修山川祭祀的："时，大将军霍光辅政，上共已正南面，非宗庙之祀不出。十二年，乃下诏曰：'盖闻天子尊事天地，修祀山川，古今通礼也。间者，上帝之祠阙而不亲十有余年，朕甚惧焉。朕亲饬躬齐戒，亲奉祀，为百姓蒙嘉气，获丰年焉。'"①山川祭祀已不仅是向诸神致礼、为民祈福，更是宣帝宣示君主权威和控制力的象征。所谓"五岳视三公，四渎视诸侯"②。这既是山川神人格化的表述，也说明嵩山神偶像崇拜的祭祀方式已经开始。

北朝时嵩山神偶像崇拜的祭祀方式得以继续，比如《初学记》所引北魏卢元明的《嵩山记》曰："岳庙尽为神像，有玉人高五寸，五色甚光润，制作亦佳，莫知早晚所造。盖岳神之像，相传谓明公，山中人悉云屡常失之，或经旬乃见。"③又如，嵩山中岳庙现存的北魏所立的《中岳嵩高灵庙碑》，碑文记载了北魏王朝为寇谦之修造中岳庙之事，碑阴记载了重修中岳祠并铸岳神铜像，用到"台遣画匠、台遣石匠、台遣材匠"，"用铜铤二千口百斤"④。北魏时的中岳祭祀制度在《魏书》也有记载："太延元年，立庙于恒岳、华岳、嵩岳上，各置侍祀九十人，岁时祈祷水旱。其春秋泮涸，遣官率刺史祭以牲牢，有玉币。"⑤可与上述《中岳嵩高灵庙碑》及《大代华岳庙碑》碑文⑥"奉玉帛之礼，春秋祈报"相互印证。北朝诸政权对于中岳祭祀都十分重视，如北魏孝文帝在迁都洛阳的太和十八年（494），曾亲自至中岳祭祀，并撰《御祭嵩高山文》，这是现存最早的帝王祭中岳文，两年之后的太和二十年（496）八月，孝文帝再次至中岳嵩山祭祀。

值得注意的是，北魏中岳祭祀中的道教因素。据《中岳嵩高灵庙碑》碑文："有继天师寇君名谦[之，字]辅真……授以九州真师，理治人鬼之政。……[天子□明神武，德合]寰真，遂案循科条，安立坛治，造天官之静轮，俟真神之降仪。……又以天师□□[受对扬之决，乃□服食]□士，修诸岳祠，奉玉帛之礼，春祈秋报，

① 《汉书》卷25《郊祀志》。
② 《汉书》卷25《郊祀志》。
③ 〔唐〕徐坚：《初学记》卷5《地理上·嵩高山》，中华书局，2004年。
④ 陈垣编纂，陈智超、曾庆瑛校补：《道家金石略》，文物出版社，1988年。
⑤ 《魏书》卷108《礼志一》。
⑥ 《大代华岳庙碑》原石久佚，宋欧阳棐《集古录目》卷3有著录，赵明诚《金石录》也著录有此碑。

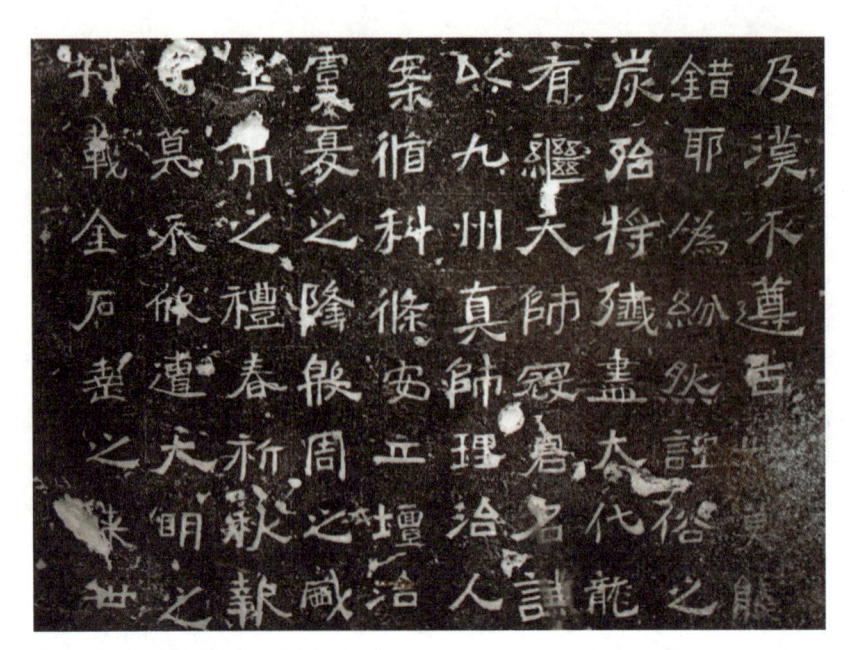

图5-4 《中岳嵩高灵庙碑》（局部）

有大事告焉。以旧祠毁坏，奏遣道士杨龙子更造新庙。……"① 碑文中述及的中岳庙道士寇谦之，是当时道教的代表人物，在中国道教的发展演变中拥有不可替代的地位。从碑文可知寇谦之奏请重修中岳庙，而且负责修建中岳庙的也是道士。寇谦之在嵩山创立北天师道，使中岳庙不仅成为祭祀中岳的场所，而且成为道教活动的重要场所，中岳庙被誉为北天师道的祖庭。北朝中岳祭祀中的道教因素也为其后的隋唐所继承。

三、武则天中岳封禅

岳渎祭祀成为武周代唐过程中在意识形态领域整合社会的重要手段，嵩山封禅是"武周革命"成功的显著标志，以证明武周革命是顺应天命、奉天承运之举，同时也将嵩山在五岳中的地位推上了巅峰。

① 邵茗生：《记明前拓北魏中岳嵩高灵庙碑》，《文物》1962年第11期；《明前拓北魏中岳嵩高灵庙碑补记》，《文物》1965年第6期。

第五章 定鼎中原：嵩山大一统

1. 中岳祭祀的道教因素

唐代，包括祭礼在内的儒家五礼体系已经被用于国家制礼实践中，《唐律疏议》《永徽祠令》《大唐开元礼》《唐六典》《大唐郊祀录》等记载，包括中岳嵩山在内的岳镇海渎祭祀，在祭祀等级方面，有唐一代一直属于中祀，常祀由所在州长官主持，非时的祈祷则由中央政府差官致礼。《大唐开元礼》的"吉礼"和《唐会要》的"缘祀裁制"条载，中岳祭祀是在六月："六月四祭，季夏土王日，祀黄帝于南郊。同日祭中溜、中岳中天王。是日，复祭广德王。"①

唐代，岳渎祭祀中的道教因素更加明显，偶像崇拜的祭祀方式继续发展，连岳神的家属也塑有偶像，岳神及其家属还拥有了人间的爵位封号，真正具备了人格化的特点。给山川神加人爵是唐代首创②，始于武则天时期，五岳中最先受封的是中岳嵩山，据《旧唐书·礼仪志》载，垂拱四年（688）武则天行拜洛受图之礼，加尊号为圣母神皇，加封洛水之神，"封其神为显圣侯，加特进，禁渔钓，祭享齐于四渎。……又以嵩山与洛水接近，因改嵩山为神岳，授太师、使持节、神岳大都督、天中王，禁断刍牧。其天中王及显圣侯，并为置庙"③。"五岳视三公"真正得以落实。五岳之中武则天只给了嵩山封号，且封号不断提高：证圣元年（695），"号嵩山为神岳，尊嵩山神为天中王，夫人为灵妃"④。万岁登封元年（696）封禅嵩山之后，又"尊神岳天中王为神岳天中皇帝，灵妃为天中皇后"⑤。武则天之后，神龙元年（705）"嵩山神复为天中王"，之后其他四岳才陆续有了封号。与将岳神当作人臣对待相应，皇帝在祭祀岳渎以下诸神时，也已经"署而不拜"，强调的就是皇权对于神权的支配地位。

唐代增强了岳庙的管理，置岳庙令，《旧唐书》载："五岳四渎庙：令各一人。正九品上。斋郎三十人，祝史三人。"⑥《赋役令》又规定他们"并免杂徭"。《唐六典》规定，岳庙可有公廨田一顷，庙令也可有一顷五十亩的职分田。从仍保存的中岳祭祀碑铭来看，礼典所规定的常祀之制也被严格执行，水旱灾害、郊祀大典、

① 〔宋〕王溥：《唐会要》卷23《缘祀裁制》，中华书局，1955年。
② 朱溢：《论唐代的山川封爵现象——兼论唐代的官方山川崇拜》，《新史学》2007年第4期。
③ 《旧唐书》卷24《礼仪志四》。
④ 《旧唐书》卷23《礼仪志三》。
⑤ 《旧唐书》卷23《礼仪志三》。
⑥ 《旧唐书》卷44《职官志三》。

外族入侵、新帝登基等大事常遣使致祭。岳渎祭祀的道教化趋势更加明显，中岳道士的影响也相应扩大。中岳道士刘道合、黄元颐（或省称为黄颐）二人，常一起为高宗举行斋醮仪式[①]，高宗封禅泰山（乾封元年，即666）之前，又令刘道合先上泰山"以祈福祐"[②]。封禅之后又在全国设立寺观，追尊老子为玄元皇帝，道教从此得到了国家的支持，其地位显著提升。

武则天对岳渎祭祀异常重视，后期也对道教产生浓厚兴趣。饶宗颐认为她前期崇佛，晚年移情道教，故游幸嵩山，求长生。武则天在天授元年（690）改唐为周之后，证圣元年（695）封禅嵩山之前，"缘大周革命"，敕命中岳道士、后为金台观主的马元贞等到五岳四渎行道投龙作功德，目的当然是告祭五岳并报谢上天眷顾，借此向百姓宣扬"大周革命"是天命在斯。在嵩山《中岳嵩高灵庙碑》侧面有关于此次马元贞中岳投龙的记载："□□三□岁次壬辰□月丁丑□五日辛丑，大周圣神皇帝遣金台观主马元贞作功德，□□□于中岳。"[③] 武则天在中岳行道投龙，有依据的还有久视元年（700）的一次，投龙金简已被发现，是中岳嵩山仅见的帝王投龙金简。道教在中岳祭祀中的影响之大，通过武则天封禅中岳时还专门度人入道一事也可见一斑。

2. 武则天中岳封禅

《礼记》说："祭者，教之本也"，又说"故坏国丧家亡人，必先去其礼"。武则天以周代唐虽然经过了一系列礼仪制度的变更，如改元变制、迁都、立武氏宗庙、建明堂、铸九鼎、造肖神等，但在"祭政合一"的时代，"武周革命"成功最具标志意义的，无疑是象征天命所归的嵩山封禅大典。武则天深知"帝王之事，莫大乎承天之序"的意义，当年武则天就是通过参与高宗封禅泰山宣告了自己母仪天下的地位，自然也希望再次通过封禅大典来证明武周革命的成功和统治的合法。

武则天封禅嵩山的典礼，早在延载元年（694）武三思请铸天枢时便已拉开序幕。证圣元年（695）武则天遣使至嵩山祭祀嵩岳，

[①]〔宋〕贾善翔：《犹龙传》卷5《大唐圣祖》，《道藏》第18册，上海书店出版社，1987年。
[②]《旧唐书》卷192《隐逸·刘道合传》。
[③] 黄叔璥：《中州金石考》卷7《中岳嵩高灵庙碑》，《石刻史料新编》第1辑第18册，（台湾）新文丰出版公司，1982年。

第五章 定鼎中原：嵩山大一统

图 5-5 武则天金简 牛爱红摄影

下诏尊中嵩神为天中王，中岳神配偶为天灵妃，预祭嵩山启母庙、少室山阿姨神庙。万岁通天元年（696）"腊月，甲戌（一日），太后发神都；甲申（十一日），封神岳；赦天下，改元万岁登封，天下百姓无出今年租税；大酺九日。丁亥（十四日），禅于少室；已丑（十六日），御朝觐坛受贺；癸巳（二十日），还宫"[1]。女皇武则天在甲戌日从神都洛阳率众臣百官出发，十日后的甲申日登封神岳，撰《升中述志碑》立于嵩山之巅的登封坛南边，并大赦天下，改元万岁登封，免除天下百姓当年租税，改嵩阳县为登封县，阳成县为告成县；丁亥日禅于少室，武三思撰《大周封祀坛碑》；已丑日在朝觐坛朝群臣；又尊神岳天中王为神岳天中皇帝，天灵妃为天中皇后，启为齐圣皇帝，启母为玉京太后，少室阿姨神为金阙夫人，王子晋为升仙太子及别为立庙；癸巳日，历时二十天返回洛阳。

武则天之所以选择中岳嵩山举行封禅大典，除了嵩山地处"天下之中"又近东都的地利之便、佛道隆盛的宗教氛围，恐怕还有高宗朝以来的影响。高宗泰山封禅（乾封元年，即666）之后，在仪凤元年（676）、调露元年（679）、永淳元年（682）、永淳二年曾几度下诏准备封禅嵩山，永淳元年在嵩山南作奉天宫，永淳二年还召太子赴东都准备封嵩山，但终因吐蕃犯塞、突厥背诞、岁饥、上疾等原因而终止。当然，武则天封禅嵩山最重要的原因当与周代对嵩岳天神的崇拜有关。武周之"周"，源自武则天的父亲武士彟曾被唐高宗封为周国公，而武氏出自姬姓，姬姓始祖可追溯至周平王少子，于是武则天追尊周文王为始祖文皇帝、周平王少子姬武为睿祖康皇帝、周公为褒德王。前文已述，周代的通天圣山就是嵩山，当时还有人认为，中岳神也姓武，因此武则天以嵩山为武周王朝神岳。这在当时也得到了一定认同，《全唐文》中不乏诗篇，如"太室居五岳之尊"[2]，"中岳之神姓武，天意若曰神皇其封中岳乎"[3]，"傍周法界，上达虚空。长悬佛日，永息魔风"[4]。若然，武则天封禅嵩山，既是向天地告成功，也是祭祀岳神的多得之举。

武则天中岳封禅具有重要的现实意义。一方面，嵩山封禅表明

---

[1]《资治通鉴》卷205《唐纪二十一》。
[2]〔清〕董诰等：《全唐文》卷210，陈子昂《为赤县父老劝封禅表》，中华书局，1983年。
[3]〔清〕董诰等：《全唐文》卷217，崔融《为朝集使于思言等请封中岳表》，中华书局，1983年。
[4]〔清〕董诰等：《全唐文》卷239，武三思《大周封祀坛碑（并序）》，中华书局，1983年。

了武周政权是天命所归，武则天是一代圣明君主，标志着武周"革唐之命"最终大功告成，从封禅前后一年多时间内先后改元证圣、天册万岁、万岁登封、万岁通天，便可知武则天为此是何等殚精竭虑，其意义也无需赘言。另一方面，嵩山封禅将嵩山的地位推向巅峰。武则天之后的历代帝王，虽然也都关注中岳嵩山，甚至不惜重金修缮中岳庙，或亲往嵩山祭祀，但嵩山祭祀在国家祭祀中的影响已不可同日而语。

关于"礼乐"，《新唐书·礼乐志》的开篇这样讲："由三代而上，治出于一，而礼乐达于天下；由三代而下，治出于二，而礼乐为虚名。"[1] 对此，通过上述周武王、汉武帝、武则天三位帝王与嵩山祭祀的关系梳理可以看出：包括嵩山祭祀在内的国家祭祀，作为礼乐制度的重要内容，在三代而下的大一统政权，绝不仅仅是"虚名"。无论是三代时的周武王，还是大一统政权时代的汉武帝、武则天，无论是告天、巡狩还是封禅，都是在寻求王权的合法性和彰显天命之所归，嵩山祭祀都可以说是国家在意识形态领域进行社会整合的重要手段，呼应着大一统政治理想的实现和各项制度的总体改革。

第三节　大一统思想实践与嵩洛

中华民族是中国各民族的总称，是由包括主体民族华夏族——汉族在内的许多民族在长期交流、融合的历史发展过程中，逐步形成的唇齿相依、不可分割、内涵丰富的民族集合体，共同创造了悠久灿烂的中华文明。中华民族历经几千年的风雨、无数次的磨难，依然能够朝气蓬勃地屹立于世界民族之林，仰赖的是一种内在的、坚韧的凝聚力。这种凝聚力伴随着中华民族的发展而不断增强，某种程度上表现为大一统的思想和观念。大嵩山地区是大一统思想肇始、发展和实践的主要舞台。

[1]《新唐书》卷11《礼乐志一》。

一、先秦大一统理论的肇始与大嵩山地区

先秦时期的华夏族本身就是民族融合的结果,其形成发展是漫长的兼并扩张、交流融合的过程。其时,政治上由于国家的不同而处于分割的状态,但有"天下共主",又都自认为是华夏族,正如梁启超所说:"华夏民族,非一族所成。太古以来诸族错居,接触交通,各去小异而大同,渐化合以成一族之形,后世所谓诸夏是也。"[①]华夏族形成于大嵩山地区,其发展和兴盛都与大嵩山地区息息相关。与此相应,华夷一家、天下一统的大一统理论也于先秦时形成和发展。

1. 华夏族的形成、兴盛与嵩洛地区

华夏族的名称及夏王朝的"夏",大概来源于大禹为"夏伯",王朝建立便"国号曰夏后"。《尔雅·释诂》载:"夏,大也"。《尚书》注:"冕服采章曰华,大国曰夏。"正义说:"释诂云:夏,大也,故大国曰夏。华夏,谓中国也。"《诗经·大雅·民劳》:"惠此中国,以绥四方。"就是说,华夏族是居住在中原地区最强大的主体民族。华夏族因夏朝的建立而得名之后,随着夏王朝势力的发展及长达400余年的统治,其影响也日渐扩大。《左传》说:"禹合诸侯于涂山,执玉帛者万国。"杜预注:"诸侯执玉,附庸执帛。"《战国策》说:"大禹之时,诸侯万国。……及汤之时,诸侯三千。"[②]《后汉书》也载:禹合诸侯于涂山时,"执玉帛亦有万国。……逮汤受命,其能存者三千余国"[③]。"万国""三千"虽不是确数,也有一部分不属于夏族,但大多数属于夏族。大禹时"万国"到夏被商汤替代之时"诸侯三千",数字的变化,正反映了400多年间族群融合的历史进程,以及由多元到一统的发展趋势。

商王朝代夏而立,其主体民族因而被称为商人或殷人,但并不是完全不同于夏族的一个民族,殷人原也是华夏族的一部分。《尚书·舜典》载:夏禹、商契曾共事舜帝,夏祖"伯禹作司空",商祖"契作司徒"。后来由于契"佐禹治水有功。……封于商,赐姓子氏"[④]。夏王朝建立后,商是夏的诸侯国,文献记载反映了这种

① 梁启超:《中华民族之成分》,《史地丛刊》第2卷,第2—3号,1923年4月。
② 〔汉〕刘向:《战国策》卷11《齐四》,上海古籍出版社,1998年。
③ 《后汉书》志19《郡国一》引《帝王世纪》。
④ 《史记》卷3《殷本纪》。

第五章 定鼎中原：嵩山大一统

臣属关系。《史记·夏本纪》载：桀"召汤而囚之夏台，已而释之"。《说苑》还较为详细地记载了一个故事："汤欲伐桀，伊尹请且乏贡职，以观夏动。桀怒，起九夷之师。伊尹曰：'未可，彼尚能起九夷之师，是罪在我也。'汤乃谢服，入贡职。明年，又乏贡职。桀起九夷之师，九夷之师不起。伊尹曰：'可矣！'汤乃兴师"伐桀①。

周王朝代商而立，其主体民族因而被称为周人，周人原也是华夏族的一部分，是夏、商的诸侯国。《国语·周语》载："昔我先王世后稷，以服事虞夏。"②《竹书纪年》载：武乙"三十四年，周王季历来朝。武乙赐地三十里、玉十珏、马八匹"；大丁四年，"周王季命为殷牧师"。武乙、大丁是商王的名字，季历即周王，是周文王的父亲。这些记载表明直到商王朝的晚期，周仍然是商的诸侯国之一。周人也自认为是华夏族人，如《尚书·周书·武成》中武王说："我文考文王，克成厥勋，诞膺天命，以抚方夏"；《尚书·周书·康诰》中成王说："文王……肇造我区夏"；《尚书·周书·君奭》中周公说："惟文王尚克修，和我有夏"；《尚书·周书·立政》中周公又说："帝钦罚之，乃伻我有夏"。至东周，周王室式微，政出方伯，兼并和征战加剧，如《后汉书》载："至周克商，制五等之封，凡千七百七十三国……其后诸侯相并，当春秋时，尚有千二百国。二百四十二年之中，杀君三十六，亡国五十二，诸侯奔走不得保社稷者，不可胜数。至于战国，存者十余。"③这种彼此频繁的交往，促进了华夏族自身的融合和一部分蛮夷戎狄的华夏化。

商、周王朝建立后，均"改正朔，易服色"④，但依然全面继承了前一代王朝发展的成果，正如《论语·为政》所说："殷因于夏礼，所损益可知也，周因殷礼，所损益可知也。其或继周者，虽百世，可知也。"经过商人长达500余年、周人长达约800年的统治，华夏族有了进一步的发展，比如势力所及的地域更加广阔，一脉相承的刻画符号、甲骨文、金文等文字日趋成熟，已经跨过青铜时代、迈入铁器时代的门槛，文学繁荣，等等。《史记·封禅书》讲："昔

---

① 〔宋〕李昉等：《太平御览》卷83《皇王部八》，中华书局，1960年。
② 《国语·周语上》。
③ 《后汉书》志19《郡国一》引《帝王世纪》。
④ 《史记》卷3《殷本纪》。

三代之居，皆在河洛之间。"考古发现的禹都阳城和夏都二里头遗址分处嵩山南北，夏朝统治的核心地区正是大嵩山地区，商代都城郑州商城、偃师商城分处于嵩山北麓东西两面。尽管商代晚期的都城迁向更靠北的殷墟，但嵩山一带仍是商王朝统治的核心地区；东都洛邑西周时是周公的封地、东周的王都。总之，整个三代时期，大嵩山地区都是王朝正统观念下的核心要地，是华夏族形成和发展的主要舞台。

2. 大一统理论产生、发展与大嵩山地区

夏商周三代迭相将都城置于大嵩山地区，除了位置适中、交通便利、生态优越等因素，王朝正统观念的不断强化也是重要的因素。谢维扬曾提出："在夏朝国家建立后，由它控制的地域已逐渐成为标志国家主体的不可分割的内容。这在中国历史上造成了一个重要的政治传统，即建立一个真正的、被承认的国家，就必须占据特定的地域，并有相应的中央权力"；"新建立的王朝必须证明它继承了前代王朝的主要主体性标志，即所控制的地域和所拥有的中央权力"[①]。夏王朝腹心所在的大嵩山地区就是这样一个可以标志王朝正统地位和彰显自身权力合法性的最早地缘政治中心。已有的研究成果表明，启继禹而立、使权力传继于同一家族之中，是中国社会发展史上一件划时代的大事，从此"家天下"的政治体制一直延续至清。

王朝体制和权力观念诞生于大嵩山地区，经过夏王朝400余年的经营，在中原及周边华夏族中早已深入人心。《春秋繁露·三代改制质文》说："故汤受命而王，应天变夏作殷号，作宫邑于下洛之阳"，《诗经·商颂·殷武》说："天命多辟，设都于禹之绩"，都是说成汤受天命，在禹居之处立都。《逸周书·度邑》《史记·周本纪》等都记载周武王灭商后交代周公"吾将因有夏之居也"，必须"依天室"（天室即太室山），《诗经·周颂·时迈》说："载戢干戈，载橐弓矢。我求懿德，肆于时夏，允王保之"，都是说武王受天命，在有夏之居立都，使从商王那儿获得的权力合法化。商灭夏、周翦商，都要控制前朝都城所在的嵩洛地区并继续以此为都，

[①] 谢维扬：《中国早期国家》，浙江人民出版社，1995年。

第五章 定鼎中原：嵩山大一统

这是获得其王朝正统地位、昭示权力合法性、强化王权神圣性和得到天下百姓认可的必要之举。

自夏以来的王朝体制和正统思想是大一统思想产生的前提。甲骨卜辞和文献资料都显示，商王、周王都自称"余（予）一人"，反映了普天之下唯我独尊的观念。《国语·周语》记载的周王朝包括华夷内外之辨的五服之制，反映了其时华夷一统的思想。至春秋时期，大一统的思想更加丰富，道、儒、法、墨等各派思想中都能找到大一统思想的身影。《老子》主张以"一"为本，说"道生一，一生二，二生三，三生万物"，这是大一统的本体论。儒家主张"王天下"，法家讲"兼天下"，墨家讲"尚同"，杂家讲"执一"等都不同程度地表达了大一统的思想。以孔子为代表的春秋儒家大一统思想最为明确，将古代圣王与天下一统相对应，强调在周礼大一统的前提下明"华夷之辨"。至战国时期，虽周王室式微，诸侯争霸不休，政治上的分裂却促进了大一统理论继续发展，《周礼》提倡建立强大的统一王朝；《管子》提出共"天下"的观念；《礼记》倡导大同是未来理想的大一统社会的最高境界；《尚书·禹贡》天下一统的地理学说也是大一统思想的反映；《孟子》强调"用夏变夷"，认为只有"王道"才能一统天下；《荀子》强调"一天下"，说"四海之内若一家"[①]；邹衍扩大了阴阳五行学说，创立五德终始的循环说，预示了继周之后新的一统的必然性。这些都为秦汉大一统的实践及思想的最终形成奠定了重要基础。

二、秦汉大一统思想的确立与大嵩山地区

秦始皇统一战国"诸夏"后，建立了中央集权的国家体制，推行强化国家统一的政治和文化变革。继秦而立的汉朝广承秦制，是一个更为强大、统治时间长达400余年的多民族大一统王朝。由华夏族脱胎而来、因汉王朝而得名的汉族称谓，越来越普遍和固定。秦汉政治大一统的实践及汉武帝"独尊儒术"，使大一统思想得以

[①]《荀子·议兵》。

确立，由先秦天命观演化而来的河洛受命说在秦汉盛行，建立起了包括三皇五帝在内的正统观，这是中华大一统思想形成的重要标志。

1. 华夏族演变为汉族与大一统思想的确立

战国后期，诸夏统一的趋势已经十分明显，从秦灭诸国的时间表上也能看出统一已是大势所趋：公元前256年灭周，公元前230年灭韩，公元前228年灭赵，公元前227年灭燕，公元前225年灭魏，公元前224年灭楚，公元前221年灭齐。"六王毕，四海一"，秦始皇于公元前221年称帝，建立了中央集权的帝国制度，又通过雷厉风行地全面推行郡县制，统一法律、文字、货币、度量衡，修驰道，大规模移民等措施加强集权巩固统治。秦王朝虽然仅延续短短的15年，但影响极其深远，不仅把中国带入大一统的时代，而且奠定了后世中国政治制度的基本格局。继秦而立的汉朝，一方面"因秦制度"，一方面积极推行编户制度、刺史制度等进一步完善统治制度，尤其是"罢黜百家，独尊儒术"的政策，使大一统思想逐渐渗入人们的观念意识之中。汉王朝统治时间长达400余年，经济、文化繁荣发展，取得了瞩目成就，无疑是一个更为强大的多民族大一统王朝，民族意识得到了空前加强。因汉王朝而得名的汉人、汉民、汉兵、汉军等名称在汉代就有了广泛的使用。如东汉建武九年（33），司徒掾班彪上言："羌胡被发左衽，而与汉人杂处，习俗既异，言语不通。"[1] 当然这里主要表示的还是朝代的称谓。

汉族的称谓至迟在南北朝时就已经出现，比如《南齐书》载：北魏太武帝拓跋焘"母是汉人"[2]，又有"芮芮虏，塞外杂胡也。……宋世其国相希利垔解星算数术，通胡、汉语"[3]；《北史》有"宜用汉除鲜卑"[4]；等等。其中的汉，显然是民族的族称。当然，称为夏、华夏、华族的称谓则更为普遍。至隋唐，汉族的称谓更加固定和普遍，《旧唐书》等文献中有汉、汉人、汉官、汉兵、汉城、汉法、汉界等说法。如唐玄宗时张九龄在《贺破突厥状》中写道："汉军坚壁，坐观成败。"[5] 唐德宗时突厥扰边，唐遣使曰："汉与突厥，风俗各异，汉得突厥，既不能臣，突厥得汉，复何所用？"[6] 同时，

[1]《后汉书》卷87《西羌传》。
[2]《南齐书》卷57《魏虏传》。
[3]《南齐书》卷59《芮芮虏传》。
[4]《北史》卷31《高德正传》。
[5]〔清〕董诰等：《全唐文》卷289，中华书局，1983年。
[6]《旧唐书》卷62《元琇传》。

夏、华夏之称继续存在，隋人、唐人也有使用，但用的都远比汉称少得多。五代之后，夏、华夏之称便很少见到，几乎完全被汉称取代，如辽金都称宋人为汉人，元代将民族划分为包括汉人在内的四个等级。由华夏族脱胎而来、因汉王朝而得名的汉族称谓，最初与夏、华夏等并称，最终取代夏、华夏，成为中华民族主体民族的称谓，经历了一个长期演变的过程。

经过秦汉大一统的政治实践，汉武帝"罢黜百家，独尊儒术"的文化革命，使大一统思想得以确立。正式提出"大一统"的是战国晚期的公羊学说："何言乎王正月，大一统也。"倡导"独尊儒术"的董仲舒是公羊学大师，他将"大一统"理想的政治模式发展为贯通时空的、先天合理和不可逆转的规律和法则，提出了符合中央集权体制的天人合一理论，认为"所闻天下无二道，故圣人异治同理也"①，又提出"三统说"，强调统的合法性。由先秦天命观演化而来的河洛受命说之所以在秦汉盛行，东周及秦汉之际的衰乱积弊是其传衍的社会根源，河洛圣地圣王受命与盛世降临则是人们普遍的期盼。同为公羊学代表人物的司马迁深受河洛受命说之影响，《史记》对于大一统思想的突出贡献，就是建立起了包括三皇五帝在内的历史正统观。

2. 大嵩山地区在大一统思想形成中的重要作用

大嵩山地区作为三代以来中华文明的首善之区，在秦汉时期依然是重要的政治、经济中心，有着不可替代的地位。汉高祖刘邦平定天下之后有定都洛阳之意，并在此分封大臣，后虽定都长安，但一直重视大嵩山地区的经营。汉武帝就此有明确的表态，当其宠幸的王夫人为儿子刘闳乞封洛阳时，武帝说："洛阳有武库敖仓，天下冲阨，汉国之大都也。先帝以来，无子王于洛阳者。去洛阳，余尽可。"通过《史记》的《封禅书》《货殖列传》等篇章，也不难看出司马迁对大嵩山地区重要性的认识。三代以来形成的大嵩山地区重要的政治文化地位在秦汉时期得以继续。王莽即位后，"乃遣太傅平晏、大司空王邑之雒阳，营相宅兆，图起宗庙、社稷、郊兆云"②。

① 〔汉〕董仲舒：《春秋繁露》卷1《楚庄王》，中华书局，1975年。
② 《汉书》卷99《王莽传》。

至光武帝定都洛阳，大嵩山地区的重要地位自不必多言。从东汉班固《两都赋》和张衡《二京赋》的描述，不难看出，当时天中洛阳之繁盛已远超关中之长安[①]。

大嵩山地区长期作为政治、文化的中心区域，对秦汉社会风貌的影响不可小觑。比如，以农为本的传统不仅对秦汉社会，而且对整个中国历史都有极为深远的影响，而推行重农政策的人物多出自大嵩山地区。西汉力倡农本思想的贾谊和晁错分别为洛阳人和颍川人。再比如，秦汉游侠盛极一时，其中不少是大嵩山地区人士，这大概与当地刚直、尚侠之俗不无关系。汉代游侠的代表人物剧孟是洛阳人，"以任侠显诸侯"；入选《史记·游侠列传》的薛兄是阳翟人；汉景帝时以"好任侠"知名的灌夫是颍川人；东汉"党锢之祸"中多有出身大嵩山地区的名臣惨遭迫害，汝南人有陈蕃、陈翔、蔡衍、范滂等，颍川人有杜密、李膺、贾彪等，河南人有尹勋等。又如，洛阳作为大都会，商贾活动十分活跃，被奉为行业祖师的白圭是洛阳人，也曾为魏相；助齐桓公成就霸业的良相管仲原籍颍上，曾参与经商；郑国商人弦高不惜财力阻止秦兵袭郑的事迹千古流传；阳翟大贾吕不韦，以囤积居奇，终于贵为秦相；汉武帝的重臣桑弘羊是洛阳大贾之子。总之，大嵩山地区对于整个秦汉社会风貌的方方面面都有直接而深远的影响。

秦汉时期，由于军事上的震慑、政治上的安抚等因素的影响，不少少数民族以内附、人质、贸易、宗教传播等方式会聚继而融合于大嵩山地区。比如，武帝时期内附的匈奴诸王，有的便被封在大嵩山地区，襄城侯桀龙被封在襄城（襄城在颍川，颍川治禹州），湘成侯敞屠洛被封在湘成（湘成在阳城，今登封）[②]等。正所谓"百蛮之君，靡不乡风，承流称意。远方殊俗，重译而朝，泽及方外"[③]。众多少数民族慕义内迁嵩洛，加速了此地的民族融合，促进了华夏族的进一步发展，增强了民族凝聚力，是大一统思想的宝贵实践。经过400余年秦汉的统一，大一统思想已经深植人心，内化为人们不可动摇的信念。即便是后来在豪强并起、三国鼎立、南北对峙等

[①]《后汉书》卷40《班彪传》："乃上两都赋，盛称洛邑制度之美。"李贤注："中兴都洛阳，故以东都为主，而谓西都为宾也。"
[②]《汉书》卷17《景武昭宣元成功臣表》。
[③]《史记》卷60《三王世家》。

分裂的状态下，人们也都会为着"统一天下"的最终目标而不懈努力。

三、魏晋隋唐大一统思想的发展与大嵩山地区

魏晋南北朝时期，大一统的政治虽不复存在，但确立于汉并已成为人们根深蒂固信念的大一统思想却继续发展，在这分裂的时期发挥着独特的精神作用，表现为政权的正统之争和华夷之辩。民族大融合特别是北魏统一北方和自身的汉化，为隋王朝的统一奠定了政治和文化基础。隋以华夏正统自居，实行华夷同重的政策。唐承隋制，大一统的国家有了进一步的开拓和发展，继而又促进了民族间的交流融合和华夷一体思想的发展。

1. 民族融合与大嵩山地区

魏晋南北朝时期处于长达 400 年左右的分裂、割据状态，其间只有西晋统治时的 37 年短暂大一统。这一时期也是中国历史上继春秋战国之后的第二次民族大融合时期，北方匈奴、氐、羌、鲜卑诸族陆续大量内迁中原，中原大地甚至出现"华夷参半"的现象。在与汉族长期的错居杂处之下，不少原有的部落组织被打破，加上统治者持续"汉化"政策的推动，加速了诸族与汉族在血缘和文化上的融合。特别是北魏孝文帝的改革，更是从语言、姓氏、服饰、生活习俗等各个方面促进了鲜卑族的汉化和各民族的融合，北方民族以汉族为凝聚核心的大一统倾向越来越明显。

北魏在建国之初，就注意延揽汉族人才，按照中原王朝的模式建立北魏的制度，及至孝文帝时期，与其祖母冯太后一起鼎力改革，先后颁行均田制、三长制、租调制，打破原有的部落组织，更严密地控制人口，扩大征调赋税的对象，使鲜卑族进一步汉化。孝文帝迁都洛阳，以华夏正统文化自居，继续实行了一系列的改革。孝文帝虽然允许南迁者"冬则居南，夏便居北"[①]，但为了促使南迁者尽快在洛阳安家立业，又规定："迁洛之民，死葬河南，不得还北。于是代人南迁者，悉为河南洛阳人。"[②] 孝文帝禁止鲜卑官员在朝

①《北史》卷15《常山王遵传附晖传》。
②《魏书》卷7《高祖纪》。

廷上讲鲜卑话："不得以北俗之语言于朝廷，若有违者，免所居官。"①他语重心长地对大臣们说："今欲断诸北语，一从正音（汉语）。年三十以上，习性已久，容或不可卒革；三十以下，见在朝廷之人，语言不听仍旧。若有故为，当降爵黜官。各宜深戒。如此渐习，风化可新。"②孝文帝重新制定官吏冠服，禁止鲜卑族人着民族服装，提倡汉服，曾指责元澄："朕昨入城，见车上妇人冠帽而著小襦袄者，若为如此，尚书何为不察？"③孝文帝为了既保证鲜卑贵族的地位，又逐渐与汉族世家合流，诏令定姓族，改鲜卑姓为汉姓，如改拓跋氏为元氏、拔拔氏为长孙氏，宗族还有改为叔孙、奚氏的，为首的八姓是穆、陆、贺、刘、楼、于、嵇、尉，以此区别门第高低，所谓"班镜九流，清一朝轨"④。孝文帝还鼓励鲜卑族与汉族通婚，以加强与汉族世家的联合，他本人也"雅重门族，以范阳卢敏、清河崔宗伯、荥阳郑羲、太原王琼四姓，衣冠所推，咸纳其女以充后宫"⑤。同时，依周汉旧名，改革官制、爵位制度，修订律令，进一步完备国家机器。

孝文帝改革的成果也突出地表现在大嵩山地区洛阳的繁荣昌盛上。孝文帝迁都洛阳，先后随迁洛阳和南迁的贵族、官吏、军队及家眷、士民，总数约100万人。据《洛阳伽蓝记》记载，洛阳城南圜丘以北、伊洛二水之间的御道两侧，各设有金陵等四馆和归德等四里以安置诸族及外国归附者，有西域"商胡贩客""附化之民"万余家⑥。至六镇起义前的30年间，以洛阳为代表的北方社会经济有了很大的恢复。洛阳城"礼仪富盛，人物殷阜，目所不识，口不能传。所谓帝京翼翼，四方之则"⑦。梁将陈庆之在中大通元年（529）至洛阳也感慨不已："吾始以为大江以北皆戎狄之乡，比至洛阳，乃知衣冠人物尽在中原，非江东所及也。"⑧北魏的汉化促使了南北文化认同趋于一致，为隋王朝的统一奠定了基础。正如元人胡三省的感慨："拓跋兴而南北之形定矣。南北之形既定，卒之南为北所并。呜呼！自隋以后，名称扬于时者，代北之孙十居六七矣。氏族之辨，果何益哉！"

①《魏书》卷7《高祖纪》。
②《魏书》卷21《咸阳王禧传》。
③《魏书》卷19《任城王澄传》。
④《魏书》卷59《刘昶传》。
⑤《资治通鉴》卷140《齐纪六》。
⑥〔北魏〕杨衒之：《洛阳伽蓝记》卷3《城南》。
⑦〔北魏〕杨衒之：《洛阳伽蓝记》卷2《城东》。
⑧《资治通鉴》卷153《梁纪九》。

继起的大一统隋唐王朝，其建立者关陇集团本身就是民族融合的产物，故而力倡华夷并重、华夷一家，各民族间的融通、渗透依然十分活跃。作为东都的洛阳，既是大运河的中心，又是陆路交通的枢纽，在经济重心已然南移的情况下，大嵩山地区之于王朝的重要地位不言而喻，对于王朝控制东方和保障经济供给都有着十分重要的意义。

2. 大一统思想的发展与大嵩山地区

魏晋南北朝时期的政权更迭极其频繁，大一统的政治不复存在，大一统思想突出地表现为正统之争和华夷之辨，占据大嵩山地区依然是王朝正统性的标志之一。正统之说也源于《春秋》，强调以宗周为正，尊先王法五帝，为天下一统。《公羊传》说："君子大居正"，"王者大一统"。《汉书》说："《春秋》法始之要，在乎审己正统而已。"就是说，一统天下、一系相承的政权才是正统，其衡量的标准是是否遵循周礼和春秋大义。曹魏代汉，又被晋代，两晋到底尊何为正统，正统之辨因此而起，北方的民族政权也相继加入。至北魏统一北方，以汉魏为正统，自称为轩辕黄帝后裔，以魏为国号，也无非表明自己是承继汉魏而有天下，为天下之正统。魏太祖曾在诏书中表述想要一统天下的雄心："《春秋》之义，大一统之美，吴、楚僭号，久加诛绝。"北魏崇尚和推行汉制，尤其是孝文帝迁洛之后强力推行的一系列汉化措施，北魏实际上已成为雄踞中原的多民族汉文化政权。这对于北方汉族士人的影响是巨大的，开始奉北魏为正统，如《洛阳伽蓝记》所说："我魏膺箓受图，定鼎嵩洛，五山为镇，四海为家。移风易俗之典，与五帝而并迹；礼乐宪章之盛，凌百王而独高。"①

大一统思想下的华夷之辨，虽然华夷有别，但更强调华夷可换，华夷的标准是以儒家思想为主体的汉文化。入主中原的各少数民族政权也都奉大一统思想为圭臬，自称炎黄等华夏先王之后，接受并推行汉化政策，重用汉族士人，在文化、生活、习俗等各方面日益缩小与汉族的差异，使族源相同、同为一家的华夷一体的观念逐渐

① 〔北魏〕杨衒之：《洛阳伽蓝记》卷2《城东》。

深入人心。不管是不是真的族源相同，这都反映了南下诸族对汉族文化的强烈认同，他们愿意以中华自居，自认为是多民族国家整体中的一部分。至北魏迁都洛阳，通过推行全方位的汉化政策，几乎已完全是汉文化的政权了，更促进了以鲜卑为代表的诸族与汉族在文化心理上的融合，逐步形成了以原汉族为主体、聚合各族因素的新汉族。同时，随着晋室南迁直至南朝，包括大嵩山地区士族在内的大量汉族移居江左，文献记载："洛京倾覆，中州士女避乱江左者十六七。"① 南迁的中原汉人，带去了先进的生产技术和文化，对汉族文化的广泛深入传播、江南社会的发展都起到了积极的作用。南北朝时期也是佛教和道教大流行大传播的时期，在大江南北都蔚为壮观，并表现出儒释道三教融合的趋势。南北文化认同的差异逐渐消弭和趋向统一，为以后隋的大一统奠定了基础。还有一个例子足以说明大一统思想强大的凝聚作用，那就是展现完整统一国家面貌的《水经注》。陈桥驿曾这样评价："一个生来就从未见到过统一祖国的人，而却要以历史上一个伟大王朝的疆域作为他的写作范围，这也只能说明他是如何地向往着一个统一的祖国。"②

建立隋王朝的关陇集团本身就是鲜卑与汉族融合的产物，又以华夏正统自居，实行华夷并重的政策。继起的唐王朝的建立者也出自关陇集团，承隋制，实行华夷一家、全国一体的政策。唐太宗曾说："自古皆贵中华，贱夷、狄，朕独爱之如一，故其种落皆依朕如父母。"③ 这种政策终唐一世自始至终得到了贯彻。唐王朝是一个空前繁荣、地域辽阔的多民族大一统帝国，华夷一体的大一统思想因此有了充分的发展，成为后世长达三四百年分裂时期民族凝聚力的源泉和人们坚信国家必然统一的坚强动力。

大嵩山地区在中国大一统的历史进程中有着极为重要的地位。表现在政治上，大嵩山地区的战略枢纽地位使之不为都畿亦为要地；军事上，对中原局势的判断及经略中原的得失关系着最终的成败兴衰；经济上，大嵩山地区经济中心和转运中心的地位举足轻重；社会生活上，大嵩山地区宗族的变迁无疑是中国古代宗族社会发展的

① 《晋书》卷65《王导传》。
② 陈桥驿：《郦道元生平考》，《地理学报》1988年第3期。
③ 《资治通鉴》卷198《唐纪十四》。

缩影；察举制、九品中正制、科举制等选官制度，都创立或完善于大嵩山地区。表现在礼乐制度上，嵩山祭祀是国家在意识形态领域进行社会整合的重要手段，呼应着大一统政治理想的实现和各项制度的总体改革。表现在大一统思想上，大一统思想肇始、发展、强化于大嵩山地区，这种观念通过历代王朝的政治实践历久弥新、深入人心，大一统思想是中华民族凝聚力、向心力的源泉，成为当代国家统一、民族复兴的重要思想来源。

郑泰森 摄影

第六章

万姓同根：嵩山大家园

大嵩山地区乃人类最早的聚居之地，是伏羲氏"正姓氏""制嫁娶"，开启文明曙光的重要活动区域，也是中华人文始祖黄帝的出生地和重要活动地，是中华姓氏发展时期夏朝、商朝的国都所在地，也是姓氏普及时期周王朝畿内之地和众多重要诸侯的分封之地，因此，大嵩山地区是中华姓氏的重要起源地。在门阀士族兴盛的魏晋南北朝时期，大嵩山地区孕育出众多名门望族，使得河南堂、荥阳堂、颍川堂成为众多姓氏的重要徽记，也使大嵩山地区成为中华姓氏的重要发祥地。发源于或发祥于大嵩山地区的姓氏家族，由于战争、灾荒等原因，源源不断地迁徙到全国乃至世界各地，使这里成为海内外华人的寻根圣地。

第一节　中华姓氏的重要起源地

无论是中华姓氏的萌芽、产生、发展，还是普及、定型，都与大嵩山地区关系密切。在姓氏肇始时期，这里是上古先民的聚居之所；在姓氏发展时期，这里是夏、商两代的国都之所在；在姓氏普及时期，这里成为周王朝的畿内之地，也是众多重要诸侯的分封之地。

一、中华姓氏发源于大嵩山地区

中华姓氏最早可以追溯到母系氏族社会，汉代许慎《说文解字》对"姓"字的解释是："姓，人所生也。古之神圣母感天而生子，

第六章 万姓同根：嵩山大家园

故称天子。从女、从生，生亦声。《春秋传》曰：天子因生以赐姓。"[1]"古之神圣母感天而生"说明"姓"最初产生于只知其母不知其父的母系氏族社会。

原始社会前期，人类处于原始群婚状态，"男女杂游，不媒不聘"[2]。由于血缘相同或相近，不利于人类的繁殖和种族的兴旺。到了伏羲时代，人们已经开始认识到"男女同姓，其生不蕃"的严重危害，便出现了"正姓氏，通媒妁"的嫁娶礼仪之制，用于规范人们的社会行为和婚姻生活。《路史》记载："（伏羲）正姓氏，通媒妁，以重万民之丽。俪皮荐之以严其礼，示合姓之难，拼人情之不渎。法乾坤以正君臣、父子、夫妇之义。"《史记索隐》也说："（伏羲）始制嫁娶，以俪皮为礼。"[3]伏羲制定的是一种禁止氏族内部血亲通婚的族外群婚制。而要想实行族外婚，就必须首先明确族群之别，而"正姓氏"是区别血亲的重要手段。自此，作为各氏族部落识别符号的图腾徽记，逐渐以"姓氏"的称谓确定下来，中华姓氏由此萌芽。大嵩山地区是伏羲部落的重要活动地区。在巩义的河洛交汇处有伏羲台，传说伏羲在这里观察黄河、洛水的包孕推衍，融合涵化，从而构演八卦。另外，还传说伏羲氏的女儿宓妃，因溺死洛水，而成为洛水女神，三国时期曹植作《洛神赋》，东晋顾恺之绘《洛神赋图》即以此为题材。据此我们认为，大嵩山地区当为中华姓氏的最早发源地。

早期古族的女娲氏、大庭氏、柏皇氏、中央氏、栗陆氏、骊连氏、赫胥氏、尊卢氏、混屯氏、昊英氏、有巢氏、朱襄氏、葛天氏、阴康氏、无怀氏、东扈氏、帝鸿氏、神农氏、共工氏、容成氏、轩辕氏等早期部族的名号，作为部族或者一个部族首领的名称，起着区分族群、加强共同体意识的作用，有的在后来历史演变过程中衍生为后世的姓氏。

炎黄时代是中国古姓可以确证的起源时期。《国语·晋语》说："黄帝之子二十五宗，其得姓者十四人，为十二姓：姬、酉、祁、纪、滕、箴、任、苟、僖、姞、儇、衣是也。"[4]这12个姓氏又衍生出众

---

[1]〔汉〕许慎：《说文解字》，中华书局，1963年。
[2]《列子·汤问》。
[3]〔清〕马骕撰，王利器整理：《绎史》卷3《太皞纪》，中华书局，2002年。
[4]《国语·晋语四》。

多姓氏，根据《史记》记载，不同时代居中原地区统治地位的部族，如颛顼、帝喾、尧、舜，以及夏、商、周的最高统治集团等，都是黄帝的后裔。这些部族持续居于统治地位，历时久，势力大，分布广，人丁兴旺。秦嘉谟辑本《世本·氏姓篇》收录黄帝之子12个姓氏派生出的姓氏有510个，其中出自黄帝嫡系的姬姓势力最为强大，衍生出来的姓氏就有432个[①]；已姓分衍出10个属地、13个姓氏。在当代人口最多的前100个大姓中，黄帝后裔姓氏有王、李、张、刘、陈、杨、黄、吴、赵、周、徐、孙、马、朱、胡、林、郭、何、高、罗、郑、梁、谢、宋、唐、邓、冯、韩、曹、曾、彭、萧、蔡、潘、田、董、袁、于、余、叶、蒋、杜、苏、魏、程、吕、沈、任、姚、傅、钟、谭、廖、范、汪、陆、金、石、戴、贾、韦、夏、邱、侯、邹、熊、孟、秦、白、江、阎、薛、尹、段、黎、史、龙、陶、贺、顾、毛、郝、邵、万、钱、严、赖、覃、武、莫、孔等91个。可见，在中华姓氏发展史上，黄帝具有举足轻重的地位，明代大儒方孝孺说："四海之广，百氏之众，其初不过出于数十姓也。数十姓之初，不过出于数人也，数人之先一人也。故今天下之受氏者，多尧舜三王之后，而皆始于黄帝。"[②]据有关文献记载，黄帝都有熊，居于轩辕之丘，此二地均在今河南新郑境内，新郑还保留有具茨山、风后岭、大隗山等与黄帝相关的地名和传说。所以，可以将新郑为中心的嵩山东部地区视为黄帝的重要活动地和中华姓氏的重要发源地。

二、中华姓氏发展于大嵩山地区

1. 中华姓氏在夏代的初步发展

一般认为，姓氏制度是从国家出现开始形成的。史学界一般认为夏代以前属部落联盟时代，夏王朝是我国第一个国家形态。因此，中国姓氏制度应该是从夏代开始的。《国语·周语》在记述周灵王太子晋的言论时说，大禹治水安民有功，于是"皇天嘉之，祚以天

[①]〔汉〕宋衷注，〔清〕秦嘉谟等辑：《世本八种》，商务印书馆，1957年。
[②]〔明〕方孝孺著，徐光大校点：《方孝孺集》（上册），浙江古籍出版社，2013年。

下，赐姓曰'姒'，氏曰'有夏'"。同时，四岳因为辅佐大禹有功，皇天也"祚四岳国，命以侯伯，赐姓曰'姜'，氏曰'有吕'"。太子晋还进一步论述说："唯有嘉功，以命姓受祀，迄于天下。及其失之也，必有慆淫之心间之，故亡其氏姓，踣毙不振，绝后无主，湮替隶圉。"① 这段话的意思是说，只有建立了功德的部落首领，才能受到上帝的嘉赏，拥有侯伯以上的爵位，统治一定的区域，并享有"姓"和"氏"的权利和荣耀。子孙如果丧失了贵族的地位和权力，就会亡其氏姓，被夷灭或沦为奴隶，其祖先也将绝后无主，不得享受祭祀。可见，此时只有氏族贵族或奴隶主贵族才有获得与使用姓氏的权利。

　　夏代的社会结构较之前的原始时代发生了重大变化，各个部落或部落联盟中的许多氏族或在斗争中取得胜利成为贵族，或在斗争中失败沦为奴隶。获胜的贵族占有一定的土地，拥有一定的权利，同时也获得了"受姓"的荣誉。除姒、姜二姓以外，夏代出现的姓氏还有祝融八姓，据《国语·郑语》记载，祝融之后裂变为8个姓氏，即己、董、彭、秃、妘、曹、斟、芈；《国语·鲁语》记孔子之言，谓夏禹时有诸侯防风氏为"漆"姓；《国语·晋语》"夏桀伐有施，有施人以妹喜女焉"，韦昭注说："有施，喜姓之国。"上述这些姓氏大约都是在夏代出现的。

　　夏代开始出现分封制度，夏王朝就是一个由众多同姓或异姓方国组成的奴隶制国家，有的方国后裔以国为氏形成新的姓氏。其中夏后氏同姓侯伯包括有扈氏、有男氏、斟郭氏、彤城氏、褒氏、费氏、杞氏、缯氏、辛氏、冥氏、斟（氏）戈氏等。为了巩固自己的统治，夏王朝还分封了一些承认夏王朝共主地位，或接受夏王朝封号的异姓方国，如己姓的昆吾氏、顾氏、苏氏、温氏、董氏，彭姓的彭祖氏（即大彭氏）、豕韦氏、诸稽氏，董姓的鬷夷氏、豢龙氏，嬴姓的葛氏、费氏、黄氏、江氏、廉氏、谭氏，姜姓的吕氏、申氏、许氏，偃姓的英氏、六氏、舒氏。此外还有涂山氏、有仍氏、伯盟氏、防风氏、有施氏等等。

① 《国语·周语下》。

大嵩山地区是夏王朝统治的中心，姓氏之制在这一地区有了进一步发展，据何光岳统计，仅夏公族后裔衍生出来的姓氏就有一百七十多个[①]，而这些姓氏大多起源于大嵩山地区。

2. 中华姓氏在商代的进一步发展

商朝的姓氏之制与夏代类同，又有所创新。孔子曰："殷因于夏礼，所损益可知也。"[②]《吕氏春秋》《战国策》等史籍称，商汤时有诸侯"三千"。《史记·殷本纪》记载："契为子姓，其后分封，以国为姓，有殷氏、来氏、宋氏、空桐氏、稚氏、北殷氏、目夷氏。"周初分封给鲁公的"殷民六族：条氏、徐氏、萧氏、索氏、长勺氏、尾勺氏"；还有分封给康叔的"殷民七族：陶氏、施氏、繁氏、锜氏、樊氏、饥氏、终葵氏"。在殷墟甲骨文里提到的就更多了，丁山曾据甲骨卜辞所载考证，商代有200多个氏族，所以他认为"殷商后半期的国家组织，确以氏族为基础"[③]。

除了文献中有关商代族氏的记载，甲骨卜辞中还出现了"王族""子族""多子族"等名称以及"三族""五族"等词汇，这些称谓实际上是商代分宗立族、命氏赐号姓氏之制的反映。族是商代的基本社会组织，王族是由在位商王与其亲子家庭为骨干，联合其他同姓近亲组成的族氏，子族是部分未继王位的王子从王族中分化出来的族氏，"王族和子族是两个独立的宗族组织，而有共同的血缘基础，属于同一姓族的两个宗族等级。子族是从王族中分立出去的，二者的关系相当于《左传·定公四年》所说的'宗氏'和'分族'，王族是子族的'宗氏'，子族是王族的'分族'。'隹族'等某族和三族、五族等是商王国内的百执事之族，其地位在子族之下，指臣事于商王之族，称为臣族，或为官族。其中有的是商王的同姓宗族，有的则是异姓宗族。无论是王族、子族还是官族，都是宗族群体，包括其所有的宗族成员"[④]。这些子族一般居于殷商王室的王畿之内，他们拥有世袭的封邑，具有封爵、氏号，在政治、经济等方面享有特权，是维护商王朝统治的重要力量。

商王朝是由商王室直接控制的中央王朝机构、王畿以及许多大

[①] 何光岳：《中华姓氏源流史》，湖南教育出版社，2003年。
[②]《论语·为政》。
[③] 丁山：《甲骨文所见氏族及其制度》，科学出版社，1956年。
[④] 田昌五、臧知非：《周秦社会结构研究》，西北大学出版社，1996年。

第六章 万姓同根：嵩山大家园

大小小的同姓或异姓的侯伯方国组成的。《尚书·酒诰》记周公告康叔语，言及商王朝的政体："自成汤咸至于帝乙……越在外服：侯、甸、男、卫、邦伯；越在内服：百僚、庶尹、惟亚、惟服、宗工，越百姓里居。"所谓的"内服""外服"是以商王的直接统治区域，即王畿来划分的。内服，就是在商王直接统治区中央政权和王畿之内，协助商王治理王室及王畿事务的官；外服，即分封诸侯国与方国，主要分布在王畿周围地区，其主要义务是为王室戍边、随商王出征、向王室纳贡等。

与夏代相比，商代姓氏制度有了新的发展，除以国为氏外，还出现了以职业命氏的新的得姓方式。上面所提到的"殷民六族"中，索氏是以制造绳索而著名的氏族，长勺氏、尾勺氏是以制造酒器而著名的氏族，"殷民七族"中，陶氏是以制陶著名的氏族，施氏是以制作旌旗著名的氏族，繁氏是以制造马缨著名的氏族，锜氏是以制造釜著名的氏族，樊氏是以建造篱笆著名的氏族，终葵氏是以制造锥著名的氏族。

到了商代晚期，随着氏族的不断壮大，开始出现新的氏族分支。商末青铜器的族徽铭文，常见有两个或两个以上的氏族名号，而且不同器物上的组合形式也不同。朱凤瀚通过对铭文中有与"戈"组成的氏族名称的青铜器进行研究后发现：记明出土地点者共44件，其中年代属殷代的器物较集中地出土于安阳及其邻近地（如河北藁城），共30件，占全部44件的68%[①]。反映出商代晚期的戈氏已经产生了许多分支，与"戈"组成复合氏名徽号者就是"戈"氏分支氏族的族徽。由此可见，氏族分封在商代得到了快速发展，商代是中国姓氏之制的一个重要发展阶段。

商王朝的统治区域主要在今河南境内，其都邑亦然。考古发现的四座商代大型都邑遗址，即郑州商城、偃师商城、郑州小双桥和安阳殷墟都在河南境内。因此，大嵩山地区无疑是中华姓氏的重要发展地。

[①] 朱凤瀚：《商周家族形态研究》，天津古籍出版社，1990年。

三、中华姓氏普及于大嵩山地区

《论语·为政》曰："周因于殷礼，所损益可知也。"周代的姓氏之制在商代姓氏之制基础又有显著发展和创新，其中西周初年的封邦建国、"胙土命氏"的礼仪制度，使得姓氏数量大增，对中华姓氏制度的形成产生了重大影响。

1. 周代的分封制度

武王灭商以后，"追思先圣王，乃褒封神农之后于焦，黄帝之后于祝，帝尧之后于蓟，帝舜之后于陈，大禹之后于杞"①，又"封纣子武庚、禄父，以续殷祀"②。不过，这些分封只是殷商旧制的延续而已，西周分封制度的真正实施，是在周公东征和营建成周之后。《左传·僖公二十四年》云："昔周公吊二叔之不咸，故封建亲戚，以蕃屏周。"就是说周公在平定管叔、蔡叔叛乱之后，深感维护周王朝安全的重要性，因而实行把亲属子弟分封到各地去作周王朝的屏藩的政策。

周代究竟封了多少诸侯国，说法不一。《吕氏春秋·观世》说："周之所封四百余，服国八百余"；《荀子·儒效》谓：周公"兼制天下，立七十一国，姬姓独居五十三人"；《左传·昭公二十八年》称："兄弟之国者十有五人，姬姓之国者四十人"；《史记》云："武王、成、康所封数百，而同姓五十五"③。在已知的周朝封国中，以周王室的宗亲为主，其中文王子辈封国有管、蔡、郕、霍、鲁、卫、毛、聃、郜、雍、曹、滕、毕、原、酆、郇；武王子辈封国有邘、晋、应、韩；周公子孙封国有凡、蒋、邢、茅、胙、祭；其他姬姓封国还有芮、息、随、贾、沈、密、郑、虢、滑、樊等。这些封国多在西起关中，东至黄河下游的发达地区，是周王朝统治的核心区域。

在分封姬姓封国同时，出于镇抚异族、稳固四方的考虑，西周还对有功大臣及臣服的与国进行分封，如姜姓的齐、吕、申、许、向、厉、莱，妫姓的陈，嬴姓的秦、江、黄、葛、莒、梁、纪，偃姓的蓼、轸、舒，姒姓的鄫，子姓的宋，曹姓的邾、邹，风姓的任、

①《史记》卷4《周本纪》。
②《史记》卷3《殷本纪》。
③《史记》卷17《汉兴以来诸侯王年表》。

宿、须句，曼姓的邓，芈姓的楚，祁姓的杜，等等。

西周分封制是从天子往下的层层分封，周王作为天下共主，把土地和人民分封给诸侯；诸侯作为一国之君，再把自己受封的土地和人民分封给卿大夫，《礼记·祭法》载："天下有王，分地建国，置都立邑。"郑玄注曰："建国，封诸侯也。置都立邑，为卿大夫之采地及赐士有功者之地……天子有田以处其子孙，诸侯有国以处其子孙，大夫有采以处其子孙。"通过层层分封，在王畿及诸侯国内，分布着众多的公卿大夫采邑。

2. 周代的姓氏制度

周王朝在实施分封制度的同时，还配合赐姓命氏制度来控制和利用诸侯和卿士。《左传·隐公八年》中众仲所说的"天子建德，因生以赐姓，胙之土而命之氏。诸侯以字为谥，因以为族。官有世功，则有官族，邑亦如之"[1]，就是对西周姓氏制度所做的最好诠释。

"天子建德，因生以赐姓"就是周王对其所分封诸侯的姓加以赐命。由于周王同姓诸侯都姓姬，实际上就是对异姓诸侯原有姓的重新申命。所以，清代学者段玉裁说："按人各有所由生之姓，其后氏别既久而姓几湮，有德者出，则天子立之令姓其正姓。"[2]所封异姓诸侯为异姓中的有德之人，分封土地的同时又赐其姓先人之姓，即所谓的"正姓"。胡公满赐姓为妫就是其中的一个例子："立有德以为诸侯，因其所由生以赐姓，谓若舜由妫汭，故陈为妫姓，报之以土而命氏曰陈。"[3]周武王建立西周王朝以后，寻找有德之人为藩卫王室的诸侯，并据其出生时的情况而赐其姓。虞舜后裔"胡公不淫，故周赐之姓，使祀虞帝"[4]。因舜生于妫汭，让他继续使用舜的妫姓。通过赐姓的方式，不仅是对其异姓贵族身份的确认，也是对其德行功德的认可，从而起到凝聚异族人心的作用。

周代的姓氏制度是在分封制基础上形成的。周代已经形成较为完备的命氏制度，其命氏方式有以国为氏、以字为氏、以官为氏、以邑为氏、以谥为氏、以地为氏、以职业为氏等12种，其中主要有下述4种：

[1]〔晋〕杜预注：《春秋左传集解》，上海人民出版社，1977年。
[2]〔汉〕许慎撰，〔清〕段玉裁注：《说文解字注》，浙江古籍出版社，2006年。
[3]〔晋〕杜预注：《春秋左传集解》，上海人民出版社，1977年。
[4]〔晋〕杜预注：《春秋左传集解》，上海人民出版社，1977年。

一是以国为氏。以国名作为氏号是周初最为普遍的得氏方式。周人在伐灭商国以后，曾经大规模地分封诸侯，武王、周公、成王、康王之世均有封建之举，获得封国的诸侯以国名作为自己的姓氏，产生了众多姓氏。如姬姓的鲁国、卫国、晋国、郑国等国国君分别以国为氏，就有了鲁氏、卫氏、晋氏、郑氏等；姜姓的齐国、姒姓的杞国、子姓的宋国等国国君以国为氏，就有了齐氏、杞氏、宋氏等。

二是以字为氏。"诸侯以字为氏，因以为族"，一般是指以祖父的字作为姓氏，即孔颖达《左传正义》所言："诸侯之子称公子，公子之子称公孙，公孙之子以王父字为氏。"如郑穆公的儿子公子骓，字子驷，公子骓的孙子以祖父的字作为姓氏，就有了驷氏；齐惠公的儿子公子坚，字子栾，公子坚的孙子以祖父的字作为姓氏，便称为栾氏。也有以父亲的字为氏的，如郑穆公的儿子公子发，字子国，公子发的儿子公子侨，字子产，以父字为氏，故又称国侨。

三是以官为氏。"官有世功，则有官族"，是指世代承居某官职且有功绩的贵族，其后代分立支族时，可以该官职为氏，如晋有中行之官，因有中行氏；郑有尉官，因有尉氏；卫有褚师之官，因有褚师氏，其他如司马氏、司徒氏、司空氏、司寇氏、太史氏、太祝氏、卜氏、师氏等等。

四是以邑为氏。"邑亦如之"，就是以分封的邑名作为姓氏。西周时代的采邑很少，且主要集中在王畿地区，以邑为氏者也主要是周王朝的公卿大夫和王室懿亲，如周氏、召氏、祭氏、原氏等等。随着人口繁衍，诸侯国内的封邑越来越多，以邑为氏者也越来越多，清代学者洪亮吉曾指出晋国卿大夫多以采邑为氏的特点："大率晋大夫，皆以采地为氏。除赵、韩、魏之外，如吕、郤、荀、栾、胥、羁、狐、辅、虢、范、祁、邢、屏、楼、杨、邬、贾、杜、阳、臼、随、苗、温、冀、知、阎、瑕、畴、铜鞮、邯郸等并是。"[1]

总之，到周代时，得姓受氏的体系越来越完善，得姓受氏的方式越来越多样，得姓受氏的人群越来越广泛，中华姓氏制度已渐趋成熟，中华姓氏发展正式进入普及时期。

[1]〔清〕洪亮吉：《春秋左传诂》，中华书局，1987年。

3.大嵩山地区在姓氏普及时期的重要地位

中华姓氏制度的成熟与大嵩山地区密不可分。首先，表现在最完善的姓氏制度在这里诞生。位于大嵩山地区的洛阳在西周政治、经济、军事等方面都具有十分重要的地位。它位于伊水和洛水流经的伊洛盆地中心，地势平坦，土壤肥沃，南望龙门山，北倚邙山，群山环抱，地势险要，是建都的好地方。周武王在西周初年就考虑在今洛阳一带营建洛邑，可惜在灭商后不久就去世了。周公在东征平定"三监之乱"后，为完成武王营建东都的遗愿，更为重要的是巩固西周政权，达到"中天下而立"，以经营四方的目的，即着手在洛邑营建东都成周。经过精心组织，洛邑城很快便建成了。东都洛邑建成之后，周公建议成王把国都迁到洛邑，并在这里正式册封天下诸侯，颁布各种典章制度，也就是所谓"制礼作乐"，开启了中华文明的崭新局面。周公在洛阳推行的以宗法和分封为大纲的政治制度，逐步确立起了新的家国一体的政治形态，也为中国姓氏制度的全面繁荣奠定了基础。

其次，诞生在大嵩山地区的姓氏不仅数量大，而且得姓受氏方式多种多样。西周初年分封的诸侯中，管（今郑州市管城回族区）、毛（今宜阳县境内）、祭（属今郑州市郑东新区）、东虢（今荥阳市一带）等国封地就在大嵩山地区，这些封国后裔以国为氏，分别有管、毛、祭、郭等姓氏。周代封于此地区的姬姓封国还有郑、韩（故城均在今新郑市的郑韩故城）、冯（故城在今荥阳市广武镇冯沟村附近）、颍（都今登封市颍阳镇颍阳村附近）、密（故城在今新密市的大隗镇）等，他们的后裔以国为氏，则有郑、韩、冯、颍、密等姓氏。此外，商代末年，被周武王灭掉的苑（都今新郑市龙王乡古城村附近）、崇（今嵩县、登封市一带）、索（故城在今荥阳市老城区一带）、京（故城在今荥阳市东南的京襄城村）等子姓国，其后以国为氏，分别有苑、崇、索、京等姓氏。西周末年，郑国东迁后灭掉的郐（故城在今新密市曲梁镇古城寨村）、弊（都今郑州市东郊圃田西）、舟（都今新郑市境内）、依（都今郑州市西北）、补（故城在今新密市牛店镇谭村湾的补子庙附近）、华（故城在今新郑市郭店镇华阳寨村附近）、曼（都今荥阳市汜水镇南）、棐（都今新郑市龙王乡境内）等商代古国，其后以国为姓氏，有邻、弊、舟、依、补、华、曼、棐等氏。

王畿之内的卿士封邑更多，唐代历史学家李百药曾说："三代之法，天下五服之内，尽封诸侯，王畿千里之间，俱为采地。"[①]今嵩洛之间有成（今洛阳市附近）、刘（今偃师市境内）、尹（今宜阳县西）、巩（故城在今巩义市孝义镇康店村）等封邑，领有这些封邑的卿士之后以邑为氏，有成、刘、尹、巩等姓氏。诸侯国内以邑为氏的也有很多，如郑国境内诞生的就有共、共叔、京、京城、具封、儵、梧、徐吾、堵等姓氏。

得姓于大嵩山地区的以字为氏者更多，仅郑国公族以字为氏的就有伯有、都、丰、国、罕、蟜、孔、良、如、石、驷、轩、印、游（遊）、羽、子丰、子革、子公、子国、子罕、子华、子家、子孔、子宽、子南、子旗、子人、子如、子师、子驷、子晳、子轩、子游、子羽等姓氏。郑国公族中以名为氏者也有卑、柙、参、蛮、歂、段、公父、浑、颉、髡、兰、貶、譚、侨、去疾、去、然、繻、司、熙、泄氏（洩氏）、渝、俞、语、谕、喻、子然等姓氏。

洛阳作为周朝东都，以官为氏者中得姓于周王朝的司马、司徒、司空、司寇、太史、太祝、卜、师等姓氏，当诞生在这一地区。此外，各诸侯国中以官为氏者还有不少，如郑国有褚师氏、马师氏、尉氏、蔚氏、行人氏等。

综上所述，中华姓氏的起源、发展、普及都与大嵩山地区关系密切。姓氏起源时期，这里是上古氏族的聚居地；姓氏发展时期，这里是夏、商两代的国都所在地；姓氏普及时期，这里是周王朝畿内之地，众多重要诸侯的分封之地，这种独特的地位决定了大嵩山地区在中华姓氏史上的重要地位。

① 〔唐〕吴兢：《贞观政要》，岳麓书社，1991年。

第二节　中华姓氏的重要发祥地

在中华姓氏发展过程中，大嵩山地区具有十分重要的地位。到了汉魏隋唐时期，这里不仅涌现出众多姓氏望族，使得河南堂、荥阳堂、颍川堂成为最耀眼的姓氏文化标识，我国历史上少数民族姓氏汉化高潮也发生于此。

一、郡望：记录姓氏发展的辉煌

郡望，又称姓望或地望，是"郡"与"望"的合称。在某一地域范围内的同姓家族，族人仕宦显赫，为当地名门望族，其姓就是当地的著姓，此地就是该姓的郡望。

秦汉以后，姓、氏合二为一，姓氏不再具有明贵贱的作用。魏晋实行九品中正制后，由于门阀制度盛行，各个州郡都形成了一批公认的高门大姓。这些"士族""右姓"无论是选官还是婚嫁无不看重门第郡望，高官厚禄者也多出自名门望族，"唯能知其阀阅，非复辨其贤愚""上品无寒门，下品无势族""世胄蹑高位，英俊沈下僚""高门华阀有世及之荣，庶姓寒人无寸进之路"等，就是当时门阀社会的真实反映。

在门阀制度下，不仅士庶界限十分严格，而且不同姓氏也有高低贵贱之分，甚至在同一姓氏的士族集团中，不同郡望的宗族也有贵贱、尊卑之分，如陇西李氏就比赵郡李氏显贵，而所有王氏的郡望中，以太原、琅琊最为尊荣。为标榜自己是某地的望族，他们特意在姓的前面标出自己家族所在的地域，显示贵族身份，以示与其他同姓者的区别。正如清钱大昕《十驾斋养新录·郡望》所说："自魏晋以门第取士，单寒之家，屏弃不齿，而士大夫始以郡望自矜。"[①]

[①]〔清〕钱大昕著，陈文和主编：《嘉定钱大昕全集·十驾斋养新录附余录》，江苏古籍出版社，1997年。

隋唐时期尽管开始实行开科取士制度，但士族仍然矜夸门第，崔、卢、李、郑、王等旧时大族彼此联姻，自矜高贵。唐太宗为打破纯以郡姓作为门第等差的传统，诏吏部尚书高士廉、御史大夫韦挺、中书侍郎岑文本、礼部侍郎令狐德棻，以及各地谙练谱学的文人，在全国普遍搜求谱牒，参照史传辨别真伪，评定各姓等第。书成以进，唐太宗不满意将山东士族崔幹等列入第一等，认为应当重唐朝冠冕，根据当朝官职的高下确定等第，命高士廉等重新刊定。高士廉等依照皇帝的旨意重修谱牒，编成《贞观氏族志》，书中将崔幹降为第三等①。但由于崇尚旧族望的习惯势力根深蒂固，房玄龄、魏徵及李勣等功臣新贵依然力求与山东氏族联姻，借以提高自身的社会地位。唐代诗人郑颢出身荥阳郑氏，考中状元后，恰逢宣宗皇帝为公主选婿，时任宰相的白敏中就向皇帝推荐了他，但他"不乐为国婚"，因此与白敏中结怨。由此可见，当时名门望族在社会上享有常人难以企及的特殊荣耀。

不管是南北朝时期的旧门阀体系，还是唐代以功臣新贵为核心的新门阀体系，强调的都是门第观念。因此，人们习惯于以姓氏、郡望标明出身门第贵贱和社会地位的影响。清代王士禛《池北偶谈》云："唐人好称族望，如王则太原，郑则荥阳，李则陇西、赞皇，杜则京兆，梁则安定，张则河东、清河，崔则博陵之类，虽传志之文亦然，迄今考之，竟不知为何郡县人。"②

宋代取消了郡级行政区划，但由于长期形成的以姓氏、郡望标明出身门第贵贱和社会地位的影响，以及追宗认祖、不忘根本的传统，以郡望标注姓氏的习俗仍然盛行。宋代《百家姓》于每一姓氏之后均标注魏晋至隋唐时期所形成的姓氏郡望。及至明清，以郡望标注姓氏的习俗仍较普遍，编修族谱时，往往都冠以郡望，如清道光二十四年（1844）浙江浦江、光绪二年（1876）江西上饶、光绪四年湖南平江、光绪十八年浙江汤溪等地郑氏族人，虽已不居荥阳，但其家谱仍以"荥阳郑氏"名之。文人雅士也往往将郡望标于作品名称之前，如明代浙江鄞县（今宁波市鄞州区）人郑真的别集就题

① 《旧唐书》卷65《高士廉传》。
② 〔清〕王士禛著，文益人校点：《池北偶谈》，齐鲁书社，2007年。

作《荥阳外史集》。直到民国时期，好称郡望的习惯依然流行。鲁迅《阿Q正传》有这样一段话："第四，是阿Q的籍贯了。倘他姓赵，则据现在好称郡望的老例，可以照《郡名百家姓》上的注解，说是'陇西天水人也'。"

当今社会，传统宗法社会基础已经不复存在，但作为姓氏发祥地徽记的郡望，和以郡望为名的堂号，在敦宗睦族，弘扬孝道，启迪后人，催人向上，维护家庭、宗族和整个社会的稳定，以及方便海外寻根问祖等方面仍具有一定的影响，尤其在海外华人群体中影响更甚。

二、河南郡：众多姓氏在此发祥

河南郡是西汉高帝二年（前205）改三川郡设立的，治所在雒阳（今洛阳），辖洛水、伊水下游，双洎河、贾鲁河上游及今黄河以北原阳一带地区，包括雒阳、荥阳、偃师、京、平阴、中牟、平、阳武、河南、缑氏、原武、巩、谷城、故市、密、新城、开封、成皋、苑陵、梁、新郑等21县，大致相当于今河南孟津、偃师、巩义、荥阳、原阳、中牟、郑州、新郑、新密、汝州、汝阳、伊川、洛阳等市县。东汉都洛阳，为提高河南郡的地位，建武十五年（39）将其改为河南尹。西晋泰始二年（266）分置荥阳郡，河南郡仅存洛阳、巩、河阴、成皋、缑氏、新城、偃师、梁、新郑、谷城、陆浑、阳城、阳翟13县。隋朝初年废河南郡，后又复为豫州河南郡，辖河南、洛阳、阌乡、桃林、陕、熊耳、渑池、新安、偃师、巩、宜阳、寿安、陆浑、伊阙、兴泰、缑氏、嵩阳、阳城等18县。唐代以洛阳为东都，武德四年（621），置洛州总管府，辖洛州、郑州、熊州、榖州、嵩州、管州、伊州、汝州、鲁州等9州，洛州辖河南、洛阳、偃师、缑氏、巩、阳城、嵩阳、陆浑、伊阙等9县。

历史上不同时期，河南郡产生了众多望族，敦煌遗书斯2052号《新集天下姓望氏族谱》载："洛州河南郡，出二十三姓：褚、穆、独孤、丘、祝、元、闻人、贺兰、慕容、商、南宫、古、山、方、蔺、庆、间丘、利、芮、侯莫陈、房、庸、宇文。"①敦煌遗书北8418号《姓氏录》则云："河南郡七姓：潞（洛）州。贺兰、丘、士、穆、祝。"②敦煌遗书伯3191号《郡望姓望》曰："洛州，河南郡，贺、褚、穆、祝、蔺、丘、窦、南宫、独孤。"③《太平寰宇记·河南道三·河南府》亦谓："河南郡九姓：贺、丘、褚、祝、兰、窦、南宫、穆、独孤。"④《元和姓纂》中以河南为郡望的有茂、封、奇、伊等83个姓氏；《广韵》以河南为郡望的姓氏有封、于、朱、稽、甄等31个。《通志·氏族略》以河南为郡望的姓氏有胡、陈、朱、越等44个；《古今姓氏书辩证》以河南为郡望的姓氏有奇、儿、奚、怀等58个；《姓觿》以河南为郡望的姓氏更是有于、凡、门、王等124个之多。综合上述史籍，以河南郡为郡望的姓氏有232个之多。

上述姓氏有的后来已不再使用，宋代《百家姓》收录的438个姓氏大多是至今还在使用的姓氏，在这些姓氏中以河南郡为郡望的就有卜、于、万、山、王、元、云、车、长孙、公孙、乌、方、艾、古、石、田、史、兰、司马、司空、邢、毕、朱、伊、刘、宇文、安、扶、芮、苏、杜、李、连、利、邱、谷、狄、怀、宋、陆、陈、林、步、明、和、周、单、房、屈、封、胡、茹、柯、侯、闻人、娄、祝、费、贺、骆、聂、莫、桓、贾、高、堵、曹、阎、盖、梁、寇、宿、扈、尉迟、越、葛、嵇、温、禄、赖、甄、路、鲍、解、窦、褚、慕容、黎、潘、穆等90个姓氏，这在所有姓氏郡望中都是不多见的。

河南郡成为众多姓氏郡望与鲜卑族的加入有密切关系。北魏太和十八年（494），孝文帝迁都洛阳，并推行易汉服、说汉话、改汉姓、定籍贯、与汉族通婚等一系列汉化政策，加强鲜卑族与汉族的融合，其中定籍贯、改汉姓对河南郡成为众多姓氏的郡望产生了重要影响。

鲜卑人来自代北，自称代人。为了加速鲜卑人的汉化，孝文帝规定，鲜卑人死后，要葬在洛阳，不得归葬代北，而且迁到洛阳的鲜卑人，一律以洛阳为籍贯。太和十九年五月，诏令："迁洛之人，自兹厥后，悉可归骸邙岭，皆不得就茔恒代。"诏令规定迁到洛阳

① 郑炳林校注：《敦煌地理文书汇辑校注》，甘肃教育出版社，1989年。蔺应为"蘭（兰）"之讹。"庸"有的作"庸"，应为"蘆（芦）"。
② 郑炳林校注：《敦煌地理文书汇辑校注》，甘肃教育出版社，1989年。"潞州"系"洛州"之误。七姓仅存五姓，疑有脱误。S.2052号河南郡二十三姓中无士姓。
③ 郑炳林校注：《敦煌地理文书汇辑校注》，甘肃教育出版社，1989年。"蔺"应为"蘭（兰）"之讹。
④〔宋〕乐史：《太平寰宇记》卷3《河南道三》，中华书局，2007年。

的代北人死后就地葬在洛阳北郊外的邙岭，不得迁归代北，实际上就是断绝鲜卑贵族回归旧土的念头，视洛阳为故乡。同年六月丙辰，孝文帝再次"诏迁洛之民，死葬河南，不得还北。于是代人南迁者，悉为河南洛阳人"。这些南迁的鲜卑人经过数代繁衍之后，逐渐融入汉人，并将自己当作洛阳人，《汉魏南北朝墓志汇编》中就有许多鲜卑人自称"洛阳人"，其中北魏时期鲜卑人传主有84人，东魏时期有13人。

鲜卑族原为复姓，孝文帝下令将鲜卑姓氏改为汉姓姓氏。太和二十年（496），孝文帝率先将自己的姓氏改为元氏，其他9个皇族宗室姓氏也全部改为汉姓：纥骨氏改为胡氏，普氏改为周氏，拔拔氏改为长孙氏，达奚氏改为奚氏，伊娄氏改为伊氏，丘敦氏改为丘氏，侯氏改为亥氏，乙旃氏改为叔孙氏，车焜氏改为车氏。在皇族的带动下，其他鲜卑贵族也都改为汉姓，据《魏书·官氏志》记载，有118个鲜卑族姓氏改成了汉族姓氏。

南迁的鲜卑人经过数代繁衍之后，逐渐融入汉人，他们使用汉姓，自称洛阳人，也按照汉族人的习惯，喜欢用郡望标榜自己的辉煌，而养育他们的河南郡就成了他们的郡望。《百家姓》以河南为郡望的姓氏中，北魏鲜卑族汉化使用的姓氏就有卜、于、万、山、王、元、云、长孙、乌、艾、古、石、史、毕、朱、伊、刘、宇文、安、扶、苏、杜、李、步、利、邱、谷、狄、陆、陈、周、单、屈、封、胡、茹、柯、侯、娄、祝、费、贺、骆、莫、桓、奚、高、阎、盖、寇、宿、扈、尉迟、越、葛、嵇、温、甄、路、鲍、解、窦、慕容、稽、黎、潘、穆等67个之多。

由鲜卑族汉化后的姓氏经过1000多年的传承，一直被使用着，在当今人口最多的四百大姓中，李、王、刘、陈、周、朱、胡、林、何、高、罗、梁、韩、潘、于、杜、吕、卢、陆、石、丘、侯、薛、黎、贺、莫、温、葛、兰、祝、柯、毕、单、骆、路、鲍、房、屈、解、艾、穆、古、车、连、芦、娄、窦、费、卜、苟、和、略、寇、甄、明、封、奚、楼、伊、盖、狄、索卢、门、云、扈、伏、鹿、薄、阿、那、宿、茹、嵇、利、干、尉、元、展等 78 个姓氏至少有一支是由北魏孝文帝时鲜卑族改姓而来的。

三、荥阳郡：天下郑氏出自荥阳

荥阳郡始置于曹魏时期。正始三年（242），割河南郡巩县自阙以东置荥阳郡，治所在今郑州市惠济区古荥镇，领荥阳、京、密、苑陵、卷、阳武、中牟、开封等 8 县。不久废。西晋泰始二年（266）分河南郡复置，治所、领县如故，辖境相当于今郑州、荥阳、新密、新郑、中牟、原阳等市、县和开封市祥符区部分地区。北魏太和十七年（493）郡治迁至大索城（今荥阳）。之后辖县屡有变化。东魏辖荥阳、成皋、京、密、卷等 5 县。北齐改名成皋郡。隋大业三年（607）改郑州为荥阳郡，治所在管城（今郑州管城回族区），领管城、氾水、荥泽、原武、阳武、圃田、浚仪、酸枣、新郑、荥阳、开封等 11 县，辖境相当于今郑州、新郑、荥阳、中牟、原阳、延津等市县以及开封市祥符区。唐武德二年（619），荥阳郡废。唐天宝元年（742），改郑州为荥阳郡，仍治管城，领管城、荥阳、荥泽、原武、阳武、新郑、中牟等 7 县，辖境相当于今郑州、新郑、荥阳、原阳、中牟等市县。唐至德三载（758），复改荥阳郡为郑州。

魏晋隋唐时期，荥阳郡这块土地上养育了郑、潘、毛、阳、牟、郏多个姓氏望族。敦煌遗书 S.2052 号《新集天下姓望氏族谱一卷并序》载："郑州荥阳郡，出六姓：郑、潘、毛、阳、牟、郏。"[1] 敦煌遗书 B.8418 号《姓氏录》云："荥阳郡四姓（郑州）：郑、毛、潘、阳。"[2] 敦煌遗书 P.3191 号《郡望姓望》曰"郑州，荥阳郡四姓：郑、毛、潘、阳。"[3]《太平寰宇记·河南道九·郑州·姓氏》亦谓："荥阳郡四姓：郑、毛、潘、阳。"[4] 此外，荥阳望族还有皇甫、干、张等姓氏，他们也都以荥阳郡为郡望。其中郑氏、潘氏、毛氏、张氏在当今人口较多，具有较大的影响。

郑氏望居荥阳，史籍多有记载，《广韵》曰："郑，姓，荥阳、

[1] 郑炳林校注：《敦煌地理文书汇辑校注》，甘肃教育出版社，1989 年。
[2] 郑炳林校注：《敦煌地理文书汇辑校注》，甘肃教育出版社，1989 年。
[3] 郑炳林校注：《敦煌地理文书汇辑校注》，甘肃教育出版社，1989 年。
[4]〔宋〕乐史：《太平寰宇记》卷 9《河南道九》，中华书局，2007 年。

彭城、安陆、寿春、东阳五望。本自周宣王封母弟友于郑，及韩灭郑，子孙以国为氏，今之望多荥阳。"唐代林宝的《元和姓纂》、宋代陈彭年的《广韵》以及明代王世贞《宛委余编》、廖用贤《尚友录》、陈士元《姓觿》、凌迪知《万姓统谱》也都有郑氏郡望荥阳的记载。

荥阳郑氏的崛起是从西汉大司农郑当时开始的，至东汉末年，郑浑及郑袤、郑默父子官位显赫，名重当时，郑氏成功跻身于世家大族的行列，自此以后，荥阳郑氏"本枝硕茂，跗萼重晖，冠冕相仍，风流继及"。北魏时，荥阳郑氏与范阳卢氏、清河崔氏、太原王氏并称为四大族，享有无上的特权，史载孝文帝"雅重门族，以范阳卢敏、清河崔宗伯、荥阳郑羲、太原王琼四姓，衣冠所推，咸纳其女以充后宫"。唐朝，荥阳郑氏发展达到鼎盛时期。据统计，仅在唐代荥阳郑氏就有9位宰相、6位状元、8位驸马、22位进士、32位朝官，可谓是簪缨满门，时有上殿"半朝郑"，下殿"满床笏"的说法。

荥阳郑氏在魏晋隋唐时期的辉煌，是郑氏族人的骄傲，他们以作为荥阳郑氏后人而自豪，纷纷称自己为荥阳郑氏人。"荥阳堂"作为郑氏家族的徽号已经被广大郑氏族人认可，凡是有郑姓人聚居的地方，名为"荥阳堂"的祠堂便随处可见，"荥阳衍派""荥阳世泽""荥阳家声"的匾额以及含有"荥阳"字样的堂联比比皆是，"天下郑姓出荥阳""荥阳郑氏遍天下"已经深入人心。

荥阳郡也是潘氏的重要郡望。《尚友录》《万姓统谱》《姓觿》《百家姓考略》皆称潘氏郡望荥阳。潘氏荥阳郡望的形成与西晋文学家潘岳的祖父潘瑾有着密切关系。《元和姓纂》云："（潘）瑾裔孙，居中牟，为著姓。"《晋书·潘岳传》载，"潘岳，字安仁，荥阳中牟人也。祖瑾，安平太守。父芘，琅邪内史。……尼字正叔。祖勖，汉东海相。父满，平原内史。并以学行称。尼少有清才，与岳俱以文章见知。"东汉魏晋时期，荥阳中牟潘氏多人为官，潘岳的祖父潘瑾为东汉后期安平太守，潘岳之父潘芘为西晋武帝时期琅邪内史，潘岳曾任著作郎、给事黄门侍郎等职，擅长诗赋，特别善于写哀诔文章，辞藻华丽，与陆机齐名，两人合称"潘陆"。潘岳的从父潘勖在汉献帝时为尚书右丞，《册魏公九锡文》即出自其手笔，后汉任东海相，建安末为尚书左丞。潘勖之子潘满，武帝时为平原内史，以学行著称。潘满之子、潘岳之侄潘尼历任著作郎、秘书监、中书令、太常卿，与潘岳俱以文章知名，并称"两潘"。与郑氏一样，潘氏族人也以荥阳为傲，不仅以荥阳堂为堂号，而且"荥阳"入匾、入联者不胜枚举。

毛氏也以荥阳郡为自己的郡望，《尚友录》《姓觿》均说毛氏望出荥阳。毛氏荥阳郡望的形成与魏晋南北朝时期毛宝家族望居荥阳有关。据《晋书·毛宝传》载："毛宝，字硕真，荥阳阳武人也。……自宝至璩三叶，拥旄开国者四人，将帅之家，与寻阳周氏为辈。"毛宝家族以军事起家，族中多人在军中担任要职。毛宝历任辅国将军、征虏将军、南中郎将等职。后来参加庾亮北伐，监扬州之江西诸军事、豫州刺史，与西阳太守樊峻一起，以万人守卫邾城（今湖北黄冈西北），后赵石虎派遣重兵来攻，毛宝求救不成，邾城陷没，突围而死。毛宝长子毛穆之有父风，曾随桓温北伐，累迁冠军将军、梁州刺史。毛穆之长子毛珍，位至天门太守。珍弟璩，官至征西将军，都督益、梁、秦、凉、宁五州军事。璩弟球，为梓潼太守，与父亲一起讨伐苻坚。球弟璠，宁州刺史。璠弟瑾，为梁、秦二州刺史，子修之，历任右卫将军、安西司马，曾随刘裕消灭后秦。瑾弟瑗，官至宁州刺史。毛宝次子毛安之亦有军事才能，为抚军参军，魏郡太守，简文时，拜游击将军。孝武即位，迁右卫将军。毛安之四子：潭、泰、邃、遁。潭嗣爵，官至江夏相，泰历太傅从事中郎、后军咨议参军、冠军将军、堂邑太山二郡太守，邃为游击将军，遁为太傅主簿、宜都太守，皆有名于时。此一时期荥阳毛氏名人还有毛德祖、毛喜。毛德祖官至司州刺史。毛喜累迁至吏部尚书。后主时，出为永嘉内史。正是由于魏晋南北朝时期名人辈出，在毛氏家族发展史上的重要地位，使得荥阳毛氏得到毛氏后人的普遍尊敬，荥阳堂也因此成为毛氏的著名堂号。

荥阳郡也是张氏的郡望之一，《广韵》曰："张，姓，出清河、南阳、吴郡、安定、敦煌、武威、范阳、犍为、沛国、梁国、中山、汲郡、河内、高平十四望。"《古今姓氏书辩证》引《元和姓纂》曰："（张氏）唐有安定、范阳、太原、南阳、敦煌、修武、上谷、梁国、荥阳、平原、京兆等四十三望"。荥阳张氏的形成与太宗朝宰相张亮有关。《古今姓氏书辩证》载："郑州张氏：亮，相太宗，生慎微。"张亮，郑州荥阳（今属河南）人。隋大业末参加瓦岗军，被李密授以骠骑将军。与徐勣一起投唐，授郑州刺史。房玄龄将其推荐给李世民，受到信任，参与发动玄武门之变。太宗即位，升右卫将军。历任豳、夏、鄌、洛等州都督。官至刑部尚书。随太宗出兵高丽，任平壤道行军大总管。

第三节　中原士民的重要播迁地

发源于或发祥于大嵩山地区的名门望族，或为朝野重臣，或为富商大贾，皆家资巨万，他们最易受到社会动荡，尤其是连年战乱的冲击。地处大嵩山地区的洛阳素有"十三朝古都，八代陪都"之说。在和平年代，这里是人口最为集中的地区，但特殊的地理位置，又使其成为兵家必争之地，"天下常无事则已，有事，则洛阳必先受兵"。战争迫使洛阳及其周边地区的人们不得不南迁北移，播迁到全国甚至世界各地，从而使大嵩山地区成为华人的寻根圣地。历史上大嵩山地区的较大规模移民运动有十多次，其中影响最大的有以下三次。

一、永嘉之乱与嵩洛士族的首次大规模南迁

西晋怀帝永嘉五年（311）三月，匈奴刘汉王朝的兵马先在石勒的率领下，于河南苦县宁平城（今鹿邑西南）大败晋军，围杀晋

大臣、宗室、将士 10 万余人；六月，刘曜率军攻陷洛阳城，俘获晋怀帝，纵兵焚掠，杀太子及诸大臣，士民死亡 3 万余人。历史上称为"永嘉之乱"。永嘉乱后，胡人内迁，战乱频仍，大批中原汉人为躲避战乱，被迫背井离乡，迁徙到相对安定的江南地区，《资治通鉴》载："时海内大乱，独江东差安，中国士民避乱者多南渡江。"当时到江南避难的人口数量非常巨大，《晋书》称："洛京倾覆，中州士女避乱江左者十六七。"谭其骧根据《晋书·地理志》所辖地区统计，截至刘宋为止，"以一户五口计，共有人口七百余万，则南渡人口九十万，占其八分之一强。换言之，致北方平均凡八人之中，迁徙南土"[①]。而王仲荦认为，西晋末年的全国移民总数约 30 万户，占全国总数 377 万户的 1/12 强，占迁出地区 60 万户的 1/2 弱。如果以平均每户 5 口人计，移民总数约为 150 万[②]。当代学者童超则认为："渡淮南移的北方人口数，约占刘宋全国总人口数的 1/10，约占长江中下游平原及其以南地区人口总数的 1/8，约占西晋北方诸州及徐州淮北地区人口总数的 1/14。上列各类数字都是载入国家户口统计的数字，即著籍户口数，实际人口数必然大于此数。把渡淮南移的北方移民人数估计为六七十万，是不会有夸大之嫌的。"[③] 西晋末年以来，北方人口大量南迁，在长江下游地区形成许多聚宗族、乡里而居的新聚落。

南迁至江淮地区的士民中西晋皇族和洛阳的公卿士大夫占了很大比例，"中原冠带随晋渡江者百家"。王大良考证认为，南迁江左的河南士族有 30 多家，这些士族主要来自河南（洛阳）、荥阳、颍川、河内、陈留、陈郡、汝南、南阳、新蔡、义阳、濮阳等郡县，其中河南郡有褚氏一姓，荥阳郡有郑、毛二姓，颍川郡有庾、钟、荀、韩四姓，河内有郭、王、山三姓，陈留有蔡、江、范、阮四姓，陈郡有袁、谢、王、殷、邓六姓，汝南有周、应、李三姓，南阳有范、乐、刘、张、庾、宗六姓，新蔡有干、毕二姓，义阳有朱氏一姓，濮阳有吴氏一姓。

避难江东的中原士族大都是举族南徙，而且有的是举村南徙，

① 谭其骧：《晋永嘉丧乱后之民族迁徙》，《长水集》（上册），人民出版社，1987 年。
② 王仲荦：《魏晋南北朝史》（上册），上海人民出版社，2003 年。
③ 童超：《东晋南朝时期的移民浪潮与土地开发》，《历史研究》1987 年第 4 期。

如，河南阳翟（今禹州）人褚翜就是率领数千家过江的。西晋末年的"八王之乱"之初，褚翜见天下即将大乱，先是弃官避居幽州，后又召集志同之人，计划渡江，先转移到阳城边界住下，由于道路被阻断，不能前进。永嘉五年（311），洛阳城陷，褚翜率领众人与荥阳太守郭秀"共保万氏台"，数万人得以保全。永嘉六年，褚翜率几千家打算东下，因道路艰险不能前进，于是在密县居住下来。司隶校尉荀组任命他为参军、广威将军，又领本县，率同邑3000人，督新城、梁、阳城三郡诸营事。不久，升任司隶司马，仍督管事。率众人进到汝水柴肥口，又为敌军所阻。褚翜就单骑到许昌，见到司空荀藩，荀藩任命他为振威将军，行梁国内史。建兴元年（313），褚翜又任豫州司马，督司州军事，率众向东渡过长江。由此可见，大嵩山地区迁入江南的人口数量还是十分庞大的。

除中原士族外，其他公卿大夫随晋元帝从京城洛阳南迁者亦不在少数，一些家谱对此记载较详，如兴宁《张氏谱抄》载，其"十五世韪公，晋散骑常侍，随元帝南徙，寓居江左"。兴宁《温氏族谱》说："我族发源于山西、河南，子孙繁衍。逮东晋五胡乱华，怀、愍帝为刘渊所掠，我峤公时为刘琨记室。晋元帝渡江，峤公奉命上表劝进。后峤公出镇洪都，子孙因家焉。"唐代谢肇《谢氏宗支避地会稽序》载："西晋祭酒公衡，又本于阳夏，永嘉不靖，来寓于始宁。至太傅安石，大元帅万、石，诚江左望族矣。"嘉应《刘氏族谱》载："先主次子永公，初封鲁王，继封甘陵王，魏咸熙元年东迁洛阳，遂家焉。自五胡乱华，永嘉沦覆，晋祚播迁，衣冠南徙，永公之裔，亦迁居于江南。"

除江南外，这次中原移民潮还波及了福建、广东等南方地区。五代詹琲《忆昔吟》诗序云："永嘉乱，衣冠南渡，流落南泉，作《忆昔吟》。"宋代陈振孙《直斋书录解题》引唐林谞《闽中记》云："永嘉之乱，中原仕族林、黄、陈、郑四姓先入闽。"地方志对永嘉中原士族入闽之事多有记载，《太平寰宇记》在"泉州"条下记载："东晋南渡，衣冠士族多萃其地，以求安堵。"马端临《文献通考·舆地考》载："闽越遐阻，僻在一隅，永嘉之后，帝室东迁，衣冠避难，多所萃止。"乾隆《福州府志》引宋人路振《九国志》云："永嘉三年，中州板荡，衣冠入闽者八族，林、黄、陈、郑、詹、邱、何、胡是也。"《八闽通志》引宋《福州图经》云："晋永嘉衣冠趋闽，自是畏乱无复仕。"民国《建瓯县志·风俗》载："晋永嘉末，中原丧乱，士大夫多携家避难入闽。"福建族谱也多称其祖先是永嘉之乱后由中原迁来的。唐林蕴为《林氏两湘支谱》所作的序言称："汉武帝以闽数反，命迁其民于江淮，久空其地。今诸姓入闽，自永嘉始也。"

西晋末年中原士族的来居，在福建地名中也留下诸多印迹，晋江得名便是一例。南宋祝穆的《方舆胜览》记载："晋江，在县南一里，以晋之衣冠避地者多沿江以居，故名。"王象之的《舆地纪胜》也说："晋江，在县南一里，以晋之南渡，衣冠士族避地者多沿江以居。"《闽书》、《八闽通志》、万历《泉州府志》、《大清一统志》、《读史方舆纪要》、乾隆《泉州府志》和乾隆、道光《晋江县志》，以及民国《福建通志》等亦均作如是说。

南迁的中原人也远抵岭南地区。明嘉靖《广东通志》云："自汉末建安至于东晋永嘉之际，中国之人，避难者多入岭表。"清嘉庆《新安县志·风俗略》记载："自永嘉之际，中州人士避地岭表，兹邑礼义之渐所由来矣。"宣统《东莞县志》亦载："邑本晋郡，永嘉之际，中州士人避地岭表，多止兹土，衣冠礼仪之俗实由于此。"道光《广东通志》也有"东晋南朝，衣冠望族向南而迁，占籍各郡"的记载。其中有一部分中原移民是从江南地区再迁进入岭南地区的，晋愍帝建兴三年（315），"江、扬二州经石冰、陈敏之乱，民多流入广州，诏加存恤"。广州因地广人稀，安定富足，故成为中原士族理想的南迁之地。广州出土的晋代墓砖就说："永嘉世，九州荒，余广州，平且康。"

尽管永嘉之乱引发的大规模南迁士民遍及中原诸地，但从大嵩山地区迁出的士民中，不乏皇室家族和在京城洛阳为官的公卿贵族以及社会名门，他们的影响力无疑是最大的。换言之，大嵩山地区的移民是永嘉移民中最具影响力的部分。

二、安史之乱与嵩洛人口的再次大规模南迁

唐玄宗天宝十四载（755）十一月，安禄山拥兵20万在范阳（今北京市区南）反叛，相继攻占神都洛阳和西京长安。洛阳一带是唐军和叛军激烈争夺之地，史载"东周（即今洛阳一带）之地，久陷贼中，宫室焚烧，十不存一。百曹荒废，曾无尺椽。中间畿内，不满千户。井邑榛棘，豺狼所嗥。既乏军储，又鲜人力。东至郑、汴，达于徐方。北自覃怀，终于相土。人烟断绝，千里萧条"。数百里内，人口不满千户，所丧失的民户，除一部分死难者外，大部分都逃离此地，由此在全国范围内形成了大规模的移民浪潮。乾元元年（758）曾降唐的史思明反叛，战火再起。次年三月，史思明在安阳大败唐军，洛阳"士民惊骇，散奔山谷"，避难者"不南驰吴越，则北走沙朔"，"或遁世山谷，或浪迹他邦"，昔日神都几成空城。

安史之乱引发的大规模移民潮，其主要的迁徙方向是秦岭－淮河以南的南方地区，众多时人所作诗文对此皆有记述。顾况《送宣歙李衙推八郎使东都序》曰："天宝末，安禄山反，天子去蜀，多士奔吴为人海。"李白《永王东巡歌十一首》诗云："三川北虏乱如麻，四海南奔似永嘉。"江南地区接纳移民数量最多，《旧唐书·权德舆传》载："南京蹂于胡骑，士君子多以家渡江东。"郎士元《盖少府新除江南尉问风俗》云："闻君作尉向江潭，吴越风烟到自谙。客路寻常随竹影，人家大底傍山岚。缘溪花木偏宜远，避地衣冠尽向南。"韩愈《考功员外卢君墓表》曰："当是时，中国新去乱，仕多避处江淮间，尝为显官得名声以老故自任者以千百数。"梁肃《吴县令厅壁记》谓："国家当上元之际，中夏多难，衣冠南避，寓于兹土。"穆员《工部尚书鲍防碑》称："自中原多故，贤士大夫以三江五湖为家，登会稽者如鳞介之集渊薮。"肃宗上元年间，

苏州治所吴县（今江苏苏州）的人口，有1/3是来自中原地区的移民。紧靠中原的荆襄地区也是北方移民极多的一个区域，《旧唐书·地理志》曰："自至德后，中原多故，襄、邓百姓，两京衣冠，尽投江、湘，故荆南井邑，十倍其初。"乾元二年（759）三月，史思明大败唐军于安阳，东都洛阳官员逃至襄、邓地区避难。《资治通鉴》载："东京士民惊骇，散奔山谷；留守崔圆、河南尹苏震等官吏南奔襄、邓。"也有迁往岭南的，《新五代史·南汉世家》云："是时，天下已乱，中朝士人以岭外最远，可以避地，多游焉。唐世名臣谪死南方者，往往有子孙，或当时仕宦遭乱不得还者，皆客岭表。"

研究表明，安史之乱结束时，大约有250万移民定居南方，大嵩山地区是唐廷与叛军反复争夺之地，在迁出的人口中占有相当大的比例，兹略举一二。浙江台州、象山、义乌、乐清等地《郑氏宗谱》均称，唐至德二载（757），先祖郑虔贬台州司户参军，由河南荥阳县荥泽村迁居浙江台州府城（今临海市城关镇）。吕温《故太子少保京兆韦（夏卿）府君神道碑》载："（韦夏卿）出为常州刺史。天宝之后，中原释耒，辇越而衣，漕吴而食，一隅重困，五纪于兹。"

梁肃《过旧园赋（并序）》记述了其一家于上元二年（761）由洛阳沿漕河南下进入吴越地区的艰辛经历："余行年十八，岁当上元辛丑，盗入洛阳，三河间大涂炭。因窜身东下，旅于吴越，转徙厄难之中者，垂二十年。上嗣位岁，应诏诣京师。其年夏，除东宫校书郎，遂请告归觐于江南。八月，过崎滢，次于新安东南十数里，旧居在焉。时岁滋远，荆榛芜翳，乔木苍然，三径莫辨。访邻老而已尽，眄庭柯以沾衣。情之所钟，可胜叹耶？……昔予生之三岁，值勋房之冲奔，徙穹庐于华县，蒙郊庙于氛昏，皇游蜀川，帝出朔原。尸逐才血，乌丸又屯。俄四逆之荐凶，扇燎炭而爇黎元。予既幼舍此居业，虑性命之所存。始窜迹于许都，又逃刃于夷门。沿汴水之汤汤，棹淮波之翻翻。荷闻诗之前训，追驰役而不敢言。截涮河以径度，趣诸越而休止。在长洲与兰陵，亦一闰而三徙。袅袅兮秋风，湛湛兮春江，伤吾心其何已。皇八叶之御极，亦既安此寰中。浮瓾缤其来归，真独郁犹未通。"

古文运动作家、洛阳人独孤及也曾于上元元年（760）避地今江西玉山县。其《庚子岁避地至玉山，酬韩司马所赠》曰："沧海疾风起，洪波骇恬鳞。已无济川分，甘作乘桴人。挥手谢秣陵，举帆指瓯闽。安和风尘表，偶与琼瑶亲。共悲行路难，况逢江南春。故园忽如梦，返复知何辰。旷野豺虎满，深山兰蕙新。枉君灞陵什，回首徒酸辛。"

安史之乱后，唐中央力量大为削弱，遂出现了节度使割据地方的局面，"自国门以外，皆分裂于方镇"，史称"藩镇割据"。为争夺地盘，藩镇之间、藩镇与朝廷之间的战事时有发生，中原再度陷于战祸离乱之中。如建中四年（783），李希烈叛军包围郑州，游骑至洛阳近郊，"东都士民震骇，窜匿山谷"，许多人逃往外地。元和十一年（816），为躲避战乱，洛阳人许浑带着家眷，与洛中亲友一起南迁湖湘。唐邦治《唐郢州刺史许浑传》云："元和中，淮西久梗命。宪宗诏诸道率兵讨平之，又进击灭李师道，河南北始定。未数年，开封又有牙将李䓖逐师之乱。当用兵时，嵩少风尘，河洛间无宁居，浑乃先挈家湖湘。"许浑《江上喜洛中亲友继至》曰："战马昔纷纷，风惊嵩少尘。全家南渡远，旧友北来频。罢酒松筠晚。赋诗杨柳春。谁言今夜月，同是洛阳人。"

白居易家族因为"河南经乱，关内阻饥"，白居易"兄弟离散，各在一处"：大兄在浮梁（今江西景德镇），七兄在于潜（今浙江临安市西），十五兄在乌江（今安徽和县东），另有一些弟、妹在符离（今安徽宿州）和下邽（今陕西大荔县境），白居易则受贬在江州（治今江西九江）。

唐玄宗开元年间（713—741），首都长安所在京兆府的人口为36万户，到宪宗元和年间（806—820），只剩下24万户，人口减少了1/3，而东京洛阳所在的河南府，则由12万户锐减至1.8万户，减少了十之八九，足见大嵩山地区人口流失的严重程度。

唐末黄巢起义和继之而起的军阀混战，使中原地区再度陷入长期战乱之中，洛阳也再度遭到严重破坏。僖宗乾符五年（878），黄巢自号冲天大将军，"驱河南、山南之民十余万"，进入淮南。黄巢起义使中原地区人口锐减，史载："中原士庶，与贼血战，肝脑涂地，十室九空。比至收复京都，十亡七八。"再加上统治阶级为镇压黄巢起义的屯驻，更加重了河南地区的灾难。广明元年（880），"汝州所募军李光庭等五百人自代州还，过东都……焚掠市肆"；中和四年（884），蔡州节度使秦宗权等军阀在河南交战，"所至屠翦焚荡，殆无孑遗"。其后孙儒、李罕之、张全义交争，使东都洛阳"鞠为煨烬"，"野无遗秆"，"白骨蔽地，荆棘弥望，居民不满百户"，整个中原地区"圜幅数千里，殆绝人烟"。

除死于战乱外，迁往他地以谋生路，也是导致大嵩山地区人口锐减的重要原因。唐末洛阳人刘崇远，为避黄巢起义军，渡江仕南唐为文林郎、大理司直，著有《金华子杂编》等。广东嘉应《刘氏族谱》载："唐末僖宗乾符间，黄巢作乱，（刘祥）携子及孙，避居福建汀州府宁化县石壁洞……祥公原籍，自永公家居洛阳，后徙江南，兄弟三人，惟祥公避居宁化县，其二人不能悉记。"浙江苍南《槎溪南楼郑氏宗谱》称：五代后唐同光二年（924），始迁祖郑瑾自京师（今洛阳）迁居浙江平阳县邑城（今浙江温州昆阳镇），后又迁居本邑槎溪里南楼村（今属浙江温州苍南县金乡镇）。

三、靖康之难与嵩洛人口的三度大规模南迁

北宋钦宗靖康元年（1126），金兵大举南下，进攻北宋。闰十一月，开封陷落，官吏军民夺万胜门奔逃者达4万余人。靖康二年四月，金军掳徽、钦二帝和在京宗室、大批工匠北去，北宋灭亡，史称"靖康之难"。金军攻宋，战火几乎烧遍整个黄河中下游地区，给这一地区造成了严重破坏。据载，金兵攻下唐、邓城后，"军中尽俘壮健，而杀老弱"。"初，敌纵兵四掠，东及沂、密；西至曹、濮、兖、郓；南至陈、蔡、汝、颍；北至河朔，皆被其害。杀人如刈麻，臭闻数

百里。淮泗之间，亦荡然矣。"庄季裕也说："建炎元年（1127）秋，余自穰下（今邓州）由许昌以趋宋城（今商丘市南），几千里无复鸡犬，井皆积尸，莫可饮……大逵已蔽于蓬蒿，菽粟梨枣，亦无人采刈。"他还说："自靖康丙午岁金狄乱华，六七年间，山东、京西、淮南等路，荆榛千里……盗贼、官兵以至居民更互相食。"为了躲避兵燹和虐杀，在金灭北宋的十年战乱期间和金人统治中原的数十年间，中原人口不断南逃，形成了中原汉人南迁的第三次高潮。

靖康二年五月，康王赵构在南京（今属商丘）即位，改元建炎，是为高宗，建立南宋政权。七月，元祐太后（后改称隆祐太后）率"六宫及卫士家属"赴南方避难。八月，高宗"徙诸宗室于江淮以避敌，于是南宫北宅皆移江宁府，愿留京师者听之。南班至江宁者三十余人。又移南外宗政司于镇江府，西外于扬州"。十月一日，高宗离开应天府，沿运河向江南进发，"宰执、侍从、三司、百卫禁旅、御营使司、五军将佐，扈卫以行"。十一月，真定叛军张遇率领北方流民自淮西渡过长江，进入池州（治今安徽贵池）。十二月，西京（今洛阳）留守孙昭远抵挡不住金军的进攻，兵败后引余兵南迁。建炎三年（1129）正月，金军进入淮南。二月初，高宗下令"听士民从便避兵"，并令刘正彦部兵护卫皇子和六宫自扬州迁杭州。三日，金军攻陷天长，高宗闻讯，匆匆带着五六个内侍和亲军数人乘小渡船渡过长江，百官和百姓有数万人纷纷跟随南渡。史载"高宗南渡，民之从者如归市"，"建炎末，士大夫皆避地……衣冠奔踣于道者相继"，"中原士民扶携南渡，不知其几千万人"。

靖康之难引发的南迁中原移民遍及江浙、江西、福建、广东等地。江南地区距离中原最近，是移民的首选之地，接纳的移民数量最多，《建炎以来系年要录》载："四方之民，云集二浙，百倍常时。"苏州至宁波一带的移民数量更大，"平江、常、润、湖、杭、明、越号为士大夫渊薮，天下贤俊多避地于此"。

南宋都城临安城内移民更加密集，"临安府自累经兵火之后，户口所存裁十二三，而西北人以驻跸之地，辐辏骈集，数倍土著"。

临安的移民大多来自北宋都城汴梁、西京洛阳临近地区，众多中原移民的涌入以至于北宋官话（中州音）取代临安方言，成为通用语言，明代郎瑛《七修类稿》说："（杭州）城中语音好于他处，盖初皆汴（开封）人，扈宋南渡，遂家焉，故至今与汴音颇相似。"

明州（今浙江宁波）也有大量北方移民迁入。宝庆《四明志》载："自南渡以来，衣冠日盛，户口日繁。"湖州、秀州（今浙江嘉兴）移民也不少，如湖州乌镇和秀州青镇"夹溪相对，民物蕃阜，第宅园池盛于他镇。宋南渡后，士大夫多卜居其地"；秀州崇德县洲钱市，"宋南渡初，士大夫来寓者殆二十家"。鄞县小溪镇，"绍兴中，北客多乐居之"。婺州（今浙江金华）"去国都（杭州）为甚迩，其地宽衍饶沃，有中州之风，故士之自北至者，多于婺家焉"。

从族谱记载来看，迁居两浙地区的中原移民中当有不少来自大嵩山地区。缙云《五云赵氏祖德芬芳录》《蒙城赵氏宗谱》均称：先祖赵期于南宋建炎元年（1127）自河南洛阳府城南渡，迁居浙江缙云县邑城北郊云塘村（今属五云镇）。缙云《颍川仁和陈氏宗谱》载：南宋建炎四年（1130），始祖陈献自河南洛阳府城迁居浙江缙云县邑城（今五云镇）城西仁和坊。乐清《南氏宗谱》曰：南宋初，始祖南巘自河南洛阳府城南渡，隐居浙江乐清县重石村（今属乐清市盘石镇）。上虞《郑氏宗谱》云：南宋初，始祖郑雄自河南荥阳县南渡迁居浙江上虞县郑家堡村（今属绍兴上虞区汤浦镇）。诸暨《宣氏宗谱》载：宋绍兴间，始祖宣昌自洛阳矿亭迁诸暨金兴乡洋湖。丹徒《尹氏族谱》、嵊州《嵊邑尹氏宗谱》均称：先祖尹焞，世居河南洛阳，宋室南渡时，占籍绍兴，为南迁始祖。嵊州《剡北于氏正大宗谱》云：北宋末年，始祖升五避乱自河南扈驾南渡改姓于，隐居嵊县（今嵊州市）邑北于墈村。诸暨《暨阳孝义蔡氏宗谱》曰：始祖蔡宏，祖籍河南洛阳，宋徽宗时官参知政事，建炎初举族南渡，卜居诸暨乌岩。

江西距离南宋都城临安较近，也吸引了不少中原地区的移民。建炎三年，高宗令"隆祐皇后率六宫宗室近属，迎奉神主，前去江表"，并派 1 万名军人护送，要求"百司州预军旅之事者悉从之"，在洪州设立三省和枢密院的分部处理日常事务。因此，大批官员和百姓随之迁入江西，其中不少定居于此。饶州（江西波阳）、信州（江西上饶）是江西北方移民较多的地区。饶州"郡完地博，土沃而民安，去临安近而无险"，宋室南渡时"贵臣大家多居之"。信州"物产丰美，土壤平衍，故北来之渡江者，爱而多寓焉"，"广信为江闽二浙往来之交，异时中原士大夫南徙，多侨居焉"，"建炎初，中原缙绅家多居是州"。

福建地近南宋都城临安，成为北方移民争相避难之地，一些原居住在江南的北方移民为避金军复迁入建州一带，宋室"南渡钱塘后，建为外辅，而中原丧乱，士大夫率多携家避难，遂族处而斯"。建炎三年（1129），管理皇族成员的西外、南外二宗正司分别迁至福州和泉州。"南渡后，南外移镇江，西外移扬州，其后屡徙。绍兴三年，西外置于福州，南外置于泉州，盖随其所寓而分辖之。赵之诸宗，分籍闽中者，各郡县悉载之。"至南宋中期，仅南外宗正司管理的宗属已有 2300 余人。

岭南远离中原战火，又有湘水与湖南相通，靖康之难后，不少北方移民辗转南下，故有"中原士大夫避难者多在岭南"。如曾任北宋太学博士的陈与义，"其先居京兆，自曾祖希亮始迁洛，故为洛人……及金人入汴，高宗南迁，遂避乱襄汉，转湖湘，逾岭峤"，到达岭南地区。洛阳人朱敦儒，靖康之难时携家南逃，相继渡过淮河、长江，又从金陵沿江而上到达江西，及至南下广东，避乱于南雄（今属广东）。

北方移民进入岭南的另一重要通道，是从江西沿赣江过大庾岭进入广东南雄，再由南雄沿浈水南下，进入广东各地。大庾岭上古有珠玑巷，"广州故家巨族，多由此迁居"，"今南海衣冠多其子孙"。建炎三年七月，隆祐太后率部分官吏士民入江西，曾在岭北的虔州停留一年。隆祐太后返回临安时，"士民既没有随太后赴临安的条件，又势不能北还，因而不得不更南度大庾岭，求安身之地"。

由中原地区进入岭南的流民也不绝于书，如靖康之难中，朱敦儒携家难逃，一路逃到南雄州（今广东南雄）；陈孔硕，字朝举，淳熙年间进士，授正议大夫，因避战乱，自洛阳辗转南迁，到达南雄珠玑巷。

一次次大规模南迁到江南、广东、福建等南方地区的嵩洛移民后裔，伴随着国门的打开，又漂洋过海移居东南亚、美洲、欧洲等世界各地。但无论播迁到哪里，他们都心系祖地，念念不忘"根在河洛"。

第四节　海内外华人重要寻根地

大嵩山地区在中华姓氏起源和发展过程中的重要地位，以及频繁从这一地区迁出播迁到了全国乃至世界各地的大批人口，使得这一地区成为海内外华人的重要寻根地。近些年来，随着寻根热潮的兴起，到这一地区寻根问祖的海内外华人络绎不绝，因应中华儿女寻根的需要，祖根地做了大量工作。下面以黄帝故里拜祖大典、客家祖地洛阳、荥阳郑氏为例，从三个不同层面对大嵩山地区的姓氏寻根活动略做介绍。

一、拜祖大典：民族共有精神家园的载体

黄帝作为中华民族的人文始祖，为中华民族的形成和壮大，为中华文明的产生和发展做出了重大贡献。因此，长期以来，不管是汉族政权的统治者，还是少数民族政权的统治者，不仅在血缘上自认为是黄帝的后裔，而且在文化上将黄帝视为人文始祖；不论是在国家的兴盛时期，还是在朝代的更迭时期，统治者们坚持将黄帝作为中华民族的共祖加以祭祀。正是由于这几千年来延绵不断地祭祀，黄帝文化早已融入我们民族的血脉，成为连接所有中华儿女的精神纽带。黄帝故里拜祖大典已被海内外华人公认为华人世界的圣典，

成为建设中华民族共有精神家园的有效载体。

1. 黄帝认同是中华民族形成的基础

自汉代开始，中原以及边疆各民族均认黄帝为血缘始祖。首先是"五帝"中的颛顼、帝喾、尧、舜都尊黄帝为始祖。黄帝生有昌意、玄嚣等25子，昌意生高阳（即颛顼）；玄嚣生蟜极，蟜极生高辛氏（即帝喾），高辛氏生帝尧（放勋），"帝颛顼高阳者，黄帝之孙，而昌意之子也"，"帝喾高辛者，黄帝之曾孙也。高辛父曰蟜极，蟜极父曰玄嚣，玄嚣父曰黄帝"，"帝喾娶陈锋氏女，生放勋（尧）"，"虞舜者，名曰重华。重华父曰瞽叟，瞽叟父曰桥牛，桥牛父曰句望，句望父曰敬康，敬康父曰穷蝉，穷蝉父曰帝颛顼，颛顼父曰昌意"。

夏、商、周三代皆为华夏族始祖黄帝之后。建立夏朝的禹是黄帝的直接后裔，"禹者，黄帝之玄孙而帝颛顼之孙也"。殷商始祖契为帝喾次妃所生，"殷契母曰简狄，有娀氏之女，为帝喾次妃"，也是黄帝的后裔。周朝的始祖后稷（弃）为帝喾元妃所生，"周后稷，名弃，其母有邰氏女，曰姜原。姜原为帝喾元妃"，也是黄帝的后裔。西汉经学家褚少孙说："舜、禹、契、后稷，皆黄帝子孙也。"元代学者马端临也说："盖古之仁者世禄，而五帝三代之世系，未有不出自黄帝者也。"此后，中原历代汉族君主尽管在不断改朝换代，但都恪守夏、商、周三代同宗共祖的"家天下"宗法传统，将自己的祖先纳入华夏族始祖黄帝谱系。

不少少数民族也认黄帝为自己的始祖，就连蛮夷戎狄也都是黄帝后裔，《山海经》说："黄帝之孙曰始均，始均生北狄"，"黄帝生苗龙，苗龙生融吾，融吾生弄明，弄明生白犬……是为犬戎"，"颛顼生骧头，骧头生苗民"，"季禺之国，颛顼之子"，"有国，名曰淑士，颛顼之子"，"有国曰中轮，颛顼之子"。中容、司幽、自民、黑齿、三身、季厘、羲和、西周等国则为帝俊即帝喾子族。向来被认为属于戎狄的秦朝先人是黄帝的孙子高阳氏颛顼的后人，"秦之先，帝颛顼之苗裔"；属于南蛮的楚是黄帝的后裔，"楚之先祖出自帝颛顼高阳"；被人们视为夷蛮的越王勾践也是黄帝的后人,"越王句践,其先禹之苗裔,而夏后帝少康之庶子也"。

汉朝称雄中原以北的游牧民族匈奴是夏朝的遗民,《史记·匈奴列传》中又说"匈奴,其先祖夏后氏之苗裔也,曰淳维",《史记·匈奴列传·索隐》引乐产《括地谱》云"夏桀无道,汤放之鸣条,三年而死。其子獯粥妻桀之众妾,避居北野,随畜移徙,中国谓之匈奴",认为匈奴是夏桀之子的直接后裔,也就是夏后氏大禹的后裔,禹是黄帝的后裔,匈奴自然也就成了黄帝的后裔。

司马迁关于中国各个民族均为黄帝后裔的说法,对后世产生了深远影响,不仅为众多史学家所采纳,也得到了中国少数民族的普遍承认和赞赏。后来的少数民族大多沿袭了司马迁的说法,强调自己是黄帝子孙。

西晋后期,北方匈奴、羯、氐、羌、鲜卑各游牧民族逐鹿中原,先后在黄河流域和四川建立割据政权,史称"十六国"。十六国各族政权为标榜新朝的正统地位,纷纷从历史典籍中寻找族源依据。建立大夏政权的匈奴人赫连勃勃,"自以匈奴夏后氏之苗裔也",因此定国号为大夏。赫连勃勃曾强调自己是"大禹之后",要"复大禹之业",完全把自己说成是黄帝的后人。

建立前秦政权的氐人苻洪,自称其先为"有扈之苗裔,世为西戎酋长";《史记·夏本纪》记载:"禹为姒姓,其后分封,用国为姓,故有夏后氏、有扈氏、有男氏、斟郢氏、彤城氏"……可知有扈氏为大禹之后,也就是说氐人也称自己为黄帝的后人。

先后建立前燕、后燕、南燕、西燕政权的鲜卑人慕容氏,则自认"其先有熊氏之苗裔,世居北夷,邑于紫蒙之野,号曰东胡",《十六国春秋·前燕录》则讲得更加具体:"昔高辛氏游于海滨,留少子厌越以君北夷,邑于紫蒙之野,世居辽左,号曰东胡。"有熊氏即黄帝,高辛氏帝喾是黄帝的后代,东胡族是帝喾少子厌越的后代,也即黄帝的后代,由东胡族分出来的鲜卑自然也是黄帝之后了。

生活在东北地区的高句丽也把自己说成是黄帝的后裔,《晋书·慕容云载记》记载,被冯跋拥立建立北燕政权的高云的祖父高和,本是"高句骊之支庶,自云高阳氏之苗裔,故以高为氏焉",高阳

第六章 万姓同根：嵩山大家园

氏颛顼是黄帝的孙子，说明高句丽也把黄帝看成了自己的祖先。

建立大秦政权的羌人姚苌，亦认"其先有虞氏之苗裔"，有虞氏即帝舜，他们认为"禹封舜少子于西戎，世为羌酋"。卢水胡人沮渠蒙逊也说，羌人姚氏"舜后，轩辕之苗裔也"，轩辕即黄帝，说明不但羌人把黄帝看成了自己的始祖，就是其他少数民族也认为羌人是黄帝的后裔。

建立北魏政权的拓跋鲜卑人以黄帝之子昌意少子为自己的直接祖先，《魏书·序纪》说："昔黄帝有子二十五人，或内列诸华，或外分荒服，昌意少子，受封北土，国有大鲜卑山，因以为号。"《北史·魏本纪》也说："魏之先出自黄帝轩辕氏，黄帝子曰昌意，昌意之少子受封北国，有大鲜卑山，因以为号。"为了证明为黄帝之后，还把自己的姓氏定为拓跋，"黄帝以土德王，北俗谓土为托，谓后为跋，故以为氏"。

宋辽金时期，建立辽政权的契丹人，源出鲜卑，为黄帝子孙后人。辽朝史官耶律俨在修《辽史》时，依据契丹源于东胡之后鲜卑之说，取《晋书》《魏书》等书以东胡、慕容鲜卑、拓跋鲜卑为黄帝之后的观点，认为契丹为轩辕（黄帝）后，将契丹人说成是黄帝子孙。

建立西夏政权的党项族，亦为黄帝后裔。罗泌《路史·国名纪·黄帝后姬姓国》称："党项，悃之后。"悃为昌意之子，黄帝之孙，《新唐书·宰相世系五下》载："黄帝生昌意，昌意少子悃，居北，十一世为鲜卑君长。"一说悃为黄帝少子，为昌意之别名，《西夏书》云："黄帝少子悃迁于北土，后统党项为拓跋氏。"

建立金朝的女真族的族源有"绍高辛"之说。金宣宗贞祐四年（1216），辽东宣抚副使完颜海奴言，参议官王浍曾建言："本朝绍高辛，黄帝之后也。昔汉祖陶唐，唐祖老子，皆为立庙。我朝迄今百年，不为黄帝立庙，无乃愧于汉、唐乎？"王浍是汉人，他认为女真族源出黄帝，主张为黄帝立庙，表现了他对黄帝的尊崇，同时也说明他把女真人视为自己的兄弟民族，确信汉族和女真族血统相同，都是出自黄帝。女真贵族完颜海奴能把王浍的建议主动向朝廷转达，表明他是认同王浍观点的，即他也认为汉族女真族出自同一祖先。尽管由于礼部尚书张行信的反对，王浍的建议未被朝廷采纳，但王浍、完颜海奴的民族认同心理却得到了充分的体现。

这种中华民族起源于一个祖先的一源论说法在今天看来是不科学的，因为中华民族和文明的起源并非一源，而是多源，具有多元一体的特点，这已为中国长江流域、黄河流域、燕辽地区丰富的远古人类考古及其文化所证明，已经成为学界的普遍共识。但是，各民族在血缘上对黄帝的认同促进了中华民族的融合。对共同世系的追溯，对同源共祖的认同，一直都是民族融合的重要标志，而其典型的表达方式就是关于始祖的神话传说。在中国古代同源共祖的神话中，各族对共同起源与共同世系的追溯在消除民族隔阂、促进民族融合中发挥了重要作用。以黄帝为华夷共祖的神话传说虽然不一定有其真实的血缘根据，但它至少反映了各民族对国家统一的向往和中华民族多元一体的历史事实。各民族通过长时期的接触、杂居、交往和通婚，不可避免地要汲取其他民族的血统、文化与生活方式，从而建立起持久而牢固的共生共存关系，有力地促进了民族融合，并最终形成中华民族。

2. 黄帝故里拜祖大典已经成为建设中华民族共有精神家园的重要载体

祭祀是中国传统文化的重要组成部分，《左传》上说："国之大事，在祀与戎。"祭祀被摆在军事的前面，足可看出祭祀的重要性。祭祀对象有严格规定，只有为国为民做出贡献的人才能享祀，《礼记·祭法》云："夫圣王之制祭祀也，法施于民则祀之，以死勤事则祀之，以劳定国则祀之，能御大灾则祀之，能捍大患则祀之。"黄帝因"正名百物以明民共财"，开创中华文明的卓越历史功绩，受到人们的崇祀。同时作为中华民族的始祖，黄帝亦受到祭祀和崇奉，《国语·鲁语》载："有虞氏禘黄帝而祖颛顼，郊尧而宗舜；夏后氏禘黄帝而祖颛顼，郊鲧而宗禹。"《礼记·祭法》亦云："有虞氏禘黄帝而郊喾，祖颛顼而宗尧；夏后氏亦禘黄帝而郊鲧，祖颛顼而宗禹。"

战国后期，齐国学者邹衍将朴素的五行学说改造为政治性、实用性极强的五德终始说。五德终始说以五行配青、赤、黄、白、黑五色，并用五行相生的理论来解释帝王的更迭；同时还诞生了一种五方色配五方天帝的说法，即东方青帝，南方赤帝，中央黄帝，西方白帝，北方黑帝。黄帝在这个系统中位居中央，地位极其显赫。以黄帝为中央之帝的五方帝系统一经形成，便得到了统治者的高度重视。为了证明自己的正统地位，历代王朝都会对黄帝进行隆重祭祀。

在黄帝故里新郑，自古就有"二月二，龙抬头；三月三，生轩辕"的说法。传说，农历三月初三是黄帝出生的日子，也是他统一天下成就伟业的日子。后人为表达对黄帝的敬仰之情，每年都会在这一天祭拜黄帝。春秋时代的历史典籍中就有三月三登具茨山朝拜黄帝的记载。此后对黄帝的祭祀就未中断，并从唐代开始形成固定的程式，盛世时由官方主祭，乱世时由民间私祭，一直绵延至今。1992年起，每年农历三月三都要举办寻根拜祖节，后又演化为炎黄文化节，拜祖大典是其中的一项重要活动。2006年起，拜祖大典主办单位升格为河南省政协和郑州市人民政府，成为省级大型庆典活动；2008年，中华炎黄文化研究会成为联合主办单位，并被文化部列为第二批国家级非物质文化遗产名录。2009年，中华全国归国华侨联合会、中华全国台湾同胞联谊会成为主办单位，大典主题确定为"同根同祖同源，和平和睦和谐"，并成为此后历届大典的主题。到2016年，省级主办的黄帝故里拜祖大典已经连续举办11届，来自国内和美国、法国、日本、泰国、马来西亚、印度尼西亚、新加坡等国家的约10万华侨华人到现场拜祖；中国国民党荣誉主席连战、吴伯雄，台湾新党主席郁慕明，中国亲民党主席宋楚瑜，台湾两岸共同市场基金会荣誉董事长萧万长等中国台湾知名人士也曾出席拜祖大典。在大典举办过程中，通过电视、广播、网络等多个平台对大典进行全程直播，还通过开通专题网站、微信公众号和官方微博等多种途径发布大典的相关信息，制作网络拜祖平台和拜祖游戏等吸引青少年参与拜祖，使民众更好地感受和体验传统文化魅力，

图 6-1 黄帝拜祖大典图

第六章　万姓同根：嵩山大家园

使拜祖大典更加植根于民，做到全民参与。

黄帝故里拜祖大典的举行，促进了民族的文化认同意识，提高了民族凝聚力。习近平总书记指出："加强中华民族大团结，长远和根本的是增强文化认同，建设各民族共有精神家园，积极培养中华民族共同体意识。文化认同是最深层次的认同，是民族团结之根、民族和睦之魂。"中华文化是各民族共同创造的文化，各民族都是中华民族的组成部分，都为中华文化的形成和发展做出了重要贡献，而黄帝文化作为中华民族的文化源头，在中华民族的形成和发展过程中，无疑发挥了极其重要的作用，在增强全国乃至全球华人的文化认同方面具有标示性作用，对于形成和构建民族共同体，建设共有精神家园具有基础性作用。黄帝拜祖大典不仅在增进民族团结、促进民族认同感和凝聚力方面发挥着重要作用，而且通过这个平台，充分地展现了中华民族精神家园的魅力与厚重，黄帝故里拜祖大典已经成为团结中华民族和海内外华人的重要精神纽带，成为中华民族共有精神家园的重要载体。新郑黄帝故里已经成为全球华人追思先祖功德、传承优秀中华文化的拜祖圣地和精神家园。

二、洛阳：主体客家先民首次南迁出发地

客家人是汉民族的重要民系之一，是历史上由于战乱等原因，自以大嵩山地区为中心的中原地区南迁至闽、粤、赣边界一带聚居的移民及其后裔所组成的群体。客家学著名学者罗香林在《客家源流考》中认为，历史上客家人曾经历五次大规模的迁徙运动，并在迁徙的过程中形成了客家民系，这一说法得到了学界的认可。这五次迁徙运动中，最早的三次都与大嵩山地区关系密切。这三次移民运动就是前文所说的：受胡人内迁、战乱频仍的影响，大批中原士人举族南迁的第一次大规模迁徙；受唐末黄巢之乱影响，中原移民再次南下的第二次大规模迁徙；以及金人南下，入主中原，宋高宗南渡，中原移民又一次南下的第三次大规模迁徙。以上述三次迁徙

为主体的中原汉人，经过与赣南、闽西、粤东和粤北等客家聚居地域内的少数民族，尤其是畲族的融合之后，在南宋时期初步形成一支同操客家话、有着共同物质文化生活和共同心理素质的汉族民系，即客家人。此后，居住于福建、广东、江西等地的客家人迁到台湾、香港、澳门等地，甚至外迁到泰国、马来西亚、印度尼西亚、美国、日本、英国、法国等国家，以至于"有海水的地方就有中国人，有中国人的地方就有客家人"。以大嵩山为中心的中原地区，尤其是洛阳在客家民系形成过程中的重要地位，使其成为客家人的祖根地，因此有"客家遍寰宇，中原乃故乡"之说。

客家人祖地洛阳得到了学界的认可和客家人的认同。2007年8月19—20日，客家先民首次南迁出发地国际学术研讨会在偃师市举行，来自全球客家崇正会联合总会的嘉宾、海内外的专家教授、客家聚居地的代表等共50多人出席了本次研讨会。会上确认，偃师市是客家先民历史上第一次南迁的始发地，客家人根在中原、根在偃师。中国华夏文化纽带工程组委会向偃师市赠与"客家先民首次南迁地"纪念性称号，全球客家崇正会联合总会也将"主体客家先民首次南迁圣地"牌匾赠与偃师。

2009年9月10日，中原客家先民首次南迁出发圣地纪念碑在偃师市虎头山落成。全球客家崇正会联合总会总执行长、全球客家人华人华侨促进中国和平统一大联盟总主席黄石华与来自15个国家和地区的200余位客家人代表参加了纪念碑落成典礼。黄石华在典礼上说："偃师是我们的故乡，我们都是'河洛郎'，我们对故乡满怀敬意！纪念碑的落成，对传承客家精神、增进中华大家庭凝聚力有着非凡的意义。"纪念碑的落成为全球客家人寻根溯源提供了一个独特的精神地标。

2012年3月，在由全球客家崇正会联合总会、世界华侨华人社团联合总会等主办的"首届全球根亲（客家）文化盛事颁奖大典"上，洛阳市荣获"全球华人最向往的十大根亲文化圣地"称号。

遍及五洲四海的客家人无论身居何地，他们都不曾忘记自己的先祖是来自中原，纷纷到祖地寻根谒祖，投资兴业。1991年，来自欧洲8个国家由228名中国客属侨眷组成的"寻根祭祖暨商业考察团"到河南寻根，他们在洛阳王城公园内的"根在河洛"纪念碑前举行了隆重的寻根祭祖活动。考察团团长、全欧客属崇正总会会长张醒雄说："虽然我们远离祖国故土，但我们都是炎黄子孙，我们的心永远和祖国连在一起。欧洲现有80多万华侨，其中客家人占一半。我们的家谱里记载着客家人的祖根就在河南的河洛一带。这次不远千山万水前来寻根祭祖，一方面是为了扩大和提高海外客家人的爱国爱家意识，增强海外华人的凝聚力；另一方面也是回来看看祖国改革开放后的变化和成就，考察投资环境，为建设祖国尽一份力量。"[①]

2003年10月26—28日，世界客属第十八届恳亲大会在郑州隆重召开，共有来自世界近30个国家和地区的客属首领和客家乡亲及国内各界人士共2000余人光临盛会。大会以"联谊、寻根、合作、发展"为主题，以弘扬中原客家祖地文化和拜祖寻根为特色，举行有"根在中原"拜祖仪式、世界客属文化中心奠基仪式、客家文化之旅活动、客家与中原文化国际学术研讨会、经贸洽谈、"情系黄河"大联欢等10项主要活动，充分体现了浓郁的客家乡情和中原亲情。

为配合客家恳亲大会的召开，《大河报》策划组织"客家迁移万里寻踪"大型采访活动。报道组从洛阳洛水之上的洛阳桥起点出发，跨越洛河、淮河、长江、赣江、珠江，横渡琼州海峡，经河南、江苏、安徽、江西、福建、广东、广西、海南诸省区，最后到达福建泉州东海边的"洛阳桥"桥头。历时1个月，行程12000公里。报道组沿着客家先民迁移的足迹一路采访，寻访中原文化随客家脚步播迁的历程，以新闻的眼光、文学的笔法、历史的思路，全方位反映了客家文化与中原文化一脉相承的联系、客家人与中原祖根地的血肉亲情。

为探寻中原文化播迁路径，追寻客家文化的渊源，2009年10月，《大河报》又发起了"世界客家播迁路"活动。在此后的数年间，由客家杰出人物、祖根地代表和企业、媒体、影视摄制组人员为主体的"世界客家播迁路"文化交流团队以客家祖根地为起点，沿着

---

① 谢钧祥：《河南旅游·姓氏文化》，中国旅游出版社，2007年。

第六章 万姓同根：嵩山大家园

中原客家先民走向全世界的迁徙之路，先后赴中国的台湾、香港、福建、广西、广东及新加坡等地进行文化交流活动，对促进海内外客家人的联系，提高河南的影响力、凝聚力，激发海内外客家人、华人华侨回归河南寻根祭祖、旅游观光、投资兴业的热情，促进河南文化、旅游、经济的发展，发挥了一定作用。

三、荥阳：全球郑氏寻根谒祖的文化圣地

荥阳不仅是中华郑姓的起源地之一，也是郑姓最主要的郡望地，是全球郑氏宗亲魂牵梦绕的精神家园、寻根谒祖的文化圣地。为适应海内外郑氏宗亲到荥阳寻根谒祖，荥阳市成立了一系列相关组织机构，开展郑氏文化的研究和郑氏宗亲联谊活动，取得了一定成绩。

1. 荥阳郑氏的研究工作

20世纪80年代，美国荥阳郑氏宗亲会郑瑞强先生致函河南省外事侨务部门，希望帮助他寻找祖地。这封信被转给时任荥阳县统战部部长的宋国桢先生，因此拉开了荥阳郑氏研究的序幕。为解答郑瑞强先生的疑问，宋国桢在对文献进行充分调查的基础上，撰写完成了《荥阳与郑氏》一文。该文在"海峡之声"电台播出，在海内外产生了强烈反响，开启当代荥阳郑氏研究的先河。此后，郑氏研究会组织研究力量围绕荥阳与郑氏、郑国都城、郑氏祖茔、郑氏先贤和海外郑氏等内容，编辑出版了《中华望族：荥阳郑氏》《天下郑氏出荥阳》《历代郑氏名人传略》《郑成功与祖国统一》等著作。

为使郑氏族人寻根有据，郑自修扎根荥阳，十五年如一日，夜以继日，呕心沥血，行程20万公里，足迹踏遍16个省份3000多个村庄，远及中国港、澳、台地区及海外10余个国家和地区，耗资400余万元，收集了古今族谱3000余套（本），2万余件人文资料和50余张影像光盘，照片1万余张，校勘、整理、句读古代文献400余万字，制作完成8000余页、1600余万字、3000余支脉的荥阳郑氏脉络图之传承世系表，编纂成《郑氏族系大典》。全书

共2200万字，在对2800余年家族传承历史的爬梳剔抉的基础上，将郑文化精华分门别类加以编排，具有较高的学术价值和应用价值。

2015年10月，"荥阳与中华郑姓源流研讨会"在荥阳市召开，来自全国各地的文史研究专家60余人就郑国历史与文化、郑氏起源与流变、荥阳郡与荥阳堂、郑姓家族文化与郑氏名人等主题，展开了深入讨论。挑选出的优秀论文汇编为《中华郑姓源流与荥阳堂研究》一书，由大象出版社出版。

2. 荥阳郑氏相关组织机构的成立

为使郑氏文化研究和郑氏宗亲联谊活动健康开展，荥阳地方成立了多个荥阳郑氏组织机构。1987年，荥阳成立郑氏研究会；2003年10月，"荥阳市人民政府世界郑氏联谊中心"挂牌成立，同时成立荥阳世界郑氏联谊总会，组织指导荥阳市郑氏宗亲联谊和文化研究工作；2006年12月，河南中原姓氏历史文化研究会郑氏工作委员会成立，后因河南中原姓氏历史文化研究会更名而改为河南省姓氏文化研究会郑姓委员会；2013年7月，河南省郑文化研究院成立，首任院长由中国人民大学教授、著名社会学家郑杭生教授担任。上述组织的成立，为郑氏文化的研究、宗亲联谊及郑氏文化的开发提供了组织保障。

3. 荥阳郑氏的寻根联谊工作

荥阳郑氏研究会成立以后，开展的研究工作在海内郑氏族人中引起了强烈反响，荥阳作为全球郑氏的祖地得到普遍认同，中国台湾、泰国、新加坡、美国等地的郑氏族人纷纷组团来荥阳寻根，荥阳也组织郑氏族人走出国门，加强同海外郑氏宗亲组织的联系，荥阳郑氏寻根联谊活动日渐活跃。

1992年12月，世界郑氏宗亲祭祖大会在荥阳隆重举行，来自泰国、马来西亚、菲律宾、美国、加拿大等国以及中国台湾、香港、澳门的13个国家和地区的300多名郑氏宗亲与会。

2002年12月，世界郑氏中原寻根、纪念郑成功收复台湾340周年暨郑成功纪念馆落成典礼大会在荥阳举行，海内外郑氏代表

550余人与会。

2004年10月，以"寻根、联谊、交流、发展"为主题的中国·荥阳首届郑氏文化节在荥阳举行，共有15个国家和地区、国内26个省份的113个代表团近3000名郑氏宗亲出席盛会。文化节期间举办了荥阳经济发展战略研讨会、经贸成果展、经贸项目发布暨经贸合作签约仪式、"郑公杯"书画展、大型文艺晚会等系列活动。

2012年12月，纪念郑成功收复台湾350周年郑州大会在荥阳召开，来自世界各地的1000多名郑氏宗亲与会，会议发布了《世界郑氏族裔纪念郑成功收复台湾350周年郑州大会宣言》，彰显了郑氏族人的民族气节与爱国情怀。

2013年12月，郑氏始祖殿竣工典礼暨癸巳年世界郑氏祭祖大会在荥阳举行，来自美国、加拿大等国以及中国香港、台湾和大陆20多个省（市）的1000多位郑氏代表参加会议。

2014年11月，甲午年世界拜祖大典暨荥阳郑文化论坛在荥阳举行，海内外36个代表团600多位郑氏代表莅会。

2015年11月，中国·荥阳第二届世界郑氏文化节在荥阳隆重举行，来自泰国、韩国、西班牙等40多个国家和地区的2000多位郑氏宗亲代表参加了此次盛会。文化节以"光大荥阳，合作发展"为主题，以"寻根、联谊、合作、发展"为宗旨，举办了祭祀"郑氏三公"始祖大典，"宗祠、家风、家训、家规"名家诗书画展，荥阳堂文化苑、荥阳郑道昭书画研究院等揭牌仪式，郑文化经济论坛，"荣归荥阳、圆梦中华"文艺晚会等系列活动。本次文化节是本阶段郑文化演绎出来的一个高潮，是荥阳郑文化在"十三五"期间进一步发展的良好开端。

上述宗亲联谊活动的举行不仅增强了全球郑姓宗亲的文化认同感、归属感和向心力、凝聚力，也促进了祖地荥阳的对外开放和经贸合作。

综上所述，大嵩山地区作为中华姓氏的重要起源地、重要发祥地和中原士民的重要播迁地及海内外华人的寻根圣地，在华夏儿女心中具有无比神圣的地位，是中华民族的拜祖圣地和精神家园。

邓泰森 摄影

第七章

三教融合：嵩山大智慧

"天地之中"的独特区位、京畿之地的文化优势,使嵩山成为儒、释、道三教荟萃之地。大嵩山地区的儒学、道教、佛教在三教的发展史上发挥过无与伦比的作用。儒家学说的重要策源地、佛教文化的传播中心、道教思想的孕育之地以及北天师道发祥地中岳庙、禅宗祖庭少林寺、宋代四大书院之首的嵩阳书院,彰显出儒、释、道三教在嵩山的灿烂辉煌。而三教深奥的哲理以及在碰撞中的发展、交融中的共荣,无不透射出嵩山三教文化的大智慧[①]。

第一节 道教与嵩山

大嵩山地区长期作为古代政治、经济和文化中心,为道家学说和道教思想的产生提供了丰厚的沃土。道家学说的创始人老子长期供职并活动于大嵩山地区,道教开创者张道陵也长期在大嵩山地区修行,而北天师道创始人寇谦之亦修于嵩山中岳庙。三位宗师在嵩山的活动,不仅成就了中国道教、道教学说,而且使大嵩山地区成为道教文化的传播中心。

一、道家思想起源于大嵩山地区

道教学说形成于东周的春秋时期,创始人是老子。据《史记·老子列传》及张守节《史记正义》载,老子姓李,名耳,字伯阳,谥号聃[②]。楚国苦县厉乡曲仁里(今河南鹿邑,亦有云今安徽涡阳)人,

[①] 孔子的儒家学说,历史上和佛教、道教并称为中国传统的三大宗教,今亦有很多学者以为儒学非宗教,而是一种学说。本章内容按传统的观点论之。
[②]《史记》卷63《老子韩非列传》。

第七章 三教融合：嵩山大智慧

春秋时期的哲学家、思想家和道家学派的创始人。

老子虽出生于苦县，但《史记》载，他一生已知担任的职务是东周都城洛阳的"周守藏室之史"[①]，也就是掌管国家文化典籍的史官。守藏室作为周朝收藏典籍的馆所，应该说是集天下之文，收天下之书。春秋时虽然五霸纷争，周室衰微，但周王朝仍享有极高的政治地位。作为周朝都城的洛阳，在老子所处的时代还是相对稳定的，这就为老子在此博览群书，创立道家学说提供了优越的条件。同时，老子在周王朝任职，使他有机会也有时间接触周王室统治者的高层，也有机会接触到各家学派的人物和思想，从而为老子道家思想的形成积聚丰厚的理论基础。当然，老子担任守藏室史的时间有多长，史册无载，但可以肯定的是老子道家思想的孕育和形成当是在此时，或者是此时起了决定性的作用。这从史册所载老子博学多才以及孔子周游列国时曾专程到洛阳向老子问礼可证[②]。由此，老子的道学思想当是在大嵩山地区形成是无疑的。

老子在洛阳任职时，比邻洛阳的嵩山也应该是其修行和研道的地方。这一点从东周时嵩山的地位便可确定。在周平王东迁洛阳后，嵩山作为京畿之地，地位显著提升。《史记·封禅书》："昔三代之居皆在河洛之间，故嵩高为中岳，而四岳各如其方。"嵩山作为京畿地区的名山，而洛阳居其下，老子前往研道应当是符合情理的。前秦王嘉的《拾遗记》对老子在嵩山的活动也有记载，说是老子与五老叟居于景室之山（即太室山），与世隔绝，后老子在浮提国两个善书者的协助下，用金壶之墨撰写成了《道德经》[③]。而嵩山的金壶峰，即因老子以金壶之墨撰《道德经》而得名[④]。当然，此不言《拾遗记》所载是否已经演绎，仅就嵩山所处的地理位置以及老子追求的"无为"而言，老子在嵩山研习道学应是可信的。

道家思想的经典著作是《道德经》。关于《道德经》的形成，现在比较普遍的一种说法是，当年老子看到周室衰微，于是出关西行传道，至函谷关遇守关之尹喜，尹喜要老子留下著作，于是老子写出了五千言的《道德经》。据此，人们认为函谷关乃道家学说的

[①]《史记》卷63《老子韩非列传》。
[②]《史记》卷63《老子韩非列传》。
[③]〔晋〕王嘉撰，齐治平校注：《拾遗记》卷3，中华书局，1981年。
[④]〔明〕傅梅：《嵩书》卷2，中州古籍出版社，2003年。

诞生地。这个观点虽然比较普遍，但是认真分析，即便是老子在函谷关写出了五千言的《道德经》，但其道教思想不可能在此一时形成。因为在出关这短短的时间内写出具有丰富哲理的《道德经》，从时间上、理论上来说都是不可能的。反观老子的一生，入仕在洛阳，研学在嵩洛，其道家学说必当是在大嵩山地区博览群书和修行过程中而形成的。由此，大嵩山地区作为道家思想的发祥地，在中国道学文化史上所占的地位是极其重要的。

二、道教学说发源于大嵩山地区

嵩洛文明催生了道家学说，而诞生于东汉末的道教则是以道家思想为核心而形成的。由此，在中国道教的形成过程中，大嵩山地区作为道家思想的重要孕育之地，在道教的兴起过程中所起的作用不言而喻。

追溯道教思想所形成的根源，主要是黄老学说和古老的方仙术。而道教的创立，现在一般的观点认为始于东汉末张陵所创的五斗米道。张陵（？—156），又名张道陵，东汉沛国丰邑（今江苏丰县）人。相传，张陵为西汉留侯张良的后裔，年少时曾习《老子》及天文地理、河图洛书等，后入全国最高的学府洛阳太学求学，成为一名饱学之士[①]。史书对张陵的这些记载，当然存在着后世演绎的成分，但张陵早年在洛阳求学基本上应是事实。张陵在洛阳求学不仅使其成为一名学者，也使其有机会接触到各种思想和学说，当然也包括老子的道家思想。因此，张陵在洛阳太学求学时期当是其道家思想的萌芽阶段，对后来张陵创立道教起到了至关重要的作用。

张陵走出太学之后，相传曾到多地讲法。东汉明帝时，张陵举"贤良方正直言极谏科"，被朝廷授予巴郡江州（今重庆）令[②]。在任江州令时，张陵因看透了豪强的横行、官吏的贪赃枉法、老百姓的食不果腹，于是仿效先祖张良的做法，出离尘世。在他辞去江州令后，北上洛阳，隐居嵩山之北的邙山之中，潜心修习黄老之学、

① 〔晋〕葛洪：《神仙传》卷5。
② 卿希泰：《中国道教史》第1卷，四川人民出版社，1988年。

第七章 三教融合：嵩山大智慧

长生之道。在北邙隐居时，张陵又至嵩山修行九年，这是张陵道教思想形成的又一个重要时期。这些史册有载。唐代道士王悬河编的《三洞珠囊》引《道学传》卷2载："张天师弃家学道，负经而行，入嵩高山石室，隐斋九年，周流五岳，精思积感，真降道成，号曰天师。"①又据《嵩书》载，张陵在嵩山修道时，还得到了一部经书。相传，有一日，一白衣使者不期而至，告诉张陵说，嵩山中峰上有处石室，石室中藏有《三皇内文》和《黄帝九鼎丹书》，依之可升仙。于是张陵斋戒七日入石室，果然得到了丹经道书。后来张陵便以此书作为道教的重要经典。

关于史册所载张陵在嵩山修行及得到丹经道书之事，可能存在着后人附会的成分，但从张陵后来是从大嵩山地区赴巴蜀传道上看，张陵在嵩山和邙山修行期间正是其道教思想的形成时期，也是道教发展史上一个非常重要的时期。

张陵在嵩山地区形成道教思想还有一个很重要的原因，就是嵩山自古被称为神山，是古老方仙术的重要诞生之地，也是仙人的会聚之地。《山海经·中山经》称嵩山乃万山之祖的神山，许多神仙都居于此，这些道书中有很多记载。据《历世真仙体道通鉴》载，周灵王时，神仙浮丘公居嵩山修行，后接引太子晋至嵩山修炼。又据《列仙传》载，王子晋，姓姬名晋，乃周灵王太子，在嵩山修炼成仙后乘白鹤飞升。此外，春秋至东汉时的仙人宋伦、王仲伦、苏林、施存、邛疏、姜叔茂、丁寔、周栖野、王兴、刘根等也皆是在嵩山修炼成仙的②。这众多仙人在嵩山的修炼，无疑为张陵的仙道思想的形成提供了依据。

关于大嵩山地区是道教思想的重要策源地，还有一个佐证，那就是东汉末张角创立的太平道。张角初信黄老之说，于汉灵帝时创立太平道，徒众达数十万。中平元年（184），张角依太平道发动起义，嵩山地区的豫州、颍川就是太平道的重要策源地③。

既然说大嵩山地区是道教思想的重要发祥地，那么为何张陵没有在大嵩山地区创教和传教呢？事实上，东汉末张陵创立的五斗米

① 赵立纲：《历代名道传》，山东人民出版社，1996年。
②〔明〕傅梅：《嵩书》卷8，中州古籍出版社，2003年。
③《后汉书》卷71《皇甫嵩传》。

道、张角创立的太平道都具有反对封建帝王的性质，张角发动的黄巾起义就是一个很好的例证，之后农民起义不断利用五斗米道起义也可为证。由此，道教在东汉末不但不被官方认可，而且是帝王压制的对象。嵩山地区地处京畿，帝王统治严密，道教如果想在此兴起和流传是非常困难的。而巴蜀地区天高地远、民风淳朴、封建统治力量薄弱，于是张陵便以巴蜀的鹤鸣山作为创道和传道之地，这是符合当时实际情况的。

综上所述，从道教的形成来说，大嵩山地区的黄老学说、方仙之术是道教思想形成的基石，而张陵在洛阳的求学及在大嵩山地区的修行则是道教形成的根基。从这个意义上来说，大嵩山地区事实上就是道教思想的策源地。

三、完备的道教体系形成于大嵩山地区

在中国道教史上，被奉为天师的嵩山道士寇谦之，以嵩山中岳庙为核心，在北魏时发动了史无前例的中国道教改革，并创立了新天师道，世称北天师道。寇谦之的这次改革，不仅形成了完整的道教体系，还使道教走向兴盛，并且使道教登上中国政治舞台，因而对中国道教产生了极为深远的影响。

寇谦之，字辅真，出生于前秦时的一个官宦之家。祖籍上谷昌平（今北京昌平区），后迁冯翊万年（今陕西临潼）。寇谦之自称是东汉云台二十八将之一、颍川太守寇恂之后。他早年好仙道之术，后遇成公兴，拜为师，随之在华山修行。不久，又随成公兴至嵩山修行七年，成公兴离去后他继续在嵩山修行，计 30 余年，遂成嵩山名道。

寇谦之在嵩山修行时看到，道教从东汉兴起到北魏之所以没有兴盛，其深层原因就是没有得到封建统治者帝王的支持，而儒释二教的兴盛，则正是得到了帝王支持的结果。于是，寇谦之决定对道教进行改革。道教改革并非一件容易的事，首先是倡导改革者必须

具有影响力和号召力,即必须具备道教领袖的地位。为此寇谦之就托太上老君下凡嵩山授之以"天师"之位,总领北方道教,并让其"清整道教,除三张伪法"。

在托太上老君下凡嵩岳之后,寇谦之便开始着手改革道教。经过一段时间的准备,他下决心对道教的核心问题进行改革。为此,寇谦之又托了一个神仙下凡授经卷的故事。说是北魏明元帝泰常八年(423),嵩山又降临了一位尊神,这位尊神就是太上老君的玄孙李谱文。他这次下凡不仅授予寇谦之"太真太宝九州真师"之位,还授予他一部实际上是寇谦之自撰的《箓图真经》。这部共60卷的《箓图真经》,核心就是"辅佐北方泰平真君",即北魏皇帝。道教自东汉创立以来,民间不断利用道教起义,于是道教一度受到压制。寇谦之号召道众拥帝,这是中国道教史上的一次重大转折。

寇谦之发起的这次道教改革,其主要内容有以下几方面:

一是吸取中国传统儒家礼制,使之与道教相结合,教人安分守己,以维护帝制秩序;二是革除旧五斗米道不合理的制度,如入道者纳租米、男女合气之术等;三是改革道教的修行方法,把以符水治病等低俗的方法改为以礼拜为主,辅以服食丹药,最终成为长生不老的神仙;四是强化和重视道教戒律,并制定了众多道教清规,使道众修行有规范的制度;五是改革道教的斋醮科仪制度,使道教从民间散乱的礼拜,走向固定的丛林(宫观)礼拜[①]。

寇谦之这些改革,在道教发展史上所起作用非常巨大。据《魏书·释老志》载,在寇谦之得到太上老君玄孙李谱文授的《箓图真经》后的第二年,即始光元年(424),寇谦之即怀抱经书亲往北魏京都平城(今山西大同),献给刚刚登基的太武帝拓跋焘。当太武帝得到了以"辅佐北方泰平真君"为核心的经书后,甚为高兴,立即把寇谦之安排在都城的豪宅内,并专门供给他衣食。

太武帝在寇谦之献书之前是信佛教的,他非常"敬重沙门"。但当得到寇谦之的道书之后,太武帝转而信道:"及得寇谦之道,帝以清净无为,有仙化之证,遂信行其术。"当然寇谦之得到太武

[①] 寇谦之改革的主要内容参阅《中国道教文化典藏》(中国文史出版社,2009年)、《唐前道教仪式史纲》(中华书局,2008年)、《道教小辞典》(上海辞书出版社,2001年)、《中国道教史》(四川人民出版社,2004年)。

图 7-1 《中岳嵩高灵庙碑》

第七章　三教融合：嵩山大智慧

帝的支持，还有一个非常重要的原因，就是受到了司徒崔浩的鼎力相助。崔浩是北魏门阀士族的首领，他的司徒之职就相当于宰相，可谓权倾朝野。崔浩本人博览群书，学识渊博，能文善书，深得太武帝的崇信，太武帝称霸北方的重要战争，崔浩几乎都参与了出谋划策。崔浩作为士族首领，以道教为中国的正统，尤不信佛教。在他认识寇谦之以后，觉得寇谦之道法高深，竟拜其为师，并且对寇谦之礼拜甚恭。当时有人讽刺他，崔浩反击说："昔张释之为王生结袜。吾虽才非贤哲，今奉天师，足以不愧于古人矣。"

由此，崔浩在太武帝面前极力推荐寇谦之说：皇上，现在有道有德的大神仙寇谦之，不诏而至您的帐下，这是因为陛下您走的是轩辕黄帝的路，因而感动了上天派寇谦之前来相助。您不能经常和世俗之人交谈而忽视了上天派来的大神仙。于是，太武帝听取了崔浩之言，崇信了道教，并将年号改为太平真君，以表示自己对道教的敬重，同时还尊寇谦之为"国师"。在改年号的同时，太武帝还特意遣使持玉帛前往嵩山举行祭岳大典，并迎接在嵩山的寇谦之40余名弟子前往京都平城，在京城东南建天师道场。道场重坛五层，严格按照寇谦之改革后的科仪制度进行礼拜，同时官府还供给120名道士衣食。而此坛每月还设有数千人参加的大法会，可谓盛极一时。寇谦之不仅得到帝王的崇信，就连他的家族也得到了特殊封赏。其父被追封为安西将军、秦州刺史、冯翊公，其母被追封为冯翊夫人。而其家族宗亲有16位被追赠为太守、县令、侯爵、开国男等，其家族受禄的辖区有七郡五县。

在寇谦之得到太武帝崇信之后，道教成为官方宗教。《魏书·释老志》记载了寇谦之改革之后太武帝对道教的推崇及道教的兴盛情况："于是崇奉天师，显扬新法，宣布天下，道业大行。"这个记载说得非常明确，就是北魏王朝不仅崇奉寇天师，而且还将道教制度颁行于世，从此道教大兴于天下[1]。

寇谦之北魏时在嵩山发起的这场道教改革运动影响极其深远。首先，这次改革使中国道教走向鼎盛，并走向中国的政治舞台；其

[1] 本章中所引史料，未说明出处的，皆出自北齐魏收撰的《魏书·释老志》。

次，这次改革使道教文化深入社会各阶层，并影响着中国政治、经济、文化、哲学等诸多方面；最后，寇谦之的这次改革所建立的北天师道理论体系成为后世道教发展的基石。

四、嵩山是隋唐时期的传道中心

隋唐时期，随着中国大一统局面的形成及文化的繁盛，嵩山道教又迎来了一个发展高潮。道教的繁盛，使嵩山成为中国重要的道教文化传播中心。

隋唐时嵩山道教繁盛最显著的特征，首先是道教名师云集。在隋唐之时，显赫于世的道教名师王远知、潘诞、潘师正、刘道合、司马承祯、孙太冲、吴筠、李筌、胡超、吴善经、元丹丘、李含光、邢和璞等悉数来到嵩山[1]，这是中国道教史上极为罕见的现象。

其次，传道弘法昌盛。隋唐时，道教名师不仅荟萃于嵩山，而且在弘道传法、著书立说等方面，每位宗师都有不俗的表现。

据《资治通鉴》卷181载，隋代名噪一时的嵩山道士潘诞，自称300岁，曾在嵩山为隋炀帝炼丹药，炀帝特为之建嵩阳观以传道。隋唐之时道教重要派别茅山宗第十代宗师王远知，为适应隋朝大一统的需要，将茅山宗的法箓传到北方，并以嵩山为传道中心。王远知在嵩山修斋之后，其弟子、茅山宗第十一代宗师潘师正，居于嵩山逍遥谷，修炼传道50余载。唐上元三年（676），高宗巡幸东都，召见潘师正，"问师正：'山中有何所须？'师正对曰：'所须松树清泉，山中不乏。'高宗与天后甚尊敬之，留连信宿而还。寻敕所司于师正所居造崇唐观，岭上别起精思观以处之"。高宗还赠潘师正诗数十首。永淳元年（682），潘师正羽化于嵩山，年98岁，高宗及武则天追思不已，赠太中大夫，谥体玄先生。

潘师正的弟子司马承祯，也曾随潘师正在嵩山修行，并受高宗、天后召见。潘师正羽化后司马承祯还在嵩山为其师立《体玄先生潘尊师碣碑》，追忆其师功德。该碑由司马承祯书写，书法独具一格，

[1] 王远知、潘师正、刘道合、司马承祯、吴筠见《旧唐书》卷192《隐逸传》（中华书局，1997年）；潘诞见《资治通鉴》卷181（吉林人民出版社，1997年）；孙太冲见嵩阳书院所存唐天宝四载（744）《大唐嵩阳观纪圣德感应之颂碑》；胡超见《武则天与嵩山》（中华书局，2003年）；元丹丘见《嵩书》卷13（中州古籍出版社，2003年）；吴善经、邢和璞、李筌、李含光见《嵩书》卷8（中州古籍出版社，2003年）。

第七章 三教融合：嵩山大智慧

被称为"金剪刀书"。司马承祯一生著述颇丰，主要有《坐忘论》《修真秘旨》《服气精义论》《洞玄灵宝五岳名山朝仪经》《道体论》等。特别在内丹修炼方面，他主张将入道、修道、得道，依次分为"五渐门"和"七阶次"，循序而渐进。他重视服气、养神的内丹修炼，并以此作为成仙的途径和方法，这是对唐代道教外丹修炼的一种转变，开启了五代、北宋内丹之先河，并对宋明理学产生了重要的影响。

潘师正再传弟子吴筠，字贞节，因举进士不第入嵩山从潘师正门徒学道。后云游四方传法。玄宗闻其名，遣使召见于大同殿，令其任待诏翰林。天宝时，李林甫、杨国忠把持朝纲，吴筠坚求还嵩山，屡请不许。其所著的《玄纲论》《形神可学论》等阐述道家思想的书，亦多在嵩山形成。其门徒所集的《吴天师灵迹记》记述了吴筠在嵩山的足迹①。

与潘师正一同在嵩山修炼的道家名师刘道合，也是一位声名远播的名家。据《旧唐书·隐逸传》载，刘道合初与潘师正同隐嵩山，高宗闻其名，下诏于其隐居处置太一观以居之。高宗封禅泰山，令其于仪鸾殿作止雨术。武则天时的道士胡超，也是一位非凡的道人。武则天在嵩山巡祭、避暑时，召道士胡超为其"合长生药，所费巨万"。久视元年(700)，因武则天在嵩山石淙河三阳宫得病，胡超以道教"三宫手书"的办法为武则天医病，并在嵩山峻极峰为之投金简一通，以求除其病而长生不老。

玄宗时，嵩山名道孙太冲，在嵩阳观修道，声名远扬，玄宗敕令孙太冲为之合炼金丹，丹成后玄宗为之立宏观巨制《大唐嵩阳观纪圣德感应之颂碑》，以表彰孙太冲炼丹之功。唐代的名道李筌、元丹丘、邢和璞等也在嵩山修道，亦多有建树。李筌号达观子，少年时喜好神仙之道，曾在嵩山少室山隐居修行多年。相传，李筌在嵩山虎口岩得《皇帝阴符经》，后成为道教重要经典。李筌著有三卷《阴符经注疏》及《太白阴经》《中台志》《青囊括》等。名道元丹丘在嵩山修行时，诗仙李白数度造访，并写下了《将进酒》《元丹丘歌》《题元丹丘山居》等传世诗作。邢和璞在嵩山紫云山紫云

①〔明〕傅梅：《嵩书》卷2，中州古籍出版社，2003年。

洞修行时，潜研道教，并著有《颍阳书》三篇。

再次，隋唐道教的兴盛还与众多有道家思想的名家隐居嵩山有关。女皇武则天的侄子武攸绪，也是一位崇信道教的名士。他曾从茅山道士王昊学道，后辞官归隐嵩山修道至终。此外，唐代与道教思想颇为相通的一些隐士，如田游岩、卢鸿一、李渤、李泌、孔述睿、孟郊等亦隐居嵩山修行[①]。这些人不仅隐于嵩山，而且都大力宣传道教，为嵩山成为隋唐时道教的传播中心发挥了极其重要的作用。

唐代嵩山道教之所以兴盛还有一个重要原因，就是李唐王朝自以为是老子之后，故对道教非常推崇。尤其是唐高宗、女皇武则天和唐玄宗尤其重视嵩山的道教。高宗和武则天不仅数度到嵩山拜访名道，而且还在嵩山建造了多处道观。玄宗不仅崇信孙太冲，还大规模整修道教圣地中岳庙。

从隋唐时期嵩山道教宗师潘师正、司马承祯、刘道合、吴筠等皆在嵩山传道弘法、著书立说的历程及其留下的丰厚的道家文化遗产中不难看出，隋唐时期嵩山作为中国道教极为重要的传播中心，在道教的发展过程中所起到的作用是非常巨大的。

五、中岳庙在中国道教中的重要地位

中岳庙的前身是太室祠，始建于先秦时期，北魏改称中岳庙。中岳庙是嵩山地区最古老的庙宇，有2700年的历史[②]。中岳庙不仅是历代帝王祭岳的中心，同时也是著名的道教圣地，在中国道教的历史上占有重要地位。

周平王东迁洛阳后，嵩山因地近京都，被称为万山之祖的神山，中岳庙应运而生。中岳庙既是最早的祭祀嵩山神的地方，又是方士的重要活动场所，更是黄老学说的重要传流地。《淮南子·天文训》："中央，土也。其帝黄帝，其佐后土，执绳而制四方，其神为镇星，其兽黄龙。"《吕氏春秋》《云笈七签》等亦皆云嵩山所供之神为

[①] 田游岩、卢鸿一、孔述睿见《旧唐书》卷192《隐逸传》（中华书局，1997年）；李渤见《旧唐书》卷171《李渤传》（中华书局，1997年）；武攸绪、李泌、孟郊见《嵩书》卷7（中州古籍出版社，2003年）。
[②] 吕宏军：《世界文化遗产中岳庙》，中州古籍出版社，2014年。

第七章 三教融合：嵩山大智慧

黄帝。大嵩山地区是老子活动的重要地区，这里是其思想最早的传流地当无问题，因为春秋战国至秦汉时，嵩山地区仅此一座庙宇。从黄老学说传流于中岳庙中不难看出，中岳庙当是道家思想最古老的传播地之一。

中岳庙作为帝王的祭祀中心和道家思想的重要传流地，其地位在西汉时得到了空前的提高。据《汉书·武帝纪》载，西汉元封元年（前110），汉武帝巡祭中岳，至嵩山一山峰因闻"山呼万岁"，汉武帝以为嵩山神迎接之，于是下令扩建太室祠（中岳庙前身），下诏禁伐嵩山草木，并划嵩山下300户成立崇高县，免除一切赋税徭役，专管祭祀嵩山之事[①]。汉武帝此举使中岳庙的神圣地位得到了进一步的巩固和发展，为其后成为嵩山道教文化活动中心奠定了基础。

东汉末，道教兴起之后，中岳庙又成了嵩山重要的道教活动场所。至北魏时，天师寇谦之就居中岳庙修行，在此发起了空前的道教改革。北魏太延时（435—440）立于中岳庙的《中岳嵩高灵庙碑》对寇谦之在中岳庙的修行及改革有详述："有继天师寇君，名谦之，字辅真，高尚素志，隐处中岳三十余年。……于是上神降临，授以九州真师，理治人鬼之政。佐国扶命，辅导真君，成太平之化。"[②] 寇谦之在中岳庙所推动的这次改革不仅使道教走向兴盛，同时也确立了中岳庙北天师道发祥地的地位。

从北魏之后，中岳庙既是帝王的祭祀场所，也是嵩山道教的活动中心。由此，最高规格的帝王祭祀和道教礼仪在中岳庙有机结合起来了，从而使其具有更强的弘扬道教的能力。隋唐时，随着嵩山道教的兴盛，中岳庙这座道教圣地的地位也在不断提高。当年，武则天封禅中岳之后，特地为中岳神在中岳庙内置殿供奉，并专程派道教名师、金台观主马元贞到中岳庙祭祀[③]。北宋时，崇信道教的北宋王朝亦对中岳庙大加整修，其华丽程度无与伦比。元朝建立后，中岳庙的祭祀活动得到了帝王的高度重视，元朝帝王祭岳时，基本上都由道士担当。元代道教宗师祁志诚、张留孙、马守心、吴全节

[①]《汉书》卷6《武帝纪》。
[②] 见《中岳嵩高灵庙碑》，该碑现存于中岳庙。
[③] 见《中岳嵩高灵庙碑》侧马元贞题记。

等皆作为帝王的特使代表皇帝祭祀中岳[①]。同时，中岳庙的住持亦由帝王任命。为了保护好道教圣地中岳庙，元朝皇帝还专门下"圣旨"于中岳庙，不允许任何人侵犯[②]。中岳庙从金元时期开始，逐渐成为全真道的传播圣地，而且传流至今。

道教圣地中岳庙，不仅历史悠久，而且对道教文化的发展和传播也起到了重要的作用。尤其是寇谦之改革之后，帝王及官民的祭岳礼制和道教活动有机结合在一起，并成为后世祭岳的定制。同时，作为嵩山道教活动中心的中岳庙，不仅在传播道教文化方面发挥了重要作用，而且还留下了众多的道教文化遗存。由此可见，作为中国极具影响力的北天师道发祥地的中岳庙，在中国道教史上所占的地位是十分显赫的。

综上所述，大嵩山地区作为华夏文明核心发祥地的深厚文化积淀，成就了老子、张陵的道家思想和道教学说。同时，嵩洛文明也为寇谦之在此改革道教，使道教形成完备的体系并走向中国的政治舞台提供了条件。而隋唐时潘师正、司马承祯等道教名师云集嵩山弘法，则使之成为当时中国道教的传播中心。嵩山的中岳庙，不仅是北天师道的发祥地，而且见证了道教走向辉煌，因而在中国道教发展史上具有不可替代的作用。

第二节 儒学与嵩山

儒学是中国传统文化的主干，也是培育中华民族精神的沃土。从孔子创立儒学开始，它一直以博大的胸怀吸纳其他文化精华，不断丰富完善，形成了完整的思想体系，深刻影响着中国人的观念意识、道德取向和信仰追求。究其源流，不难发现儒学发展与嵩山息息相关。

[①] 祁志诚见《嵩岳庙史》（中州古籍出版社，2003年）；张留孙见《嵩书》（中州古籍出版社，2003年）；马守心见《嵩书》（中州古籍出版社，2003年）；吴全节见《中岳投龙简记》碑，碑今存于中岳庙。
[②] 见今存于中岳庙的后至元元年（1335）立的圣旨碑。

第七章　三教融合：嵩山大智慧

一、嵩洛文明是儒学的重要源泉

儒家的系统思想是从孔子开始的。孔子名丘，字仲尼。"生鲁昌平乡陬邑（今山东曲阜）"[①]，是春秋末期的思想家、教育家、政治家和儒家学派的创始人。孔子创立的早期儒学植根于古老的嵩洛文明。

第一，嵩山地区作为华夏文明的孵化场[②]，无疑是儒家文化的营养源。

世界上的古文明，大都以水命名，如黄河文明、两河流域文明、尼罗河文明、印度河文明等。究其原因，是由于水对于早期人类生存的极端重要性。但人们也同时发现，如果说水是人类生存的物质基础，那么山则往往是人类精神的寄托与载体。近年来，随着专家学者对嵩山研究的深入，对嵩山在华夏文明中的地位和作用的认识越来越深刻、越来越全面。其中与儒学产生有关的，概括而言主要有三个方面：

一是儒学中提倡的"祭祖崇远"思想源于嵩山。《山海经·中山经》载："少室、太室皆冢也，其祠之：太牢之具，婴以吉玉。"嵩山作为我国最早王朝夏王朝的诞生地和夏人的祖山，是中国人祭祖崇远文化的发源地。

二是《史记·封禅书》云："昔三代之居皆在河洛之间，故嵩高为中岳。"说明夏商周三代的都城都围绕嵩山而建，作为中国最早的政治、经济、文化中心，对中国古代文明的发展推动，自然不言而喻，其中礼乐文化的兴盛，直接为儒学产生提供了丰富的营养。

三是三代之民以嵩山地区为"天地之中"，从而促进了天人合一、阴阳五行、"向中"、大一统等一系列中国传统文化思想"基因"的形成。

第二，孔子创立儒学的动力和目标即是恢复产生形成于嵩山地区的"周礼"。

孔子生活的时代是东周初年，他眼中的现实是"礼乐崩坏"，

[①]《史记》卷47《孔子世家》。
[②] 杜金鹏：《华夏文明之根——嵩山地区在华夏文明起源及早期发展中的地位》，《中原文物》2002年第2期。

于是他面对此，要"复礼"，要通过恢复西周的礼乐文明来拯救这个世界。

其一，"周礼"形成于嵩山地区。

中国被称为"礼仪之邦"，充分说明了"礼"在中国的地位和作用。中国礼制的产生形成，与周公"制礼作乐"形成周礼有直接关系。

周公，姓姬，名旦，周武王之弟，周武王去世后，其子周成王即位，因年幼，周公摄政七年，为周王朝初期的建国建制立下了不灭的功绩，其中"制礼作乐"是主要的方面。中国礼制的产生虽可追溯到上古时代的"祭祖崇远"，而真正作为国家礼制完善固定下来，主要是由周公完成的。他通过"制礼作乐"，监于夏、商二代，在扬弃中发展丰富，把三代的礼乐文化推向了一个高峰。具体而言，一方面，他把礼从过去重于人神关系、偏于宗教的活动，变成了侧重人人关系、重于现实需要的行为规范；另一方面，他把"礼"的内涵与外延扩大化，使其在原来只是简单的祭神祭祖的活动规范基础上，吸纳过去人们生活中各种"约定俗成"，使其成为包括政治、军事、法律、生活等社会方方面面的典章制度的集合。

周公"制礼作乐"是在大嵩山地区完成的。《尚书大传》称："周公摄政……五年营成周，六年制礼作乐。"这里的"六年"，是指周公摄政的第六年，而此时的都城已在周公的策动下迁到洛阳，这充分说明"制礼作乐"是在大嵩山地区完成的。另外，周公"制礼作乐"是"监乎夏、商二代"完成的，而由于夏、商的都城大都分布在大嵩山地区，其"礼"的实践也多在此处展开，周公也只有在这里才可能完成这项工作。

周公的"制礼作乐"奠定了古代中国礼制的基本框架，更直接为孔子创立儒学提供了基础和前提。

其二，孔子创立儒学与大嵩山地区有着密切关系。

一是孔子生活的鲁国，由于是周公旦的封地，后被特许可沿用周朝的天子礼乐，从而比别的诸侯国较多地保留了西周的礼乐文化，为孔子认识学习认同"周礼"提供了条件。

二是孔子曾到当时的东周京城洛阳观礼,被夏、商及西周以来丰富的礼制文化所折服。据史载,孔子于公元前518年,得到鲁国国君的批准,带着学生南宫敬叔到东周京城观礼,在嵩山脚下的洛阳,他饱览了周朝的典籍礼器,参观了明堂的建筑、壁画、仪式;瞻仰了后稷之庙、天子之礼;专门向周朝乐官苌弘学习古典乐舞,还有幸会见了老子。后来,他不无感叹地说:"周监于二代,郁郁乎文哉!吾从周。"①

三是他的学说核心是"仁",而他认为,"克己复礼为仁"②,这说明他在看待"仁"和"礼"的关系上,认为"仁"是源于"礼"的,"仁"也要通过"礼"才能实现,且以"礼"为表现形式。而他说的"礼",指的正是在嵩山这个"三代之居"之地,通过夏商周三代逐步形成的社会政治制度和道德规范,即"周礼"。

其三,孔子在中原地区周游列国对其"仁"学思想体系的丰富与完善起到了决定性的作用。

综观孔子一生,虽出生于鲁国和"少居于鲁",但他却有大部分时间活动在中原。一方面,据史载,由于孔子祖籍在河南商丘,因此他"久居宋",屡屡还乡祭祖和考察殷礼,所以名其里曰"还乡里",现在夏邑县城北6公里处还有古时建造的孔子还乡祠。另一方面,在他创立儒学思想过程中,先是以鲁国为"标本",了解当时"礼乐崩坏"的现实,从而想通过"求仕"的途径,行仁政之道,达到"博施于民,而能济众"和"治国平天下"的目的。后因鲁国国君昏庸无能,且与当时鲁国当权派"三桓"家族(季孙氏、孟孙氏、叔孙氏)结仇,他又辞职离开鲁国,带着学生花了14年时间(前497—前484)到中原周游列国,其间,他才真正从"天下"的角度,更加深刻地了解到当时的社会现实,在理论与现实的连连碰撞中,最终丰富完善了自己以"仁"为核心的思想体系。

其四,孔子之后的两汉儒学改造,是借助产生于嵩山地区的各家学说和"天人感应"观念完成的。

两汉儒学改造是以董仲舒为代表人物进行的,一方面是把阴阳

①《论语·八佾》。
②《论语·颜渊》。

五行学说引入儒学，使"天"意志化，认为宇宙间万事万物的生成变化，都是上天意志的表现，而上天的意志是通过阴阳五行的运行变化体现的，阳是上天的恩德体现，阴是上天的刑罚体现，上天又"亲阳而疏阴，任德而不任刑"[①]。从而引出了以德教为主、以刑罚为辅的统治原则，为儒学的政治化迈出了关键一步。另一方面，强调"天人感应"，用天人比附的方法，指出人是天的"副本"，天有阴阳，人有性情善恶，从而提出人应顺"上天"，经过教化，"循三纲五纪，通八端之理，中信而博爱，敦厚而好礼，乃可为善"。

两汉的儒学改造，引入的阴阳五行学说，其中"阴阳"最早见于《周易》"一阴一阳为之道"，而《周易》的思想来源又出自在大嵩山地区出现的"河图洛书"。"五行"一词，最早见于《尚书·甘誓》"有扈氏威侮五行"，次见于《尚书·洪范》"我闻在昔，鲧堙洪水，汩陈其五行"，而这个事件，正是大禹治水的起因，无疑与嵩山有着直接的关系。"天人感应"或者"天人合一"学说，从文化渊源来说——嵩山最早被夏人认为是人与天通的圣山而祭祀——同样源于嵩山。

二、大嵩山地区是洛学的衍盛之地

纵观儒学的发展史，一般认为，其较大的思想改造主要有两次，第一次是两汉时以董仲舒为代表的神学化改造；第二次便是宋代理学的哲理化改造。其中，宋代理学主要是指程朱理学，而程朱理学的二程洛学则直接催生于嵩山。

程颢、程颐兄弟，历史上合称"二程"，河南洛阳人。其中程颢（1032—1085）为兄，字伯淳，又称明道先生；程颐（1033—1107）为弟，字正叔，又称伊川先生。二人曾就学于公认的宋明理学的鼻祖周敦颐，后创立洛学，南宋朱熹继承和发展了他们的学说，最终形成程朱理学，对中国宋代以后的传统文化影响巨大。

[①]〔汉〕董仲舒：《春秋繁露》，上海古籍出版社，1989年。

第七章 三教融合：嵩山大智慧

首先，洛学的产生与嵩山地区"三教融合"这个特殊的文化地理环境有着密切的关系。

一是从文化背景上说，从东汉佛教传入中国开始，儒、佛、道三种文化之间的斗争与交流就一直在进行着，它们在互相斗争与交流中，常会因为政治社会需要的原因而此消彼长，其中它们又都为了本种思想文化更胜一筹，而往往在攻讦对方的同时，不断把我无人有的吸纳入自己的思想体系中，从而使中国传统文化从整体上一直呈现出一种"三教融合"的现象。其中，就儒家学说来讲，宋代以前的儒学一直存在本体论方面的理论缺陷，且随着佛、道思想的兴盛，越来越成为硬伤。为此，从唐代开始，先后出现了韩愈、柳宗元、李翱等人，以继承尧、舜、禹、汤、文、武、周公、孔、孟的道统和复兴儒学为己任，从辟佛到借鉴佛、道理论，开始了新儒学的建设。到了北宋，在儒佛道三教都有融合要求的情况下，先是周敦颐（1017—1073），率先沿着唐代李翱开辟的思想路线，以孔孟思想为核心，融合佛、道思想，建立了无极太极理论，初步完成了儒学对本体论的构建。这为二程作为他的学生，进一步融合佛、道思想体系中的形而上理论，创立洛学奠定了坚实的基础。

二是从文化地理上讲，大嵩山地区作为华夏古文明的核心区域，从一开始就有着各种文化百花齐放的传统，佛、道、儒三种主流文化在嵩山地区的融合较别处则更为突出。

禅宗是佛教中国化的产物，也是佛教文化与中国传统文化相结合而中国化的一次革命，少林寺作为禅宗的祖庭，说明了嵩山地区在文化融合上的特殊力量。道教文化史上最彻底的一次吸纳佛、儒文化的改革，是以寇谦之为代表的北天师道的创立，而中岳庙作为北天师道的祖庭，也正是这次改革最重要的阵地。在儒学发展史上，至北宋时期，代表儒学第二次革命的理学兴起，更与嵩山有着直接的关系。

总之，在中国文化史上，儒、佛、道的每一次自我改革，都是三种文化在碰撞中融合的结果，而嵩山少林寺作为佛教的禅宗祖庭、中岳庙作为道教北师道的祖庭、嵩阳书院作为北宋理学的发祥地和大本营，无不说明了嵩山在中国文化地理上的特殊地位。究其原因，一是嵩山地区从中华文明起源到南宋之前，一直是中国国家都城所在地，也一直是政治、经济、文化的中心；二是嵩山作为"天地之中"，一直是从地理到文化的中心地带，以丰厚的华夏古文明为核心，主动或被迫吸纳着来自四面八方的异元文化，嵩山在其中充当着舞台和桥梁作用；三是嵩山作为神岳名山，历代吸引了无数的承载各种文化素养的帝王将相、鸿儒巨士、高僧名道来此巡游、隐居、交流，甚至建寺兴庙兴学，从而使不同的文化元素在此争奇斗艳、相融互补。

其次，二程洛学直接产生、形成于嵩山。

一是北宋王朝在文化上的包容性和三教混融主张，在嵩山地区表现突出。宋真宗在《崇释论》中说："释氏戒律之书兴周孔荀孟，迹异而道同。"[①]儒佛道三教人士，主张三教融合的更是不胜枚举。嵩山地区表现更为明显，比如嵩阳书院就是在本是佛、道的寺、观上改建的，与嵩阳书院一河之隔的道教活动场所——崇福宫，也作为当时代表朝廷祭祀嵩山的礼庙，成了司马光、二程等名师宿儒任职、生活的地方。

二是在前代及唐代发展的基础上，在北宋时期，嵩山的佛、道极其兴盛，这使得儒学在嵩山吸纳佛、道，形成洛学成为必然。嵩山地区从北魏迁都洛阳开始成为佛教传播发展的重地，奉赦建寺的跋陀从北朝来，面壁修行的达摩从南朝来，双方不同的佛修在此碰撞，使禅法初创。到唐代中期，以神秀为代表的北方禅，因当时朝廷的扶持，使邻近都城的嵩山地区成为北禅的重要阵地，同时，南禅慧能的弟子老安、法如[②]也长居嵩山弘法，南北禅的碰撞融合，使嵩山成为当时全国的佛学中心。道教从创教人老子的主要思想形成于嵩山，到张道陵到嵩山修道，再到寇谦之在嵩山开创北天师道，再到隋唐时期道教重要宗派茅山宗北传嵩山，其间嵩山地区的道教也一直方兴未艾。佛、道的空前兴盛，对日

[①]《大正藏·佛祖统纪》卷44，台湾"佛陀教育基金会"，1990年。
[②] 法如见唐永昌元年（689）所立《唐中岳沙门释法如禅师》碑，老安见唐开元十五年（727）所立的《唐嵩山故道安禅师碑》。

渐衰微的儒学无疑有着极大的冲击，同时也为儒学借鉴佛、道理论进行思想改造创造了条件。

三是二程在嵩山地区，吸纳佛、道，改造儒学，创立洛学。史载，二程兄弟均生于父亲当时的任所——湖北黄陂，青少年时代一直师从周敦颐，后长期在嵩山地区讲学，并在批判吸收和改造佛、道思想的基础上，创立了洛学，基本完成了儒学的哲理化改造。

二程的著作主要有《河南程氏遗书》《河南程氏外书》《明道先生文集》《伊川先生文集》《二程粹言》《经说》等，程颐后期还著有《周易传》。他们在大嵩山地区这个特殊的文化地理环境的影响下，批判吸收佛、道理论，顺利完成了儒学的哲理化、思辨化改造。具体而言主要有以下几点：

一是吸纳了佛学的"佛性"和道家的"道"，建立了"理本论"的哲学思想体系。佛学里的"佛性""真如"含蕴众妙，无极深沉，主宰支配天地万物。道家里的"道"乃宇宙之本源、本体。二程吸纳改造了这些观点，将之归纳整理为"天理"这一范畴，用以取代"道""佛性""真如"。二程认为，"理"是唯一的绝对，"天下只有一个理"，"万物皆只是一个天理"，在这里，"理"像佛家的"佛性""真如"和道家的"道"一样成了天地万物的主宰者。在此基础上，二程还吸纳佛教的"理事无碍"，"月印万川"引出"理一分殊"思想，认为"一物之理即万物之理"，"物有万殊，事有万变，统之以一，则无能违也"①。即一理含括万理，万理又体现于一理。

二是汲取佛教佛性论，完善改造了儒学的"人性论"。二程先是继承了儒家思孟学派的性善论，并吸收张载"天地之性"与"气质之性"的观点，把人生分为"天命之性"与"生之谓性"。前者是天理在人性中的体现，未受任何损害和扭曲，因而是至善无疵的；后者则是气化而生的，不可避免地受到"气"的侵蚀，产生弊端，因而具有恶的因素。在此基础上，汲取佛教的"真性""自性"说，佛教提出人人本身都具佛性，通过修行也皆可成佛的主张，二程认

---

① 〔宋〕程颢、程颐：《二程集》，中华书局，1981年。

为,"生之谓性"受后天影响颇多,如佛教提出的"自性"一样,完全可以通过"敬以直内,义以方外"等修养方法,从而恢复"天理之性"转而成圣。

此外,二程还吸收了佛教的戒欲思想,提出了"天理"与"人欲"两个完全对立的概念,认为"不是天理,便是私欲",主张"损人欲以复天理"[①]。二程洛学,后被其弟子在各地讲授传播,从而形成一些地域性学派,如事功学派、湖湘学派等。其中,弟子杨时一传罗从彦,再传李侗,三传至南宋朱熹,由朱熹集大成而为闽学,共同构成了"程朱理学"体系。后来又发展为宋明理学,长期被奉为官方哲学,影响深远。

三、嵩阳书院是理学的历史地标

纵观二程的一生,青少年时在外求学,嘉祐初在洛阳安家,以后长期活动于大嵩山地区。他们的讲学地点主要有嵩阳书院、他们的老家伊川履道坊、洛阳龙门胜德上方寺和香山寺,以及周口扶沟的明道书院。在这几个地方中,嵩阳书院作为他们治学讲学最集中的地方和洛学创立、传播的大本营,最终成为宋明理学的历史地标。

嵩阳书院从洛学的大本营到宋明理学的历史地标,有着二程最初的选择,也有着特殊文化地理环境的决定,更有着"程朱"后人历久弥诚的坚守。

首先,嵩阳书院文化地理位置优越。

嵩阳书院位于登封市区北部,背依嵩山主峰峻极峰,面对流水潺潺的双溪河,因地处嵩山之阳,故而得名。从大的文化地理环境上讲,嵩阳书院所在的嵩山,一方面作为神岳圣山,有着丰厚的文化底蕴,特别是佛、道文化的兴盛,为其提供了丰富的文化给养;另一方面它刚好位于东都开封与西都洛阳中间,交通极为便利,时代的风云人物容易光顾,非常有利于学术交流与传播。从小的文化地理环境来讲,一方面嵩阳书院周围佛寺、道观林立,禅宗祖庭少

① 〔宋〕程颢、程颐:《二程集》,中华书局,1981年。

林寺、唐宋佛教重地会善寺及道教圣地中岳庙都近在咫尺，在北宋儒生以学佛习道为时尚的背景下，融佛会道，拈手即来；另一方面，嵩阳书院本身就是在先为佛寺后为道观的建筑基础上发展而来的，本身佛、道文化积淀颇深。具体来说，北魏孝文帝时期在此创建嵩阳寺，为佛教活动场所。隋炀帝大业年间，更名为嵩阳观，成为道教活动场所。唐弘道元年（683），高宗李治与武则天以嵩阳观为行宫，更名为奉天宫。后唐时期部分士人在嵩阳观聚徒讲学，后周显德二年（955），改名为"太乙书院"，从而正式成为儒家讲学的地方[①]。

其次，嵩阳书院虽不是宋代的官学国子监，却胜似官学。

中国古代一直有官学和私学之分。一般认为，官学正式创始于汉武帝元朔五年（前124），名为"太学"，汉代太学发展很快，最兴盛时学生达3万多人，太学的功能主要是为国家培养行政管理人才。除此之外，还有两种官学：一种是以培养史学、医术、艺术、佛道研究等专门人才为主的官办"专科学校"，比如东汉的鸿都门学，南朝的史学，唐代的算学、医学等；一种是专为王公贵族子弟设置的学校，比如东汉的四姓小侯学、唐代的弘文馆、宋代的宗学、清代的旗学等。

相对太学这样的官学，书院多由民间自发而建，归入私学。一般认为，最早的书院是唐玄宗时期的丽正书院、集贤书院，发展繁荣于北宋。书院出现的原因，主要是在官学教育远远不能满足社会对人才的需要，也不能满足士子求学问道的情况下，一些士人开始沿袭前人的做法，聚书山林，建院讲学。

嵩阳书院最初也为后唐士人借"太乙观"私自聚众讲学而起，但后来特别是北宋时期，虽属私学，待遇和地位却胜似官学，后因二程、司马光、范仲淹这些大儒名士的加入，使其影响甚至远远超过了官学。

先是北宋皇帝及官方的大力支持。北宋至道元年（995），太宗赵光义向太乙书院颁赐印本《九经书疏》，后又御赐"太室书院"

[①] 宫嵩涛：《嵩阳书院》，湖南大学出版社，2014年。

匾额，遂将"太乙书院"改为"太室书院"，设置校官。大中祥符三年（1010），真宗向太室书院赐九经诸书。仁宗时期赐名"嵩阳书院"，并赐良田。接着是大儒名士会集。据记载，范仲淹、司马光、邵雍、程颢、程颐、杨时、李纲、范纯仁等众多宋代大儒均在此长时间居住讲学，特别是神宗熙宁、元丰时期，二程在此讲学传道，更使其声名大震，四方生徒摩肩接踵，最终成为北宋影响最大的书院之一。

最后，嵩阳书院作为宋明理学的发源地之一，虽因风云变幻而衰落过，但它一直以传播儒学为己任，使其儒学法脉绵延永续。特别是到了清代，在一代名儒、著名教育家耿介和中州诸多大儒学者的努力下，嵩阳书院再次复兴，为中国书院教育史增添了浓墨重彩的一章。

耿介（1622—1693），原名冲壁，字介石，号逸庵，登封人。清顺治九年（1652）进士，历任福建按察司副使、江西湖东道、直隶大名兵备道副使、詹事府少詹事兼翰林院侍讲学士等。后以病辞归，专心致力于嵩阳书院的复兴，在此讲学30年，其学问直承程朱理学，著有《中州道学编》《性学要旨》《孝经易知》《理学正宗》等。以耿介为代表的中州诸儒之所以要复兴嵩阳书院，与当时的文化背景关系密切。明亡清兴的历史巨变，在许多有着"汉文化情结"的儒生看来，是由于长期以来儒学不兴造成的，所以，复兴儒学就成了他们的责任与使命。而对于中州学者来说，宋明理学的洛学就源于此，洛学的传播方法又是以书院为基本载体的，嵩阳书院又是洛学的大本营，因此，复兴嵩阳书院是当务之急。

在复兴洛学精神的推动下，嵩阳书院迎来了理学兴盛的又一个春天。耿介作为登封人，主动担起了建设嵩阳书院的重任。

第一，大力修整嵩阳书院。耿介从明确嵩阳书院是洛学的大本营和弘扬儒家道统精神出发，在登封知县叶封修复诸贤祠的基础上，于康熙十六年（1677），筹资兴建了先贤祠，供奉二程和朱熹三贤，于康熙二十五年（1686）修建先圣殿，供奉孔子，于康熙二十八年

第七章 三教融合：嵩山大智慧

图 7-2 嵩阳书院

(1689)修建道统祠,供奉尧、禹、周公[①]。在建各祠的基础上,又制定了各祠的祭祀礼仪,其中把祭祀程朱专门进行,且地位最高。通过建词和祭祀,树起了复兴洛学的大旗,"志程朱之志,学程朱之学"。

第二,邀请河南名儒来此开展会文讲学活动。据载,当时的中州诸位名儒,如李来章、窦克勤、张沐、冉觐祖、汤斌等均来此会文讲学,他们在嵩阳书院秉承二程当年的教风学风,一方面主张讲授和学术研究相结合,主要学习和研究四书五经和性理之学;另一方面主张"治学之道,性道理学是根本,举业文章是枝叶。根本不培,则枝叶不茂,二者应合而为一"[②]。即强调在学为本、用为末的基础上,学以致用。

通过以耿介为代表的中州诸儒几十年的努力,嵩阳书院再次成为中原地区的理学圣地,在培养出了如景日珍、梁学惠等一批学用皆能的国家栋梁之外,在其兴盛的影响下,周围的许多书院如大梁书院、南阳书院也纷纷得到修复,使嵩山地区很快掀起了以书院为载体的洛学复兴浪潮。

嵩阳书院因其独特的儒学教育建筑性质,被称为研究中国古代书院建筑、教育制度及儒家文化的"标本"。2010年8月1日,作为"登封'天地之中'历史建筑群"的子项目,被联合国教科文组织正式列入《世界遗产名录》。

综上所述,大嵩山地区作为华夏文明的核心发祥地,三代文明、河洛文化等乃是儒家学说的重要源泉,也是孔子思想的基石。而源于大嵩山地区的洛学则成为宋代之后中国思想、文化的基石。宋代四大书院之一的嵩阳书院,因在程朱理学的产生过程中所发挥的特殊作用而成为理学的历史地标。

---

① 郑州市图书馆文献编辑委员会:《嵩岳文献丛刊》第四册《嵩阳书院志》,中州古籍出版社,2003年。
② 郑州市图书馆文献编辑委员会:《嵩岳文献丛刊》第四册《嵩阳书院志》,中州古籍出版社,2003年。

第七章 三教融合：嵩山大智慧

第三节 佛教与嵩山

佛教自印度传入中国后，在中华文化的沃土上开始繁衍生息，并成为中国传统文化的重要组成部分。佛教在中国的传播和发展过程中，地处京畿的嵩山起到了至关重要的开拓和引领作用。

一、佛教在京畿之地落地生根

佛教创立于公元前6世纪至公元前5世纪的古印度，创立者为释迦牟尼。佛教在中国流传之后，与中国传统文化有机结合在一起，融合而形成了具有中国特色的佛教，并成为中国传统的三大宗教之一。

关于佛教传入中国的时间，一般认为是在西汉末期的哀帝元寿元年（前2），但这一时期的佛教并未被中国所认可，佛教真正走入中国社会，并逐渐在汉地开始传播，比较一致的说法是始于东汉明帝时。据《四十二章经》《高僧传》载：东汉时，明帝夜间梦到一个神人，满身放光，在殿前绕行而去。次日，明帝召集群臣问是何方神仙，大臣傅毅以为是西方之"佛"。于是明帝遣使西行求法，至西域大月氏遇到印度高僧摄摩腾（亦作迦叶摩腾）和竺法兰，于是邀请两位高僧赴汉。汉使和两位高僧于永平十年（67）至东汉都城洛阳。明帝安排其住于接待外邦使者的鸿胪寺，翻译《四十二章经》并传法[1]。后两位高僧所住的鸿胪寺因为白马驮经至此，遂将鸿胪寺更名为白马寺，是为中国已知最早的寺院。这就是史书关于佛教传入汉地，并开始传播最早的记载。

当然，关于白马寺及印度的两位高僧入汉传法，现尚存争议，但白马寺作为最早的佛教传播之地，这是比较一致的共识。当佛教

[1]〔南朝梁〕释慧皎撰，汤用彤校注：《高僧传》，中华书局，1997年。

在洛阳开始流传之后，地处京畿的嵩山很快成为佛教文化的传播之地。"天下名山僧占多"，当佛教在东汉都城洛阳落迹之后，或许是洛阳的繁华不适合佛教追求清净的需要，于是京畿之地的嵩山便成为汉传佛教最早的建寺之地和传播圣地。据《释迦舍利藏志》《嵩书》《说嵩》等载，东汉永平十四年（71），摄摩腾和竺法兰来到嵩山，在太室山玉柱峰下又建立了一座寺院，这座寺院就是法王寺[①]。此寺有云是汉传佛教最早的寺院。唐会昌三年(845)《释迦舍利藏志》亦是说："汉西来释迦，东肇佛坛，嵩之南麓，法王寺立矣。"[②] 法王寺建成之后，不仅成为嵩山已知最早的寺院，更重要的是，该寺成为嵩山地区佛教传播的核心。自法王寺建成之后，它与历代封建中央政府都保持着密切的关系，在帝王的支持下，大法王寺也不断得到扩充与发展。如今，此寺尚存，寺中两千年的银杏树昭示着法王寺悠久的历史。就在白马寺、法王寺建立的同时，嵩山又建立了一座寺院，这就是嵩山东麓的慈云寺。慈云寺和白马寺、法王寺后来成为嵩山地区佛教的传播中心。

大嵩山地区还是最早的翻译佛经之地和度汉僧之地。据载，当年摄摩腾和竺法兰在洛阳及法王寺期间，先后译出了《十地段经》《法海藏经》《佛性经》等，这些经典为佛教在中国的传播起到了奠基的作用。又据宋赞宁《大宋僧史略·东夏出家》载，汉明帝刘庄特许阳城（今河南登封告成）侯刘峻落发出家。刘峻是嵩山度僧之始，也是中国度僧之始。又据南朝梁慧皎《高僧传》载，三国时，嵩山下颍川（今河南禹州）的朱士行也在嵩山地区出家，后朱士行前往西域求法，为内地前往西域取经的第一位僧人。当然，这些记载虽存争议，但基本反映当时的实际情况。自此之后，中国的佛教以大嵩山地区为核心向广大的华夏地区开始传播。

综上所述，大嵩山地区见证了佛教在中国汉地孕育和传播的历程，白马寺、法王寺、慈云寺不仅是汉地最早的佛寺，也是汉传佛教的策源地和佛教文化的传播中枢。

①〔明〕傅梅：《嵩书》卷3，中州古籍出版社，2003年；〔清〕景日昣：《说嵩》卷21，中州古籍出版社，2003年。
②唐会昌五年(845)所立《释迦舍利藏志》碑，现存嵩山法王寺。

第七章 三教融合：嵩山大智慧

二、禅宗在大嵩山地区孕育生成

佛教自汉代传入中国之后，经魏晋的发展，到南北朝时形成了一个高潮。这些从《洛阳伽蓝记》所载北魏都城洛阳佛寺的繁盛及诗句"南朝四百八十寺"中可以明显看出南北朝时佛教的兴盛程度。对于当时的佛教来说，从表面上看，这个时期的佛教受帝王推崇，甚至南朝梁武帝出家，至于信众则更是不可胜计。但从佛教的修行方式及追求来说，其中还是蕴藏着巨大的危机，或者说是有很多弊端的。

佛教在印度兴起之后，经过六次大集结而形成佛教系统的理论。大约在公元1世纪，佛教一些具有新思想和教义的派别兴起，这些派别自称他们的目的是"普度众生"，他们认为新教派就如巨大的车船，能载不可胜计的众生到达极乐世界，于是这一新的教派自称为"大乘"，同时把原始佛教一方称为"小乘"。佛教在汉代传入中国之后，所传承的基本上都是小乘佛教。小乘主张苦修、渐修，最终实现的目标（果位）是阿罗汉，即通过不断的、艰苦的、长期的修行方能修成正果。显然，小乘佛教这种修成正果的方法是非常困难的，许多信众是难以到达彼岸的。就在此时，印度高僧菩提达摩来到嵩山传法，其带来的大乘禅法，不仅给中国佛教增添了新的动力和活力，而且对中国佛教的发展产生了深远的影响。

关于达摩其人，杨衒之《洛阳伽蓝记》记载了他在洛阳华丽的永宁寺见到达摩时的情景："自云年一百五十岁，历涉诸国，靡不周遍，而此寺精丽，阎浮所无也。极佛境界，亦未有此。口唱南无，合掌连日。"[1] 当然，达摩自言150岁是夸张了，但他至洛阳传法当是无疑的。又据唐裴漼《皇唐嵩岳少林寺碑》载："复有达摩大师，深入惠门，津梁是寄，弟子慧可禅师等玄悟法宝，尝托兹山。"又唐道宣《续高僧传》："（慧可）年登四十，遇天竺沙门菩提达摩游化嵩洛。"[2] 从上述记载可知，印度高僧达摩南北朝时来到中国，大致在北魏孝昌时（525—527），北渡长江至魏都洛阳和嵩山一带

[1]〔北魏〕杨衒之撰，范祥雍校注：《洛阳伽蓝记校注》卷1，上海古籍出版社，1982年。
[2]〔唐〕道宣：《续高僧传》卷16《菩提达摩传》。

305

图 7-3 达摩一苇渡江像

传法。后传其在嵩山少林寺北的五乳峰的山洞中面壁九年。

《续高僧传》对达摩的禅学思想有这样的记述:"志存大乘,冥心虚寂;通微彻数,定学高之。"而达摩的传法要求"入道四行":一曰"报怨行",即要有甘心忍辱的品行;二曰"随缘行",即命运随缘而定;三曰"无所求行",即不可贪求欲望;四曰"称法行",即事情应理而行①。达摩在大嵩山地区传法时,开始传授以"壁观"为修行之法的大乘禅宗。而达摩传法时仅以四卷《楞伽经》作为传法的经典。他在传经给慧可时说,中国汉地,只有此经,有仁智的人依之,就可以修成正果。

当然,在众多关于菩提达摩的记载中,后来的演绎甚多,但《洛阳伽蓝记》及《续高僧传》所载应该基本反映了达摩大乘禅法的总体思想。达摩所传之大乘禅法,不主张苦修众多经典,且仅以"壁观"作为其行之法,不符合传统佛教的修行方法,因此后来佛教把达摩所传之大乘禅宗称为"教外别传",并将其主张归结为:"不立文字,静坐修身,直指人心,见性成佛。"达摩在嵩山创立大乘别具一格的修行方法之后,传于弟子慧可,可传僧璨,璨传道信,信传弘忍,忍传慧能。后经慧能的系统整理和发展形成了具有中国特色的佛教宗派——禅宗。

反观达摩在嵩山初创的大乘禅法,在南北朝普遍崇信小乘佛教诵经和苦修之时,达摩仅以《楞伽经》作为传法经典,以"壁观"为修行之法,这就摒弃了传统小乘佛教烦琐的教义和冗长的经典,给苦修者带来了一个简捷而便利的修行渠道。同时,大乘禅宗普度众生的观点,也给芸芸众生带来了修成正果的可能。由此,达摩所创立的佛教大乘禅宗在大嵩山地区的孕育不仅使佛教实现了推陈出新,更为后来佛教的发展注入了新的活力和动力。

三、禅宗独盛及对佛教的影响

禅宗在大嵩山地区孕育之后,随着菩提达摩的大乘禅法思想

① 〔唐〕道宣:《续高僧传》卷16《菩提达摩传》。

的广为流传和发展，在中国佛教的历史上出现了"禅宗独盛"的局面，从而深深影响着中国的佛教思想，并对佛教的发展起到了重要的作用。

在达摩初创大乘禅法之后，孕育于大嵩山地区的大乘禅宗经慧可、僧璨、道信和弘忍的发展，至盛唐时已成为有巨大吸引力的一种佛教流派。被称为禅宗五祖的弘忍在黄梅东山寺传法时，门徒达千人，可游化一方者，就有11人（亦云10人）[①]。而真正使禅宗理论体系得到确立，并成为佛教流传最广、影响最大的一个流派的，当是被称为禅宗六祖的慧能。

慧能，原名卢能，祖籍范阳（治今河北涿州），生于新会（今广东新州）。三岁丧父，唐咸亨二年（671）闻弘忍在破头山传法，前往忍处，拜于其门下，后成为弘忍的嗣法者。关于慧能得法的原因，后世流传着一个非常传奇的故事。一日，弘忍欲传法嗣，召集门徒作偈，然后视其对佛法的领悟境界，选择嗣法继承人。在弘忍的11个大弟子中，神秀为其中佼佼者，弘忍原本要传法于他。当神秀听了弘忍令作偈的话后，即作一偈："身是菩提树，心如明镜台；时时勤拂拭，莫使有尘埃。"而这时的慧能，是一个名不见经传的烧火做饭的僧人，且不识字，于是他口述，请书童代写了二首偈语，一曰："菩提本无树，明镜亦无台；佛性常清净，何处有尘埃。"二曰："心是菩提树，身为明镜台；明镜本清净，何处染尘埃。"[②] 弘忍在看了神秀和慧能所作的偈语后，觉得慧能对达摩所创的禅法的领悟远高于神秀。于是弘忍夜召慧能至禅室，将衣钵法器传于他，慧能于是就成了禅宗六祖。

关于慧能得法的故事，且不说是否经后人演绎，但这个故事的核心思想基本符合慧能对达摩禅学理念的认识。北宗神秀的所谓"时时勤拂拭"，实际上明显带有小乘佛教苦修、渐修的特征，所以后来的人称神秀的主张为"渐修"学说。而慧能的偈语，核心是说佛是清净的，只要见性即可成佛，不必去渐修、苦修。显然，慧能的主张更加浅显易懂，修行简捷，也更符合达摩在嵩山所创禅法的立

① 〔宋〕赞宁撰，范祥雍点校：《宋高僧传》，中华书局，1987年。
② 杨曾文校写：《敦煌新本六祖坛经》，上海古籍出版社，1993年。

意，故人称慧能的主张为"顿悟"学说。后来慧能弟子根据其讲法的内容整理成了《法宝坛经》（亦称《六祖坛经》）一书[①]。由此可见，慧能是中国禅宗理论体系的确立者，也是集大成者。

六祖慧能所创立的"顿悟"学说，实际上是把孕育于达摩的禅宗思想进一步升华和提高，使信众修行起来更加便捷，也更加符合中国信众的口味。而后世所说的禅宗主张"放下屠刀，立地成佛"，实际上就是禅宗顿悟学说的基本思想。由于禅宗言简意赅，便于修行，因而以"顿悟"为基本理念的禅宗迅速在佛教中传播，发展之势非常迅猛，并很快成为中国流传最广、信众最多的一个佛教宗派。反观中国的其他佛教宗派则相继走向衰落甚至消亡，在此情况下中国佛教呈现出了"禅宗独盛"的局面。

起源于嵩山地区禅宗的广传，从形式上来说，不仅使后世中国绝大部分的寺院成为禅宗寺院，佛教的律师、法师等也多改为禅师。更重要的是禅宗的广传对中国佛教、中国传统哲学思想等都产生了重大的影响：其一是禅宗的思想成为中国佛教的主流，普度众生成为汉传佛教的基本主张；其二是禅宗的思想渗透于中国社会的许多领域，并对中国哲学观、人生观等产生了巨大的影响；其三是禅宗的主张使佛教完全中国化，并融入了中国社会，成为中华传统文化的重要组成部分。

四、禅宗祖庭少林寺的历史地位

少林寺被作为禅宗祖庭由来已久。从道宣《续高僧传》及《皇唐嵩岳少林寺碑》碑文所载可以确定，达摩的传法之地是在嵩山，慧可从学于达摩也是在嵩山一带。因而少林寺作为当时知名的寺院亦当是其传法之地，或者是最重要的弘法之地。当然，唐后期的《圣胄集》及宋代的《景德传灯录》《五灯会元》等所载达摩寓居少林寺面壁九年之说，虽然有极大的演绎成分，其内容亦多有不实之处，但达摩在嵩山地区的寺院，包括少林寺传法应该是不争的事实。由

[①] 杨曾文校写：《敦煌新本六祖坛经》，上海古籍出版社，1993年。

于达摩传法、慧可受法是在嵩山，且《皇唐嵩岳少林寺碑》碑文言达摩传法之碑立于少林寺，这些为确定少林寺成为祖庭奠定了基础。

少林寺被尊为禅宗祖庭是随着禅宗的发展而确立的。在北魏至唐代，少林寺实际上是各派佛教学说的传播中心。达摩禅法一系的法如、惠超、元珪、灵运在此传授大乘禅法，而惠光一系的僧达、昙隐、洪遵、玄素等律学大师也在此传授律宗，而跋陀、僧倜一系的旧式小乘禅学也仍在少林寺残存[①]。各种佛教宗派在少林寺的传衍过程中，达摩一系的禅宗至迟从初唐开始逐渐成为嵩山少林寺的主宰。

在隋王朝建立之后，由于隋文帝推崇佛教，曾下诏将少林寺西北25公里的柏谷庄100顷良田赐予少林寺。这使得少林寺有了稳定的经济支撑[②]。少林寺被称为禅宗祖庭在初唐时已见端倪。唐初，少林寺以昙宗为首的十三武僧助唐平定王世充后，得到李唐王朝的大力封赏，赐地40顷、水碾1具。从此，少林寺不仅以武名冠天下，而且大乘禅宗也闻于世。由此，唐初之时，少林寺在禅学传播方面也逐渐成为旗帜。禅宗五祖弘忍高足法如大师，在蕲州从弘忍学法，唐永淳二年（683），北还中岳，后在少林寺传法三年，被称为"定门之首"，即禅门之首[③]。他与慧能、神秀同被尊为禅宗六祖。初唐至盛唐时少林寺的兴盛还吸引众多高僧前去传法。前去印度取经而归的玄奘也多次上书高宗要求到少林寺翻译佛经，但未被许可。而另一位去印度取经的高僧义净则直接到少林寺译经和传法[④]。此足见当时少林寺在佛教中的地位。而初唐至盛唐时，北方禅门领袖神秀和普寂也在嵩山传法。在中唐南宗战胜北宗之前，少林寺虽是两宗争夺的焦点，但不论南宗还是北宗，其所推崇的祖师皆为达摩，所以在唐末至宋代，随着少林寺地位的不断提高及禅宗的广传，少林寺禅宗祖庭的地位得到了确立，少林寺后被公认为禅宗祖庭和"天下第一名刹"。

少林寺在佛教中的历史地位概括起来主要有这几方面：一是少林寺作为禅宗的祖庭，一直是禅宗文化的一面旗帜，也是禅文化的

① 法如见唐永昌元年（689）所立《唐中岳沙门释法如禅师》碑；元珪见《宋高僧传》；灵运见唐天宝九载（750）所立《灵运禅师功德塔碑》；惠超、僧达、昙隐、洪遵、玄素见唐开元十六年（728）所立《皇唐嵩岳少林寺碑》。
② 唐裴漼《皇唐嵩岳少林寺碑》碑阴《少林寺牒》，见叶封《嵩阳石刻集记》（中州古籍出版社，2003年）。
③ 法如见唐永昌元年（689）所立《唐中岳沙门释法如禅师》碑。
④ 玄奘见〔清〕焦如蘅：《少林寺志·上高宗书》，中州古籍出版社，2003年。

传播中心；二是从达摩到慧可、从法如到福裕、从小山到正道等一代代禅学大师在少林寺的传禅和弘法，极大地推动了禅宗文化的发展；三是以禅宗思想作为根基的少林寺，在传禅的过程中与中国武术有机结合，创立了禅拳一体的少林武术；四是禅宗祖庭和少林武术发祥地的地位使少林寺保留了众多珍贵的佛教禅宗文化遗存，中国规模最大的古塔群，琳琅满目的佛教碑刻、精美的五百罗汉壁画、闻名天下的少林僧兵等，形成了中国佛教寺院一道独特而亮丽的风景线。由此可见，少林寺对中国佛教的发展、传播所起到的巨大作用。

大嵩山地区"天地之中"、地处京畿、五岳名山的独特自然与人文环境，不仅使大嵩山地区成为中国佛教的传播中心，同时也孕育了具有中国特色的佛教禅宗。禅宗的广传，深刻影响着中国人的哲学观和人生观。而作为禅宗祖庭的少林寺，在禅宗的兴起和发展过程中发挥了无与伦比的作用。

第四节 禅武结合的嵩山少林文化

禅与武分别是中国传统文化中的两个重要范畴，其发生发展各有各的路径和过程，但由于少林寺这个特殊的场所和文化载体，使禅与武出现了合流，从而形成了以禅武结合（也多有"禅武合一"的说法，其意相同）为主要特点的嵩山少林文化。

一、少林文化的渊源

说到嵩山少林文化，禅文化和武文化是其核心，禅武合一更是其主要特点。

首先，嵩山是中国禅文化的发源地和传承圣地。禅，最初是印度佛教中的一种佛修方式，其渊源可追溯到佛教初创时代。佛教的创始人释迦牟尼在灵鹫山的一次法会上，拈花示众，众弟子不解，只摩诃迦叶破颜含笑。佛说"吾有正法眼藏，涅槃妙心，实相无相，微妙法门，付嘱与摩诃迦叶"。后来，这种不借语言文字，以心传心，心心相印的传教方式，就被称为禅或者禅学。摩诃迦叶也被奉为禅宗初祖。

禅宗源于达摩在嵩山少林传法，禅作为一种佛修方式，在达摩来嵩山传法之前已在中国流行，如少林寺的开山祖师跋跎也以禅修为主。达摩在少林寺传法，使原本仅是一种佛修方式的禅变成了"从佛性理论、修行方式到终极境界自我完足的思想"[①]。再加上禅宗后人从传承谱系上的强化，达摩就成了中国禅宗的初祖。不过，无论是跋跎的禅，还是达摩的禅，都产生于嵩山少林寺，所以，少林寺被尊为禅宗祖庭。

在嵩山少林寺创立而后发展起来的中国禅文化是佛教中国化的结果。佛教初传中国时，主要是在上层社会流行，重文字义理，使其很快产生了教条化、形式化的倾向，再加上烦琐的修行方法，大大影响了它在普通民众中的传播。为消除这个瓶颈，经过无数佛学大德几百年的吸纳儒、道等中国本土文化元素，增强了教义上的普世性、修行上的现实性与简易性和终极境界上的宗教超脱性，使其快速在民众中传播，最终成为中国文化的重要组成部分。

其次，少林武术源于嵩山。关于少林武术的起源，目前大家基本形成共识，主要是四个方面：一是当地的习武风俗，环境使然。在嵩山地区的汉三阙上就有两人角斗的画像石，有力地证明了武术在嵩山地区有着悠久的历史传统。二是少林寺僧带艺入寺，历史上有慧光、圆净等少林僧人出家前会竞技与武术气功的记载。三是为抵御寺院周围恶劣自然环境，少林寺所处的地理位置与自然条件，以及后人关于此地常有野兽劫匪出没的记述，学一点武术，看家护院也顺理成章。四是寺僧练武健身，坐禅时间长了，伸拳动腿以解坐禅之困，也是情理之事。

少林武术的发展历程大概分为三个阶段。从北魏到唐初是初创

① 葛兆光：《中国禅思想史——从6世纪到9世纪》，北京大学出版社，1995年。

第七章 三教融合：嵩山大智慧

图 7-4　少林寺　张伟民摄影

图7-5 少林武术图（上、下） 郑泰森摄影

时期。史料关于少林武术的表述比较模糊和零碎，有些甚至系后人伪托，如以"达摩"命名的武术套路等。从唐中后期到宋元为发展时期。从唐初的十三棍僧救唐王，到世传宋代福居邀天下十八家武林高手汇集少林拳谱，再到元代僧兵打败红巾军，这些有史可证的武术记述，都反映了少林武术在实战中特别是在不断的封建战争中得到了充分的发展。明代为少林武术的成熟期。按吕宏军先生《嵩山少林寺》中说的，"从武术门派角度来说，明代是少林武术流派的形成时期，也是少林武术的定名之时"[①]。这个时期文人墨客的诗词、游记中有不少关于少林僧人习武的描写，如金忠士《游嵩山少林寺》中"观群僧角艺"，袁宏道《嵩游》中"观手搏"，公鼐《少林观僧比试歌》中观千余武僧清晨操练的壮观场景等等。

关于少林武术的内容，由于少林武术在自创的基础上，不断与其他各流派的武术互相交流与吸纳，最终形成了一个包含各种功夫的庞大体系。按技法分，有拳术、棍术、枪术、刀术、剑术、技击散打、器械和器械对练等100多种。按性质分，可分为内功、外功、硬功、轻功、气功等。但在这庞杂的武术体系中，大家一般认为，最能代表少林武术的应是少林拳法、棍法和气功。

关于少林武术的特点，一般认为，一方面表现为刚健有力、朴实无华、利于实战，招招非打即防，没有花架子。拳法不强调外形的美观，只求技击的实用；步法进退灵活、敏捷，有"拳打一条线"之说。另一方面就是禅武合一。

禅武合一是少林文化的精华。少林武术，又称少林功夫，它是在嵩山少林寺特定的佛教文化环境中形成的，以紧那罗王信仰为核心，以少林寺武僧演练的武术为表现形式，并充分体现禅宗智慧的传统佛教文化体系。

少林武术作为嵩山少林文化最主要的载体，首先，它是一个文化体系，即少林武术不仅仅指少林寺流传下来的那些动作、套路，作为一种文化，还有它理论的、抽象的、形而上的东西；其次，少林武术不是普通的武术，而是在少林寺特定的佛教文化环境中形成

[①] 吕宏军：《嵩山少林寺》，河南人民出版社，2002年。

的特殊的武术。而其特殊性就是以禅为体、为灵魂，以武是用、为表现形式，即其根本特点和精华是禅武合一。

二、少林文化的形成

少林武术禅武合一特点的成因，主要有三个方面：

一是少林寺这个特殊环境为禅武合一提供了场所与舞台。少林寺作为禅文化的发祥地和传承地，禅文化源远流长，少林寺又因位于嵩山这个有着悠久武文化传统的地方，再加上少林寺存在对武术的需要，又使武文化在此发展成为必然，于是，禅文化与武文化在此见面、碰撞、结合也就自然而然了。

二是少林僧人作为禅武的同一实践主体，使禅武合一成为必然。少林寺历史上一直有文僧与武僧之分，在最初的僧团结构上，禅修的僧人与练武的僧人有明显分工和区别，但随着长时间一起生活，难免就有了交流融合，最后形成禅武双修僧人。这样，两种文化在一个主体上实践，在同一个个体感悟中发展，相互渗透、相互融合，最终浑然一体就成为必然。现今少林寺所有的僧人都是禅武双修。

三是禅的相对形而上与武的相对形而下，其互补性也使禅武合一成为可能与必然。禅宗作为中国化的佛教，有博大精深的佛教教义和中国传统文化作支撑，其思想性、思辨性、开放性、务实性、伦理性，无不从形而上的角度影响和指导着包括武术的实践生活。而功夫作为武术的核心，更重视具象，相对形而下，需要有理论、伦理等形而上作支撑。于是，两者就在少林寺这个特殊的环境中，在一个个既禅修又练武的僧人身上得到了必然的结合。

三、少林文化的内涵

嵩山少林文化的禅武结合特点，有着丰厚的中国传统文化意蕴。首先，禅武结合体现了中国文化一贯主张的"道器合一"。《易经·系辞》曰:"形而上者谓之道,形而下者谓之器。"这句话道出了中国传统文化的精髓。自古以来,中国人都认为,宇宙间万事万物的变化都有两种情势,一是无形的,一是有形的。无形的是形而上的,叫"道",它是有形事物变化的根据和规律;有形的是形而下的,叫"器",它的变化受无形的"道"支配和影响。

在禅武结合中,禅文化的形而上为武文化提供了理论支撑,使武术更具有了文化的特性;武文化也在发展过程中丰富了禅修的方式,使原本以静坐为主的修行变成了动静结合,从而禅文化也得到了多样化的体现和丰富。比如在禅修方面,禅宗讲"直指人心""当头棒喝",在少林武术中就表现为朴实无华,在技击上就表现为"拳打一条线""直击要害"等。在《少林刀术歌诀》中有"攻御要害处,舞花如闪电"[1],说的也是要快、准、狠地直击要害。禅宗讲渐悟与顿悟。渐悟与顿悟是佛修的两个必经阶段,其中"渐悟"是说日常的修行,是量变;"顿悟"是指"立地成佛"那一刻的到来,是质变。练武亦然,只有天天按套路来练,才会在实战中随机应变,化有招为无招,这是一个由量变到质变的过程。再如在终极境界上,禅宗讲"直指人心,见性成佛",所谓"见性"即"无我"。武术所追求的最高境界同样是"无我"。在少林武术的歌诀中,民国初少林武僧妙兴的《性功罗汉拳诀》就说:"出于心灵,发自性能;久练自化,熟极生神。"[2]

其次,禅武结合体现了中国传统文化的开放性与包容性。中国文化之所以能成为人类史上最悠久的文化,与其对异元文化的开放性与包容性有着重大的关系。具体到禅武文化,也同样体现了这一点。

佛教文化本身是外来文化,在中国本土文化的开放与包容下,最后完全被中国化,禅文化正是佛教中国化的结果。武术文化虽然是中国土生土长的,历来也都有各门各派的门户之见,但是它的实战性使它无法独守绝技,两人只要过手,就无法保证武技的秘不外传,除非你身怀绝技,又从未与人交手,可未经过实战检验的武术秘技不会有很强的应用价值。所以武术的实战性决定了它最终的开

[1] 吕宏军:《嵩山少林寺》,河南人民出版社,2002年。
[2] 吕宏军:《嵩山少林寺》,河南人民出版社,2002年。

放体系，只是在于别人为弄清你的招数所付出的时间长短而已。两样同样具有开放性与包容性文化，又在同一个个体（少林僧人）上进行实践，使其相互结合、相互渗透、相互吸纳的可能性变成了现实。

再次，禅武结合体现了中国文化弃恶扬善、保家卫国的道德观。"禅"从佛教最初传入中国时，曾译为"弃恶"或"功德丛林"，其本身就有着弃恶扬善的含义。"放下屠刀，立地成佛""救人一命，胜造七级浮屠"也都是禅宗主张弃恶扬善道德观的体现。而武术作为一门技艺，道德的引导与约束更成为它的灵魂。历来习武者都首讲武德，如果会武之人不讲武德，那就如一个人的行为失去了方向。历史上这样的例子很多，比如三国的吕布就很典型。相同的道德要求，为它们的结合也提供了思想基础。

禅武结合使弃恶扬善、保家卫国的道德观在少林寺大加彰显。纵观少林寺的历史，从唐初"十三棍僧救唐王"客观形势下的断然选择，到明代少林武僧主动抗倭，再到近代少林和尚抗日，在少林历代僧人身上，无不体现着"安邦济世"的道德情怀。《少林功夫传授门徒规条》中有"十愿"，其中第一条就是"一愿学此本领，保国安民"[1]。明代程绍的《少林观武》七律诗中，就表达了禅武合一、保家卫国的道德观。诗云："暂憩招提试武僧，金戈铁棒技层层。刚强胜有降魔力，习惯轻携搏虎能。定乱策勋真证果，保邦靖世即传灯。中天缓急无劳虑，忠义毗卢演大乘。"[2]

禅武结合体现了中国文化主张身心兼修的观念。中国文化从总体上说是以人为本的文化，而中国人对人的认识，从最初开始就把"人"看作是由"身"和"心"两部分组成的。其中"身"倾向于人的自然属性，即人的血肉之躯，而"心"则倾向于人的社会属性，即人的情感、智慧、修养等。用"道器合一"来讲，"心"是"道"，"身"是"器"。中国儒家所讲的修身，就是"身心双修"。

禅文化与武术文化，一个重心修，一个重身修，两者结合，正好达到了身心双修。禅从根本上说是"调心"，通过念佛净心、坐禅摄心和发心自悟，达到心灵的超脱。而武术最基本的功能是强身

---

[1] 万籁声：《武术汇宗》，北京体育大学出版社，2013年。

[2] 郑州市图书馆文献编辑委员会：《嵩岳文献丛刊》第四册《少林寺志》，中州古籍出版社，2003年。

健体，就是能通过一定方法的锻炼让血肉之躯健康无病。两者的结合，不仅使少林僧人在身心兼修上更上层楼，更为世人的养生丰富了身心兼修的理论指导和实践方法，特别在现在武术失去冷兵器时代防身攻击功用的情况下，其养生功用将会逐渐凸显。

总之，禅武合一使少林武术成为少林僧人禅修的另一法门，同时，少林寺僧人将禅文化贯彻到少林武术中，也使少林武术成为有别于甚至远远高于其他武术门派的特殊功夫。这不仅充分体现了中国文化中一些一贯的精神，同时也反过来大大丰富了中国文化的内涵。

嵩山少林文化依托嵩山少林寺，在佛教和世俗文化不断融合的基础上，广泛吸纳中国传统文化精华，形成以禅武文化为核心的独特文化现象。它大大丰富了中国传统文化的内涵，促进了中国人的民族心理与性格的形成。特别是发展到当代，少林功夫作为代表中国的重要文化符号，已成为世界认识中国的有效途径。

第五节　儒释道在嵩山的并存共荣

儒释道并存共荣于嵩山是世界宗教史的一个奇特现象。而儒释道三教在嵩山的鼎立、碰撞、发展，并且最终达到和谐共处、共同繁荣，成为中国文化发展史上的一道亮丽风景，也给世人留下了深刻的启迪。

一、儒释道并存共荣于嵩山的缘由

儒释道三教在嵩山的和谐共处绝非偶然，其与当地的自然和人文环境有着密不可分的关系。究竟是什么原因造成了三教在嵩山共存和共荣呢？以下三个方面应该是最根本的。

其一，嵩山的圣山地位是三教在此开拓的重要原因。嵩山自古就被认为是神的居住之地，其历史由来已久。《史记·封禅书》："天下名山八，而三在蛮夷，五在中国。中国华山、首山、太室、泰山、东莱，此五山黄帝之所常游，与神会。"[1] 又据西周初年铸造的天亡簋的铭文载，周武王曾在嵩山太室山举行祭天大典，现今学者多以为武王此举开创了中国封禅之先河[2]。之后，嵩山神山的地位得到巩固，至迟在春秋战国时，嵩山就被奉为万山之祖的神山。《山海经·中山经》："少室、太室皆冢也，其祠之：太牢之具，婴以吉玉。"[3] 此话是说，嵩山的太室和少室是万山之祖，祭祀嵩山，必须用天子最高的太牢之礼，还得用世上最美的玉器盛之。嵩山神山的地位不仅使嵩山成为神山，成为历代帝王封天祭地的场所，也成为宗教开拓的风水宝地。宗教之所以在神山开拓，原因很明了，就是因为不论何种宗教，皆与神仙有着千丝万缕的联系，尤其是释、道二教与神仙结合得更加紧密，可以说神仙是其主要依托。因此，作为众神居住之地的嵩山由于容易借助神力而发展，所以三教争相在此开拓和发展。

其二，嵩山地处京畿的区位优势招致三教在此发展。嵩山自古因地居"天地之中"，所以从夏商周三代开始嵩山地区一直都是帝王的建都之地。夏商周三代的都城基本上都是环嵩山而分布的。从汉代到北宋，以嵩山为中心的中原地区仍是中国都城的核心。而洛阳、开封和许昌则是建都最集中的地方。洛阳是九朝古都（亦云十三朝古都），开封是六朝古都，许昌为三国魏都。嵩山则正处在古都洛阳、开封和许昌的中间。

嵩山这种地处京畿的区位优势，何以成为三教的开拓和落迹之地呢？考查中国宗教的历史，不难发现一个共性，即所有宗教的兴盛和发展，一定要得到帝王的大力支持，儒释道三教的发展历程可证明这一点。所以，嵩山地处京畿、近天子的优势，使三教在此开拓更容易得到帝王的支持而发达，这是三教在此开拓的又一内在动力。

[1]《史记》卷28《封禅书》。
[2] 见周初天亡簋铭文。
[3]《山海经》卷5《中山经》，中华书局，2009年。

其三，天地之中升华出的中和思想导致三教在嵩山共存共荣。就中国的名山而言，由于三教在开拓之时的不断碰撞，往往导致在名山出现一种宗教独胜的局面。如佛教四大名山的峨眉山、普陀山、五台山、九华山，即以佛教闻名；而道教的四大名山武当山、青城山、龙虎山、齐云山则以道教闻名。嵩山三教共存、三教皆盛现象的出现，除地理位置外，必然有其深厚的共融思想作为基础，这个基础就是由天地之中宇宙观形成的哲学观所具有的广泛的包容性。

天地之中本是中国古代的一个宇宙观。远古时，人们在观察天地时产生了"天圆地方"的概念，随之又认为方形的地球有一个中心，这个中心就是嵩山。因而，嵩山后来就被称为"天地之中"。天地之中宇宙观经过发展逐渐形成中国的哲学观。这个哲学观就是以"中和""中庸"为核心的不偏不倚、大道为中的哲学思想。中国这种哲学思想最明显的特征就是具有广泛的包容性，而当儒释道三教在嵩山开拓和发展时，天地之中所形成的哲学观的包容性也深深渗透于三教的思想之中，并对三教在嵩山的开拓产生了深远的影响，并成为三教文化的思想核心。

在三教之中，中庸是中国传统哲学观的核心，也是儒家学说的核心，孔子主张一切言行都要不偏不倚，无过而无不及。道教重视中和之道，在道教创始人老子那里，中和之道是万物之根本。佛教也以中和之道和圆融之道作为思想体系的根本。由于三教在嵩山的发展过程中广泛汲取了中和的包容思想，这成为三教在此共存共荣的根本原因。

二、儒释道在嵩山的碰撞

嵩山传统三大宗教在嵩山开拓和发展的过程中，由于其主张的差异，所以产生碰撞是在所难免的，但这些碰撞，不但没有使嵩山走向衰落，而且出现了共荣的局面。

嵩山三教的碰撞历史由来已久，这里面尤以佛道二教的碰撞最为明显。在佛教传入中国之后，发展比较迅猛，而当道教兴起之后，本土而生的道教以为佛教为外来之教，乃夷狄之教，而夷狄文化低落，不及华夏文明，于是在魏晋之时两教交手和碰撞就开始了。西晋时，道士王浮因佛、道论战乃作《老子化胡经》以贬低佛教。从此佛、道的论战连绵不断。

嵩山的三大宗教碰撞始于魏晋时，其后出现了四次高峰时期：一是北魏时期，一是北周时，另一是唐末，还有一个是元初。太平真君五年（444），在嵩山名道寇谦之的支持下，崇信道教的司徒崔浩劝太武帝灭佛。太平真君七年（446），因杏城盖吴造反，太武帝率大军征讨时进入长安，因发现僧人寺院中藏有兵器，于是下令诛杀天下沙门。这就是中国历史上著名的太武帝灭佛事件，也是最早的一次。这次由崔浩和太武帝主导、寇谦之支持的灭佛运动，使嵩山的道教在太武帝时出现了前所未有的昌盛。

在这场灭佛运动中，寇谦之虽然主张抑佛，但并不主张诛杀沙门。当看到太武帝在崔浩的劝说下实施"沙门无少长悉坑之"的政策后，这位宗师勇敢地站出来，反对不论老少皆诛杀的灭佛政策。一次，寇谦之和崔浩一同跟太武帝车驾出行，当崔浩极力劝皇上诛杀沙门时，寇谦之苦苦相劝，和崔浩发生了激烈的争吵，他对崔浩说："卿今促年受戮，灭门户矣！"[①] 此足见寇天师的包容思想非常强烈。从这次灭佛结果来看，虽然嵩山佛教受到重创，但由于三教深受中和思想的影响，所以在此次灭佛之后的不久，嵩山佛教仍得以迅速发展起来，并形成了一个空前的建寺高峰。嵩山的嵩阳寺、少林寺、嵩岳寺、会善寺、永泰寺、刘碑寺、升道寺、栖禅寺、中岳寺、中顶寺、道场寺、双林寺等都是在太武帝灭佛之后兴建起来的[②]。这些寺院的兴建也说明了轰轰烈烈的灭佛运动，虽然声势浩大，但就嵩山而言，由于道教也采取比较中性的包容政策，所以佛教并没有衰亡，反而是经过碰撞和广泛的思想接触变得更加强大。

北魏之后，嵩山儒道二教的碰撞在北周武帝灭佛和唐武宗灭佛时也非常严重。灭佛使嵩山佛教遭到重创，但这两次灭佛运动之后，

① 《魏书》卷114《释老志》。
② 升道寺、栖禅寺、中顶寺、道场寺见《洛阳伽蓝记》卷5，余见《说嵩》卷21（中州古籍出版社，2003年）。

第七章 三教融合：嵩山大智慧

嵩山佛教在很短时间内又都得到了恢复，并且仍然十分兴盛，这些从北周之后及唐代嵩山所存留下来众多的寺院中可以看出。

在佛、道的碰撞中，"三武一宗"的灭佛运动，帝王支持的是道教，按说佛教应该是锐气大减，但灭佛运动实际上对嵩山的佛教并未产生太大的影响，而碰撞则是其发展的又一动力。

在嵩山的历史上，由帝王支持的对道教的抑制运动，同样没有对道教产生太大影响。在元朝时，蒙人也很崇佛。蒙元宰相耶律楚材就是佛门弟子，其师父就是金元时曹洞宗领袖万松行秀，行秀后被奉为国师。后来，耶律楚材和行秀高足、少林寺方丈雪庭福裕为阻止元人的"屠城"政策，向太宗提出了"以儒治国，以佛治心"的主张。元宪宗即位后，福裕得到了极大的重用，不仅担任嵩山少林寺方丈，而且出任元朝设立的都僧省都总统一职，总领释教[1]。

元宪宗五年（1255），佛道二教围绕《老子化胡经》真伪在朝廷展开了大论战。道教应战的是丘处机的高足、全真道宗师李志常，而佛教出战的主要代表之一就是雪庭福裕。经过论战，道教败北。宪宗八年（1258），规模更大的一次佛法大论战开始，宪宗命忽必烈在朝廷主持大论战。少林寺方丈雪庭福裕应召火速赴京与李志常论战，论战结果以佛教完胜而告终。在此次大论战后，《老子化胡经》等被焚毁，禁止流传，道教所占的237处寺院也被归还佛教，之后福裕还被赐封为"光宗正法"大禅师之号[2]。

在此次佛、道大论战中，虽然佛教取得了胜利，但就嵩山的道教而言，只是一时受挫，道教仍然是非常兴盛的。元帝不仅多次派道教宗师张留孙、吴全节等前往道教圣地中岳庙祭岳，而且还下圣旨保护中岳庙。

从以上佛道二教在嵩山的碰撞中可以看出，嵩山的三教虽然有碰撞，但中和思想的根基使三教在碰撞中不但没有萎缩，而且成为发展和壮大的又一动力。

[1] 吕宏军：《嵩山少林寺》，河南人民出版社，2002年。
[2] 吕宏军：《嵩山少林寺》，河南人民出版社，2002年。

三、儒释道在嵩山的融合

儒释道三教的主张虽各有不同，但三教的思想中也有诸多相通之处，这就是三教在中国的发展过程中相互融合的结果。嵩山作为三教荟萃之地，三教思想在此的融合最具有代表性。

儒家学说自汉武帝"罢黜百家，独尊儒术"之后成为中国封建帝制的核心思想。但就儒家而言，实际上也是大量吸收了黄老学说之后形成的，当年孔子曾问礼于老子。而释道二教在中国开拓之后，也深受黄老学说的影响。所以三大宗教从根本上来说都是在中国传统文化沃土上产生的，并且逐步走向思想上的混元。三教思想在嵩山的混元，最有代表性的是玄学在此的融合、寇谦之在嵩山进行的道教改革、禅宗在嵩山的孕育及全真道三教合一思想在嵩山的发展。

玄学是指魏晋时期以老庄思想为骨架，以《老子》《庄子》和《周易》（"三玄"）为主要研究对象，把两汉儒学从烦琐的经学中解放出来的一次哲学思潮。它在中国思想史上举足轻重，开创了糅合儒道学说的一个新的哲学时期，对尔后的佛学，乃至宋明理学都产生了深远影响。而其产生、形成与发展过程，又无不与嵩山这个特殊的地缘有关，同时，玄学在嵩山的发展也开创了三教思想融合的先河。

首先，儒学的"本体论"缺失，是玄学"援道入儒"的主要原因。综观玄学各阶段的辩论，从儒学来看，就是儒学所尊的"名教"是不是出于自然，是不是与自然相顺应，从哲学本体论上讲，就是儒学所遵循的这些"秩序"，这些"有"，是不是自然本有的，是不是由"无"而生的。而"自然""有""无"这些形而上的概念正是道家所长，所以，这个辩论的过程就变成了以道家思想来说清楚儒家思想的一个过程，同时客观上，就为儒家思想补充完善了"本体论"部分。

其次，从魏晋玄学发展的三个阶段来看，名教与自然，有和无，儒和道形成了相合、相反、并立三种关系。第一阶段，何晏与王弼

第七章 三教融合：嵩山大智慧

认为，有是无的表现形式，名教出于自然；第二阶段，阮籍与嵇康认为，名教反自然而生；第三阶段，郭象与向秀认为，名教自生，"有"自有，不依"无"而生。在这样的情况下，佛教的传播，"空"观的引入，结合道家思想，最终在"亦有亦无、有无一如"的理论基础上，得出了名教即自然的结论。由此，不难看出，玄学的发展过程就是儒、道、佛碰撞融合的过程。

玄学中表现出的儒释道三教融合，也是中国文化思想史上的第一次三教融合。从其融合的过程来看，离不开大嵩山地区当时政治文化背景，同时，这次碰撞与融合，无疑也为后来佛教吸纳儒、道，在嵩山产生禅学，道教吸纳儒、佛，在嵩山形成北天师道，儒家再次吸纳道、佛，在嵩山形成"理学"，产生了巨大影响。

北魏寇谦之在嵩山对道教进行的改革也是一个三教思想融合的典范。寇谦之改革的核心内容就是要道教吸取中国儒家的礼制，维护封建帝制的秩序。而寇谦之对道教斋醮科仪制度的改革，基本上是依佛教的礼仪制度为基本内容而定的，其所建立的固定丛林礼拜制度，实际上也是参照了佛教寺院而形成的。寇谦之这次改革从思想上来说是使道教符合中国儒家的法度，而形式上则依托佛教礼拜的规制，这是三教思想融合最明显的标志，也是非常成功的一次融合。

北魏时达摩在嵩山创立禅宗也是三教融合的一个很好的范例。当年菩提达摩到嵩山后，看到传承已久的印度小乘佛教虽然表面上看起来非常兴盛，但存在着许多难题，不仅是修成"正果"难，更重要的是不符合中国的国情。于是达摩在传法时仅以四卷《楞伽经》作为传法经典，他在传惠可时说："我观汉地，惟有此经，仁者依行，自得度世。"[1] 达摩的"我观汉地"是说，过去的小乘佛教不符合中国的传统文化思想，不符合中国人的追求，他要找出一条适合中国人口味的佛教，于是达摩根据儒家追求入仕、道家追求现世的思想，对小乘佛教进行了改革，形成了修行简捷、见性即可成佛的大乘禅法。佛教禅宗在中国的建立，实际上就是一个汉化的过程，

[1]〔唐〕道宣：《续高僧传》卷16《菩提达摩传》。

就是一个融合吸收中国传统儒家思想和道家学说的过程。

到了金元时期，三教合一思想得到了空前的发展。金朝时，全真教创始人王重阳在立教时，极力主张三教合一、三教一体。于是王重阳规定全真教弟子，不仅要读老子的《道德经》，还要读儒家的《孝经》和佛家的《心经》。全真教的主张，使三教思想的融合向前迈进了一大步，并成为后来极有影响的一种学说。而在这个三教合一的过程中，"天地之中"的嵩山则是三教一体、三教合一思想体系运转的中心。

金末大儒如元好问、赵秉文、李纯甫、雷渊、冯璧、李献能、许安仁、赵元、麻九畴等纷纷避战乱于嵩山[1]，嵩山成为当时文人学士的会集中心，尤其是元好问在嵩山居住达九年之久。元好问、赵秉文、李纯甫等在嵩山时，不仅极力推行全真派的三教合一思想，而且把由佛教宗师万松行秀、木庵性英以及耶律楚材等人所阐释的儒、佛相互融合的主张发展成为一门学派，叫作"孔门禅"。所谓"孔门禅"实际就是儒、佛融合的禅宗，即经禅门而渗透孔门，以佛法比拟儒学，或经孔门入禅门，以儒学证佛法。"孔门禅"的形成，元好问、赵秉文在其中发挥了重要的作用，而李纯甫则是孔门禅理论的核心人物。

少林寺初祖庵有两通非常知名的碑刻，一为兴定四年（1220）李纯甫撰的《重修面壁庵记》，一为兴定六年（1222）李纯甫撰的《新修雪亭西舍记》[2]。这两通碑刻从题目看似乎是写重修面壁庵和雪亭西舍的，但内容则是两篇精深的阐述"孔门禅"的论文。金兴定四年，在李纯甫撰写了《重修面壁庵记》论述孔门禅后，立即遭到了一些儒士的反对。兴定六年，为了反驳儒士对孔门禅的攻击，李纯甫又挥毫写下了《新修雪亭西舍记》，用来反击儒士。李纯甫的两篇妙文，可以说是孔门禅理论的核心之作。

自金元之后，三教合一思想便在嵩山扎下了根。到了明嘉靖四十四年（1565），朱载堉来到嵩山。这位对三教合一尤为热衷的大家，在明宪宗所绘《一团和气图》基础上，经过精密构思，绘成

[1]〔明〕傅梅：《嵩书》卷14，中州古籍出版社，2003年。
[2] 两碑今均在少林寺初祖庵。

第七章 三教融合：嵩山大智慧

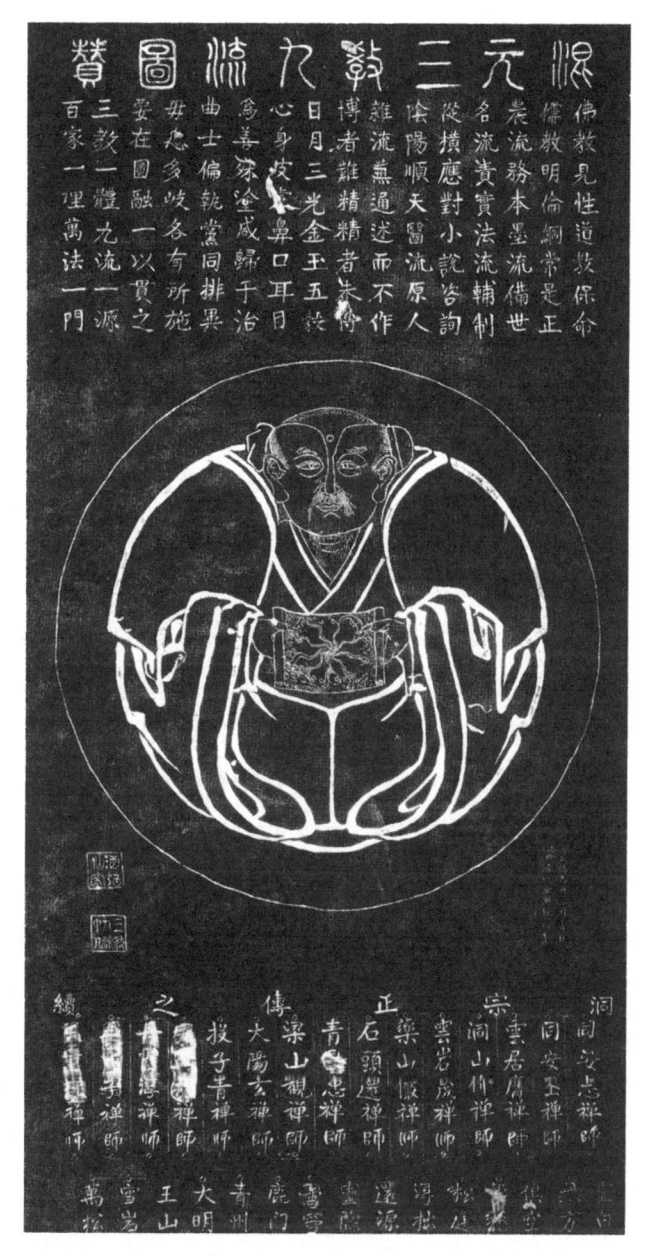

图 7-6 《混元三教九流图赞碑》

了融艺术和思想于一体的《混元三教九流图》。朱载堉在图上的赞语中所说的"百家一理,万法一门"的思想,既是嵩山三教混元、三教一体的标志,也是三教思想融合的具体体现。

四、儒释道在嵩山并存共荣的启迪

嵩山儒释道三教荟萃这一奇特的文化现象,不仅表示嵩山三教文化的深厚,更重要的是三教在嵩山的开拓、碰撞、交融、共存和兴盛,给人们留下的启迪是非常深刻的,这些启迪归纳起来,大致有这几方面:

其一,中和观念是儒释道融合的思想基础。大嵩山地区作为中华民族中和思想的发祥地,中和观念自夏商周三代在大嵩山地区孕育之后,一直深深地影响着中国的各种思想和文化的发展。中国传统三大宗教儒释道在嵩山流传之后,由天地之中所形成的中和思想也深深地植入儒学、道教和佛教之中,并成为儒释道发展和壮大的基石。由此,儒释道在嵩山开拓之时,皆以中和思想作为其运行的准则和目标。因而,儒释道在嵩山的发展始终秉承中和思想,虽有多次碰撞,但中和思想使儒释道在交锋中不但没有消失和衰落,反而更加强大,从而也使儒释道三教和谐共处于大嵩山。

其二,儒释道共存共荣的智慧来自中和思想。中和思想作为人类命运的大道,也是人类共同福祉的正途。儒释道三教在嵩山的开拓和发展正是中和思想在三教文化中的具体体现,也是中和思想智慧的结晶。当儒释道进入大嵩山地区之后,由于中和思想的影响,三教思想便形成了具有广泛包容性的特质,因而三教在嵩山开拓之时,虽然三教的主张有所不同,甚至有些是相互对立的,但在中和思想的作用下,三教采取的都是兼容并蓄、取长补短的态度,去适应对方、接纳对方,并有效地吸取对方之长。由此,在嵩山的三教思想中,儒家文化中包含有道家思想,道家中融合有佛教的意识,佛教中结合有儒家的学说。这种取长补短的结果,使嵩山儒释道呈

第七章 三教融合：嵩山大智慧

现出了勃勃的生机和非凡的大智慧。

其三，儒释道在嵩山的共存共荣是中和思想结出的硕果。嵩山的儒释道三教在嵩山的发展过程中碰撞也是非常激烈的，不论太武帝的灭佛，还是元代的佛、道大论战，嵩山都是焦点地区。然而，中和思想的根基，使三教的碰撞，不仅碰撞出了火花，而且结出了硕果，实现了三教的共存和共荣。三教在嵩山的共存和融合，在明代朱载堉《混元三教九流图赞》中说得非常精妙："博者难精，精者未博；日月三光，金玉五谷；心身皮肤，鼻口耳目；为善殊涂，咸归于治；曲士偏执，党同排异；毋患多岐，各有所施；要在圆融，一以贯之；三教一体，九流一源；百家一理，万法一门。"① 这实际就是三教在中和思想影响下结出的硕果。而三教合一思想在嵩山的传承，不仅使三教文化得以发扬光大，而且在嵩山也留下了宝贵的文化遗产。嵩山的中岳庙、少林寺和嵩阳书院，不仅是北天师道的发祥地、禅宗的祖庭、程朱理学的孕育之地，也是三教文化的杰出代表和范例。

综上所述，儒释道三教在嵩山并存和共荣这一独特的文化现象，源于大嵩山地区"天地之中"、文化圣山和地处京畿的自然和人文环境。在中和思想的影响下，儒释道三教在嵩山碰撞出了火花，结出了硕果，实现了儒释道三教的共存共荣。嵩山三教荟萃这一文化现象乃是中国传统和思想的杰作，也是儒释道大智慧的结晶。

---

① 《混元三教九流图赞碑》刻立于明嘉靖四十四年（1565），在少林寺院。

郑泰森 / 摄影

第八章

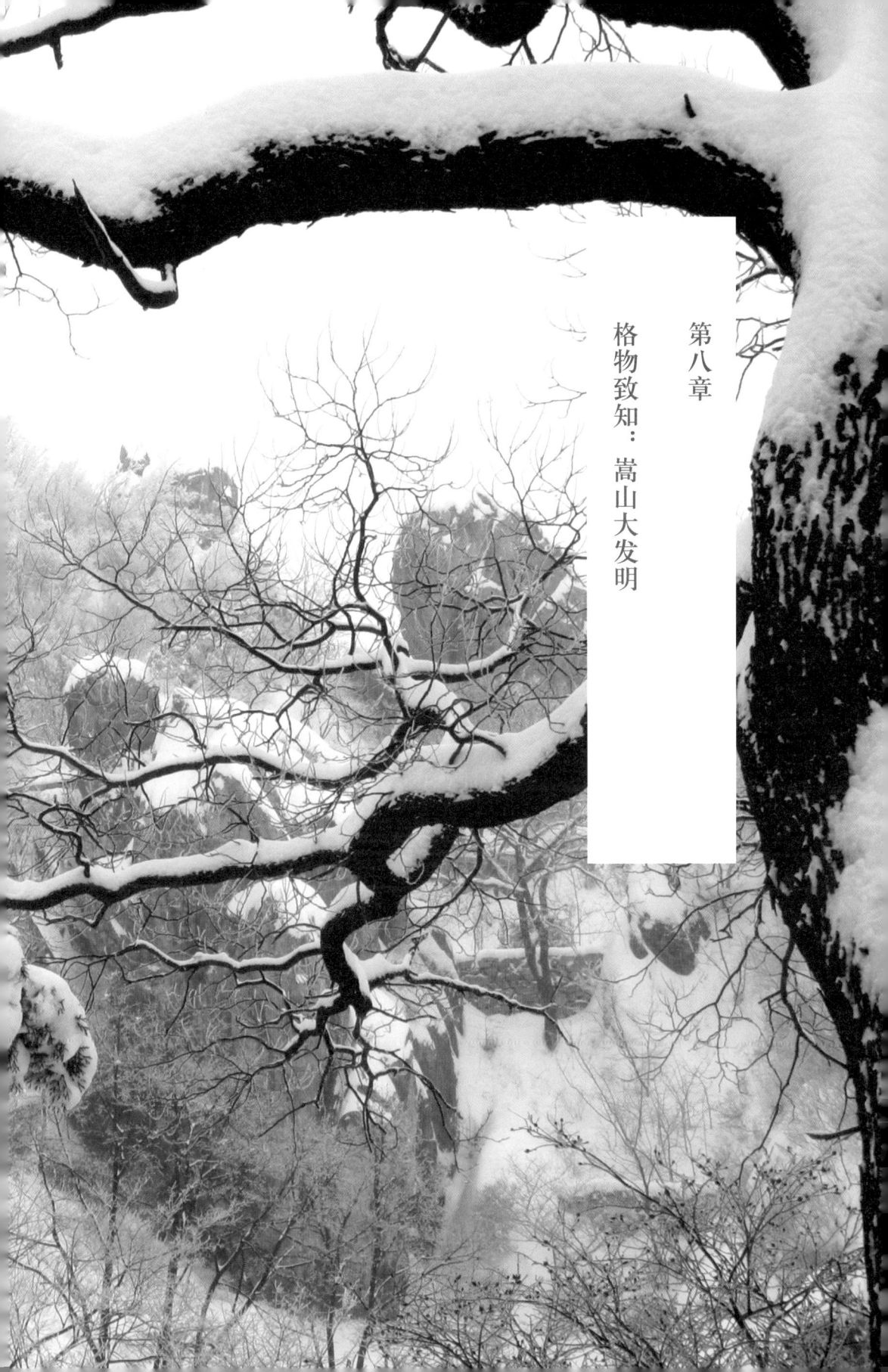

格物致知：嵩山大发明

英国科学史家李约瑟指出："科学史是人类文明史中一个头等重要的组成部分。"[1]嵩山地处嵩洛地区之中心，古代都城环绕周边，西有洛阳，北有安阳，东有郑州、开封，南有许昌。这里长期是国家的政治、经济、文化中心，钟灵毓秀，人杰地灵。古代许多著名科学家云集于此，许多重大科技成果发明于此，对中国乃至世界科技文明做出了重大贡献。

第一节　大嵩山与天文地理

大嵩山以其"天地之中"的独特地理优势，成为天文观察和地理测量的重要地区，吸引众多的天文学、地理学、水利学等多门类的科学家在此进行科学考察和研究，取得了彪炳史册的重大成就。

一、"天地之中"与地学成就

1．"天地之中"的科技探索

嵩山之为"天地之中"本身就是基于科技成果形成的中国古代宇宙观。周王朝建立之后，为了加强对东方的控制，周公通过占卜，得出"王者必居土中"。继而测日影定"地中"[2]，为营建洛邑找到了合乎天理的解释。"景尺有五寸者，南戴日下万五千里，地与星辰四游升降于三万里之中，是以半之得地之中也。"[3]这是说日影长一尺五寸处为"天地之中"。郑玄注《周礼》引郑司农道："土

---

[1]〔英〕李约瑟：《中国科学技术史》，科学出版社，1975年。
[2] 见《周礼注疏》载："周公摄政四年欲求土中而营王城，故以土圭度日景之法。"
[3]〔汉〕郑玄注，〔唐〕贾公彦疏：《周礼注疏》，上海古籍出版社，2010年。

第八章　格物致知：嵩山大发明

图 8-1　周公测影台　李卫国摄影

圭之长尺有五寸，以夏至之日立八尺之表，其景适与土圭等，谓之地中。今颍川阳城地为然。"这是东汉经学家郑司农对周公测影作的解释，"颍川阳城地"即是立八尺之表而"景尺有五寸"的"地中"所在，即今天的登封市告成镇。由于时间久远，周公测影的记载并非毫发毕现，但竖立在告城镇北周公祠前的周公测影台却向人们讲述着这段历史。现存的测影台为唐代所建，距今已有1200多年。据《新唐书·地理志》载："（阳城）有测景台，开元十一年（723）诏太史监南宫说刻石表焉。"[①]可见在此之前应该是有旧的测影台，后有南宫说再按诏令在原地重建石圭石表之事。

周公测影以定"天地之中"是中国最早进行大地测量、探索天地关系的科技实践。正如一位学者所言："一个具有丰富意蕴的'中'字，高度凝聚了今河南省的历史、地理、文化、政治、民族地位，形象写照着自古及今河南人的精神世界与行为特征。"[②]实际上，这是中国古代通过天文和地理相结合的方法测定地中的创举，由此形成了世界上最早的"天地之中"概念，也为以后中国古代政治中心的确立提供了科技基础。

2.《禹贡》的地理认知

"天地之中"的确立不仅奠定了中原在中国政治格局中的核心地位，更让嵩洛地区成为历代科学家们的向往之地。大禹治水的传说在中华文明史中影响深远。嵩山周围的伊、洛、颍、汝河流域是夏文化的策源地，而大禹和其父亲鲧则正是活动在嵩山周围的部落首领。面对频仍的水患，大禹从鲧治水的失败中汲取教训，改变了"堵"的办法，以疏为主、因势利导，不仅是水利史上的重大创举，其艰苦奋斗的精神也为后人所传颂。汉代贾让曾言："昔大禹治水，山陵当路者毁之，故凿龙门，辟伊阙，析底柱，破碣石……"[③]宋人赵汝谈亦说："禹功只施于河洛。"[④]虽然学界对大禹治水的地域众说纷纭，根据文献记载和古史传说，嵩洛及其周边地区亦当为大禹治水的主要活动区，也正是当时人们眼中的"天地之中"，能在此产生高度的文明与大禹治水的作用密不可分。"大禹治水在很

[①]《新唐书》卷38《地理志》。
[②] 胡阿祥：《"天下之中"及其正统意义》，《文史知识》2010年第11期。
[③]《汉书》卷29《沟洫志》。
[④]《宋史》卷413《赵汝谈传》。

大程度上是为了发展农业。"① 水利技术的进步则带动了灌溉农业的发展，从而为夏文化乃至中华文明的兴起发挥了巨大的推动作用。战国时期魏国人士托大禹之名所著的《禹贡》则是我国最早、最重要的地理著作②，其中专论山岳和河流的"导山""导水"两部分开创了中国关于区域地形分部门研究的范例，与大禹治水的史迹相互关联。全书以禹开山导川为主旨，将当时天下分为九州，并兼载每州的山脉、河流、植被、土壤、物产、贡赋、族群、交通等内容的介绍。其中称嵩山为"外方"，而豫州位居天下九州之中，故河南又名"中州""中原"，亦体现了大嵩山地区"天地之中"的核心思想。《禹贡》将自然区域、经济区域和政治区域相结合，开创了综合地理区划的先河，并首次利用秦岭－淮河这条自然地理界线将我国分成地理特征各异的南方和北方；初步揭示了我国东部中纬度地区的纬度地带性规律；基本形成了山脉水系的地理概念；萌芽了"农业区位论"的生产布局思想③。书中的区域划分和地理名称有的至今还被沿用，是影响深远的中国古代地理学的经典之作，也是世界最早的区域人文地理学著作。

3. 候风地动仪与地震观测

地震历来是危害人类生存的重大自然灾害，自古至今始终是科学家致力探索的重大难题。东汉时期的张衡（78—139）长期在洛阳生活，在担任太史令期间专门主持天文的观察和研究。其科学著作有《灵宪》《浑仪图注》《算罔论》等，制作了浑天仪、瑞轮荚等观测天象和计时的仪器，然其最为突出的成就是发明了候风地动仪。

据《后汉书》记载，张衡于阳嘉元年（132）制造了候风地动仪，"以精铜铸成，员径八尺，合盖隆起，形似酒尊"④，仪器四周铸着八个龙头，每个龙嘴里含一粒铜丸，向下对应着八只铜蟾蜍，哪个地方发生地震，对应方位的铜丸便掉落，人们便知震之所在。起初人们并不大相信，直到有一次龙嘴里突然吐出铜丸，数日后快马报陇西地震，才证实了仪器的准确性，"于是皆服其妙。自此以后，乃令史官记地动所从方起"⑤。

---

① 王星光：《大禹治水与早期农业发展略论》，《中原文化研究》2014年第2期。
② 史念海：《论〈禹贡〉的著作年代》，《陕西师范大学学报》（哲学社会科学版）1979年第3期。
③ 龚胜生：《〈禹贡〉地理学价值新论》，《华中师范大学学报》（自然科学版）1993年第4期。
④《后汉书》卷59《张衡传》。
⑤《后汉书》卷59《张衡传》。

候风地动仪是世界上最早观测地震的科学仪器,能够及时、直观发现地震发生的时间和大致方位,为人们认识、掌握地震发生规律和地震带的划定提供了科学依据,与国外同类仪器相比要早 1700 多年。

4."制图六体"与古地图学的创立

地图在区域开发、工程建设、军事交通等方面都有着极为重要的作用,中国有着悠久的地图制作传统,但科学、规范的地图制作当始自裴秀。西晋时期,裴秀(224—271)长期在洛阳生活,在担任司空期间,负责土地使用、水利交通等,并主持编撰了《禹贡地域图》。他创立的"制图六体",在地图学史上有着深远的影响。

在《禹贡地域图》序中,裴秀提出了绘制地图的六大原则,即绘制地图时需要遵守的六要素:分率(比例尺)、准望(方位关系)、道里(道路的距离)、高下(相对高程)、方邪(倾斜角度)、迂直(河流、道路的曲直)。前三条讲的是最主要的绘图原则;后三条是因地形变化所须考虑的问题,六者之间相互联系又相互制约。

裴秀的"制图六体"是中国最早的地图绘制理论,为后世的制图工作奠定了科学基础。侯仁之高度评价其在古地图制作方面的不凡成就,称"裴秀是中国传统地图学的创始人"[①]。李约瑟则赞誉裴秀是"中国科学制图学之父",其造诣与古希腊著名地图学家克罗狄斯·托勒密(Claudius Ptolemy)齐名,是世界古代地图学史上东西辉映的两颗灿烂明星[②]。

5.子午线实测与大地测量

子午线实测是人们认识地球形态的重要实践活动,僧一行是中国古代进行子午线测量的先行者。一行,本名张遂,唐魏州昌乐(今河南南乐)人,曾在嵩山会善寺落发为僧。开元十二年(724),一行奉唐玄宗诏令组织了全国范围的大地测量,他精心选择了 12 个地点进行测量。今河南范围内的测量由天文学家南宫说负责,其在登封时还重新立制周公测影台,以表纪念。本次大地测量最为著名的一组为黄河两岸平原地区的四个点,分别是滑州白马(今河南滑县)、汴州浚仪太岳台(今河南开封)、许州扶沟(今河南扶沟)、

① 侯仁之:《中国古代地理学简史》,科学出版社,1962年。
②[英]李约瑟:《中国科学技术史》第5卷第1册,科学出版社,1976年。

蔡州上蔡武津馆（今河南上蔡），均地近嵩洛地区。他最终得出"其北极去地，虽秒分微有盈缩，难以目校，大率三百五十一里八十步，而极差一度"①的重要结论，这个距离约合今132.03公里。这次实测否定了历史上传统的"日影一寸，地差千里"的谬说，比18世纪法国天文学家雅克·卡西尼（Jacques Cassini）的实测工作早出近1000年，开创了中国通过实际测量认识地球的道路，并把天文测量与大地测量结合起来，为以后的天文大地测量奠定了基础，也是世界上第一次大规模的天文大地测量，首次对子午线长度进行实测工作。这次实测被学术界誉为世界科学技术史上具有划时代意义的创举，是世界科学技术史上的一项伟业②。

6.《大唐西域记》与中西交通

唐代西域狭义上是指玉门关、阳关以西，葱岭即今帕米尔高原以东，巴尔喀什湖以东、以南及新疆广大地区。而广义的西域则是指凡是通过狭义西域所能到达的地区，包括亚洲中西部、印度半岛地区等。唐代嵩洛地区另一项卓越的地学成就是玄奘的《大唐西域记》，该书实际上是记载广义上西域状况的地理学著作。玄奘（602—664）是唐代著名的高僧，俗家姓名陈祎，出生于嵩山北麓的偃师缑氏镇，13岁于洛阳净土寺出家。贞观三年（629），玄奘从长安出发，西行求法，历经千辛万苦最终到达迦湿弥罗国（今克什米尔），并于贞观十九年（645）携657部佛经返回长安，为中国的佛教和对外文化交流做出了卓越贡献。后由其口述、其弟子辩机执笔完成了《大唐西域记》这部杰出的地理学著作。玄奘虽多在长安译经讲法，但与嵩山的缘分深厚，最初西行归来便向太宗表示希望前往嵩山少林寺译经，可惜未得批准。后高宗即位，他亦多次上表请求回少林寺，仍被拒绝。玄奘认为嵩山是"海内之名山，域中之神岳"③，倾慕之情溢于言表。

《大唐西域记》为玄奘奉唐太宗敕命而著，于贞观二十年（646）完成，记载了他"亲践者一百一十国，传闻者二十八国"④等地区的疆域、气候、山川、风土、人情、语言、宗教、考古、历史、佛

①《新唐书》卷31《天文一》。
② 陈久金：《中国古代天文学家》，中国科学技术出版社，2008年。
③〔清〕董诰：《全唐文》卷906，中华书局，1983年。
④〔唐〕敬播：《大唐西域记·序》，载季羡林等《大唐西域记校注》，中华书局，1985年。

寺及神话传说等基本情况。其地理范围东起我国新疆、西经伊朗、南达印度半岛南端、北到吉尔吉斯斯坦、东北至孟加拉国，科学地概括了印度次大陆的地理概况，记述了从帕米尔高原到咸海之间广大地区的气候、湖泊、地形、土壤、林木、动物等情况，而世界上流传至今的反映该地区中世纪状况的古文献极为罕见，该书成为这一地区最为全面、系统、综合的地理专著，是研究中世纪印度、尼泊尔、巴基斯坦、斯里兰卡、孟加拉国、阿富汗、乌兹别克斯坦、吉尔吉斯斯坦、克什米尔地区及中国新疆等地最为重要的历史地理文献，是陆上丝绸之路及中西交通史研究的难得史料，可谓全世界珍贵的历史遗产。

二、先进的历法与天文观测

1.《夏小正》与农时物候

在长期的农耕生产实践中，人们逐渐认识到天时对农事成败的关键作用。古代先民们经历了一个漫长的"观象授时"的过程，如《尚书·尧典》："乃命羲和，钦若昊天，历象日月星辰，敬授民时。"[1]《夏小正》是我国现存最早的一部集物候历、观象授时历于一体的汉族农事历。

《夏小正》相传是由孔子造访杞国时得到，原文在唐宋时期已散佚，现所见为《大戴礼记》所保存的，其内容涉及天象、气象、动植物变化、农事安排等，也是一部物候著作。《夏小正》按十二个月的顺序，分别记述了各月的星象、气象、地面物象以及所应从事的农事、政事等，其中星象记载有十七个，分别是："正月：鞠则见。初昏参中，斗柄悬在下。""三月：参则伏。""四月：昂则见。初昏南门正。""五月：参则见。初昏大火中。""六月：初昏斗柄正在上。""七月：汉案户。初昏织女正东乡。斗柄悬在下则旦。""八月：辰则伏。参中则旦。""九月：辰系于日。""十月：初昏南门见。织女正北乡则旦。"[2] 这些星象被当作一年中某

[1] 李民、王健：《尚书译注》，上海古籍出版社，2000年。
[2] 夏纬瑛：《夏小正经文校释》，农业出版社，1981年。

一个月份来临的特定标准。

《夏小正》中有关天象记载，是华夏先民数千年观象授时的结晶，形象地反映上古先民对时令气候的朴素认识，并开历代《月令》之先河。有关《夏小正》中星象的使用年代，有学者认为书中"各星象的年代是一致的，该历曾被用于周代，其起源最早可以推至夏代。"[①]"禹都阳城"的传说正与登封王城岗的考古发现相验证，而偃师二里头遗址也与夏都斟鄩的史载吻合，《夏小正》所反映的物候正与黄河中下游的气象相吻合，由此可见《夏小正》是反映夏王朝中心地区的历书，无疑应产生于嵩洛地区。

2. 大衍历与历法体系的成熟

中国现存最早的历书是前文提到的源于嵩洛地区的《夏小正》，从甲骨文和典籍记载来看，商代使用了用置闰来调整朔望月和回归年长度的方法，说明阴阳合历的规则不会晚于殷商时期。周代用圭表测影，确立冬至、夏至，并能定出朔日（每月初一日）。春秋时期采用了取回归年长度为365日又1/4日的进步历法——古四分历。汉武帝时期制定的太初历已经有了相当完善的历法规则，确立使用夏正建寅、无中气置闰之法则，自此几成定式。隋代刘焯的皇极历虽较精致，但未能施行，其定朔方法为唐代李淳风编制的麟德历所吸收。

到了唐开元年间，因麟德历用行年久，几次日食预报不准，唐玄宗遂敕命一行主持修历。一行为了获取精确的数据，前期做了大量的准备。先是与梁令瓒一起制造黄道游仪等天文观测仪器，对日月星宿进行观测，并主持开展全国性的大地测量，其中在嵩山脚下登封境内的测量尤为重要。在此基础上，一行从开元十三年（725）开始主持编撰《大衍历》，并于两年后完成。《大衍历》继承了古历法的成果，又融入了自己的创新，其突出的表现在于它比较正确地掌握了太阳在黄道上运动的速度与变化规律，改正了太阳黄道运动的不均匀性，使用不等间距二次差内插法改正平气，大大提高了历法的精确性，成为前所未有的精密历法。《大衍历》的编排方式成为后世历法之典范。《旧唐书·历志》载："近代精数者，皆以

[①] 胡铁珠：《〈夏小正〉星象年代研究》，《自然科学史研究》2000年第3期。

淳风、一行之法，历千古而无差，后人更之，要立异耳，无逾其精密也。"①《新唐书·历志》亦云："自《太初》至《麟德》，历有二十三家，与天虽近而未密也。至一行，密矣，其倚数立法固无以易也。后世虽有改作者，皆依仿而已。"②《大衍历》是中国古代独特历法体系成熟的标志，在历法史上占有里程碑式的地位，也是当时世界上最先进的历法。

3.《授时历》与观星台

到了元代，郭守敬、王恂、许衡等人合力编制的《授时历》成为自西方近代天文学传入中国以前最为精密的历法。它自至元十八年（1281）正月一日起使用，一直沿用到明朝末年，是中国古代施行时间最长的历法。《授时历》以 365.2425 日为一岁，距近代观测值仅差 25.92 秒，精度与现在通用的《格里高利历》相当，但在发明时间上却早了 300 多年。它正式废除了古代的上元积年，而截取近世任意一年为历元，打破了古代制历的习惯，是我国历法史上的第四次大改革，开创了历法的新时代。而这样一部优秀的历法，与大嵩山有着密不可分的关系，元代大儒许衡正是该历编撰的主持者。许衡（1209—1281），字仲平，号鲁斋，出生在河南新郑，且25 岁前一直居住在新郑。他自幼好学，博览群书，最终成为元代著名的理学家、教育家和天文学家。至元十三年（1276）元世祖"以海宇混一，宜协时正日"③，遂命许衡"领太史院事"，全面负责修订新历。许衡作为《授时历》工程的领军人物，表现出了非凡的组织和协调能力，为历法顺利编撰完成发挥了不可磨灭的作用。

《授时历》的顺利完成，除精心计算外，更与天文观测尤其是登封观星台密不可分。观星台是中国古代天文台的一种称谓，也称为清台、灵台、观象台等，是专门进行天象观测和天文学研究的机构。而我国现存最早的天文台就是登封观星台。

从至元十六年（1279）开始，在许衡的统领下，郭守敬等人具体组织了大规模的全国天文测量，在当时元朝疆域内的 27 个地点进行，史称"四海测验"，位于"地中"的阳城自西周以来一直是

①《旧唐书》卷32《历志》。
②《新唐书》卷27《历志》。
③《元史》卷158《许衡传》。

重要的天文观测场所，登封观星台首当其冲，被定为中心观测站。观星台实质上就是测影高表的一种变体，由台身和量天尺两部分组成，台身上小下大，形似覆斗，高9.46米，连台顶小屋通高12.62米。台底到台北墙正中有一凹槽的"高表"，台身凹槽正北是由36块青石铺成的石圭，俗称"量天尺"，通长31.19米。整个观星台端庄巍峨，俨然是座精密的大型天文仪器。高大的圭表将分厘毫秒等单位放大为原来的5倍，从而提高了精确度，减少了误差。在圭的表面放置可以移动的景符，将日影通过小孔聚焦，使测量太阳投影的变化的精度大大提高。除测量日影的功能外，当年的观星台上可能还有观测星象等设施，是一座具有测影、观星和计时等多种功能的天文台。在今观星台南面20米处，便是唐代南宫说设立的周公测影台。数千年来，阳城一直被公认为"天地之中"，有众多天文学家在这里进行天文观测。倘若说周公测影台为唐人对地中测影行为象征性的纪念，那么郭守敬所建的登封观星台则是中国传统"地中"观念的实物见证[1]。《授时历》成为中国古代使用时间最长且最精密的历法，是与在包括登封观星台等在内的27个观测点的长期精细观测，从而取得精密的观测数据分不开的。如今，登封观星台和嵩阳书院、东汉三阙等以"天地之中"历史建筑群共同入选世界文化遗产，成为闻名中外的文化景观；它与众多天文地学的遗址实物一起，见证了大嵩山地区科技文明的辉煌。

嵩山作为中国古代天文学的摇篮，天文台的建立可追溯到夏代。相传夏代天文观测的场所名叫"清台"，到周代始称"灵台"。灵台就是用来观测天象的高台建筑，因为登高始能望远，故要筑高台。东汉洛阳灵台位于今河南偃师县，考古发掘报告称：灵台遗址位于汉魏洛阳城的南郊，"灵台范围约为四万四千平方米（220米×200米）。东西发现有夯筑的墙垣，墙垣内的中心建筑是一座方形的高台。……台的四周有上下两层平台，平台上均有建筑遗迹。……高台的中心台顶，已遭破坏，原来的高度与形制也无从考察了。但根据文献记载，应是'上平无屋'的形制"[2]。

[1] 关增建：《登封观星台的历史文化价值》，《自然辩证法通讯》2005年第6期。
[2] 中国社会科学院考古研究所洛阳工作队：《汉魏洛阳城南郊的灵台遗址》，《考古》1978年第1期。

图 8-2　登封观星台　曾玲摄影

第八章 格物致知：嵩山大发明

东汉灵台是当时国家天文观测台，是太史令的下属机构，它始建于东汉建武中元元年（56），毁于西晋末年的战乱，连续使用三朝250年之久，在天象观测方面做出了巨大的贡献。著名的科学家张衡在东汉元初三年（116）至永宁元年（120）和永建元年（126）至阳嘉二年（133），先后两次出任太史令，直接领导灵台的工作，并进行天文观测以观象授时、制定历法、宣告分至日和星占等。他的浑天仪、浑象和候风地动仪都是在此期间设计制造的，并撰写了《灵宪》和《浑天仪图注》等不朽的天文著作，留传至今，成为研究古代天文史的珍贵史料。洛阳的东汉灵台遗址作为我国最早的一座天文观测台遗迹，是现存科技文化遗产中的标志性建筑。

同样见证了大嵩山地区天文学成就的还有洛阳元乂墓天象图，它位于孟津县朝阳镇向阳村的一座古冢中，该墓为北魏太祖道武帝拓拔珪玄孙、江阳王元乂之墓，墓葬的年代为北魏孝昌二年（526）。元乂冢于1974年被发现，由于被盗掘过，墓内随葬器物基本无存，四周壁画也遭受破坏，弯窿墓顶的"天象图"，因高达9.5米才得以保存。"此图银河横贯南北，波纹呈淡蓝色，清晰细致。星辰300余颗，星点大小相差不多，亮星之间附有连线，绝大多数的星宿名称可以辨识。"[1]专家认为该星象图反映的不仅是一个象征性的星空，也是当时的实际星空[2]。此图是我国目前考古发现中时代最早、幅度最大、星座最多、标位最准的一幅，比著名的南宋时期的《苏州石刻天文图》早约700年，比北宋时期《新仪象法要》中的星图早约500年，比唐代的《敦煌星图》早约400年。这份珍贵的实物资料对研究我国古代天文学的发展具有重要意义。

从《夏小正》是产生在嵩洛地区的最早历法到周公定"天地之中"于登封阳城，从登封观星台的建造到《授时历》的编纂颁行，从大禹治水在嵩洛地区的遗迹遍布到《禹贡》一书的流行入经，从玄奘的《大唐西域记》到一行的子午线大地测量，大嵩山地区是中国古代天文学和地理学的摇篮，代表天文学、地理学最高成就的成果不断在此涌现，长期成为中国古代天文学、地理学发展的核心，

---

[1] 洛阳博物馆：《河南洛阳北魏元乂墓调查》，《文物》1974年第12期。
[2] 王车、陈徐：《洛阳北魏元乂墓的星象图》，《文物》1974年第12期。

从中不难看出古代天文与地理密不可分的发展关系。而大嵩山地区"天地之中"的独特地位应是其中蕴含着的深刻原因。

第二节　大嵩山与农学和植物学

大嵩山地区处在中纬度向高纬度的过渡地带，也是北亚热带向暖温带的过渡带，一年四季分明，气候温暖湿润，年降水量在700—800毫米之间，为生物的多样性提供了适宜的环境，也为农业的起源和发展创造了有利的条件。

一、嵩山与中国农业的起源

从现在农业多存在于平坦开阔的低平之地来看，似乎最早的农业也应发生在易于开垦的大河流域中下游的广阔平原，但实际情况却并非如此。李根蟠等曾经推测，"原始刀耕农业和初期锄耕农业一般是发生在山地上的，随着锄耕农业的发展，耕地才逐步由山地向低平地区推移"。他们还从新郑裴李岗遗址高出双洎河床25米，新密莪沟北岗遗址高出双洎河支流绥、洧两河床约70米，推测"河南的嵩山地区、山东的泰山地区和陕南的华山地区，很可能都是早期原始农业的发祥地"[1]。而2009年河南新密李家沟遗址的发现，也证明大嵩山地区是中国农业起源的核心区域之一。

李家沟遗址位于河南省新密市岳村镇李家沟村西，距今约10500年至8600年。遗址地处嵩山东麓向华北平原过渡的低山丘陵区，坐落在以马兰黄土为基质的二级阶地堆积上部，海拔高度为205米，附近地势由北部向南部倾斜，溱水上游椿板河段自北向南流经遗址西侧[2]。李家沟遗址发现的小型鹿类等动物骨骸，反映了该地区温暖湿润的森林草原环境特征，丰厚的黄土层也有利于土

[1] 李根蟠、卢勋：《我国原始农业起源于山地考》，《农业考古》1981年第1期。
[2] 李家沟遗址的相关考古资料参见北京大学考古文博学院、郑州市文物考古研究院：《河南新密市李家沟遗址发掘简报》，《考古》2011年第4期；郑州市文物考古研究院、北京大学考古文博学院：《新密市李家沟遗址发掘的主要收获》，《中原文物》2011年第1期。

地的开垦和植物的生长，这对农作物的培育和开展农业生产非常有利。另外，新石器时代早期遗存发现的石器有石锛、砍砸器、刮削器、尖状器、石磨盘等。从工具的组合来看，它们是适用于原始农业生产活动的。石锛、砍砸器等工具可用于砍倒灌木杂草，放火烧荒；尖状器可用来锥洞点种；刮削器可用来刮削随处可得的木棒；石磨盘则为加工谷物及其他植物籽粒所用。从以上"工具套"的组合可见，李家沟新石器时代早期先民已经基本具备了从事原始农业生产的条件。我们推测，在距今10000年前后的李家沟新石器时代初期，原始农业已经产生。遗址中发现的动物骨骼除有较多的中型和小型鹿类外，还有牛、马、羊、猪及鸟类等动物骨骼遗存。牛、马、羊、猪有可能都已被作为家畜来饲养，猪的发现则更为重要，因为猪是吃杂粮的动物，猪的发现在一定程度上反映了农业的发展。而大量制作粗糙的陶器碎片的发现，则反映了那时的人类已经有了相对稳定的定居生活。因此，"我们有理由相信，位于黄河与淮河之间的嵩山地区，是中原农业起源的中心区域，也是中国农业起源的核心地带，在距今10000年左右，该区域很有可能已经培育了粟、黍等农作物"[①]。

二、粟稻交汇区与新石器时代先进的农耕技术

肥沃的黄土、温暖湿润的气候、野生禾本科植物的存在、悠久的文化活动，为中原地区农业的起源提供了优越的条件，同时也造就了该地区成为粟作农业和稻作农业的起源地之一。粟和稻是新石器时代人类种植的主要农作物，在相当长的时期里，"南稻北粟"成为我国传统的农业布局。一般来说，稻作因水利条件所限主要推行在南方；粟作属旱作，主要推行在北方。但"根据考古与文献资料显示，历史上稻、粟作物的种植并非'泾渭分明'，而是有一个双方重叠的混作区。这个区域自新石器时代早期开始出现，晚期基本形成。大致位于北纬32°—37°，东经107°—120°之间，东至黄

---

① 王星光：《李家沟遗址与中原农业的起源》，《中国农史》2013年第6期。

河在渤海湾的入海口，南以淮河为线，西抵伏牛山与秦岭汇合处，北达豫北地区。涵盖今陕西、河南、江苏、安徽和山东等省"①。而以嵩山为中心的中原农业区正属此粟稻交汇的核心地带。

实际上，大嵩山地区从裴李岗文化起，农作物种植就走向了多样化的道路。在裴李岗遗址出土的长条形双刃石铲、带锯齿石镰、硕大的石磨盘成了裴李岗文化的标志性石器，它们代表了新石器时代早期最为先进的农业工具，并以此推动了社会生产力的发展，使嵩山地区较早成为农业经济最为发达的区域，带动了周边农业生产的发展。裴李岗文化的裴李岗类型和贾湖类型在嵩山南麓交汇，这里也是粟作农业与稻作农业混作的中心地区。裴李岗类型和贾湖类型的区别在于，前者以粟作农业为主，后者以稻作农业为主。新郑沙窝李遗址属于裴李岗类型，其第二层就发现有分布面积0.8—1.5平方米的炭化粟粒②。在舞阳贾湖遗址中，发现有炭化稻和稻壳印痕，并且呈现出栽培特征，明显有别于野生稻，证明新石器时代早期稻已在该地区种植③。在郑州大河村仰韶文化遗址中除发现粟粒遗存外，还发现稻叶、稻秆、稻粒的印痕。在洛阳高崖遗址也发现有稻粒印痕。在颍河中上游的登封石羊关仰韶遗址发现的谷物遗存有粟、黍、稻等，在登封游方头龙山遗址发现的谷物遗存也是粟、黍、稻俱全。在禹州吴湾龙山遗址发现的谷物遗存有粟、黍、稻等，而在禹州袁桥仰韶遗址发现有大量的大豆颗粒。登封石道二里头遗址中发现的谷物仍为粟、黍、稻，且稻的数量较前有明显增多④。此外，在新密新砦龙山遗址也出土有炭化稻粒。尤其是在嵩山南麓的汝州李楼村龙山遗址发现的炭化稻米100多粒，经鉴定，其中既有籼稻，也有粳稻，还有个别的小粒型稻⑤。随着人类利用自然能力的不断提高，粟、稻这两种作物伴随着农业技术的发展而成为人们主要的食物来源。它们沿各自的轨迹传播扩展，到了新石器时代中晚期，这两条轨迹在黄淮地区重合，形成了独特的粟稻混作农业。而大嵩山地区正是粟稻混作的核心区域。

"南北交流，最重要的就是粟与稻的交流，代表北方粟文化与

① 王星光、徐栩：《新石器时代粟稻混作区初探》，《中国农史》2003年第3期。
② 王吉怀：《新郑沙窝李遗址发现碳化粟粒》，《农业考古》1984年第2期。
③ 张居中等：《舞阳史前稻作遗存与黄淮地区史前农业》，《农业考古》1994年第1期。
④ 北京大学考古文博学院、河南省文物考古研究院：《登封王城岗考古发现与研究》，大象出版社，2007年。
⑤ 王星光：《气候变化与黄河中下游地区的早期稻作农业》，《中国农史》2011年第3期。

南方稻文化的交流。"① 粟稻的交汇促进了南北的文化融合，也带来了耕作技术的提高。大嵩山地区粗耕农业的迅速发展，有力地推动了生产力和社会经济的发展。粟稻交汇混作区的出现，应是中国原始农业兴起阶段的一大特征。正是粟稻混作区形成独特发达的农业文明，引起了连锁反应，有力推动了该地区生产力快速的发展，因此作为人类文明重要标志的铜器的出现、城市的兴建、文字的发明均最早出现在这一区域。也正是粟稻混作区所创造的高度文明奠定的基础，取代氏族组织的国家政权——夏王朝才最先在这里诞生[②]。因此，大嵩山地区的众多大发明也离不开粟稻混作区所带来的高度发达的农业基础，粟稻混作区的形成对大嵩山地区乃至整个中原地区早期文明的形成和发展产生了深刻影响，对社会经济有着巨大的推动作用。

三、《吕氏春秋》与农学发端

《吕氏春秋》是战国时期阳翟（今河南禹州）商人吕不韦（？—前235）召集门客学士集体编写的一部百科全书式的巨著。作为秦国丞相，吕不韦深知发展农业对富国强兵的重要，在《吕氏春秋》中，吸纳战国时期农家的思想成就，集中体现在《上农》《任地》《辩土》《审时》四篇，它们也是我国现存最早的农学著作，包含的农业管理思想极为丰富，是先秦时代农业政策和技术知识的总结。

《上农》篇从农本思想出发，首先论述了农业生产的重要性，着重讨论农业政策。"上农"是崇尚农业，重农之意。该篇开宗明义地写道："古先圣王之所以导其民者，先务于农；民农非徒为地利也，贵其志也。"[③] 指出古先圣王重视农业是为了农民强固其志，而只有人民安土守法了，才会变得朴实易用，便于统治管理。一语道破了重农的要旨，即稳定治国的需要。《任地》篇主要讲农业生产技术的耕作之道，提出了耕作的大原则，即所谓的"耕之大方"，正确处理了土地耕作中"力与柔""息与劳""肥与棘""急与缓""湿

---

① 游修龄：《中国稻作起源》，《中国农史》1990年第2期。
② 王星光、徐栩：《新石器时代粟稻混作区初探》，《中国农史》2003年第3期。
③ 夏纬瑛：《吕氏春秋上农等四篇校释》，农业出版社，1956年。

与燥"的五大要素之间的关系。《辩土》篇是从土壤耕作技术方面论证耕作原则，先讲耕作顺序，而后对消灭"三窃"（即地窃、苗窃与草窃）提出解决办法，是精耕细作农业的体现。《审时》篇旨在论证农时的重要性，强调农业生产中，无论播种、耕耨、收获等都要掌握气候条件，因时制宜。提出了著名的三才观："夫稼，为之者人也，生之者地也，养之者天也。"通过对粟、黍、稻、麻、菽、麦六种主要农作物及时播种和失时耕作所造成的产量和质量对比，指出"得时之稼兴，失时之稼约"。《吕氏春秋》中的《上农》等四篇虽不是独立的专门农书，但却相互联系，构成了战国时期的农学体系。其中不仅蕴含了先秦时期的重农思想，更体现了中国传统农学天、地、人关系的"三才"理论和农业灾害防御思想[1]，是中国古代农业科学思想的发端。

四、《南方草木状》《救荒本草》与植物学的创始及发展

在古代，人们在生产生活过程中，对于经常接触到的一些动植物会逐渐地了解与认识，慢慢地便积累了一些生物学知识。例如在仰韶文化半坡类型和庙底沟类型，一些常见的动植物就被绘制于陶器的器表，体现了中原地区原始生物学知识的萌芽。反映夏代社会状况的《夏小正》不仅是一本天文学著作，其中也有不少生物学知识。而自秦汉以后，大嵩山地区的生物学得到了飞速发展，嵇含的《南方草木状》和朱橚的《救荒本草》便是植物学著作的典范，在国内外享有极高的声誉。

嵇含（？—306），字君道，号亳丘子，西晋河南巩县亳丘（今巩义鲁庄）人，曾在广州等地为官。今巩义鲁庄仍存有嵇含墓。其代表作《南方草木状》使其成为世界上最早见于文献记载的植物学家。《南方草木状》主要记载生长在我国广东、广西等地以及越南的热带植物，分草、木、果、竹四类，书中详细记载植物的形态、生态、用途、产地和有关的历史掌故。全书分三卷，上卷记草类29种，

[1] 李根蟠：《农业实践与"三才"理论的形成》，《农业考古》1997年第1期；王星光：《〈吕氏春秋〉与农业灾害探析》，《中国农史》2008年第4期。

中卷记木类 28 种，下卷记果类 17 种、竹类 6 种，对植物的描述见解精到，富有创新。如首次提出"柑，乃橘之属"，所记在水浮苇筏上种蕹菜（空心菜）是世界上水面栽培（无土栽培）的最早记载，利用大猄蚁防治柑橘害虫是世界上生物防治的最早先例，等等。书中除对植物分布的记载外，还提到了岭南地区的农业技术和相关民俗。

《南方草木状》是我国现存最早的地方植物志，也是世界上最早的区域植物志，蕴含了丰富的植物学知识，标志着我国传统植物学的创始，书中不少内容被后世本草学著作所征引，在世界植物学史上也具有重要的历史地位。

《救荒本草》是明代第一部以救荒为主旨的植物学著作。其作者朱橚（1361—1425），是明太祖朱元璋第五子，明成祖朱棣的胞弟，也是明初杰出的植物学家和方剂学家。洪武十四年（1381），朱橚就藩于开封周王府。其病逝后归葬于嵩山南麓的禹州无梁镇，其墓称定王陵。朱橚生活的明朝初年，人民刚从元末民族压迫和战争磨难中被解救出来，尚未得到休养生息，加之灾害频仍，人民生活困苦，温饱维艰。朱橚编撰《救荒本草》，就是总结劳动人民在长期食用野生植物的经验性知识，为他们摆脱饥饿找到一些经济实用的植物，这充分表现了朱橚的人道主义情怀。《救荒本草》在永乐四年（1406）刊刻于开封。全书分上、下两卷，记载植物 414 种，分为五部：草部 245 种、木部 80 种、米谷部 20 种、果部 23 种、菜部 46 种。其中出自历代本草的有 138 种，新增 276 种，每种都配有精美的木刻插图，以便观察鉴别。书中详细介绍了植物的名称、别名、产地、分布、特征、性味、可食部分以及烹调食法等。所载植物的产地和分布，以开封为主轴，北至太行山麓的辉县，南至桐柏山、南阳，西达伊洛二水、伏牛山、崤山、嵩山，远及陕西的华山、太白山。而尤以记载嵩山地区的植物为多。

《救荒本草》的价值表现在：其一，该书虽仍称为"本草"，但其选材具有资源调查性质，仅以食用植物为限，这与传统本草有所区别，已开始从传统本草学中分化出来，可谓我国本草学从药物学向应用植物学发展的一个标志。其二，朱橚的描述来自直接的观察，用简洁通俗的语言将植物形态等加以表述，能抓住植物的主要特征如花基数、叶脉、花序等。描述一种植物，即附一幅插图，以图文并茂、通俗易懂为特色，即可以普及植物学知识，更便于民众寻找食用。第三，书中记载了一些新颖的消除某些食用植物毒性的方法。依据本草书中豆可以解毒的说法，提出用豆叶与有毒植物商陆同蒸以消解毒性的制备法。在讲述白屈菜的食用时，提出用细土与煮熟的植物体同浸，然后再淘洗以除去其中有毒物质。这被认为是近代植物化学领域中应用吸附分离法的开端。

《救荒本草》在国内外产生了深远的影响。明代徐光启在《农政全书》中将《救荒本草》全文收载。清代河南唯一的状元吴其濬在撰写《植物名实图考》时，也直接引用了《救荒本草》中的大量图文，并借鉴了朱橚的收集调查方法。美国科学史家G.萨顿在所著《科学史导论》中推崇《救荒本草》可能为中世纪最卓越的本草学著作。可见此书在世界植物学史上的重要地位。

大嵩山地区"天地之中"的地理环境使这里成为中国农业起源的中心地区之一，新石器时代早期的李家沟遗址的发现、裴李岗文化遗址的广泛分布，提供了充足的实证。而南北生态过渡带的区位特点，也使这里最早形成了"粟稻混作区"。中国古代最早的农学著作《吕氏春秋》"上农四篇"、中国古代最早的生物学著作《南方草木状》、中国古代最早的救荒类植物著作《救荒本草》均出现在这一地区绝非偶然。正是由于大嵩山地区乃至整个中原地区农业经济的大力发展，才为中原地区长期成为中国古代政治、经济、文化中心的地位提供了雄厚的物质基础。直至今天，河南仍是中国的农业大省，粮食总产量占全国的1/10以上，小麦产量占全国总产量的1/4，这是与河南悠久发达的农耕传统分不开的。

第八章　格物致知：嵩山大发明

第三节　大嵩山与冶铸技术

青铜器的发明标志着金属时代的到来，而铁器的冶炼和广泛使用则产生了划时代的进步，极大地提高了社会生产力。大嵩山地区蕴藏有大量的煤以及铁、铜等有色金属矿产资源，加之优越的地理环境和深厚的文化底蕴，不仅形成了光彩夺目的青铜文化，更值得自豪的是，在冶铁方面也取得了一系列远远领先于世界的技术成就。

一、青铜器及其冶铸技术

大嵩山地区是中国青铜文化的发祥地。夏代处于中国青铜时代的初期，出土的青铜器主要集中在偃师二里头遗址及其附近，即嵩山周围的郑州、洛阳等地。据统计，各类型遗址发掘出土和国内外收藏的夏代青铜器约190件，其中偃师二里头遗址就占有约18个品类104件，按功用可分为工具、兵器、容器、饰品和乐器五大类。从已经出土的铸铜实物和铸铜遗址来看，这一时期以原始浑铸法为主的铸铜技术已基本成熟。二里头遗址所发现的爵代表了夏代铸铜技术的最高水平，作为容器的爵，已采用合范法铸造。熔炉已能较多次使用，泥范选料精细、适用，多块外范与范芯组合的造型艺术出现，初步掌握了铜锡铅合金技术。而青铜器镶嵌绿松石则代表了青铜工艺的又一技术成就[1]。虽然从制作工艺来看夏代青铜冶铸技术还略显粗糙，花纹装饰也较为简单，并带有一定的原始性，可其开创之功却为后来的商周青铜器的繁荣奠定了基础。青铜器在大嵩山地区出现是有一定的物质基础和社会背景的，作为夏代文明主要的标志和礼仪中心，青铜文化随着夏王朝政治实力的强盛和礼乐制度的日趋成熟而迅速发展，并强烈影响着其他地区。

---

[1] 秦文生、张锴生：《中原文化大典·文物典·青铜器》（上册），中州古籍出版社，2008年。

商周时期进入青铜时代的鼎盛期。当时的人们已经认识到合金成分与性能及用途之间的关系，并能控制铜、锡、铅的配比，从而得到不同用途、不同性能的青铜合金。郑州商城、偃师商城等遗址出土的青铜器，表明商代前期青铜冶铸技术开始走向繁荣。青铜器种类更加完备，数量显著增加。郑州二里岗杜岭二号方鼎的铜含量为75.09%，锡3.48%，铅17.00%[1]；郑州南顺城街商代窖藏鼎（H1:4）和鼎（H1:3）的铜含量分别为64.3%、70.9%，锡8.14%、17.8%，铅25.6%、10.1%[2]。此三鼎为铜、锡、铅合金，从其锡、铅含量来看，此时期铜锡的配比虽尚不稳定，但已是人工有意识的配制。这是青铜冶铸技术的一大进步。商代开始流行的分铸法，是一种可以满足铸造形体复杂铜器的新技术。另外，使用陶范是商代青铜器的主要成型方法，郑州南关外、偃师商城等商代铸铜遗址都曾出土大批陶范，其制范工艺流程主要有制模、外范的制造、内范的制造、型腔的控制等。型范制作后，须再经熔铜、浇注、修整等工艺。

商代晚期是青铜文化的鼎盛阶段，不仅数量、种类激增，铸造工艺也臻于成熟，形成华美、繁缛、神秘的艺术风格，商周时代特有的铜器铭文也在这一时期开始出现。

两周时期是中国青铜文化的风格转换期，由殷人礼器重酒器，转为礼器重食、重乐的周代礼制，建立了具有独立风貌的青铜礼器新体制[3]。西周早期继承了商代青铜器的传统，作为礼器的酒器依然盛行不衰，在青铜器组合中仍占着重要地位。这一时期青铜器的纹饰及装饰手法还沿袭商代后期，较为繁缛；鼎的外形基本保持了口沿立耳、浅腹、柱足的商代式样；常见兵器基本保持商代传统；铸造依然使用合范法，器壁及外观普遍较为厚重。从铸造技术来看，西周时期的铜器充分继承了商代的技术成果，同时也发展出了新的技术，仍然代表了中国青铜器鼎盛阶段的发展水平。尤其重要的是，在洛阳北窑村发现一处面积近20万平方米的西周早期铸铜作坊，这是迄今发现的全国规模最大、遗物最丰富的西周铸铜作坊。该遗址出土了熔铜炉、烧范窑、生产工具等大量遗物，最大一块炉壁弧

[1] 北京钢铁学院《中国古代冶金》编写组：《中国古代冶金》，文物出版社，1978年。
[2] 孙淑云：《郑州南顺城街商代窖藏青铜器金相分析及成分分析测试报告》，载河南省文物考古研究所、郑州市文物考古研究所编著《郑州商代铜器窖藏》，科学出版社，1999年。
[3] 秦文生、张锴生：《中原文化大典·文物典·青铜器》（上册），中州古籍出版社，2008年。

第八章 格物致知：嵩山大发明

长150厘米，高28厘米，厚8厘米。在炉壁的下缘有3处鼓风口，推知当时的熔炉直径约1米，为竖式鼓风炉，具备了现代鼓风炉的雏形，表明在西周时我国的青铜冶炼技术达到了新的发展水平[1]。

东周时期是大嵩山地区青铜文化的蓬勃发展时期，可以洛阳东周王城、新郑郑韩故城为代表。东周时期的青铜礼器分铸技术发展到了顶峰，其中新郑出土的青铜莲鹤方壶，纹饰细腻新颖，结构复杂、铸造精美，堪称春秋时期青铜工艺的典范。在通高为116厘米、重65千克的器身上下，装饰了各种纹样以及附加的配件，设计极其复杂：最上面的壶盖由10组双层并列的青铜莲花瓣构成，每一片莲瓣还是镂空的形式；壶身上的纹饰制作为浅浮雕工艺，并且还装饰了阴线镂刻的龙、凤、虎等纹饰。在莲鹤方壶的整个装饰工艺中采用了圆雕、浅浮雕、细刻、焊接等多种技法。莲鹤方壶精湛的工艺，反映了春秋大变革时期的时代风貌，同时也展现了春秋时期郑国青铜铸造水平独领风骚的高超技艺。此器所采用的失蜡法新工艺[2]，更是我国古代冶铸史上的一项伟大发明。此外，新郑郑韩故城先后发现27座青铜礼乐器坑，其中出土的9组206件编钟运用了合金比例、攠隧调音等极为复杂的工艺，体现出高超的编钟冶铸技术和调音水平[3]。

二、冶铁技术的辉煌成就

目前，我国发现的年代最早的人工冶铁制品出土于嵩洛地区西邻的三门峡虢国墓地，这表明中原地区在西周晚期已经有了块炼铁技术和块炼渗碳钢技术。到了春秋时期冶铁技术开始初步发展，在商周时期的青铜冶铸技术基础上，在块炼铁出现的同时或稍晚，即出现了液态铸铁（生铁）；到战国早期，液态铸铁冶铸技术得以普遍推广，出现了脱碳铸铁和铸铁脱碳钢，这就从工艺上降低了生铁工具的脆性，提高了其韧性，从而大大促进了铁农具的普及。由于大嵩山地区长期处于全国政治、经济、文化的中心地位，综合矿源、

---

[1] 洛阳博物馆：《洛阳北窑村西周遗址1974年度发掘简报》，《文物》1981年第7期；洛阳市文物工作队：《1975—1979年洛阳北窑西周铸铜遗址的发掘》，《考古》1983年第5期。
[2] 失蜡法，也称"熔模法"，是一种青铜等金属器物的精密铸造方法。做法是，用蜂蜡做成铸件的模型，再用别的耐火材料填充泥芯和敷成外范。加热烘烤后，蜡模全部熔化流失，使整个铸件模型变成空壳。再往内浇灌熔化的金属熔液，便铸成器物。以失蜡法铸造的器物可以玲珑剔透，有镂空的效果。
[3] 王子初：《新郑东周祭祀遗址1、4号坑编钟的音乐学研究》，《文物》2005年第10期。

冶炼技术等因素判断，当为我国古代冶铁技术起源地之一[①]。

登封告成阳城冶铁遗址是大嵩山地区战国时期最具代表性的冶铁遗址之一。20世纪70年代，在告成镇东北发现了一座春秋和战国时期的夯土城垣遗址，据推断"这座新发现的规模较大的夯土城垣就是春秋、战国时期的阳城遗址"[②]。铸铁遗址位于南城墙外约150米，即今告成镇旧寨东门外一带，南靠颍河，北依嵩山，遗址范围大概在23000平方米左右。该铸铁作坊始于战国早期，盛于战国晚期，延续到汉代及其以后，属于战国时期韩国的一处重要铸造铁器的手工业作坊[③]。该作坊遗址出土了大量的农业生产工具，包括铁锄、铁𰀕等，所以很可能是一处以铸造农具为主的铸铁作坊。熔炉借鉴和继承了熔铜炉的全部技术，为适应较高的熔铁温度进行了改良，出现了新型复合材料熔炉。鼓风方式是顶吹式鼓风，鼓风管垂直深入炉体下部的部分为草泥质，炉体外部分横向的鼓风管段则为外裹草泥的陶管。陶范是用经过淘洗的细泥掺细砂配的粗料制作而成，其中还出土了立式叠铸范，可一次浇铸出多件带钩，极大地提高了质量和效率。分析结果表明，阳城铸铁已经采用脱碳钢技术，其中的铁板为铸铁脱碳钢，是作为锻打原料用的。板材与条材通过脱碳后，可以锻打成各种铁器，也为后来的钢件锻造、贴钢、夹钢等钢制品的产生奠定了物质与技术基础。退火脱碳可以降低生铁的脆性，同时提高其韧性，显著扩大了生铁铸件的应用范围，此技术领先欧洲千余年。阳城铸铁作坊遗址的退火脱碳炉为圆形，直径在2米左右；风道口位于炉底中部，并向下呈坡道与抽风井相连接；抽风井均较深；风道与抽风井壁用小砖或范块筑砌，具体形制与新郑郑韩故城内仓城发现的战国时期的脱碳炉相同。钢的出现，是退火脱碳技术的一次飞跃。锋利而耐用的农具和工具的制造与使用，促进了战国时期大嵩山地区农业和手工业的迅速发展，为大一统国家的强盛做出了不可磨灭的巨大贡献。

两汉时期，大嵩山地区依然是重要的铁器冶铸中心，河南郡（今洛阳东）、颍川阳城（今登封东）等地均设有铁官进行管理。嵩山

[①] 王星光：《中原文化大典·科学技术典·矿冶、建筑、交通》，中州古籍出版社，2008年。
[②] 中国历史博物馆考古调查组、河南省博物馆登封工作站、河南省登封县文物保管所：《河南登封阳城遗址的调查与铸铁遗址的试掘》，《文物》1977年第12期。
[③] 河南省文物研究所、中国历史博物馆考古部：《登封王城岗与阳城》，文物出版社，1992年。

第八章 格物致知：嵩山大发明

周边的郑州、巩义、临汝、登封等地均发现有汉代的冶铁遗址，其中以郑州古荥、巩义铁生沟两处冶铁遗址的内涵最为丰富，技术最为先进。

郑州古荥冶铁遗址位于郑州市西北郊古荥镇，是一处兼具冶铁和铸造的汉代大型官营冶铁作坊遗址。最重要的发现是清理出两座冶铁竖炉炉基，炉缸呈椭圆形，不仅扩大了炉缸的容积，更能缩短风管和高炉中心区的距离，反映了当时的冶铁工匠对鼓风与炉径的相互关系的认识。其中一号炼铁炉长轴为4米、短轴为2.7米，实测面积约8.5平方米。经复原，该炉有效高度约6米，容积50立方米，日产生铁1吨左右[1]。以炉基为中心还清理出大积铁块、矿石堆、炉渣堆积区以及与冶炼有关的水井、水池、船形坑、四角柱坑、烘范窑等，表明这里已经形成一套完整的冶铸系统。另外出土了一批耐火砖和铸造铁范用的陶模，陶范大多可以搭配成套，从陶范和铁器上的"河一"铭文可知，该遗址是汉代河南郡铁官管辖的第一冶铁作坊[2]。古荥冶铁遗址中广泛应用耐火草拌泥、耐火土和耐火砖等，说明耐火材料的应用在汉代已经成熟。出土铁器经过部分金相检测，有灰口铁、白口铁、麻口铁、铸铁脱碳钢、球墨铸铁等。其中的球墨铸铁最能体现我国汉代金属冶铸技术的高超水平。现代球墨铸铁是英国人莫洛和其法国同伴于1947年发明的，其较中国的球墨铸铁晚了近2000年。古荥汉代冶铁遗址是目前世界上发现的时间最早、规模最大、技术最先进、保存最完整的冶铁遗址，从采矿、冶炼到铸造、加工等，都形成了一整套较为完备的工艺技术，标志着我国古代钢铁冶炼技术的成熟[3]，在我国和世界冶金史上均占有极为重要的地位。

同样可以代表大嵩山地区汉代冶铁技术辉煌成就的还有巩义铁生沟冶铁遗址。该遗址位于巩义铁生沟村南台地上，在发现的铁器铭文上铸有"河三"二字，应为汉代河南郡铁官的三号作坊。这里地处嵩山北麓，附近有较为丰富的褐铁矿与赤铁矿，早在战国时期就已被开采。遗址西部为冶铁区，东部为铸铁区，北部为生活区，

---

[1] 弓春菊、多化良：《从郑州古荥汉代冶铁遗址出土文物浅谈汉代冶铁技术在世界冶金史上的地位和影响》，《中国文物报》2009年4月17日。
[2] 李京华：《中原古代冶金技术研究》，中州古籍出版社，1994年。
[3] 郑州市博物馆：《郑州古荥镇汉代冶铁遗址发掘简报》，《文物》1978年第2期。

南部为通道和出渣区，共清理出炼炉8座、锻炉1座、炒钢炉1座、退火脱碳炉1座、烘范窑11座、多种用途的窑5座、配料池1个、废铁坑8个、房基4座等，还有铁器及铁料200余件、铁范1件、鼓风管残块8件、少量泥范和熔炉壁残块、陶器230余件等出土遗物[①]。这些遗迹表明，铁生沟的冶炼工序已包括选矿、配料、入炉、熔炼、出铁等步骤，并有机地结合在一起。值得注意的是，铁生沟冶铁遗址中低温炒钢炉的发现，是继冶炼生铁和可锻铸铁之后世界冶金史上的又一绚烂成就。遗址中出土的一件铁䦆，经化验有良好的球状石墨，有明显的石墨核心和放射性结构，这意味着铁生沟的球墨铸铁技术同样较欧洲早了2000多年。特别是从出土的煤块、煤饼和煤渣看，我国西汉时期即已用煤冶铁，巩义铁生沟冶铁遗址也是目前所知中国历史上最早使用煤的遗存之一，还是到目前为止我国考古发现的汉代冶铁遗址中出土物最丰富的一处，它与郑州古荥冶铁遗址共同显示了大嵩山地区汉代冶铁技术的高超水平。

宋代是我国古代科技文化发展的巅峰，此时冶铁技术日益成熟，并不断地推陈出新，主要表现在炼铁和铸铁竖炉的改进、木风箱作为鼓风器的出现和不断改良、煤越来越多地用于冶铁生产和焦炭炼铁的发明、大型铸件的出现及铁产量剧增等方面[②]，登封中岳庙镇库铁人是宋代嵩山腹地大型铁制品的代表。

中岳庙位于河南登封城东4公里处，在神库四周的边角上分别矗立着四尊铁人，通称"宋代镇库铁人"，为北宋治平元年（1064）铸造。其东南角和东北角的铁人身高约2.65米，西南角和西北角的铁人身高约2.52米，手臂、前胸、臀部有"忠武军匠人董檐□时因，李成，秦士安"及"宋治平元年三月二十八日"等字样[③]。铁人武士装束，威武雄壮，或俯视，或抬头，或怒目，或凝视，神情各不相同，栩栩如生。其铸造工艺采用多范合铸法，全身大约由60到70块泥范组合而成，有明显铸范连接痕迹，程序虽复杂，却不影响组合后的整体形象，说明其技艺的精致和高超。中岳庙镇库铁人历经900多年风吹雨打，至今依然保存完好，是我国现存铸铁

① 赵国璧：《河南巩县铁生沟汉代冶铁遗址的发掘》，《考古》1960年第5期；河南省文化局文物工作队：《巩县铁生沟》，文物出版社，1962年；赵青云、李京华、韩汝玢、丘亮辉、柯俊：《巩县铁生沟汉代冶铸遗址再探讨》，《考古学报》1985年第2期。
② 王星光：《中原文化大典·科学技术典·矿冶、建筑、交通》，中州古籍出版社，2008年。
③ 国家文物局：《中国文物地图集·河南分册》，中国地图出版社，1991年。

第八章　格物致知：嵩山大发明

图 8-3　宋代镇库铁人

图 8-4　宋代镇库铁人

艺术品中形体最大、保存最好、造型最佳的珍品，更被奉为中岳嵩山的"镇山之宝"。

嵩洛地区在古代具有高度发达的金属冶铸技术，取得了一系列令世人瞩目的发明成就，留下了珍贵的实物遗存。无论是夏商周时期灿烂的青铜文化，还是战国至两汉时期辉煌的冶铁技术，都代表了当时中国乃至世界最为先进的冶金技术水平，对中国古代的农业、手工业、水利、交通、建筑、军事等各方面都曾产生巨大影响，展示出科技生产力的强大功能，推动了华夏文明的历史进程。

第四节　大嵩山与陶瓷文化

大嵩山地区成陆年代久远，加之历代河流泛滥，沉积了大量的次生黏土，为当地陶瓷业的发展提供了得天独厚的材料优势。另外嵩山周围森林、煤矿资源丰富，为陶瓷的烧制提供了必不可少的燃料。加之嵩山作为"天地之中"的圣山，自古以来就是祭祀、游览的重要场所，政治、宗教、科技、教育等活动的繁荣和促动，一定程度上也助推了陶瓷业的发展，使之形成了包括登封窑、钧窑、汝窑、黄冶窑、巩义窑、窑沟窑等光辉璀璨的嵩山瓷窑群。

一、制陶工艺的演变

陶器是用黏土烧制而成的器具，标志着新石器时代的开端。大嵩山地区新石器时代的陶器制作工艺先进，可以裴李岗文化、仰韶文化、龙山文化时期的陶器为代表。

裴李岗文化陶器以手制为主，即将加工好的陶泥制成泥片或泥条，再用泥片或泥条盘筑成形。主要分泥质陶和夹砂陶两种，以红陶为主，间有一些灰陶。陶质粗松，陶壁薄厚不均，器表以素面无文者居多，典型器物有鼎、罐、盘、豆、三足壶、三足钵、双耳壶等。该期陶器已采用淘洗工艺和慢轮修整技术。慢轮是一种以脚踏作为动力的圆盘，泥料在转动的圆盘上用圈筑法制成陶器毛坯，多经慢轮修整，器壁厚薄均匀，器形明显规整。

仰韶文化陶器最大的特色当属彩陶，以黑彩为主，兼用红褐色。其线条流畅，图案绚丽，既是实用的生活用具，又是精美的工艺品，故仰韶文化又称"彩陶文化"。最能代表仰韶文化造型艺术的是郑州大河村遗址出土的彩陶双联壶，此器泥质红陶，红衣黑彩，器表满布平行线条。其独特之处在于两壶并列为一体，腹部相连处有一圆孔相通，两侧各附一耳，鼓腹平底。此器造型别致新颖，彩绘简约流畅，实为难得的彩陶精品。

大嵩山地区的河南龙山文化以登封王城岗和禹州瓦店遗址为代表，该文化陶器以灰黑色为主，出现了快轮制陶技术。快轮制陶是利用轮盘快速旋转所产生的惯性直接将泥料拉坯成型，一些小的陶器如碗、器盖、杯等，可以一次成型，大型陶器如高柄豆、圈足盘、高领瓮等，可以分段制作然后接合而成。快轮制陶技术的出现为拉坯成型和整体修整创造了必要的条件，使制作的质量和效率都大为提高，其中轮轴机械和惯性原理的运用正是我国古代的科技先驱辛勤耕耘、勇于探究的智慧结晶。另外龙山文化时期的袋足陶器的制作还使用了模制法，即先制成袋足模，然后制成袋足，最后将袋足与轮制的上半身粘接成袋足器。陶窑多为竖穴式，这种结构有利于窑内温度的提高和均匀，比裴李岗文化和仰韶文化时期的横穴窑更为先进。

进入夏、商、周，大嵩山地区的陶器制作工艺又有进一步的发展，其中最具代表性的是发明了白陶。白陶最早见于偃师二里头遗址的夏代遗存，其原料淘洗精细，烧成温度高，器表洁白细腻，数量极少，器类仅限于礼器。白陶质地介于陶器和瓷器之间，代表了二者之间的过渡形态，为制瓷业的发展奠定了基础。

大嵩山地区的原始青瓷分别发现于偃师二里头、郑州商城遗址、

第八章　格物致知：嵩山大发明

图 8-5　彩陶双联壶

小双桥遗址等。二里头文化第二期遗存中出土一件盉形器，器表涂有一层薄薄的青绿釉，这是目前考古发现的年代最早的原始瓷，把中国原始瓷器的出现时间提前到了约公元前18世纪[①]。郑州铭功路西的M2和人民公园遗址的M25各出土一件折肩深腹原始瓷尊[②]，南顺城街窖藏（H1）出土三件完整原始瓷尊[③]。商代原始青瓷是由高岭土经1200℃左右高温烧制而成，胎质坚硬细腻，颜色多为灰白或棕白色，器表施釉均匀光亮，多呈青绿色、黄绿色、豆绿色等，吸水率低，叩击可发出清脆的金石声。原始青瓷具有瓷器的基本特征，但又具有一定的原始性，如胎料不够精细，胎色白度不高，没有透光性，器表釉层薄等，"是属于瓷器发生与发展过程中的初级阶段"[④]。

二、大嵩山地区的瓷窑群

唐宋时期在大嵩山地区相继出现了工艺多样、产品丰富、风格有异的瓷窑。这些瓷窑包括登封境内的曲河窑、白坪窑、前庄窑，禹州境内的钧台窑、神垕窑、扒村窑，宝丰境内的清凉寺窑，汝州境内的张公巷窑、严和店窑、大峪店窑，巩义境内的黄冶窑，新密境内的窑沟窑、西关窑等，形成了举国乃至举世罕见的瓷窑群。登封窑位于嵩山腹地，烧造历史悠久，始烧于隋、唐，延续到明、清，北宋为全盛期。登封窑本指登封市告成镇的曲河窑址，随着近年的考古调查，又相继发现以白坪窑为中心的宋金元青瓷窑址群；以宣化前庄窑为中心的唐宋白瓷窑址群（神前窑）等，主要分布在登封市南半部的颍河及其支流两岸。登封窑的品类众多，有黄釉褐彩、黑瓷、白瓷、青瓷、花瓷等各种类型[⑤]，登封窑制作工艺精良，装饰技法齐全，特别是白釉珍珠地划花和剔、刻、划花等装饰工艺独具特色，不仅有极高的审美价值，其文化内涵也非常丰富，是北方地区民窑系最具代表性的窑口之一，堪称"中原民间第一窑"，并对钧窑、汝窑的诞生产生了一定的影响，在中国陶瓷史上具有重要

[①] 孙新民：《中原文化大典·文物典·瓷器》，中州古籍出版社，2008年。
[②] 河南省文物考古研究所：《郑州商城》，文物出版社，2001年。
[③] 河南省文物考古研究所、郑州市文物考古研究所：《郑州商代铜器窖藏》，科学出版社，1999年。
[④] 安金槐：《河南原始瓷器的发现与研究》，《中原文物》1989年第3期。
[⑤] 李景洲、刘爱叶：《中国登封窑》，文物出版社，2011年。

地位。钧窑位于河南禹州市境内。钧瓷始烧于唐代,至宋代达到鼎盛。在禹州境内发现唐代窑址 7 处、宋代窑址 40 多处,具代表性的窑址有钧台钧窑址、神垕钧窑址等。钧台钧窑址分为官窑和民窑,窑址总面积达 38 万平方米。窑炉有圆形、马蹄形和长方形。瓷器品种有天青、月白、紫色、碧蓝、米黄等,窑变可谓红紫相映、斑斓夺目。器型有各类花盆、钵、碗、尊、洗等。造型端庄规整、釉色光亮浑厚。神垕钧窑址沿白峪河分布在禹州神垕镇的刘家门、下白峪等村周围的数平方公里内,约 7 万平方米。发现唐、宋、元代的窑炉 8 座,石砌澄泥池 3 座,窑前工作场 5 座,出土瓷器原件、窑具达 10 万余片。出土唐代器物主要有黑釉、茶叶末釉及鹤黄釉,器型有碗、钵、罐等。刘家门窑址为北宋晚期至元代,部分器物仿当年的金银器造型,之后出现白釉和黑釉,并有三彩、红绿彩和绞胎等。其出土器物有碗、盘、瓶、罐、香炉、盆、枕等,其中完整或复原器物数千件。发现的北宋晚期至金代的土洞式长方形分室式窑炉,窑室中间以一道矮墙隔为前后室,应是烧窑技术的一个进步。钧瓷素有"进窑一色,出窑万彩"的美誉,以其雅致的乳浊状天青釉和绚丽多彩的窑变令人叹为观止。《中国陶瓷史》中述:"定汝各窑,皆系单纯色,或专造白瓷,或专造青器,偶尔间及他色耳。而钧窑则独为特别,专造彩色,五彩灿烂,艳丽绝伦。其色彩之多,不可指屈。"[1] 钧窑创造性地使用铜的氧化物作为着色剂,在还原条件下烧制出窑变铜红釉,并由此繁衍出茄皮紫、海棠红、丁香紫、朱砂红、玫瑰紫等多种深浅不一的窑变色彩,把釉在高温下的流动痕迹惟妙惟肖地显示出来,形成了钧釉无可比拟的独有特色。它虽属北方青瓷系统,但其独领风骚的工艺改变了以往青釉类瓷器一览无余的单色格局,极大地丰富了陶瓷装饰的内容,并为以后中国陶瓷装饰艺术的发展开辟了广阔的空间,在陶瓷史上具有划时代的意义。

此外在禹州浅井乡发现面积宏大的扒村窑址,面积达 170 余万平方米,以烧制白地黑花瓷器为主,同时生产三彩、加彩和钧瓷,

[1] 吴仁敬、辛安潮:《中国陶瓷史》,北京图书馆出版社,1998 年。

器型有碗、盆、罐、瓶、枕、壶、玩具等，应是以生产丰富多样的生活用品为主的磁窑，与钧窑形成了鲜明的对比，属于宋、金时期磁州窑系的重要组成部分。由此可见禹州融会了北方多种瓷器的特点，在中国陶瓷史上具有重要地位。

汝窑是北宋代表性瓷器，因产于汝州而得名，汝官窑窑址在今嵩山南麓的宝丰县大营镇清凉寺村，遗址面积达101.5万平方米。从已发掘的15座窑炉看，窑室周壁用耐火砖垒砌，一般由窑门、火膛、窑床、隔墙和烟囱组成，窑炉形式可分为马蹄形和椭圆形。出土器物有汝碗、盘、枕、杯、壶、碟、罐等生活用品，文房用具及磁枕、瓷玩、瓷雕等工艺品。汝窑为宋代五大名窑之首，烧造工艺非常讲究，需经拣选、粉碎、制浆、成型、素烧、施釉和烧成等7个步骤共70多道工序，制作技艺更是有"四绝"：一是配料绝，汝瓷清幽莹润是由于釉中掺加玛瑙，烧制形成的釉料结晶体，产生出高贵独特的釉色；二是变色绝，一般釉色烧成时还是原色，而汝瓷则是在烧成停火之时色彩才变化；三是裂纹绝，一般釉是直裂，而汝瓷釉是斜裂，状如蝇翅、蝉翼；四是应光绝，汝瓷在强弱不同的光线下会呈现出不同的色泽，同一件汝瓷作品在晴天和阴天色泽会呈现出明显的差异。虽然汝官窑的历史只有短短的20余年，传世珍品不过70余件，但其独特的制造技艺却在我国陶瓷史上占有显著地位，享有崇高声誉。

黄冶三彩窑位于巩义市东北站街镇黄冶河两岸，窑址总面积达23万平方米。隋唐时期，中原地区与南方突出的区别就是前者白瓷的制造技术日趋成熟，逐渐形成了"南青北白"的格局，而最能表现大唐文化雄浑气魄和盛世风采的当属唐三彩。

唐三彩全名唐代三彩釉陶器，由于大多以黄、绿、白三种颜色为主调，形成绚丽多彩的艺术效果。目前嵩洛地区的唐三彩主要出土于唐代墓葬，而巩义黄冶窑出土的数量庞大、类型繁多的三彩生活用品，如炉、盆、罐、枕、碗、盘，人骑马俑、人骑骆驼俑、马、骆驼、狮等俑及小型玩具，为唐三彩找到了生产的源头。唐三彩兼具陶器和瓷器的双重特性,其与一般的低温釉陶的差异在于,唐三彩采用二次煅烧法,即先将坯体经1100℃左右高温素烧,冷却后上釉施彩,然后再放进窑内焙烧至900℃左右即可。其釉色以多种金属氧化物为着色剂,釉料在受热过程中向四周扩散流淌,各种颜色浸润交融,故形成自然而又绚丽的色彩。唐三彩是陶瓷技术发展到一定阶段的特殊产品,其技术和原料虽不复杂,却具有很高的艺术水平,"一方面保持了秦汉以来彩塑的写实传统,另一方面又创造性地运用低温铅釉的绚丽斑斓,烘托出富有生气的浪漫色彩"[1]。唐三彩在世界上有广泛影响,日本、朝鲜、韩国、印度等地均出土过相关实物,这也是中外文化交流的见证。

巩义窑实际上是对巩义市东约5公里的白河两岸一系列瓷窑址的统称。由于黄冶窑以烧制唐三彩而闻名,这里权且将其搁置。巩义窑址位于巩义市北山口镇水地河、白河、铁匠炉村附近白河两岸台地上,南北长5公里,东西长1公里。窑址始于北朝,发展于隋,兴盛于唐。考古发掘表明,巩义窑早期生产青瓷,隋代生产白瓷,唐代主要生产白瓷和黑釉瓷。瓷器胎质坚细,洁白莹润。出土器物有隋代的碗、青瓷高足盘,唐代的白瓷碗、盘、罐、枕等。在巩义窑址中晚唐时期地层和灰坑内清理出不少白釉点画蓝彩的钴蓝彩釉瓷器标本,为青花瓷的起源、创烧提供了重要的实物依据。因此巩义窑很有可能是青花瓷的发祥地。

新密窑沟窑遗址位于新密市大隗镇窑沟村,是宋、金时代的一座重要窑址。瓷片以白釉为主,黑釉和黄釉次之,珍珠地划花与三彩次之,青釉最少。白釉瓷中以各式各样的碗居多,还有壶、碟、罐、灯、盒、豆、盂、高足杯、瓷玩具等;黄釉瓷中多为壶,还有大小不同的碗,特别是双带柄流壶为典型唐代器物;珍珠地划花瓷中有枕和碗两种,瓷枕有珍珠地花蕾、花叶纹,珍珠刻画回首鹤鹁卧鹿图案,还有刻画葵花纹、菊花等图案。瓷碗有珍珠地卷枝纹和花草纹等;黑釉瓷有双系罐、盖盒和带托盘支柱灯等;青釉瓷有厚胎暖盘器、瓷钵等。窑沟窑瓷器的胎土较为细腻,外观上略呈黄色,

[1] 杨育彬、孙新民:《河南古代陶瓷综论》,载河南文物考古研究所编《河南出土陶瓷》,香港大学美术博物馆,1997年。

其黑花往往黑中泛灰，或者发色金黄。其中金代产品纹饰灵活、细腻，柔和、雅致，秀逸精美。窑沟窑瓷器中有一件珍珠地划花鹦鹉纹瓷枕作为国宝，现藏于故宫博物院。新密窑沟窑在中国陶瓷考古史上具有重要地位。

综上所述，大嵩山地区自古以来便有发展陶瓷业的历史传统。裴李岗文化、仰韶文化、龙山文化的陶器代表了新石器时代制陶工艺的先进水平，无论是夏商时期的白陶和原始青瓷，还是汉代的釉陶和唐代的三彩，都展示了大嵩山地区古陶艺术的魅力和辉煌。宋代是中国陶瓷发展的鼎盛时期，五大官窑嵩山地区有其三，其中钧瓷位处嵩山东南麓的禹州，汝瓷位于嵩山西南麓的汝州，巩义窑特色鲜明，在嵩山西北麓独树一帜，新密窑沟窑在嵩山东北麓遥遥相望，它们与嵩山腹地的登封窑一起构成了星罗棋布的嵩山瓷窑群，成为中国历史上陶瓷制造业最为闪耀的群落。

第五节　大嵩山与建筑技术

嵩山为"天地之中"之所在，是历代帝王建都立国的圣地。从中国历史上第一个王朝夏，到封建社会鼎盛时期的北宋王朝约3000年间，先后有200多位帝王建都或迁都大嵩山及周边地区，而洛阳、郑州、开封是古代中国的"大古都"，古代都城的营造成为大嵩山地区建筑技术的重要组成部分。

由于嵩山优美的自然环境并享有五岳之尊的显赫地位，更加之"天地之中"的圣山光环，至迟在西周时就有"祀于天室"的活动。自汉代开始便有多座寺院在此修建，佛教建筑逐年增多。北魏时著名道士寇谦之在此布道修行数十年，创立了北天师道，使中岳庙具有山神崇拜和道教活动相融通的特色，庙宇建筑代有增修。到了唐、五代及北宋时期，儒家正统教育也凭借官府的扶持，在嵩山之阳建立书院。儒道佛三家宗派学说在此自由传播，呈现出"和而不同"、竞相发展的局面，各家建筑又星罗棋布、蔚为壮观，汇聚了反映中国历代礼制、宗教、科技、教育等建筑类型的精华，以登封"天地之中"历史建筑群之名于2010年8月1日成功入选世界文化遗产。而北宋郑州管城（今河南新郑）人李诫的《营造法式》则为中国古代建筑提供了规制和范式，影响极为深远。

一、都城营造

都城是社会发展进入文明社会和阶级社会、国家产生之后形成的政治中心。大嵩山地区早在新石器时代开始营建城堡，如仰韶文化中期的郑州西山古城、龙山文化时期的登封王城岗等多处古城。王城岗龙山晚期大城址是迄今河南境内发现的较大的龙山文化城址之一，为"禹都阳城"的记载提供了实证[①]。这一时期嵩山地区的城址多坐落于较为平坦的缓坡低岗上，"王城岗"是建在高岗上的王都之意，处在颍河与五渡河交汇的台地上。用夯土建筑城墙，距河流较近，说明当时建城已经开始关注周边地理环境尤其是水源；而高耸的城墙和深陷的壕沟则意味着长期稳定、繁荣统一的氏族社会的结束，宣告着群雄争战、持续发展的大变革时代的到来。城址平面由圆形环壕转变为方形或长方形，面积明显扩大。一些重要建筑遗存的发现说明有些城址已经初步具备区域政治、经济、文化中心的功能。

约公元前21世纪中后期，活动于以嵩山地区为中心的伊、洛、颍、汝河谷平原地带的夏民族，率先实现了中原的统一，建立了我国古代第一个国家政权。到了夏代中晚期，都城制度逐渐形成，宫殿的规划和修建技术与之前的城堡相比有了巨大变化。二里头遗址为夏代中晚期的都城，就选址而言，其地理位置极其优越。地处豫西洛阳盆地，背依邙山，南望嵩岳，坐落于伊、洛河北岸的高地上，"东有成皋镮辕之险，西有降谷崤函之固，前临伊洛，后据黄河，依山

[①] 方燕明：《河南登封王城岗遗址发现龙山晚期大型城址》，《中国文物报》2005年1月28日第1版；北京大学考古文博学院、河南省文物考古研究所：《登封王城岗考古发现与研究》，大象出版社，2008年。

傍水，水足土厚，具有理想的建都环境"①。不仅适宜人类生活居住，且为自古兵家必争之要地，体现了当时人们因地制宜的选址原则。二里头遗址最大的特色为宫殿建制，"已确认第三、四期的多座单体宫室建筑纵向排列，形成明确的中轴线"②。宫城遗址总面积近11万平方米，规模宏大、布局严谨，为中国古代宫城的鼻祖。其中1号宫殿基址略呈正方形，"基址中央为长方形主体殿堂，殿堂前为庭院，庭院四周有廊庑环绕，庭院南部边缘正中为正门"③，全部由夯土筑成。这是我国迄今发现的年代最早、规模较大、保存较好的宫殿建筑基址，其宫殿建制为后世中国古代宫室的营建提供了范例④。二里头遗址已基于不同的社会功能而形成一定的区划与布局，遗址内分为中心区和一般居住活动区两大部分，包括有大型宫殿建筑、中小型住房、手工业作坊、窖穴、水井、道路与墓葬等，其聚落成员身份地位更为复杂、明显，有着较为严格的等级界限。

继之而起的商王朝都城频繁迁移，大嵩山地区的商代前期都邑有郑州商城和偃师商城，皆规模巨大。这一时期的城址选址更加注重"宫城居中"与择高地营建两个基本原则。宫殿建筑形制上，基本模式为标准的四合院落式结构，遵从性质相同的建筑沿南北中轴线纵向布列，性质不同的建筑（如宫室与宗庙）则按东西向对称安排。在建筑朝向上，大部分建筑轴线均遵从偏东北的方位制度。城市布局逐渐暗合《考工记》的规定，如偃师商城第一次明确出现了内外相套的双重方形城垣，明确将宫殿区建于城内中轴线南段，开宫殿建在中轴线之上的先河；城门增加，城内道路网络亦相应配置，偃师商城大城已发现有5座城门，郑州商城共发现11个宽窄不同的缺口；偃师商城还发现有池苑和府库建筑遗址⑤。这些古城遗址主体建筑外围都布有城墙或壕沟作为防御设施，筑墙、挖沟进行防御在史前时期就已具备，商代逐步走向完善，之后也一直成为中国古代都城的标志之一。城外分布有不同的作坊遗址，似有意区划为不同的功能区，中心区主要由贵族住所、宫殿宗庙和仪礼中心三类建筑物构建而成，其中以大型夯土建筑高台上的宫殿宗庙最具典型

① 中国社会科学院考古研究所：《中国考古学·夏商卷》，中国社会科学出版社，2003年。
② 许宏：《二里头文化聚落动态扫描》，《早期夏文化与先商文化研究论文集》，科学出版社，2012年。
③ 袁广阔、朱光华：《关于二里头文化城址的几点认识》，《江汉考古》2014年第6期。
④ 中国科学院考古研究所洛阳发掘队：《河南偃师二里头遗址发掘简报》，《考古》1965年第5期；中国科学院考古研究所二里头工作队：《河南偃师二里头早商宫殿遗址发掘简报》，《考古》1974年第4期；许宏、陈国梁、赵海涛：《二里头遗址聚落形态的初步考察》，《考古》2004年第11期；中国社会科学院考古研究所：《偃师二里头》，中国大百科全书出版社，1999年。
⑤ 张玉石：《中原文化大典·文物典·城址》，中州古籍出版社，2008年。

意义①。宫殿宗庙建筑在高台之上，利于防潮和军事防卫，同时也体现出一种居高为尊、君临天下的王权文化。商代城墙的筑造工艺以夯土版筑法为主，即在准备筑墙的位置，用木板将两侧和一头围住，在其中填土分层夯筑，筑成一层后将挡板拆除筑另一段或上筑上一层。另外从考古发掘来看，商代宫殿在地基、立柱、排水等方面使用了较为先进的技术，"回"字形的建筑风格也是十分显著的特色。这一时期的都城作为王朝的政治、军事、经济、文化中心，布局更加合理，分区功能也日趋完善。商代宫殿建筑中表现出的宫庙分离、四合院落式结构、中轴对称制度对后期的都城建造产生了深远的影响，在都城营造史中起到了承上启下的作用。

  东周时期的嵩山地区亦涌现出不少都城遗址，如洛阳东周王城、新郑郑韩故城、偃师滑国故城等，它们既显示出别具风格的个性，又包含着礼制规范的统一。城址大多为方形，多选在河道或两河交汇处的三角地带。宫殿一般都建在高大的夯土台基上，附近分布有官府手工业作坊，整体布局显然经过一定的规划。这一时期的都城建设延续了夏商以来逐渐形成的尊卑有序、区域有别、重城环套的城建理念，深刻地反映出社会大变革时期的政治、经济、文化发展的面貌，开启了汉代规范化都城建制的先河。汉魏洛阳城则是我国所有都城遗址中历代定都总时间最长、规模最大且保存较为完整的古城遗址，前后延续使用近1600年，坐落于洛阳盆地中部邙山脚下的一带高地上，北靠邙山，南临洛河，地势开阔，坡度平缓，城周围的河流构成一个完整水系，既是城市用水的来源，也是漕运的重要航道。汉魏洛阳城的建筑特色表现在多重城垣结构、南北向城市轴线、单一宫制、里坊制等城市形制的确立。现存汉魏洛阳故城基本上为北魏时期的遗留，由内到外分为宫城、内城、外郭城三重城圈的并列城垣结构，为我国都城沿革史上一次划时代的变化。其中，"宫城集中在大城北部的南北轴线略偏西部分，保留大城及大城东西、南北各四条街的格局，并把阊阖门至建春门的东西大道穿过宫城，道北为寝宫，继承了'前朝后寝'制度，大城西阳门至东

① 李令福：《中国古代都城的起源与夏商都城的布局》，《太原大学学报》2001年第3期。

阳门的东西干道经过宫城南的阊阖门前，与宫城南北轴线的铜驼街相交，形成城市的东西轴线。中轴线的铜驼街东西两侧则布置寺、尉、曹、府、官署和社、庙，并箭直径南，经过永桥、华表、四夷馆，直到最南的圜丘，形成了强烈的大城南北中轴线"[1]。这种南北向城市轴线和单一宫制强化了宫城的城市中心地位，体现了至高无上的王权和政治思想。内城是行政区、祭祀区及高官住宅区等，进行了较为明确的功能分区，满足了当时的政治统治和经济发展的需求。外郭城为北魏宣武帝景明二年（501）扩建，其中棋盘式的里坊布局将《考工记·匠人》中的营国制度发挥得淋漓尽致，这种经纬纵横棋盘式的城市格局影响十分深远，在东方构成了中国城市规划的特质，整个城从宫、城、郭到里，都是内向型的空间，是一次重大的创新。另外汉魏洛阳故城内还包括著名的永宁寺遗址、金墉城遗址、太学遗址、南郊礼制性建筑群（灵台、明堂、辟雍等）以及金村东周大墓遗址等单体建筑，文化遗存极为丰富[2]。汉魏洛阳故城在我国古代城市发展史上具有重要的地位，对隋唐时期的长安城和洛阳东都城的建筑形制、设计规划有着显著的影响，标志着我国城市建设发展的成熟。2014年，汉魏洛阳城遗址作为"丝绸之路"的东方起点之一，成功入选世界文化遗产，是中国境内的22个遗址点中唯一的都城遗址，由此显示出其历史价值和重要性是其他城址所无可比拟的。

　　隋唐洛阳城是隋唐两代的东都城，而隋唐两代也是洛阳建都史上的鼎盛时期。隋唐洛阳城北据邙山、南对伊阙、东逾瀍河、西临涧水，洛水贯穿其间，完美地将山川地貌和都城建设结合在了一起，体现了营造与自然的和谐统一以及天人合一的规划理念。全城由郭城、宫城、皇城、东城、含嘉仓城、西苑与上阳宫等部分组成，平面略呈方形，南宽北窄。隋唐洛阳城的规划营建与其他时期相比略有差别，设计者宇文恺改变了中国传统方式左右对称的城市布局，把城市的各部分与天子联系在一起。不同于之前"城居水之北"的方法，洛水由西向东引入城中，不仅有利于军事防御和漕运，而且

[1] 王铎：《北魏洛阳规划及其城史地位》，载洛阳市文物局、洛阳白马寺汉魏故城文物保管所编《汉魏洛阳故城研究》，科学出版社，2000年。
[2] 钱国祥：《汉魏洛阳故城城垣试掘》，《考古学报》1998年第3期；徐金星、杜玉生：《汉魏洛阳故城》，《文物》1981年第9期。

为造园绿化提供了便利，寺、庙、园、宅等通过修渠引水、植树栽草，使这座城市别具风韵。皇城由东、南、西三面围宫城，南北轴线高大建筑均冠一"天"字，其中轴建筑群有著名的"七天建筑"南北纵贯隋唐东都洛阳城中，分别对应天上的七个星座，从南到北依次为：天阙（伊阙）、天街、天门（应天门）、天津（天津桥）、天枢、天宫、天堂，一幅以"紫微垣"为中心的天上三垣呈现在人间，成为中国古代最华丽的中轴建筑群。郭城内的居民住宅区的设置沿袭了汉魏洛阳城的传统，推行严格的里坊制度，且分北、西、南三市，促进了市场的流通和商业的繁荣。隋唐洛阳城见证了中国封建社会最辉煌的一段历史，是古代封建统一王朝的权力达到高度集中的表现，其平面布局、建筑形制对后世影响深远，甚至影响到东亚各国，为当时日本、朝鲜等国效仿。

二、礼制建筑

所谓"国之大事，在祀与戎"，祭祀等礼制活动是中国古代王朝政治生活的大事之一。洛阳作为十三朝古都，拥有着深厚的历史底蕴，其南郊的礼制建筑群包括灵台、明堂、辟雍和太学等，不仅具有祭祀功能，同时也是全国文化教育中心。此外，嵩山作为神山，成为历代帝王和普通百姓的崇拜对象和祭祀神，由此形成山神阙庙等礼制建筑，将单纯的自然崇拜和祖先崇拜转化为礼制规范，东汉三阙及嵩岳庙可谓代表。

东汉三阙包括太室阙、少室阙、启母阙，凝聚着汉代寓意深远、内涵丰富、精美华丽的石雕艺术。太室阙位于登封市中岳庙村嵩山南麓，是中岳庙前的神道阙，建于东汉元初五年（118）；少室阙位于登封市城西6公里十里铺村西嵩山南麓，为汉代少室山庙的神道阙，建于东汉延光二年（123）；启母阙位于登封市西北2公里嵩山万岁峰下，为启母庙前的神道阙，亦建于东汉延光二年。三阙结构大抵相同，均以青灰色长石砌筑，分东西两阙，由阙基、阙身、

图 8-5　少室阙东阙　李卫国摄影

阙顶三部分构成。其中阙身雕饰有反映汉代社会风俗和信仰的画像，皆用减地平雕的技法，阙顶用巨石雕作四阿顶，顶上面雕瓦垅、重脊，四边雕饰柿蒂纹瓦当和板瓦，下面雕椽。汉三阙造型朴拙，又颇显气势，既具有石构建筑的典型面貌，又在细部上反映了木构建筑的若干特点，三阙身上雕刻的200余幅形态夸张、富有浪漫气息的"蹴鞠"、牛虎"角抵"、"斗鸡"、"驯象"等画像，是雄浑深沉的汉代艺术的集中体现。汉三阙是古代祭祀山神的重要实物见证，是中国现存最古老的国家级礼制建筑遗存，对研究汉代建筑史、绘画艺术史和社会史具有很高的价值，更成为嵩山历史建筑群文化背景的重要体现。

中岳庙位于登封嵩山南麓的黄盖峰脚下，其前身是太室祠，始建于春秋时期，原为祭祀嵩山太室山神的场所。唐宋时期盛极一时，北宋、金、明、清均有大规模的修建，最终形成了今日之格局，基本反映了清代官式建筑的特点。中岳庙是五岳中现存最大的历史建筑群，与太室阙相配合，是古代祭祀、封禅文化最完整的体现，其整体布局设计更是中国礼制建筑的典范。它依山而建，自南向北渐次升高，有殿、宫、楼、阁、亭、廊等建筑39座500余间，中轴线长650米，依次有名山第一坊、遥参亭、天中阁、配天作镇坊、崇圣门、化三门、峻极门、嵩高峻极坊、峻极殿、寝殿、御书楼七进十一层建筑，主殿峻极殿是五岳中最大的殿宇。从太室阙开始，具有长达513米的前导空间，穿过遥参庭、天中阁后，整个庙宇沿中轴线均衡布局，对称排开，经过四个院落，进入庙内的主殿——峻极殿，也称中岳大殿，殿前设拜台，殿两侧廊庑并列，营造出庄严肃穆的气氛，之后为寝殿，终于御书楼。远山处的黄盖亭俯视着整个庙宇，与太室阙遥相呼应，混为一体，构成一个庞大开阔的建筑群。完整的建筑布局使其成为一座主次分明、错落有致、布局紧凑、色调和谐的庞大建筑群，整体上采用前朝后寝格局，个体建筑殿宇形制尊卑有序、等第分明，大殿巍峨壮丽，廊庑平淡简素，塑造出气势宏伟的庞大建筑群，反映出儒家文化对古代建筑群布局的深刻影响，是10—12世纪礼制建筑的空间艺术成就。其最具代表性的建筑群体空间处理手法，被后世多种大型建筑群所借鉴[①]。

三、佛教建筑

嵩山佛教建筑数量居多，内容丰富，既有少林寺、法王寺、会善寺、初祖庵、永泰寺、嵩阳寺等知名的寺庙类建筑，也有嵩岳寺塔、少林寺塔林、净藏禅师塔、永泰寺塔、法王寺塔等塔类建筑。其类型之齐全，种类之繁多，时代之悠长，建筑技术之高超，可谓中国古代佛教建筑发展水平的代表，呈现出一部具象化的中国建筑史。此外，洛阳是中国佛教的渊薮和发祥地，至今仍保存下来不少古代佛教圣迹，如位于今洛阳市区的白马寺、古唐寺等。南北朝时期佛教更是臻于极盛，佛寺最多时达1367所，迄孝静帝迁邺后仍余412所。北朝名著《洛阳伽蓝记》记述了洛阳城及佛教寺塔40年盛衰兴废之概况，兼有寺塔造型、结构、用材、装饰等描述，重现了当时的佛教建筑盛景，亦是研究北魏洛阳城市规划、建筑和园林艺术的重要资料。

寺庙类建筑以少林寺（常住院）为例，其位于嵩山五乳峰下，面对少室山，少溪河从门前缓缓流淌。寺院为七进院落，其在中轴线上依次分布着山门、天王殿、大熊宝殿、藏经阁、方丈室、立雪亭、千佛殿。中轴线两侧分布有钟鼓楼、六祖堂等附属建筑。寺院充分利用山势地形，院落层层抬高，空间疏密有致，中轴线上的单体建筑规整对称，等第分明；四周的建筑虽布局错落变化，但在整体上又不减古刹的庄严，符合"七堂伽蓝"的格式。佛教传入中国后，早期的寺院经过了从以佛塔为中心到以佛殿为中心的转变，而以中轴线贯穿大佛殿的格局，不但表明佛教对儒家思想的容纳，也表明天地之中的理念也已渗透到佛教建筑之中，少林寺（常住院）可谓唐代以来中国佛教寺院的代表。

而作为少林寺建筑群一部分的初祖庵大殿是一座造型优美的宋

[①] 郭黛姮：《"天地之中"的嵩山历史建筑群》，《中国文化遗产》2009年第3期。

代建筑，采用制作规矩的斗拱承托出檐，室内的木构架则以其自然、不拘程式，利用木材天然的弯曲顺势抵抗弯矩和剪力，转角节点部位巧妙地依靠悬挑的斗拱将荷载传给构架[①]。斗拱的形制及细部手法，多与《营造法式》的规定相符，是海内外公认的研究宋代营造技术的罕见实例。其石构建采用的雕刻题材、花纹品类、雕饰手法也与《营造法式》的规制相同。从初祖庵大殿可见佛教建筑与宫廷建筑结构和建筑形式的结合。

位于洛阳市东的白马寺是中国第一座汉传佛教寺庙，享有中国第一古刹的美誉，被尊为中国的"释源"或"佛寺之祖"。其选址背山面水，地势平坦稍有坡度，不仅利于采光和通风，更便于自然排水，体现了与自然环境之间的有机联系。随着中国佛教的发展和洛阳政治、经济、文化的兴衰，白马寺在不同的历史时期呈现出不同的建筑特色：由东汉魏晋时期以塔为主体、塔居寺中心的布局，发展为隋唐到金时期特点鲜明的楼阁式建筑和庭院为单元的组群形式，最后演变为明代以佛殿为主体的多重庭院布局，即唐宋以来极为盛行的"伽蓝七堂"制度。虽然一开始是参考了印度的佛教建筑形式，但发展到后来逐渐建立了自己独特的建筑式样。现存白马寺坐南朝北，为一四进长形院落，总面积约13万平方米。寺院严格按南北中轴线布局，以大雄殿为中心的中轴线将整个寺院分成了完全对称的两个部分，整个建筑群体布局合理、结构严谨、主次分明，通过建筑与景观的穿插、围合处理，使之产生了空间上的划分，形成了数个独立庭院的环境，是一种含蓄内向美的体现。作为大嵩山地区佛教建筑的代表，白马寺的最大特色即建筑与周边环境高度统一，共同营造了一个庄严神圣的佛教氛围。

塔类建筑的代表嵩岳寺塔则位于嵩山南麓峻极峰畔，是北魏古刹嵩岳寺的重要组成，为中国现存最古老的砖砌佛塔。据李邕《嵩岳寺碑记》载："广大佛刹，殚极国才，济济僧徒，弥七百众。落落堂宇一千间。"可见当年楼阁相连、亭殿交辉之盛况。全塔由基台、塔身、密檐和塔刹等几部分组成，平面呈正十二边形的十五层

[①] 郭黛姮：《"天地之中"的嵩山历史建筑群》，《中国文化遗产》2009年第3期。

图 8-6　少林寺塔林　郑泰森摄影

第八章　格物致知：嵩山大发明

密檐砖塔，而这样的形式是和过去三百年来传统的木结构形式毫无相似之处的。该塔不仅以其独特的平面形制而闻名，而且还以其刚劲雄伟而又轻快秀丽的塔形著称于世。密檐自下而上逐层内收，构成一条柔和的抛物线，整个塔室上下贯通，呈筒体结构，堪称世界上最早的筒体结构建筑。全塔只用砖和黄泥粘砌而成，塔砖小而薄，历经1400余年风雨、雷电、地震等自然侵袭仍巍然屹立，至今保存完好，充分证明中国古代建筑工艺之高妙精巧[1]。嵩岳寺塔是我国现存最早的砖塔，也是我国现存唯一平面为十二边形的古塔，其密檐式风格和筒体结构都对后世的佛塔建筑产生了巨大影响。同时塔门采用火焰券形门洞和壸门内砖雕狮子的装饰等，是中国建筑艺术和西域、印度交流的产物，是佛教文化传播与演变在建筑上的重要体现。该塔设计与嵩山自然环境完美结合，在世界建筑史上具有不可替代的地位，是一件最珍贵的遗产。

此外少林寺塔林作为中国现存佛寺中最大的一处墓塔群，呈现出自唐代至明清不同时期在建筑造型、艺术风格等方面的变化。塔的层级有1至7级不等，高度都在15米以下，造型有四角、六角、八角、十二角、瓶形、圆形等，或敦厚朴拙，或精巧玲珑，千姿百态、形象各异，是研究我国砖石建筑和雕刻艺术的宝库。其中唐贞元七年（791）修建的"法玩禅师塔"是塔林中最古老的一座砖塔，坐落在塔林北部，系方形单层单檐亭阁式实心砖塔，高约8米，除塔门、塔刹和塔铭用青石雕成外，通体皆用水磨砖砌造而成，塔门用高浮雕的手法，装饰着飞天、嫔伽等古典图案。此塔除自然残损外基本未经人为改动，保留着唐代砖构亭阁式塔的原貌。塔林中所有墓塔均以"法玩禅师塔"为扇轴，向南下方扇形排列，奠定了整体的平面布局[2]。塔的大小、层数和形状的不同，体现了等级制度的区别，反映出儒家伦理观念的烙印。塔林中个别镶嵌、雕刻八卦图案者，则表现出佛、道文化的相互渗透，而散落可见的喇嘛塔则是禅宗与其他佛教宗派融合的产物。少林寺塔林无论在古代建筑技术和艺术上，还是在宗教历史文化的研究上，都有着十分重要的价值。

[1] 河南省古代建筑保护研究所：《登封嵩岳寺塔勘测简报》，《中原文物》1987年第4期；张家泰：《嵩岳寺塔》，《中原文物》1978年第3期；任伟、宋文佳：《嵩岳寺塔：中国现存最古老的砖塔》，《中国文化遗产》2009年第3期。
[2] 常松木：《古韵——中国嵩山历史建筑群》，河南人民出版社，2008年。

第八章　格物致知：嵩山大发明

佛教于公元 1 世纪左右传入中国，对于中国人的思想、文化及物质生活都产生了很大的影响，这一切在中国的佛教建筑上都有所体现。大嵩山地区佛寺建筑基本上是采取了中国传统建筑的四合院形式，采用对称式布局，沿中轴线布置相关建筑。寺塔则退居到后面或一侧，有木塔和砖塔等多种形式，种类极为丰富。它们既受世俗楼阁的影响，又在一定程度上改变了传统的建筑工艺，其古朴庄重的风格丰富了嵩山地区的风景，使其更加美丽幽静。

四、教育建筑

大嵩山地区古迹众多，文化教育亦十分发达。唐开元十二年（724），玄宗诏令在洛阳明福门外建立丽正书院，这是中原最早的书院，也是当时全国仅有的两所书院之一。丽正书院集藏书、古籍校勘、举荐人才、学术研究等功能，其建立开创了各级各类书院兴起的先河，为以后书院制度在河南及全国的形成奠定了初步的基础。此后书院教育百花齐放，各朝各代均十分重视并有所推进，对传播中华文明和培养人才发挥了重要作用。其中现存书院建筑中最具代表性的莫过于北宋四大书院之首的嵩阳书院，它位于太室山峻极峰下，面临双溪水，因坐落于嵩山之阳而得名。可追溯于北魏太和八年（484）的嵩阳寺，五代时期开始聚集讲学，后周时改为太乙书院，北宋景祐二年（1035）赐名嵩阳书院。书院采用院落式格局，南北长 128 米，东西宽 78 米，中轴线上主要建筑共五进，廊庑俱全。自卷棚大门起，依次为先圣祠、讲堂、道统祠、藏经楼，中轴线两侧配有程朱祠、丽泽堂、书舍、学斋等。书院建筑多采用硬山顶、灰砖瓦、木灵花窗，古朴雅致，尤其是营山卷棚布瓦顶，具有浓郁的中原建筑风格。书院还保留有汉代以前栽植的古柏树，树龄达 4500 年以上，为国内现存最古老的柏树，有"华夏第一柏"之称。并有东汉以来的石刻 15 品，其中的《大唐嵩阳观纪圣德感应之颂碑》，高 9.02 米，重 80 余吨，碑体雄壮，耸立在嵩阳书院前侧。整个书院依山傍水，幽静典雅，是中国古代书院建筑之杰作。

此外，洛阳太学亦是嵩山地区教育建筑的杰出代表。它建于建武五年（29），止于北魏永熙三年（534），是中国历史上规模最大、人数最多、时间最长的中央大学。据文献记载，太学内的建筑主要由博士舍、内外讲堂、诸生横巷三部分组成，后于永建六年（131）对太学进行了扩建，"凡所造构二百四十房，千八百五十室"[1]，使用的工徒达到11万多人，营建规模达到了空前的水平。考古发现的东汉太学遗址位于今洛阳岗上村东北的太学村一带，在辟雍东北，与文献记载相合。遗址分东、西两大部分，西部遗址平面略呈长方形，曾出土石经残块，据推测这一部分遗址可能为博士舍和内外讲堂所在。东部遗址四周筑有围墙，内有大面积的夯土建筑遗址和一排排的建筑房基，之间距离相等、排列有序，与居民居住的"里"相似，可能是诸生横巷所在[2]。洛阳太学的产生和发展，形成了一套比较系统的教育制度，对继承和传播中华民族的历史文化起到了积极作用。

五、《营造法式》——中国古代的建筑规范

《营造法式》是我国古代遗留下来的最伟大的建筑学著作，其作者李诫（1035—1110）为郑州管城县（今河南新郑）人，是北宋著名建筑学家。他参阅了大量资料和旧有的规章制度，并积极吸收、利用当时各门工匠的实践经验，终于编成流传至今的建筑规范《营造法式》，于北宋崇宁二年（1103）刊行全国。关于其内容、卷数等，李诫云："《营造法式》，总释并总例共二卷，制度一十五卷，功限一十卷，料例并工作等第共三卷，图样六卷，目录一卷，共三十六卷。计三百五十七篇，共三千五百五十五条。"[3]除"看样"和"目录"二卷外，正文共分五大部分。第一部分是释名，主要将北宋以前的经史群书中有关建筑工程技术方面的史料加以整

[1]《后汉书》卷79《儒林列传》。
[2] 方原：《东汉洛阳礼制建筑研究》，《秦汉研究》（第五辑），2011年。
[3]〔宋〕李诫：《营造法式》，商务印书馆，1933年。

第八章 格物致知：嵩山大发明

理，并对书中涉及的与营造活动有关的包括勘测、设计构件、制作等方面的48个名称——进行考证，包括"总释"和"总例"二卷。第二部分是制度，即各种营造活动的标准。自第3卷到第15卷，占了正文相当大的篇幅。分别就大木作、小木作、雕作、旋作、锯作、竹作、泥作、彩画作、砖作、窑作共13个工种、176项工程的选材标准，构建比例尺寸，安装位置及相互关系，艺术加工等进行了详细说明，这是全书的核心内容，是我们研究宋代以前中国木结构建筑的基本依据。第三部分是功限，即根据各作制度的内容规定了各个构件及不同工种的劳动定额和计算方法，自第16卷到第25卷。第四部分是料例，它规定了各工种用料定额和工作质量等，自第26卷到第28卷。第五部分是图样，详细绘制了各种图样，自第29卷到第34卷[①]。全书体例明审，结构严谨，为当时建筑设计与施工经验的集合与总结，是进行工程建筑不可缺少的技术手册。

《营造法式》是一部建筑设计、施工的规范典籍，全书按照"有定式而无定法"的原则，既对建筑工程做出了精细的设计和严格的规范，又不限制建筑的群组布局和尺度控制，可在规定的条例下"随宜加减"。这部书的编著及颁行，不仅是北宋营造史上的一件大事，而且是中国建筑史上划时代的创举。它统一了中国两千年来建筑的规制，明确了设计施工的制度，制定了计算营造的工限与材料消耗标准，标志着宋代建筑技术向标准和定型方向发展，营造管理水平达到了新的高度。《营造法式》在我国古建营造方面起到了承前启后的重要作用，元朝水利工程技术中关于筑城部分的规定，几乎和《营造法式》的规定完全相同，而明朝的《营造法式》和清朝的《工部工程做法则例》也吸取了其中很多内容。可见其对后世建筑技术影响深远。

嵩山地区因气候适宜、地理位置优越成为历代定都的青睐之地，从史前时代便开始城址的营造，夏商周三代更是在此持续繁荣发展，而汉魏洛阳城、隋唐洛阳城则将都城营造推向了一个高峰，在我国城市发展史上有着无可替代的作用。以太室阙、少室阙、启母阙和

[①] 王星光：《中原文化大典·科学技术典·矿冶、建筑、交通》，中州古籍出版社，2008年。

中岳庙、嵩岳寺塔、少林寺建筑群（常住院、初祖庵、塔林）、会善寺、嵩阳书院、观星台为代表的登封"天地之中"历史建筑群，集聚了中国历代礼制、宗教、科技、教育等建筑类型的精粹，由天地之中的理念相引领，并兼容儒、道、佛各家的艺术风格和思想内涵，代表了最早的礼制封禅建筑、系谱连贯的寺塔类宗教建筑、独具匠心的天文建筑（参见天文部分）、中原风格的书院建筑的精品，不愧为享誉天下的世界文化遗产。

第六节　四大发明与大嵩山

"四大发明"是被国际公认的中国对人类做出的重大科技贡献。战国时期发明司南，汉代出现造纸术，唐宋时期发明印刷术和火药，无不彰显中华民族超凡的智慧和卓越的创造力。四大发明是中华科技敢于领先、造福人类的杰出成就。而这影响人类文明进程的四大发明都与大嵩山有着千丝万缕的联系。

一、指南针发源于嵩洛

远古时期的人们在生产、生活实践过程中，经常会遇到要认清方向，解决迷路的问题。如《周礼·天官》云："惟王建国，辨方正位，体国经野，设官分职，以为民极。乃立天官冢宰，使帅其属而掌邦治。"[1]所谓"辨方正位"即辨别方向，此处《周礼》所云建邦立国的第一件事就是"辨方正位"，足见其在国家政治生活中占有极其重要的地位。在指南针发明以前，古人主要利用圭表测影以及观测北极星的方法确定方向。如《考工记》载："昼参诸日中之景，夜考之极星，以正朝夕。"[2]但圭表测影和夜观星象的办法具有一定的局限性，遇到恶劣天气便爱莫能助。后来人们逐渐认识

[1] 杨天宇：《周礼译注》，上海古籍出版社，2007年。
[2] 闻人军：《考工记译注》，上海古籍出版社，2008年。

到磁石的指极性,最终发明了指南针这一新型的定向装置,并将其应用到观测星象、祭祀天地、建筑风水、行军作战、水陆旅行、绘图测量等方面。

指南针最早的形式为司南。战国时期鬼谷子曰:"故郑人之取玉也,载司南之车,为其不惑也。"[①]据此可推断当时郑国人可能已经使用司南进行指向。另外韩非(今河南新郑人)在其所著《韩非子·有度篇》中也记载:"夫人臣之侵其主也,如地形焉,即渐以往,使人主失端,东西易面而不自知,故先王立司南以端朝夕。"这些都说明当时有可能已经出现了利用磁性制造的指向器——司南。此后,有关司南的记载屡见于各类文献。现已知最早关于司南形状和用法的记载出自东汉王充之手,王充曾长期在洛阳生活,其《论衡·是应篇》曰:"司南之杓,投之于地,其柢指南。"[②]根据描述,司南的形状类似于勺,"柢"为勺把,指向南方。王振铎指出:"《论衡》谓司南投之于地。其所谓地,非土地之地,乃地盘之地。古有栻占,地形如栻之方盘。"[③]并经过考证和实验将天然磁石琢成圆底瓢勺状的"杓",而"投之于地"的"地"被制成铜质光滑的"栻占"地盘。据此复原了历代文献记载中所谓的"司南"。

司南依然是天然磁石的产物,它本质上跟指南针还有一定的差别,只有利用人工磁化技术制造的指向器,才是真正的指南针。宋代是我国磁学知识发展的高峰,人们在认识磁的特性和应用上都取得了辉煌的成就,不仅制造了指南针、指南龟和指南鱼,更是发现了地磁偏角和地磁倾角。现存最早有关指南针的文献是北宋杨惟德编撰的相墓著作《茔原总录》,其中用磁针和罗盘配合使用以确定方向的记载说明当时利用指南针辨别方向已非常成熟,但是并没有详述指南针的制造方法。而北宋大臣曾公亮与丁度在东京汴梁编纂的大型军事著作《武经总要》载:"若遇天景曀霾,夜色暝黑,又不能辨方向,则当纵老马前行,令识道路,或出指南车及指南鱼,以辨所向。指南车法世不传,鱼法以薄铁叶剪裁,长二寸,阔五分。首尾锐如鱼形,置炭火中烧之,候通赤,以铁钤钤鱼首出火,以尾

---

① 许富宏:《鬼谷子集校集注》,中华书局,2008年。
② 黄晖:《论衡校释》,中华书局,1990年。
③ 王振铎:《科技考古论丛》,文物出版社,1989年。

正对子位（北），蘸水盆中，没尾数分则止，以密器收之。用时，置水碗于无风处，平放鱼在水面令浮，其首常南向午也。"[①]其中详细描述了如何用高温骤变的方法制作指南鱼，这也是中国古代利用磁场制造人工磁铁的最早记载。北宋著名科学家沈括在《梦溪笔谈》里则提到了用"磁石磨针锋"制成人造磁体的方法，并介绍了四种指南针装置方法：将指南针放在指甲上的指爪法；将指南针放在碗口边上的碗唇法；将指南针悬挂在新蚕丝上并用蜡粘住的缕悬法；将指南针横贯灯尺而浮水面的水浮法[②]。其中水浮法最可取，但沈括并没细说具体如何使针有效漂浮于水面。北宋本草学家寇宗奭在《本草衍义》中用"以针贯灯心，浮水中"[③]道出了针浮于水上的秘诀，这实际上与中国传统"水罗盘"的悬针方法是一致的。"水罗盘"后来被广泛用于风水及远洋航行中，产生了很大的影响。

指南针是我国古代的一项伟大发明，是中国古代劳动人民在长期生产实践中的经验总结，传到西方后，大大推动了世界历史的进程。从郑国人使用司南指向、韩非首次记载司南"端朝夕"、王充《论衡》最早记载司南形状和用法，到后来在北宋京都汴梁（今河南开封）任宋廷官员的诸多科学家，如杨惟德、沈括、丁度等人对指南针研究和应用的推进，都体现了大嵩山地区在指南针发明和发展过程中的重要作用。指南针是集体智慧的创造发明的结晶，大嵩山成为这项发明的核心区域。

二、造纸术发明于嵩洛

在文字发明以前，远古时代的人类只能通过口耳相传、结绳记事等方法传递、记录各种事件、经验和发现；而在文字出现之后，人们尝试了用各种材料来作为文字的载体，如甲骨、金石、竹简、木牍、缣帛等，这些物品有的笨重不方便携带，有的虽轻便但价格昂贵，都不是理想的记事材料。纸的出现则彻底改变了这一状况，其表面平滑、容易着色、柔软便携、物美价廉等特点使其迅速替代

①〔宋〕曾公亮、丁度等：《武经总要》，载《中国兵书集成》编委会编《中国兵书集成》，解放军出版社、辽沈书社，1988年。
②〔宋〕沈括：《梦溪笔谈》，中华书局，2009年。
③〔宋〕寇宗奭：《本草衍义》，商务印书馆，1957年。

第八章　格物致知：嵩山大发明

了其他的记事材料，千百年来一直长盛不衰，并流传全世界各地，成为人类文明史中具有划时代革命意义的重大发明之一。

从目前所见的考古材料来看，造纸术的发明不会晚于西汉初年。迄今发现最早的纸出土于新疆罗布淖尔烽燧亭遗址，年代约为公元前73年至公元前49年之间。1957年，陕西西安灞桥汉墓出土了约公元前2世纪的古纸，纸呈泛黄色，已裂成碎片。经鉴定，它是以大麻和少量苎麻的纤维为原料制成，为西汉麻纸，可看出西汉时期已经有了基本成熟的造纸术，但制作技术相对原始，纸的质地较为粗糙，难登大雅之堂。而对纸的制作技术加以创新、并在普及推广中起到重要作用的当属蔡伦改良的造纸术。蔡伦（约62—121），字敬仲，东汉桂阳郡人。永平十八年（75）入京都洛阳当宦官，后以位尊九卿之身兼任尚方令，主管制造御用器物。对于他改良造纸术的事迹，《后汉书·蔡伦传》有载："自古书契多编以竹简，其用缣帛者谓之为纸。缣贵而简重，并不便于人。伦乃造意，用树肤、麻头及敝布、鱼网以为纸。元兴元年（105）奏上之，帝善其能，自是莫不从用焉，故天下咸称'蔡侯纸'。"[1]虽然在此之前早已有纸，但蔡伦对造纸术的创造性改进依然具有划时代的意义，"伦乃造意"就有创造之意。其贡献归纳起来有如下几点：第一，采用了多种原料，解决了造纸原料来源不足的问题。尤其是用树皮、破麻布、旧渔网作原料是重大的创造，可以说开创了近代木浆纸的先河，为造纸业的发展开辟了广阔的空间；第二，工艺上有比较大的进步。多种原料的利用，对工艺提出了新的要求，推动了造纸技术的改革。同时，是他主持研制了以木本韧皮纤维造出皮纸，开辟造纸原料的新来源；第三，其造纸程序可能有这样几个环节：分离、捶捣、交织、干燥，为现在的机器造纸奠定了基本原理和生产工序；第四，造纸业从此成为独立的行业，新原料的开辟和新技术的采用，使造纸从纺织业中分离出来，这是造纸业发展史上意义重大的转折点，从此纸的生产得到了迅速发展[2]。

蔡伦改良了造纸术后使得造纸的生产成本大大降低，纸张迅速

[1]《后汉书》卷78《蔡伦传》。
[2] 王星光：《中原文化大典·科学技术典·数学，物理学，化学》，中州古籍出版社，2008年。

地在全国推广开来，成了缣帛、简牍最有力的竞争者。到了公元3—4世纪，纸已经基本取代了缣帛、简牍而成为我国最主要的书写材料，有力地促进了文化知识的传播和普及，成为中华民族数千年文化发展传播的物质载体。造纸术在3世纪传入越南，4世纪末传入朝鲜，随后于公元400—500年间传到了日本，对其国内的文化生活有着巨大的影响。同时蔡伦的造纸术沿着丝绸之路经过中亚、西欧向整个世界传播，对于世界科学、文化的传播产生了深刻的影响，对人类文明的发展起到了重要的推动作用。纸的诞生是古代劳动人民长期经验的积累和智慧的结晶，其中蔡伦改良造纸术则是功不可没的革新。

三、印刷术兴盛于大嵩山

随着造纸术的不断改良，纸逐渐代替简牍、帛书、金文和碑刻等成为人们日常书写的最主要材料。但从西汉有了纸以后相当长的一段时间里，书籍依然靠手抄为主。这是一项非常低效率的人工劳动，每次只能抄写出一份文本，如果想拥有大量的副本，就需要更多的人抄写更多次。随着文化的发展，尤其是到隋唐时期科举制度形成以后，读书之风在社会上十分盛行，传统的手抄誊写就明显供不应求了。社会需求促使了新的技术的诞生，印刷术的发明则使人们从这种烦琐耗时的劳动中解放了出来，让书籍的产生由人工抄写变成了机械复制的过程，同时也进一步加速了知识的传播。

印刷术实际上是一种文字或图画的复制技术。应用这种技术的动因，就是随着文化的发展，人们对文字等印刷物的大量需求。它的产生与中国古代印章的使用、碑石拓印技术及纺织品印花技术都有着密切的技术渊源。关于印刷术的起源时间目前众说纷纭，据潘吉星的研究，印刷术起源的时间上限定在公元500年，下限为公元640年，而公元590—640年这50年可能是促使早期印刷品出世的关键时期[①]。这一时期的造纸、制墨技术都基本满足了印刷要求，

① 潘吉星：《中国科学技术史·造纸与印刷卷》，科学出版社，1998年。

第八章 格物致知：嵩山大发明

从印章和碑拓技术向印刷术过渡的技术也准备成熟。唐代早期的雕版印刷实物也屡见不鲜，这些印刷物多与佛经有关。为了推行佛教，佛教寺院大量印刷佛教经典以扩大影响。1974年，在陕西西安柴油机械厂内唐墓出土的梵文陀罗尼咒单页印刷品，据考证为唐太宗贞观后期至唐高宗显庆年间（640—660）的印刷品，是迄今发现的最早的雕版印刷品[①]。唐代最著名的雕版印刷品当属咸通九年（868）刻印的《金刚般若波罗蜜经》，1907年被斯坦因发现于甘肃敦煌石室内，它是现存世界上第一部标有明确印刷年代的雕版印刷品。《金刚般若波罗蜜经》图文并茂，墨色清晰，刻工精湛，刀法纯熟，表明当时雕版印刷工艺已经成熟，它是唐代雕版印刷的代表作。嵩洛地区是佛教最早传入的地区，白马寺就是佛教传入中国后在我国建立的第一座寺院。北魏时期佛教大为盛行，据《洛阳伽蓝记》记载，仅京都洛阳城内外就建有寺院1367所。佛教的重要宗派禅宗就首创于登封少林寺。唐代皇帝大多信佛，洛阳城内外就有佛寺56所。虽然数量上较北魏时期少了许多，但寺院规模、僧尼人数还是相当可观的，尤其是唐朝十分注重翻译佛经、传播佛经。而佛经的印制是雕版印刷术产生和推行的重要原因。大嵩山地区是古代佛教最为盛行的地区，佛经的印制和传播也极为发达，雕版印刷在此发明并得以推广是应有之义。

五代时期雕版印刷工业继续发展，考古发现的大嵩山地区雕版印刷品亦不在少数。而雕版印刷业的鼎盛时期则出现在宋代，尤其北宋时期在皇帝的提倡和支持下，印刷业出现了前所未有的崭新局面。宋王朝的国子监、崇文院、司天监、太医局负责相关书籍的刊刻工作，其中国子监的刊刻最为著名，被后人称为"监本"。同时，民间印刷业也十分活跃，尤其是京都汴梁更是汇集了大量的印刷作坊和书肆。正如宿白所云："北宋是我国雕版印刷急剧发展的时代。都城汴梁国子监、印经院等官府刊印书籍盛极一时；民间雕印文字迅速兴起，尤为引人注目。汴梁作为当时雕印的代表地点，应是无可置疑之事。唯靖康之变，遗迹稀少，汴梁雕印的繁荣情况，只能

[①] 保全：《世界最早的印刷品——西安唐墓出土印本陀罗尼经咒》，载《中国考古学研究论集》编委会编《中国考古学研究论集——纪念夏鼐先生考古学50周年》，三秦出版社，1987年；潘吉星：《1974年西安发现的唐初梵文陀罗尼印本研究》，《广东印刷》2000年第6期；潘吉星：《1974年西安发现的唐初梵文陀罗尼印本研究（续）》，《广东印刷》2001年第1期。

就文献记录仿佛之。"[1] 雕版印刷业的急剧发展促使了人们对提高印刷的效率和质量的革新，北宋毕昇发明了活字印刷术，是印刷史上的一次伟大革命。

历史文献中有关毕昇的生平事迹只见于沈括的《梦溪笔谈》一书，仅知道他为布衣平民，据推测他应当是一个从事雕版印刷的工匠。毕昇于北宋庆历年间根据实践经验，发明了胶泥活字印刷技术。即在胶泥片上刻字，一字一印，在窑内烧固后，用于印刷，从而大大降低了生产费用和所需时间。北宋时期全国的印刷中心以京都汴梁为最盛，其他还有四川成都、浙江杭州、福建建安。相较而言，在汴梁所在的大嵩山地区，用以制作活字的胶泥土随手可得，其他城市则不易找到。沈括于嘉祐八年（1063）赴汴梁参加会试登进士第，从治平三年（1066）历熙宁年间至元丰三年（1080）长期在京都汴梁为官，他晚年退居梦溪园所作的《梦溪笔谈》多记载在京城为官时的逸闻趣事。据此推测，胶泥活字印刷术很有可能是在汴梁率先使用，而由留心印刷事业的沈括记载下来。活字印刷术具有一字多用、重复使用、省时省力、节约材料等优点，比整版雕刻经济方便，堪称中国印刷文化的一绝。在毕昇发明了泥活字印刷术以后，木活字技术日益成熟，金属活字也紧接着出现，活字印刷技术一步步走向成熟和多元化。印刷术源自雕版印刷，经唐、宋的发展，最终诞生了活字印刷，亦属古代劳动人民集体智慧的结晶。而在这一过程中，大嵩山地区特别是在唐宋时期的文化繁荣，对印刷技术的革新起到了直接的推动作用，从而成就了这项举世瞩目的伟大发明。

四、火药发端于大嵩山

火药，顾名思义"着火的药"，所以"火"是其主要特性之一，包括燃烧性和爆炸性；而"药"是因为它的主要成分硝石和硫黄是古代中医治病用的重要药材。根据中国古代的火药燃烧理论，硝为君、硫为臣，其中硝的作用尤为关键。之所以火药发明于中国，是

[1] 宿白：《唐宋时期的雕版印刷》，文物出版社，1999年。

第八章 格物致知：嵩山大发明

因为中国是世界上最早利用和提纯硝石的国家，对硝石的识别、性能的了解以及其加工、提纯工艺有着漫长的历史过程[①]。另外火药的发明与中国古代炼丹家追求长生不老，用硝石和硫黄等炼制丹药有着密不可分的关系。

中国古代的皇帝一直对炼不老金丹有着孜孜不倦的追求，炼丹术兴起后，道家众多方士都很重视硝石，不断摸索它的性质，称它是"感海卤之气所产，乃天地至神之物，能寒能热，能滑能涩，能辛能苦，能酸能咸，入地千年，其色不变，七十二石，化而为水，制服草木，柔润五金，制炼八石，虽大丹亦不舍此也"[②]。在长期的炼丹过程中，唐代中期以后炼丹家们逐渐对硝石、硫黄、木炭等混合在一起会引起燃烧的特性及其危害有了清晰的认识，也会采用"伏火"法缓和一些炼丹所用金石药料的毒性、易燃易爆性、挥发性，实质上这就是原始的火药方，而且知道会发生爆炸，所以使用时常采取周密的防范措施。大约在晚唐时期，即9世纪末或10世纪初发明了真正的火药[③]。嵩山为道教名山，隋唐时期中岳庙更是名扬天下，一大批道教名师云集嵩山，他们在此传道炼丹，烟火弥漫。隋代嵩山道士潘诞为隋炀帝炼丹，隋炀帝特为之建嵩阳观以传道。唐代著名道士刘道合在嵩山为高宗炼丹，深得器重。唐玄宗敕令嵩山著名道士孙太冲为其炼丹，丹成后唐玄宗为其立《大唐嵩阳观纪圣德感应之颂》巨型碑，以示表彰。终唐之世，嵩山一带道教兴盛不衰，炼丹烟火不绝。

中国古代的炼丹活动直接导致了火药的发明，但是得到推广却在于其在军事上的应用。目前所知最早的火药配方出自北宋官修的军事学著作《武经总要》，该书由北宋大臣曾公亮与丁度在京都汴梁编纂，书中记载了三个火药方：一种是毒药烟球火药，是燃烧温度比较低，燃烧时冒浓烟毒气的火药，用于杀伤敌人；一种是火炮火药，燃烧猛烈，用于焚烧敌人的辎重、粮草；一种是蒺藜火球火药，爆炸力较强，爆炸时播散出大量铁蒺藜，可以阻挡敌军骑兵前进[④]。其中的主要成分正是硝石、硫黄和木炭，然后根据不同的实际需要，

[①] 潘吉星：《中国古代四大发明——源流、外传及世界影响》，中国科学技术大学出版社，2002年。
[②] 〔明〕李时珍：《本草纲目·石部》，人民卫生出版社，1982年。
[③] 赵匡华、周嘉华：《中国科学技术史·化学卷》，科学出版社，1998年。
[④] 〔宋〕曾公亮、丁度等：《武经总要》，载《中国兵书集成》编委会编《中国兵书集成》，解放军出版社、辽沈书社，1988年。

再掺杂其他物质配制成具有不同功用的火药。可见当时北宋政府已十分重视火药的军事应用。

宋神宗熙宁年间（1068—1077）改革了军制，设置军器监，总管京师各州的军器制作，规模宏大且分工很细，其中就有专门研制火药的作坊，有大批工匠从事火药武器的生产。从此火药的进步很快，北宋政府也是积极地发展火药武器，并将之应用到实际的战争中，发挥了很大的作用。13世纪，金人也掌握了火药武器，并有新的发明创造，其中尤以"铁火炮"最为著名，俗称"震天雷"。它是一个装有较强爆炸性火药的铁罐，发作时其声如响雷。金哀宗天兴元年（1232）蒙古军攻打金人南京（今河南开封）时，金人守城最得力的武器就是"震天雷"。宋、金、元时期，由于战争频繁、错综复杂，交战的双方都全力利用和研制新式火器，以便战胜对方，直接促进了火药技术的发展。

四大发明与其说是造福于中国，倒不如说更多的是造福于整个世界。造纸术在5世纪以前就传到朝鲜和日本，9世纪后经阿拉伯人传到欧洲，12世纪在欧洲大陆流行。而指南针也在约1180年后就传到了欧洲。活字印刷术约在1295年后经马可·波罗传到欧洲。与此同时，约在13—14世纪时，随着中国与西亚的贸易往来，特别是蒙古人两次大规模的西侵，把火药技术和火器带到了阿拉伯地区，以后又传到欧洲各国乃至世界各地。英国哲学家弗兰西斯·培根曾指出：印刷术、火药、指南针"这三种发明已经在世界范围内把事物的全部面貌和情况都改变了：第一种是在学术方面，第二种是在战事方面，第三种是在航行方面；并由此又引起难以数计的变化来；竟至任何教派、任何帝国、任何星辰对人类事物的影响都无过于这些机械性的发现"[1]。马克思评论道："火药、指南针、印刷术——这是预告资产阶级到来的三大发明。火药把骑士阶层炸得粉碎，指南针打开了世界市场并建立了殖民地，而印刷术则变成新教的工具，总的来说变成科学复兴的手段，变成对精神发展创造必要前提的最强大的杠杆。"[2] 由上可见四大发明对人类文明发展进

[1] [英]培根：《新工具》，商务印书馆，1999年。
[2] 马克思、恩格斯：《马克思恩格斯全集》，人民出版社，1979年。

程的巨大推动作用。四大发明的西传是"一带一路"东西文化交流的成功范例,大嵩山地区正是陆上丝绸之路的东方起点,这是中国人民、更是大嵩山地区人们对世界历史的重大贡献。

大嵩山地区所处的中纬度向高纬度、北亚热带向暖温带的过渡带,使之成为东亚农业起源和发展的核心区域。农业的发展有力带动了冶金、水利、陶瓷及天文、地理、生物等科学技术的快速发展。以农业为根基的科技繁荣奠定的坚实基础为大嵩山地区自夏代至宋金王朝在此立国建都创造了得天独厚的条件,而长达3200多年的古代中国政治、经济、文化中心的地位,"天时""地利""人和"俱佳的区位优势,也为科技进步和文化繁盛提供了无与伦比的条件,从而使该区域的科技发展一直处在全国乃至世界的领先水平。以四大发明为标志,大嵩山之"大发明",谱写了一曲古代丝绸之路科技文化交流之共享共荣的华美乐章。

郑泰森 摄影

第九章

群星璀璨：嵩山大英杰

中岳嵩山为神州首岳[①]、群岳之宗[②]、"五岳之尊"[③]。古往今来，这里诞生和聚集了数以千计的圣贤和英杰。"嵩山大英杰"是指出生或活动于大嵩山地区，为华夏文明形成与发展做出过重要贡献的历史文化名人。嵩山钟灵毓秀，"其民气禀中和，宜乎习尚之美"[④]，孕育和滋养了一大批圣贤和英杰，"科圣"张衡、"医圣"张仲景、"画圣"吴道子、"诗圣"杜甫、"药圣"孙思邈、"律圣"朱载堉等都在此取得了辉煌成就，留下了彪炳青史的一页。

第一节 思想家与嵩山

嵩山地区是中华传统思想文化的源头和圣地。春秋战国时期，这里最先出现诸子百家争鸣的局面，老子、列子、邓析、申不害、韩非等在此创立或传承了道家、名家、法家思想，在中国思想史上产生了深远影响。之后禅宗、北天师道、理学思想也在大嵩山地区形成并发扬光大。因此，嵩山在中国思想史上有着极大的影响，堪称中国传统哲学思想的孵化器。

一、出生于大嵩山地区的思想家

德国学者雅斯贝斯认为，公元前6世纪至公元3世纪，是人类文明的轴心时代[⑤]。在这一时代，中国和西方都出现了诸多思想家，大嵩山地区亦诞生了一大批著名的思想家，他们共同铸就了中华思

---

①〔明〕傅梅：《嵩书》，中州古籍出版社，2003年。
②〔清〕景日昣：《嵩岳庙史》，中州古籍出版社，2003年。
③〔明〕傅梅：《嵩书》，中州古籍出版社，2003年。
④登封县县志办公室重印：《登封县志》（明嘉靖八年本），1984年11月。
⑤〔德〕卡尔·雅斯贝斯著，魏楚雄、俞新天译：《历史的起源与目标》，华夏出版社，1989年。

第九章　群星璀璨：嵩山大英杰

想文化的丰碑。

列子，名寇，又名列御寇，战国时期郑国圃田（今河南郑州）人。道家学派著名的代表人物，著名的思想家、寓言家和文学家。其著作《列子》，对后代的哲学、文学、科技、宗教都有深远的影响。列子隐居郑国 40 年，正如北宋陈景元所说"陆沈圃田四十年而人莫识，藏形众庶在国而君不知"[1]。列子的学说，刘向认为："其学本于黄帝、老子，号曰道家。道家者，秉要执本，清虚无为，及其治身接物，务崇不竞，合于六经。"今郑州市东 15 公里的圃田村有列子墓，墓旁有列子祠。嵩山一带与列子有关的遗迹还有八卦御风台，"卦台仙景"为郑州古八大景之一。

邓析（前 545—前 501），春秋末期郑国（今河南新郑）人，法家先驱、名家。邓析首倡"刑名之论"，操"两可之说"，揭开了名辩思潮的序幕，故被《汉书·艺文志》列入名家。邓析提出"不法先王，不是礼义"，明确宣告先王及其礼义并非不能改变的圣物，先王的所作所为、礼义的宗法原则也都不是千古不变的教条，他是我国历史上最早反对礼治的思想家。邓析与郑国的执政子产都属于当时的革新派，但他们的思想主张并不完全一致。邓析曾经"数难子产之政"，甚至对于子产的铸刑书和郑国法律也"悬书"批评，并自编了一套更能适应社会变革和新兴地主阶级要求的成文法，将其刻在竹简上，人称"竹刑"。因他主张刑法公开化，引发贵族不满，对当时的统治者造成严重威胁，郑国执政驷颛就杀掉了邓析。《左传·定公九年》载："郑驷颛杀邓析，而用其竹刑。"他们杀其人而用其法，可见其竹刑的合理性。

申不害（约前 385—前 337），郑国京（今河南荥阳）人，战国时期著名的思想家，是法家中主张"术治"的代表人物。韩国灭掉郑国后，韩昭侯重用申不害为丞相，在韩国主持改革，他"修术行道"，"内修政教，外应诸侯"，帮助韩昭侯推行"法"治和"术"治，使韩国君主专制得到加强，国内政局得到稳定，贵族特权受到限制，百姓生活渐趋富裕，史称"终申子之身，国

---

[1]〔宋〕陈景元：《列子冲虚至德真经释文序》，《列子集释》，中华书局，1979 年。

治兵强，无侵韩者"①。申不害之"术"，其核心包括两个方面：一是任免、监督、考核臣下之术，史称"阳术"。二是驾驭臣下、防范百官之术，史称"阴术"。申不害之"术"主要是讲国君如何控制大臣、百官，是君主驾驭臣下的手腕、手法，也就是权术。申不害以术治国，巩固了韩国的政权，使地处嵩山地区的韩国跻身战国七雄之列。申不害之术，在中国历史上有重要影响，成为后世帝王的统治之术。

韩非（约前280—前233），韩国阳翟（今河南禹州）人，是战国末期带有唯物主义色彩的思想家。司马迁在《史记·老子韩非列传》中说："韩非者，韩之诸公子也。喜刑名法术之学……悲廉直不容于邪枉之臣，观往者得失之变，故作《孤愤》《五蠹》《内外储》《说林》《说难》十余万言。"韩非总结了商鞅、申不害和慎到的思想，形成了以法为中心的法、术、势相结合的政治思想体系，被称为法家之集大成者。他认为在"法""术""势"三者之间，"法"是根本，"势"是基本前提，"术"是执行"法"的必要方法。韩非"法""术""势"相结合的理论，达到了先秦法家理论的最高峰。韩非思想中还有不少辩证法的因素，在中国哲学史上第一次提出了"矛盾"的概念。韩非的法家思想为秦国统一六国提供了理论武器，帮助秦始皇建立了中国第一个中央集权的帝国，也为以后的封建专制制度提供了理论根据，对后世有着极其重要的影响。

苏秦（？—前284），字季子，战国时期东周洛阳（今河南洛阳东）乘轩里人，是与张仪齐名的纵横家。年轻时，曾在嵩山南麓阳城随鬼谷子学习纵横捭阖之术。苏秦曾合纵天下，身佩六国相印，可谓"一怒而诸侯惧，安居而天下熄"②。苏秦在战国晚期名声颇大，《战国策》一书曾评价其合纵策略说："不费斗粮，未烦一兵，未战一士，未绝一语，未折一矢，诸侯相亲，贤于兄弟。"《荀子·臣道》把"齐之苏秦"和"楚之州侯""秦之张仪"相提并论。嵩山北麓巩义鲁庄镇苏家庄现有苏秦和其弟苏代、苏厉的墓地。

玄奘（602—664），俗姓陈，名祎，洛州缑氏（今河南偃师缑氏镇）

①《史记》卷63《老子韩非列传》。
②《孟子·滕文公下》。

第九章 群星璀璨：嵩山大英杰

人，唐代著名高僧、旅行家、翻译家，称"三藏法师"，俗称"唐僧"。少时家贫，随兄陈素即著名的长捷法师出家东都净土寺，经常在东都慧日道场听高僧讲解佛经。唐武德五年（622），玄奘20岁时，就为众多学问高深的僧徒讲解《阿毗昙心论》，当时人们都将他看作神人。贞观三年（629），他前往天竺取经，17年后，玄奘携经657部回到长安，唐太宗亲自召见。他请求翻译自己带回的佛经，唐太宗即命梁国公房玄龄专门负责监护翻译工作，所需物资由国家供给。后来，玄奘希望回少林寺译经，但唐高宗没有同意，而让他居住在为皇太子建造的西明寺及玉华寺，最后圆寂于玉华寺。现在，嵩山北麓偃师缑氏建有唐僧寺。

程颢（1032—1085），字伯淳，世称明道先生。程颐（1033—1107），字正叔，号伊川，世称伊川先生，兄弟二人并称"二程"。洛阳（今河南洛阳）人，北宋著名思想家和教育家，洛学的创始人，理学的奠基者。二程兄弟一生都以继承儒家道统为要务，所创建的"天理"学说在中国古代思想史上具有重要地位，并受到了后世历代封建王朝的尊崇，以至逐步演变成为我国古代封建社会后期近千年占有统治地位的思想。二程曾长期讲学于嵩阳书院，使嵩阳书院成为理学的传播中心。"嵩阳书院，宋藏经处，两程夫子置散投闲与群弟子讲学地也。"[①] 宋神宗熙宁二年（1069），程珦管勾西京嵩山崇福宫，程颢、程颐随父至任所。熙宁五年（1072），二程曾于嵩阳书院讲学，杨时学成回南方时，程颢望着其背影感叹道："吾道南矣。"在嵩阳书院讲学期间，二程建立起了自己的理学体系。元祐七年（1092），程颐管勾崇福宫，讲学于嵩阳书院，杨时又前来求教，遂产生了著名典故"程门立雪"。二程在嵩阳书院讲学时，还为嵩阳书院制定学制、教养、考察等规条。程颐现存有《游嵩山》《童童题王子晋》等诗四首。嵩山西部的嵩县有二程故里，伊川县有二程葬地程园。登封东华镇程窑村建有二程祠堂，明代登封县令丁应泰为之拨祭田18亩。

耿介（1623—1693），河南登封西南街人，字介石，号逸庵，

[①]〔清〕耿介：《嵩阳书院志》，中州古籍出版社，2003年。

清代著名理学家、教育家，人称"嵩阳先生"。耿介与冉觐祖、李来章并称"中州三君子"。著有《敬恕堂文集》《中州道学编》《理学要旨》《孝经易知》《理学正宗》《嵩阳书院志》等。耿介与登封知县张壎合作，修复了嵩阳书院，并自任院长，在嵩阳书院建先贤祠，祭祀二程和朱熹，后又建丽泽堂、观善堂、博约斋、敬义斋、仁智亭、川上亭等，大大改变了嵩阳书院的面貌。在他担任院长期间，嵩阳书院文风大振，进士景日昣、乔崑、傅树崇，举人郭英、赵俊、王又弼、谢昌等皆出其门。耿介主张"法天、主敬、体仁、行孝"，以"敬""恕"为立身行事之本，主张"孝弟乃为仁之本""中仁诚一，天理也"，制定《为学六则》《敬恕堂学规》《辅仁会约》，强调立志、存养、穷理、力行、虚心、有恒，主张"为学要随处体认天理，而以主敬为功夫"[①]。在嵩阳书院内保存有耿介墓碑和其所撰的《百思箴并序》《创建嵩阳书院专祀程朱子记》等碑刻。

二、活动于大嵩山地区的思想家

先秦时期，大嵩山地区除孕育了法家、道家外，还滋养了纵横家、儒家、墨家等。活动于嵩山地区的老子、鬼谷子、苏秦就是其中杰出的代表。秦汉以降，尤其是佛教传入中国后和道教创立初期，有不少宗教思想家活动于嵩山地区，嵩山地区遂成为佛教的重要传播基地，并孕育了中国化的佛教——禅宗；同时，嵩山地区也是道教的发源地和传播中心。禅宗初祖达摩、道教创教人张道陵、道教改革家寇谦之是活动于大嵩山地区的思想家中最杰出的代表。

老子，姓李，名耳，字伯阳，又称老聃，春秋时期楚国苦县（今河南鹿邑东）厉乡曲仁里人，与孔子、慧能并称中国古代三大思想家，与庄子并称"老庄"。其著作《道德经》与《周易》《论语》被认为是对中国人影响最深远的三部思想巨著。老子中年时在东周王室任守藏史之职，掌管周王朝的图书典籍，是周王朝的史官。其道家思想主要形成于嵩山北麓的东周都城洛阳。《汉书·艺文志》说："道

① 〔清〕耿介：《敬恕堂文集》，中州古籍出版社，2005年。

家者流，盖出于史官。"金德建《老聃学说出于史官考》认为："老聃学说的来历，大约是因为做周史的缘故。"《史记·老子韩非列传》载：老子"居周久之，见周之衰，乃遂去。至关，关令尹喜曰：'子将隐矣，强为我著书。'于是老子乃著书上下篇，言道德之意五千余言而去，莫知其所终"。而古代也有据王子年《拾遗记》认为老子是在嵩山撰写《道德经》的，傅梅《嵩书》记载嵩山金壶峰即因老子在此撰著《道德经》而得名。作为中国思想史上的重要人物，其著作《道德经》提出了一个以道为核心的思想体系，具有丰富的朴素的辩证法思想，后被道教奉为主要经典，称为《道德真经》。

鬼谷子，姓王，名诩，相传战国时楚人。隐于嵩山脚下阳城的清谷，常入嵩山、云梦山采药修道。鬼谷子为纵横家之鼻祖，孙膑、庞涓、苏秦、张仪、毛遂、尉缭子为其最杰出的几个弟子。鬼谷子的主要著作有《鬼谷子》及《本经阴符七术》。嵩山南麓的登封、汝阳等地皆有鬼谷子讲学的遗迹。南北朝时期南宋的裴骃在《史记集解》中引东晋学者徐广的话说："颍川阳城有鬼谷，盖是其人所居，因以为号。"唐朝李吉甫《元和郡县志》中说得更具体："鬼谷在告成县北，即六国时鬼谷先生所居也。"宋代的王应麟《玉海》引《史记正义》说："鬼谷，谷名。在洛州阳城县北五里。"钱穆《史记地名考》："阳城鬼谷今登封县东南，相传为战国时鬼谷先生所居。"战国时的阳城即颍川阳城，唐代改名为告成，因此，鬼谷洞当在嵩山脚下登封告成镇。

达摩，南天竺国香至王第三世子，后皈依第二十七代祖师般若多罗。北魏孝昌三年（527）从海路到达中国，因与梁武帝萧衍佛教见解不同，遂"一苇渡江"，"游化嵩洛"来到了少林寺，并在五乳峰顶的山洞中面壁修行。他根据《楞伽经》的大乘禅法理论，结合当时北魏的社会状况，初创了以"静坐修身"为主要修行方法的学说，号称"壁观婆罗门"，即"外息诸缘，内心无喘，心如墙壁，可以入道"。其禅学的精髓是"壁观"和"四行"。"壁观"又称"理入"，要求参禅者，必须对教义有真正彻底的理解，要通过凝住安心，外止诸缘，内心无喘，心如墙壁，悟入实相，从而达到无自无他，凡圣等一，与道冥符，寂然无为的境界。这种方法偏重于理论思考，也叫作"藉教悟宗"。"四行"就是"行入"，是指参禅者在修炼中，一定要完全按教义规定行事，属于日常行事的实践，具体内容有报怨行（逢苦不忧）、随缘行（遇乐不喜）、无所求行（有求皆苦，无求乃乐）和称法行四种。菩提达摩的这种参修方法简便易得，为佛教禅法在中国的大传播开创了新路子，并被尊为禅宗初祖，少林寺亦被尊为禅宗祖庭。嵩山五乳峰上有达摩面壁洞，宋代时，为纪念达摩面壁而在少林寺西北建有面壁庵，即今初祖庵。现在，少林寺还保存有《达摩只履西归画像碑》《一苇渡江图碑》《重建达摩大师碑叙》等碑刻。

张道陵（34—156），东汉沛国丰人（今江苏丰县），本名张陵。他曾在洛阳太学读书，中"贤良方正极言直谏科"后任巴郡江州（今重庆市）令。汉明帝末年，张道陵辞去江州令职，北上嵩洛，隐居北邙山中，潜心修习黄老长生之道。后来，他又在中岳嵩山修道九年，"一天，有位白衣使者，不期而至，告诉张陵说：'嵩山中峰有座石室，石室之中藏有三皇内文和黄帝九鼎丹经，依之修炼者可以升仙。'于是张陵斋戒七日，进了石室……果然找到了所藏丹书"[①]。后来，道术高超的他听说蜀中多名山仙药，古代曾是神仙高真聚会之地，民风又淳朴，易于教化，于是就决定离开嵩山到蜀地传教。张道陵尊奉老子为教祖，以《老子五千文》为主要经典，又作了《老子想尔注》阐扬道教教义，以"道"为最高信仰，称"道"即是"一"，"一散形为气，聚形为太上老君"。他创立的五斗米道是中国第一次出现有纲领有组织的教团，所以被称为中国道教创教人。

寇谦之（365—448），字辅真，上谷昌平（今北京昌平区）人，北魏著名道士。"早好仙道，有绝俗之心；少修张鲁之术，服食饵药，历年无效。"[②] 于是，他和成公兴在嵩山修道，"守志嵩岳，精专不懈"[③]，后招收弟子，讲经施术，弘扬道教。北魏明元帝神瑞二年（415），寇谦之在嵩山石室托言太上老君在仙人玉女护拥

[①] 褚亚丁、杨丽：《道教故事》，四川美术出版社，1999年。
[②]《魏书》卷114《释老志》。
[③]《魏书》卷114《释老志》。

第九章 群星璀璨：嵩山大英杰

及百灵导从之下，降临嵩山，告诉他说："往辛亥年，嵩岳镇灵集仙宫主，表天曹，称自天师张陵去世已来，地上旷诚，修善之人，无所师授。嵩岳道士上谷寇谦之，立身直理，行合自然，才任轨范，首处师位，吾故来观汝，授汝天师之位，赐汝《云中音诵新科之诫》二十卷。……汝宣吾《新科》，清整道教，除去三张伪法，租米钱税，及男女合气之术。大道清虚，岂有斯事。专以礼度为首，而加之以服食闭练。"[①] 自此，寇谦之开始对"天师道"进行整顿，摒弃被农民起义利用的教义和制度，主张兼修儒教，并佐国扶命，臣忠子孝，夫信妇贞，兄敬弟顺，安贫乐道，信守五常，使天师道以新的面貌在世间传播。泰常八年（423），寇谦之又称老君之玄孙李谱文降临嵩岳，面授他为太真太室九州真师，并授以《箓图真经》60卷，使其"奉持辅佐泰平真君，建立静轮天宫，沟通人神"。这样，寇谦之以中岳嵩山为基地，对东汉末年张道陵开创的天师道实行改革，故称新天师道，后称北天师道。经过改革后的新天师道，由于符合北魏统治者的需要，得到了北魏太武帝拓跋焘及左光禄司徒崔浩的支持。太武帝下令为寇谦之师徒在京城东南（象征嵩山）修建了五层高的道坛，遵其新经之制，取名"玄都坛"，住道士120人，朝廷供给衣食。太延六年（440），寇谦之为太武帝祈福于嵩山，并称太上老君复降，授太武帝以太平真君之号，帝信之，遂改元太平真君元年。后又从寇谦之所请，亲自至道坛受符箓，并正式封寇谦之为国师。关于寇谦之在嵩山的活动，《魏书·释老志》《历世真仙华道通鉴》中也均有记载。记载寇谦之改革的《中岳嵩高灵庙碑》至今还矗立于中岳庙中，崇福宫现在亦保存有《寇谦之传》碑。

[①]《魏书》卷114《释老志》。

第二节　政治家与嵩山

嵩山位居"天地之中",地处洛阳、开封之间,素有"一肩挑两京"之说。由于独特的地理优势和人文环境,嵩山地区遂成为影响中国历史进程的政治中心。司马迁《史记·封禅书》载:"昔三代之居皆在河洛之间,故嵩高为中岳,而四岳各如其方。"《史记·货殖列传》载:"夫三河在天下之中,若鼎足,王者所更居也,建国各数百千岁。"诚如司马迁所言,黄帝都有熊、禹都阳城、夏代后期都城斟鄩,商都郑亳、西亳,东周都城洛邑,皆在嵩山地区。从东汉到北宋,嵩山仍是最重要的建都之地。五岳代表着江山社稷,中岳嵩山在中国历史上具有举足轻重的作用,不仅与中国历史风云紧密相连,而且与历史上有重大影响的政治事件密切相关,一定程度上影响了中国历史的进程。作为中国古代早期的政治中心,嵩山地区孕育或荟萃了一大批杰出的政治家。

一、出生于大嵩山地区的政治家

先秦时期,出生于嵩山地区的大禹、管仲、子产、吕不韦等,在历史上皆有重大影响。秦汉以后,大嵩山地区又诞生了一大批杰出的政治家,张良、杜密、吕蒙正、高拱是其杰出代表,他们的人格魅力和政治业绩,被后世传为美谈。

黄帝,姓公孙,一说姓姬,号轩辕氏,河南新郑人。居镮辕之丘,建都于有熊(今河南新郑),亦称有熊氏,是远古华夏部落联盟首领,五帝之首,被尊为中华人文始祖。史载黄帝因有土德之瑞,故号黄帝。黄帝与炎帝结盟,打败蚩尤,统一华夏部落,奠定天下后,制定职官制度,中央职官都以云为名号,管宗族事务的称青云,

第九章 群星璀璨：嵩山大英杰

管军事的称缙云等，又"置左右大监，监于万国"。黄帝对各级官员提出"六禁重"，即"声禁重、色禁重、衣禁重、香禁重、味禁重、室禁重"，要求官员节简朴素，反对奢靡。黄帝提出以德治国，"修德振兵"，以"德"施天下，一道修德，惟仁是行，修德立义。黄帝在位期间，播百谷草木，大力发展生产，始制衣冠、建舟车、制音律、创医学、制历法等。史籍中有很多黄帝活动于大嵩山地区的记载。《列子·黄帝篇》：黄帝"昼寝而梦，游于华胥氏之国"。《庄子·徐无鬼》："黄帝将见大隗乎具茨之山。"《史记·封禅书》："中国华山、首山、太室、泰山、东莱，此五山黄帝之所常游，与神会。"《水经注·溴水》："黄帝登具茨之山，升于洪堤上，受《神芝图》于华盖童子，即是山也。"

大禹，名文命，姒姓，河南登封人，是黄帝、颛顼的后裔。大禹是我国奴隶制社会第一个王朝——夏朝的建立者和开国君主。他生长于嵩山，家居于登封，治水于嵩山，建都于阳城，一生和嵩山关系非常密切。由于治水的丰功伟绩，舜封大禹为夏伯，封地在今河南登封、禹州一带，并确定禹为其继承人。"十五年，帝命夏后有事于太室"[①]，以告治水成功。舜在确定大禹为继承人十七年后而崩，大禹避舜之子商均于家乡登封的阳城，天下诸侯都到阳城朝拜大禹，于是大禹遂即天子位，定都阳城，开创了中国历史上第一个奴隶制王朝——夏朝。为纪念大禹治水的功绩，后人修建了启母庙和少姨庙，东汉延光二年（123），颍川太守朱宠在启母庙、少姨庙前又修建了神道阙，即启母阙和少室阙。启母阙阙铭记载了大禹及其父鲧治水的故事，赞扬了启母的功绩。汉三阙上皆雕刻有画像，与大禹有关的有鲧画像、大禹化熊、启母化石等。大禹在嵩山周围还留下了很多遗迹，如禹都阳城王城岗遗址、禹王庙、镮辕关、伊阙、洛出书处、禹王锁蛟井、禹洞等70多处，还留下了70多个动人的传说故事，最有名的故事就是启母石和禹王锁蛟的故事。《尔雅》称嵩山主体太室山和少室山的得名就和大禹有关。因登封大禹文化文献记载确凿，考古成果丰硕，文化胜迹众多，民间文化厚重，

[①] 张玉春：《竹书纪年译注》，黑龙江人民出版社，2003年。

传承脉络清晰,中国民间文艺家协会2008年1月2日命名登封为"中国大禹文化之乡"。2011年12月,登封大禹神话传说被列入河南省省级非物质文化遗产扩展项目名录。

管仲(?—前645),名夷吾,字仲,颍上(今河南登封)人,春秋初期伟大的政治家、改革家,法家思想的先驱人物。管仲辅佐齐桓公治理齐国40年,在"尊王攘夷"的口号下,实行改革,富国强兵,"九合诸侯,一匡天下",使齐国成为春秋时期的第一个霸主。管仲认为"仓廪实则知礼节,衣食足则知荣辱"[1],并把礼、义、廉、耻看作国之四维,认为"四维不张,国乃灭亡"[2]。孔子曾盛赞"管仲相桓公,霸诸侯,一匡天下,民到于今受其赐。微管仲,吾其被发左衽矣"[3]。管仲的功业和思想对中国后世的政治有很大的影响。管仲的思想和实践为法家学说的创立提供了前提和依据,因此后世的法家都以管仲为宗,有学者把《管子》书中的法家思想称为齐法家思想[4]。管仲被称为春秋第一贤相,是历史上宰相的楷模之一。2005年,管仲被评为登封市十大历史名人。明代嘉靖本《登封县志》即把管仲列为乡贤,管仲也被供奉在登封县学乡贤祠。明代唐枢在其《嵩游记》中也有"乃入登封县,访管仲、颍考叔旧里"[5]的记载。

子产(?—前522),名侨,字子产;居东里,也称"东里子产"。春秋时期郑国(今河南新郑)人,著名的政治家和思想家。子产在郑国执政26年,在郑国进行了一系列政治、经济、法律等方面的改革,实行富国强兵的政策,对外采取灵活巧妙的外交策略,同大国周旋,使郑国由乱到治,由弱变强。子产在郑国主要实行作封洫、作丘赋、铸刑书等一系列改革。子产的铸刑书,为我国最早的成文法律。子产推行法治,宽猛相济,安抚百姓,抑制强宗,保持国内政局长期稳定。《史记》载:"为相一年,竖子不戏狎,斑白不提挈,僮子不犁畔。二年,市不豫贾。三年,门不夜关,道不拾遗。四年,田器不归。五年,士无尺籍,丧期不令而治。"[6]孔子高度评价子产说:"有君子之道四焉:其行己也恭,其事上也敬,其养

[1]《管子·牧民》。
[2]《管子·牧民》。
[3]《论语·宪问》。
[4] 冯友兰:《中国哲学史新编》,人民出版社,1962年。
[5] 裴松宪、常松木:《嵩山散文选》,大众文艺出版社,2012年。
[6]《史记》卷119《循吏列传》。

民也惠,其使民也义。"① 所以子产死时,"丁壮号哭,老人儿啼,曰:'子产去我死乎! 民将安归?'"② 《贾氏说林》载:"子产死,家无余财,子不能葬,国人哀亡。丈夫舍玦佩,妇人舍珠玉以赠之,金银珍宝不可胜计。其子不受,自负土葬于邢山。"孔子听说后,曰:"古之遗爱也。"郑州市的金水河就是因其死后他儿子将人们馈赠的金银财宝倒入河中而得名的。子产墓位于河南省新郑市西南17公里陉山顶上,据《新郑县志》载:"子产墓累石为方坟,东有庙。"

吕不韦(? —前235),阳翟(今河南禹州)人。《史记》载:"吕不韦者,阳翟大贾人也。"他是战国末年著名政治家、思想家,是杂家思想之集大成者。公元前249年,秦庄襄王即位,以吕不韦为相国,封文信侯,食邑河南洛阳十万户。三年后,庄襄王卒,年幼的太子嬴政立为王,尊吕不韦为"仲父",由吕不韦辅政。吕不韦任相国的第一年,亲自率兵灭掉东周,将其地并入秦国,设置三川郡;并派蒙骜率兵攻韩,攻占了成皋和荥阳,打通了通向东方各国的战略通道,并进而攻占魏、赵城池37座,设置了太原郡和东郡。在政治上,吕不韦注意起用老臣宿将,如蔡泽、王龁、蒙骜等,使他们在兼并战争中发挥了重要作用。吕不韦卓越的政治才干,为秦统一六国奠定了基础。吕不韦主持编撰的《吕氏春秋》在中国文化史上具有深远的影响。吕不韦后被免除相国之职,回到其封地河南(今河南洛阳),而门生故旧前往朝拜者络绎不绝,秦王嬴政担心生变,下令将吕不韦举家流放蜀地,吕不韦担心被诛杀,于是饮鸩自尽。吕不韦葬于嵩山北麓今偃师市蔡庄乡大冢头村,而《魏书·地理志》载:"阳翟有吕不韦墓。"

张良(? —前189或前190),字子房,颍川城父(今河南襄城西南)人,秦末汉初杰出的政治家,与韩信、萧何并称为"汉初三杰"。后世敬其谋略出众,称其为"谋圣"。《史记·留侯世家》载:"沛公之从雒阳南出轘辕,良引兵从沛公,下韩十余城,击破杨熊军。沛公乃令韩王成留守阳翟,与良俱南,攻下宛,西入武关。"

①《论语·公冶长》。
②《史记》卷119《循吏列传》。

张良在辅佐刘邦时，显示出超人的卓识远见和智谋，"鸿门宴""借箸阻封""虚惠抚韩信"，关键时刻多次用奇计救刘邦于危难，又以出色的智谋，协助汉高祖刘邦在楚汉战争中最终夺得天下。汉高祖六年（前201），刘邦欲封张良为齐侯，食邑三万户，张良深知"狡兔死，走狗烹；飞鸟尽，良弓藏；敌国破，谋臣亡"的道理，坚决推辞："臣愿封留足矣，不敢当三万户。"①遂被封为留侯。张良作为一名伟大的政治家，历代对其皆有很高的评价。汉高祖刘邦云："夫运筹策帷帐之中，决胜于千里之外，吾不如子房。……此三者，皆人杰也，吾能用之，此吾所以取天下也。"②诸葛亮云："仰其像不威，然运筹帷幄，决胜千里，成帝王之师。"③今禹州城东颍河东岸有张良洞，登封君召乡有张良沟。相传张良晚年隐居嵩山少室山下，今登封大金店镇王上村下清微宫存有明代碑刻《重修下清微宫记》，碑载："少室之阳有道宫曰上清微，传为汉留侯谢绝世事辟谷于此，是有十方道场之名。"

杜密（？—169），字周甫，东汉颍川阳城（今河南登封告成镇）人。杜密与李膺齐名，时人并称其为"李杜"，被列为"八俊"之一。2005年，杜密被评为登封市十大历史名人。杜密历任代郡太守、太山太守、北海相、尚书令、河南尹等职。杜密一生清正廉洁，执法严明，且知人善任，著名经学大师郑玄就是他发现并为其提供学习机会的。党锢之祸起，杜密被罢免归本郡阳城。灵帝时，太傅陈蕃辅政，复为太仆，党锢之祸再起，遂自杀身亡，时人称誉其为"天下良辅杜周甫"。

吕蒙正（946—1011），字圣功，北宋河南（今河南洛阳）人，著名政治家。太平兴国二年（977）举进士第一，至道元年（995），诏令吕蒙正以右仆射身份出任河南府通判兼西京留守。吕蒙正在太宗、真宗时三任宰相，以敢言著称。脱脱《宋史》载："蒙正质厚宽简，有重望，以正道自持。遇事敢言，每论时政，有未允者，必固称不可，上嘉其无隐。赵普开国元老，蒙正后进，历官一纪，遂同相位，普甚推许之。"④少年时，吕蒙正与母亲生活非常困苦，

①《史记》卷55《留侯世家》。
②《史记》卷8《高祖本纪》。
③2006年2月，河南郏县李口镇张店村出土了一块红石石刻。经过清理发现，在这块未经打磨的自然石面上，有6行57个字："亮携元直，建安六年春，踏贤宗。观地势不严，然清静秀逸，乃龙凤之地。拜留侯，仰其像不威，然运筹帷幄，决胜千里，成帝王之师。吾辈叹之、敬之、效之。"
④《宋史》卷265《吕蒙正传》。

第九章　群星璀璨：嵩山大英杰

但是他发愤读书，欲博取功名。《邵氏闻见录》载："吕文穆公讳蒙正，微时于洛阳之龙门利涉院土室（土窑，也就是寒窑）中，与温仲舒读书。其室中，今有画像……（吕蒙正）状元及第，位至宰相。"今偃师有吕蒙正读书的寒窑。吕蒙正墓在洛阳金石乡奉先里，一说在尉氏县朱曲乡北二里小寨村。据《洧川县志》载："蒙正流寓于洧，在此苦读……卒谥文穆，葬于洧，建有祠堂，春秋致祭。""吕祠爽秋"为洧州八景之一。

高拱（1512—1578），字肃卿，别号中玄子，河南新郑人。明嘉靖四十五年（1566），高拱晋升文渊阁大学士，参与议决国家军政大事。隆庆三年（1569），任中极殿大学士兼吏部尚书，成为内阁首辅，开始了包括吏治、法治、军事等方面的改革，成为"隆万改革"的开创者和奠基人。高拱的改革对于明王朝的重振起到了很大作用，为张居正的改革打下了坚实基础。后人对其改革评价颇高，郭正域认为："嘉隆之际，相臣身任天下之重，行谊方刚，事业光显者，无如新郑高公。"[1]万历六年（1578），高拱病死，享年67岁，葬在今新郑阁老坟村。

二、活动于大嵩山地区的政治家

活动于大嵩山地区的周公、汉武帝、魏孝文帝、武则天、狄仁杰、李泌、司马光等，为朝代的兴替、政权的巩固殚精竭虑，立下了不朽功勋，很大程度上影响了中国历史的进程。

周公，姓姬，名旦，周文王的第四子，西周初年著名的政治家、军事家，后世称他为"元圣"。周公在西周创建和政权巩固中发挥了重大作用。武王伐纣时，周公作《牧誓》，号召将士们勇敢作战。周灭商后，周公提出两条治国之策：一是敬德保民，二是明德慎罚，并制定了一套礼乐制度。《礼记·明堂位》曰："六年，朝诸侯于明堂制礼作乐，颁度量，而天下大服。"周公摄政的第四年，纣王的儿子武庚勾结三监（即管叔姬鲜、蔡叔姬度和霍叔姬处）和东夷

---

[1]〔明〕郭正域：《太师高文襄公拱墓志铭》，《合并黄离草》卷24，明万历刻本。

族发动叛乱。周公奉成王之命兴师东征，历经三年，平定了叛乱，杀掉了武庚和管叔，流放了蔡叔，降霍叔为庶人，并"收殷余民"，封康叔于卫，统治商朝旧地，又封微子于宋，以续殷祀，这样诸侯都服从并以周为宗主国。为了加强对东方的统治，周公还把商朝旧民迁于成周，驻军八师以加强控制。为了加强对殷民的控制，周公决定实现武王迁都洛邑的心愿营建东都洛邑。武王认为："自洛汭延于伊汭，居阳无固，其有夏之居。我南望过于三涂，我北望过于有岳，丕愿瞻过于河，宛瞻于洛伊，无远天室。"①何尊铭文亦载："唯武王既克大邑商，则廷告于天曰：余其宅兹中国，自之乂民。"洛邑建成后，周公提出归政成王，成王不允，"周召分陕"后，周公治理东都洛邑，直至老死。据《周礼》《旧唐书》《登封县志》等记载，周公营建东都洛邑时，为测影以求地中，在全国立表五座，"中表在颍川阳城"，周公在阳城创建测影台，利用圭表之法"测土深、正日景、求地中、验四时"，测得阳城为"天地之中"，并营建了东都洛邑。周公上承尧舜，又下启孔孟，几千年来一直受到人们的崇敬，还被列入国家祀典，各地纷纷建庙祭祀，洛阳、登封皆建有周公庙。唐开元十一年（723），为保存周公测影遗制，太史监南宫说仿周公土圭旧制，换以石圭石表，这就是我们现在看到的登封周公测影台。作为西周初期杰出的政治家，周公营建洛邑，测得阳城为地中，在洛邑制礼作乐，中华儒学源于西周的礼乐文化，周公使嵩山地区成为儒学的发源地，对大嵩山文化贡献甚巨。

汉武帝刘彻（前156—前87），西汉皇帝，公元前141年即位。"秦皇汉武，唐宗宋祖"，汉武帝是中国历史上具有雄才大略的一位皇帝。元鼎六年（前111）十月，汉武帝使公孙卿候神于嵩山，公孙卿说在太室山上见到了仙人的踪迹，汉武帝就亲自巡幸缑氏山。元封元年（前110）春正月，汉武帝刘彻为候神仙求长寿之术，再次率领文武大臣来巡祭嵩山，在太室山下举行了祭祀嵩山的大礼，并由启母石东攀登嵩山，突然听到"山呼万岁"之声，汉武帝以为是中岳神在欢迎自己，便下诏令祠官增修嵩山神祠太室祠，并下令禁

① 《逸周书》卷5《度邑》。

第九章 群星璀璨：嵩山大英杰

止砍伐山中树木，以保护山林。还划山下 300 户设崇高县，负责祭祀中岳山神。诏曰："朕用事华山，至于中岳，获驳麃，见夏后启母石。翌日亲登嵩高，御史乘属，在庙旁吏卒咸闻呼万岁者三。登礼罔不答。其令祠官加增太室祠，禁无伐其草木。以山下户三百为之奉邑，名曰崇高，独给祠，复亡所与。"[1] 这就是成语"山呼万岁"的来历。因此，后人便把武帝登上的山峰称"万岁峰"。嵩山的诸多山峰如青童峰、黄盖峰、会仙峰、遇圣峰、玉人峰及嵩阳书院将军柏的得名都与汉武帝有关。汉武帝一生多次巡祭嵩山，在嵩山留下了众多的遗迹和传说，到嵩山次数在帝王中仅次于女皇武则天。他析阳城县设崇高县，是登封县治史上的具有划时代意义的大事。

魏孝文帝（467—499），名元宏，是北魏的第六代帝王。是卓越的少数民族的政治家和改革家。他迁都洛阳，恢复太学，推行汉化政策和进行均田制改革，促进了民族大融合。孝文帝一生和嵩山有很深的渊源，曾多次到嵩山祭祀、巡狩。嵩阳寺、少林寺、会善寺、嵩岳寺等许多寺院也都是在孝文帝时期兴建的。495 年，魏孝文帝为安顿"性爱幽栖，林谷是托，屡往嵩岳，高谢人世"的高僧跋陀，遂为之在少室山阴建少林寺，寺院的一切生活费用仍照旧制由朝廷供给。随后，各地慕跋陀之名者都云集于少林寺，使得少林寺成为当时佛教的一大中心。太和十九年（495），孝文帝幸嵩高，致祭中岳，并亲作《祭嵩高文》[2]。次年，魏孝文帝再次巡幸嵩山。崩后，按照生前遗愿，葬在嵩山北麓的邙山长陵。

武则天（624—705），唐高宗皇后，并州文水（今山西文水东）人，是中国历史上唯一的女皇帝。她上承贞观之治，下启开元盛世，是一位杰出的政治家。690 年，武则天称帝，改唐为"周"，史称"武周"。武则天是中国历史上唯一封禅中岳嵩山的封建帝王，与嵩山关系密切，至少八次驾临嵩山，把嵩山作为其实现政治抱负的精神寄托。调露二年（680）二月、永淳二年（683）正月、弘道元年（683）七月，武则天随唐高宗三次临幸嵩山，亲谒少姨庙、嵩阳观、启母庙、奉天宫、少林寺，遣使祭嵩岳、少室、箕山、具茨

---

[1] 《汉书》卷 6《武帝纪》。
[2] 〔清〕景日昣：《嵩岳庙史》，中州古籍出版社，2003 年。

山等。天册万岁元年腊月（696年1月），武则天封禅嵩山，大赦天下，免除了天下百姓当年的租税，并改元万岁登封，改嵩阳县为登封县，改阳城县为告成县，此两地名一直沿用至今。武则天还以封禅日为嵩岳神祇所佑，遂尊神岳天中王为神岳天中皇帝，天灵妃为天中皇后，夏后启为齐圣皇帝，封启母神为玉京太后，少室阿姨神为金阙夫人，王子晋为升仙太子。圣历二年（699）春二月，武则天又幸嵩山，返程经过缑山王子晋庙时，撰文并行书了《大周升仙太子碑》。圣历三年（700）四月，武则天幸嵩山三阳宫避暑，五月癸丑，因武则天疾病康复，遂宣布大赦天下，并改元久视，大宴群臣于石淙河，并命随从的太子李显、相王李旦、梁王武三思、内史狄仁杰等16位随臣各赋应制游石淙诗一首，并将这些诗作刻于石壁，即石淙河摩崖题记。武则天这次游嵩山，是在嵩山停留时间最长的一次，来去长达91天。久视元年（700）腊月至次年正月，武则天幸嵩山及汝州温汤，二月返还神都。长安元年（701）夏五月，武则天再次来到嵩山三阳宫避暑，秋七月还宫。武则天给嵩山留下了众多碑刻，如《大唐天后御制诗文碑》《大唐天后御制愿文碑》《升中述志碑》《大周封中岳碑》《朝觐坛碑》《封祀坛碑》《许由庙碑》等。武则天在嵩山还留下了一件极其珍贵的文物，即"武则天金简"，上刻铭文："上言，大周国主武曌，好乐真道，长生神仙。谨诣中岳嵩高山门，投金简一通，乞三官九府除武曌罪名。太岁庚子七月甲申朔七日甲寅，小使臣胡超稽首再拜谨奏。"武则天因嵩山给予的精神力量实现了她的人生抱负，嵩山也因武则天增加了不少光辉而为后人铭记。

狄仁杰（630—700），字怀英，并州太原（今山西太原西南）人。武则天时期宰相，杰出的封建阶级政治家，后人称之为"唐室砥柱"[1]。在他身居宰相之位后，辅国安邦，对武则天弊政多所匡正，并劝武则天立李显为太子，因此被历代政治家、史学家称为有再造唐室之功的忠臣。为巩固太子李显地位，弥合李、武两家分歧，公元700年，武则天在石淙河大宴群臣，狄仁杰奉制和《夏日嵩山石

---

[1] 姜正成：《唐室砥柱——狄仁杰》，海潮出版社，2014年。

涂应制》，此诗现刻于石淙河北崖。狄仁杰病故后，武则天悲恸异常，哭泣着说"朝堂空矣"，"天夺吾国老何太早邪！"① 赠文昌右丞，谥曰文惠，并宣布废朝三日，以示哀悼。狄仁杰墓位于洛阳市东，为白马寺景区内主要胜迹之一。

李泌（722—789），字长源，京兆（治今陕西西安）人。一生爱好神仙佛道，曾隐居嵩山、衡山，有"嵩山道士"之称。他历玄宗、肃宗、代宗和德宗四朝，参与宫室大计，辅佐朝廷，运筹帷幄，表现出了政治家的高超智慧。天宝年间，当时隐居嵩山的李泌上书唐玄宗，议论时政，受到玄宗的重视，令"待诏翰林，仍东宫供奉"②。安禄山叛乱后，唐肃宗在灵武即位，想起东宫旧臣李泌，便派使者四处寻访。李泌此时正浪迹于嵩山、颍水间，遂冒险奔灵武，向肃宗陈说古今成败的奇谋，肃宗于是任命他为右相。李泌为肃宗制定了平叛的方略，反复告诫肃宗要着眼于长久，目的是要把叛军一网打尽，不留后患。但后来肃宗急功近利，坚持先收复长安，结果把叛军赶回河北，从而形成割据局面，遗患无穷。据《邺侯外传》记载，李泌在嵩山隐居时，遇见了方仙道的代表人物桓真人和羡门子，并一再告诫他："太上有法旨，因为国运中危，朝廷多艰难，应该以文武之道来佐佑人主，功及生灵，然后才能登真脱屣。"从此以后，李泌经常"绝粒咽气，修黄光谷神之要"。李泌一生充满传奇色彩，他忽隐忽仕，有20多年隐于衡山、嵩山和终南山。李泌隐居嵩山时，主要居住于颍阳，现登封颍阳镇仍有邺侯巷的地名。

司马光（1019—1086），字君实，陕州夏县（今山西夏县）人，世称"涑水先生"。著名政治家、历史学家。熙宁年间，王安石实行新法时，他以"祖宗之法不可变"为由极力反对。神宗命他知永兴军，他因病不就，乞为冗官，遂改判西京留司御史台及提举嵩山崇福宫。熙宁五年（1072），司马光到西京洛阳御史台，于洛阳尊贤坊修建了一座园子，名为"独乐园"，在这里专心编撰《资治通鉴》，其间曾在嵩阳书院讲学，而《资治通鉴》第九至二十一卷就是在嵩阳书院和崇福宫完成的。元丰年间，司马光在嵩山任崇福宫

① 《资治通鉴》卷207《唐纪二十三》。
② 《旧唐书》卷130《李泌传》。

提举时，还在崇福宫西逍遥谷买宅居住。《资治通鉴》即将编成前，司马光又上书《再乞西京留台状》："右臣先于元丰五年（1082）九月二十六日，受敕提举西京嵩山崇福宫，候满三十个月，不候替人发乘赴阙，至今月此任当满……但臣前后提举崇福宫，已经四任，坐享俸给，全无所掌，今复有求丐实自愧心，窃见西京留司御史台，及国子监，比于宫观，粗有职业。伏望圣慈，俯加矜察，特于上件两处差遣，内除授一任，庶使窃禄庇身，以养残年。则陛下爱物，曲尽始终之赐，微臣陈力两遂，公私之便。"希望继续留守西京御史台，提举嵩山崇福宫。司马光游览了嵩洛地区许多地方，写有大量嵩山的诗歌，如《新买叠石溪庄再用前韵招景仁》《叠石溪》《和景仁题崇福宫》《酬仲通初提举崇福宫见寄》《缑山引》《登封庞国博年三十八自云欲弃官隐嵩山作吏隐庵于县寺俾光赋诗勉率塞命》等。

徐世昌（1855—1939），字卜五，号菊人，又号弢斋、水竹邨人。河南卫辉人，著有《欧战后之中国》《退耕堂政书》《东三省政略》等。1914年5月，袁世凯任命徐世昌为国务卿，称徐世昌、赵尔巽、李经羲、张謇为"嵩山四友"。1918年9月，徐世昌被选为大总统，当时被政界称为"东海渔翁"。1914年，徐世昌偕同史学家赵东阶来到嵩山，由登封马庄村秀才尚汉臣（号松亭）为其导游，晚上即宿于马庄。徐世昌还为尚汉臣书写了一副对联："五岳圭棱河气势，六经根柢史精华。"①

康有为（1858—1927），因其是广东南海人，人称"南海先生"，近代著名政治家、思想家和学者。1923年腊月，康有为从关中来到洛阳，吴佩孚为尽东道主之意，特派遣亲信幕僚杨圻陪同康有为和他的门人陈重远前来中岳嵩山游览。腊月十二日到登封后，应登封耆老邀请，到明伦堂讲学，返回住所时，登上了嵩阳楼。腊月十三日晨，由杜作梅、刘长卿二人携带一本《说嵩》作向导，沿着当年汉武帝登嵩山的道路登嵩山，当晚住宿在白鹤观内，并作《投宿嵩山白鹤观》。腊月十四日登中岳绝顶峻极峰，环视箕、颍、河、洛，尽收眼底。腊月十五日下山后，游历了嵩阳书院、崇福宫。

① 河南省嵩山风景名胜区管理委员会：《嵩山志》，河南人民出版社，2007年。

腊月十六日，康有为仍然是在大雪中游览了中岳庙、告成观星台、石淙河、武则天的三阳宫遗址，下午登箕山拜谒了许由冢。这次登嵩山，他写下了大量诗歌，如《岳雪初霁夜登嵩阳楼》《嵩阳楼》《夜宿逍遥石窟》《登万岁峰午憩嵩阳书院》等。他还用诗总结这次中岳之行："好辞绝妙杨云史，孔教传经陈焕章。风高太室同登岳，冢抗箕山写让王。瞻仰周圭听淙涧，挲摩汉柏卧嵩阳。闻笛緱岭升仙去，记取祈寒游外方。"后注：癸亥腊望先后五日风紧月明大寒登嵩山，游箕山、石淙、周公庙、嵩阳书院。云史仁弟与重远同游，临行赋诗为记，下款署名"天游仕人"四字[①]。现在，康有为题写的"育英学社"刻石横额，还保存在嵩阳书院东碑廊内。

第三节 军事家与嵩山

大嵩山地区，从有记载以来，就战火频仍，兵事不断，问鼎中原、逐鹿中原、得中原者得天下，就是中原在中国古代军事史上具有重要战略地位的反映。大嵩山地区是古代西安至徐州、洛阳至荆襄、洛阳至江淮下游的重要战略通道，东汉中平元年（184），汉灵帝命大将军何进在嵩山地区设置伊阙、镮辕、虎牢、大谷等八关，拱卫都城洛阳。商汤灭夏、春秋争霸、战国争雄、陈胜起义、楚汉相争、官渡之战、隋末瓦岗军荥阳大战、初唐洛阳之战和虎牢关之战、岳飞抗金、李自成中原大战、蒋冯中原大战等具有决定性或影响历史进程的重大战争一次次在大嵩山地区展开，成就了大批杰出的将领或军事家，也使大嵩山地区在中国军事史上闪烁着耀眼的光辉。

一、出生于大嵩山地区的军事家

大嵩山地区因其重要的战略地位，战事频仍，在朝代兴替时或

[①] 孙玮、常松木主编：《历代名人与嵩山》，河南人民出版社，2009年。

民族危亡时，出生于嵩山地区的陈胜、祭遵，或揭竿而起，或挺身而出，在战争中成就了不朽的功业。

陈胜（？—前208），字涉，阳城（今河南登封告成镇）人，秦末农民起义领袖。秦二世元年（前209）七月，陈胜同吴广在大泽乡（今安徽宿州东南）起义，攻克陈县（今河南淮阳）后，被拥立为陈王，定国号为"张楚"，建立了中国历史上的第一个农民政权。陈胜提出的"伐无道，诛暴秦"①的口号，很快传遍了大江南北、黄河上下，在陈胜、吴广的影响下，英布、项梁、彭越、刘邦等人先后起兵响应。陈胜吴广起义虽然最终在秦军的镇压下失败了，但从根本上动摇了秦朝的腐朽统治，为推翻秦朝奠定了基础。刘邦追封其为"隐王"，并派30户丁役守护陈胜墓，规定按王侯待遇，每年祭祀。

祭遵（？—33），字弟孙，颍川颍阳（今属河南登封）人，东汉云台二十八将之一。祭遵带兵有方，秋毫无犯，随从刘秀平定河北。建武二年（26）春，刘秀任命祭遵为征虏将军，封颍阳侯。后来，祭遵又率兵讨伐张满、张丰、彭宠、公孙述、隗嚣等，皆大获全胜。他虽然身在军旅，但从不忘俎豆之礼，是员难得的儒将。祭遵死后，刘秀常常叹息说："安得忧国奉公之臣如祭征虏者乎！"②并亲自用太牢礼祭祀他。

二、活动于大嵩山地区的军事家

位居"天地之中"的嵩山地区，因其重要的战略地位，历来是群雄逐鹿的大舞台，白起、项羽、李世民、岳飞、王树声等军事家皆转战嵩山地区，经略中原，为他们传奇的军事生涯书写了光彩的华章。

白起（？—前257），又称公孙起，秦国郿县（今陕西眉县东）人，中国古代著名的将领、军事家，与廉颇、李牧、王翦并称为"战国四大名将"。上元元年（760），唐肃宗将白起等历史上十位武

①《史记》卷48《陈涉世家》。
②《后汉书》卷20《祭遵传》。

功卓著的名将供奉于武成王庙内,称其为"武庙十哲"。白起在大嵩山地区主要指挥了伊阙之战和华阳之战。秦昭襄王十四年(前293),韩、魏联军扼守崤函以阻秦东进,秦国的丞相魏冉推荐白起为主将,出兵攻打韩、魏两国。白起上任后采用避实击虚、先弱后强、集中兵力、各个击破的战法,率秦军主力绕至韩魏联军后方,多次击破联军分队及后方留守之军,逐渐将韩魏联军主力包围于伊阙,最终消灭韩魏联军24万人,俘虏魏将公孙喜,又渡黄河攻取韩国安邑以东到乾河的土地。伊阙之战彻底扫平秦军东进之路,白起也一战成名,因功升任国尉。秦昭襄王三十四年(前273),白起率军攻打救援韩国的赵、魏联军,大破联军于华阳(今河南新郑北),斩首13万,魏将芒卯败逃。又与赵将贾偃交战,溺毙赵卒2万人。白起平生参加大小70余战,为秦国统一六国做出了巨大的贡献。

项羽(前232—前202),名籍,字羽,号西楚霸王,下相(今江苏宿迁西南)人。中国古代农民起义领袖、著名军事家。项羽作战勇悍,长于突击,自言"身七十余战,所当者破,所击者服,未尝败北"①。楚汉相争时,项羽多次率兵在荥阳一带作战。楚汉战争之初,刘邦乘项羽羁留齐地,后方空虚,大举东进,一路上所向披靡,于当年四月进占彭城。项羽随即回师救援,大败汉军,几乎生擒刘邦,刘邦退据荥阳。此后,楚汉双方在荥阳、成皋一线长期相持。项羽虽一克荥阳(今河南荥阳东北),两夺成皋(今河南荥阳西北),迫刘邦仓皇逃遁,终因不善筹谋,不纳良策,逐渐失去优势和主动。公元前203年八月,与汉军对峙于广武的楚军粮尽,而刘邦也没能调来韩信、彭越等人的军队,无法对楚军进行最后的合围。于是,双方进行了历史上著名的"鸿沟和议",以战国时魏国所修建的运河——鸿沟为界,中分天下。项羽遂引兵东撤。公元前202年十二月,刘邦、韩信、刘贾、彭越、英布等五路大军将项羽包围于垓下(今安徽灵璧南),项羽决战失利,因无颜见江东父老而自杀。后人评价说:"嗟乎!首难者虽陈涉,灭秦者项王也。"②如今,荥阳尚有鸿沟及汉霸二王城遗址。

①《史记》卷7《项羽本纪》。
②〔清〕王源:《居业堂文集》卷10《项羽论》,《丛书集成初编》,商务印书馆,1936年。

李世民（599—649），唐代第二任皇帝，庙号太宗。唐武德三年（620）七月至次年五月，秦王李世民进军洛阳、虎牢（今河南荥阳汜水镇西）地区，以少胜多，消灭窦建德主力部队10万余人，接着又迫降了洛阳王世充的残余守军，夺取了中原的主要地区，取得"一举两克"的重大胜利。这是唐统一战争中最关键的一战，为唐朝统一大业奠定了基础。这次战争还留下了少林十三武僧救唐王的佳话，少林寺白衣殿内清代绘制的十三武僧救唐王的壁画现在犹存，已成为镇寺之宝。唐太宗李世民继位不久，就颁布诏书嘉奖少林寺，在圣旨中高度赞扬了十三棍僧救驾和助战的赫赫战功，并赐每人紫罗袈裟一袭，昙宗被封为大将军，赐给少林寺土地40顷、水碾1具。他们的名字、功绩、受封情况都被刻在了《太宗文皇帝御书碑》上。另外，少林寺还存有《太宗文皇帝教书碑》。

岳飞（1103—1142），字鹏举，谥武穆，相州汤阴（今河南汤阴）人，抗金将领、军事家。岳飞首先提出"文臣不爱钱，武臣不惜死"[①]，堪称封建社会官吏的行为典范。北宋靖康元年（1126），岳飞投军抗金，屡立战功，南宋建炎元年（1127）十二月，金军进犯孟州汜水关，宗泽即派岳飞为踏白使，让他率领五百骑兵前往侦察。岳飞在汜水关一带击败金军，被宗泽升为统领，不久又提升为统制。宗泽亡故后，岳飞按照宗泽生前的部署，率领毕进等部将，于建炎二年（1128）七月进驻西京河南府，负责保护北宋皇陵。绍兴四年（1134），岳飞率军自鄂州渡江攻郢州，最终克复了襄汉六郡，收复了唐州和信阳军，这是岳飞的第一次北伐，完成了自南宋开国八年以来第一次收复大片失地的目标。绍兴六年（1136），岳飞第二次北伐，举兵奇袭刘豫军，以部分兵力东向蔡州（今河南汝南）诱其来攻，主力自襄阳出击伊阳（今河南嵩县），收复商州、虢州等豫西、陕南大片失地。绍兴十年（1140），完颜宗弼毁宋金和约南侵，岳飞率主力北上，在郾城、颍昌诸战中击败金军主力，攻克了颍昌府和淮宁府。七月，正当岳飞行将渡河灭金时，高宗、秦桧令各路宋军回师，一天之内发出十二道金牌，命令岳家军必须班师

[①]《宋史》卷365《岳飞传》。

第九章 群星璀璨：嵩山大英杰

图 9-1 岳飞像

回鄂州。不久，岳飞父子即被秦桧以"莫须有"的罪名杀害于风波亭。如今，中岳庙两廊彩塑中，岳飞也仙班有名，与关羽等同被供奉为武曲星。登封东关、告成镇双庙村古有合祀关羽、岳飞的庙宇关岳庙。

李自成（1606—1645），陕西米脂人，明末农民起义领袖。明崇祯八年（1635），高迎祥、张献忠等十三家七十二营起义军在河南荥阳召开荥阳大会，李自成提出"分兵定向、四路攻战"方略，受到各部首领的赞同。这次大会决定兵分三路：一路经伊阳、汝州东攻郑州，然后进向豫鄂边界；一路自叶县、上蔡南围汝南，与襄阳的义军合势；一路进向归德、陈州、许州。这次大会为明末起义军向明朝发起最终的攻击做了决策上的部署。崇祯九年（1636），高迎祥战死后，他继称"闯王"，继续征战四川、甘肃、陕西一带。崇祯十二年（1639），李自成趁明军主力在四川追剿张献忠之际进入河南，收留饥民，郑廉在《豫变纪略》载李自成大赈饥民的盛况："向之朽贯红粟，贼乃借之，以出示开仓而赈饥民。远近饥民荷锄而往，应之者如流水，日夜不绝，一呼百万，而其势燎原不可扑。"自此李自成军队发展到数十万人，李自成采纳了李岩"行仁义，收人心，据河洛，取天下"[①]的主张，并提出"均田免粮"，这样，起义军得到了中原人民的拥护和支持，到处流传着"开了大门迎闯王，闯王来了不纳粮"[②]的歌谣。崇祯十四年（1641）正月，李自成攻克洛阳，同年冬，与登封农民起义领袖李际遇合兵，不久李际遇攻克登封县城，杀死了登封知县鄢廷诲和典史王大壁。崇祯十五年（1642）二月，李自成在襄城击败陕西总督汪乔年，从此"威镇河雒"[③]。十月，又在郏县击败陕西总督孙传庭，孙传庭一直逃到登封，后收拾残兵逃回陕西。崇祯十六年（1643）五月，孙传庭在崇祯的一再督促下，调集各省军队分进河南。九月，两军对垒于郏县，李自成一面动员百姓坚壁清野，使明军无法就地筹粮，一面派大将刘宗敏率万余轻骑出汝州，绕道嵩山，在白沙（今属河南伊川）截断明军粮道。孙传庭闻讯大惊，不得已回师欲打通粮道。李自成率师追击400里，一直追到孟津，大败明军，斩首4万余级。此次

---

①〔清〕戴笠、吴殳：《怀陵流寇始终录》卷13，《玄览堂丛书续集》本。
②〔清〕计六奇：《明季北略》卷23，中华书局，1984年。
③〔清〕谷应泰：《明史纪事本末》卷78《李自成之乱》，上海古籍出版社，1994年。

汝州战役是李自成与明军主力的一次决定性大会战，为其后大举北进，直至推翻明王朝奠定了基础。

王树声（1905—1974），原名王宏信，湖北麻城人。中国无产阶级革命家、军事家，中国人民解放军军械装备建设和军事科学研究事业的重要奠基人和领导人。1944年冬，毛泽东亲自点将，要王树声率领一支部队南下中原，组建河南军区，扩大豫西抗日根据地。1944年11月初，王树声和戴季英、刘子久率部由延安出发，挺进豫西，与皮定均、徐子荣的部队会师。1945年2月底，根据中共中央军委决定，成立了河南军区，王树声任司令员，戴季英任政治委员。河南军区直属中央军委，统一领导豫西的抗日斗争。王树声兵分数路，在嵩山地区跟敌人周旋，把敌人主力吸引在山里。同时，王树声还分兵在嵩山周围的临汝、伊川等地广泛开展攻势，拔除许多日伪据点，占领一些枢纽要地，使豫西大片国土得以收复。经过半年多的努力，建立起了拥有300多万人口的河南（豫西）抗日根据地。1945年8月9日，毛泽东发表《对日寇的最后一战》的声明，号召中国人民的一切抗日武装力量举行全国规模的大反攻。8月20日，王树声率军一举攻克登封县城，歼敌2000余人。接着又相继攻克密县、汜水、回郭镇等城镇，歼灭了大量敌人，收复了大片国土。

皮定均（1914—1976），安徽省金寨县人。1944年，日军为了打通大陆交通线，发动了豫湘桂战役。当时驻守河南的汤恩伯国民党部队在河南战场上大溃退，37天丢了河南38个县城，整个河南几乎全部成为沦陷区。党中央、毛泽东主席在延安做出了发展河南的战略决策，7月，由邓小平召集北方局会议，专门研究组建豫西抗日先遣支队，任命皮定均为司令员，徐子荣为政委。1944年9月5日，皮徐支队在林县郭家园举行了隆重的誓师大会，然后挥师南下，渡过黄河，9月下旬，到达登封白栗坪。到登封后，夜袭日军飞机场，解放了2万多名民工，为开辟豫西抗日根据地创造了很有利的条件。部队到达登封白栗坪后，皮定均、徐子荣主持召开了支队团级以上干部会议，决定把郑州以西、洛阳以东分为箕山、嵩山两个战略区，加强武装及政治宣传。白栗坪会议以后，即分兵四路，赴登封、密县、偃师、伊川、巩县、宜阳、临汝、荥阳、汜水等县进行政治宣传。同时，豫西先遣支队加强根据地的经济建设，开展"倒地运动"和减租减息斗争，人民抗战热情高涨。皮徐支队经过三个多月反扫荡、反清剿、反摩擦的艰苦斗争，取得很大的胜利，打击了日伪顽的嚣张气焰，先后成立了嵩山、箕山两个工委、专署和偃师、伊川、临汝、巩县、登封、荥阳、广武、汜水、禹县、密县十个抗日民主政府及伊洛办事处，并通过曹村、大冶、崔庙、佛光峪等一系列战斗，队伍发展到了 5000 多人，以嵩山为中心的豫西抗日根据地初步形成。1958 年 11 月 4 日，皮定均跟随李志民上将率领的中国人民解放军高等军事学院参观团回到登封，后写下《回到我的故乡白栗坪》一文[①]。1991 年 4 月 5 日，经中央军委同意，皮定均、徐子荣骨灰安葬于登封革命烈士纪念馆。

第四节　科学家与嵩山

大嵩山地区不仅是古代政治、经济中心，还是文化科技中心，涌现出一大批卓有成就的科学家，如以僧一行、郭守敬为代表的天文学家，以李诫为代表的建筑学家，以张仲景、孙思邈为代表的医学家等，为中国科学技术的发展做出了杰出贡献，在世界科技史上也享有盛誉。

一、出生于大嵩山地区的科学家

大嵩山地区地处南北气温带交界处，四季分明，是二十四节气的发源地，生活在这里的人们受到中原先进教育文化的影响，思维

[①] 郑州市政协文史资料委员会编：《永不忘却的记忆》，《郑州文史资料》第二十六辑，2005年。

缜密，有极强的创造力，涌现出了郑国、嵇含、孟诜、李诫等为代表的水利学家、植物学家、医学家和建筑学家。

郑国，战国末期韩国人，我国古代伟大的水利专家，曾助秦国修成著名的水利工程——郑国渠。郑国渠流经今陕西省的泾阳、三原、高陵、临潼、阎良等县（区），绵延124公里，灌溉田地约280万亩。郑国渠把泾河和洛水连接起来，为保证灌溉用的水源，郑国采用独特的"横绝"技术，通过拦堵沿途的清峪河、蚀峪河等，让河水流入新修的渠中。郑国还充分利用关中平原西北高、东南低的地形特点，使渠水由高向低实现自流灌溉。郑国渠修建之后，所灌溉的约280万亩良田，《史记》称其"关中为沃野，无凶年"，从而使关中成为天下粮仓，为秦统一六国奠定了坚实的物质基础。

嵇含（？—306），字君道，巩县（今河南巩义）人，约出生于西晋初年，对中国农业、园林、传统医学都做出了贡献。葛洪称他"一代伟器""搞亳英观，难以并驱"。嵇含儿时经常攀爬嵩山，对植物发生了兴趣。正是嵩山的植物生态使他成为一代伟大的植物学家，为了使百姓少生病，提高免疫能力，他用嵩山上的野果、野花和自己培植的蔬菜进行生物发酵，做了一种果汁，应该说是世界上最早的饮料——罗汉佛脂液。嵇含博学多识，善于观察，勤于收集，他将岭南的各类植物，根据属性不同分为草、木、果、竹4大类80种，并详加叙述，编成了《南方草木状》一书，是世界上最早的区域植物志，比西方植物学专著要早1000多年[①]。

孟诜（621—713），汝州梁县（今河南汝州）人，被誉为世界食疗学的鼻祖。唐神龙年间（705—707），孟诜致仕归嵩山南麓的伊阳山中，日以药饵为事，常在山里采集草药，济世救人。他还用白帛浸于黄疸患者尿中，晾干并按日推列对比，以观察黄疸病的疗效。孟诜在医疗实践中，十分重视医方的收集和饮食疗法。他收集本草食物200余种，并分析食性，论述功用，记述禁忌，鉴别异同，其基本原理与现代营养学几相一致。孟诜论述以食治病，所列食物多为人们常用的谷物、酱菜、果品和肉类等。其著作《食疗本草》

[①] 王振江等：《史话巩义》，中州古籍出版社，2012年。

是世界现存最早的饮食疗法专著,是唐代一部总结性食疗本草专著。

李诫(?—1110),字明仲,郑州管城县(今河南郑州)人。宋绍圣四年(1097),李诫受命编修《营造法式》,徽宗崇宁二年(1103)颁行,成为当时官方建筑的规范。《营造法式》是我国古代建筑科学原理和宝贵经验的总结,堪称中国古代建筑的百科全书。书中提出了一整套木构架建筑的模数制设计方法,规定凡设计和建造房屋都要以"材"作为依据,"材"有8个等级,可以按房屋的种类和规模来选用。我国古代的技术书籍,多重文字,很少图样,而《营造法式》不仅内容十分丰富,而且附有非常珍贵的建筑图样,开创了图文并茂的一代新风。其附图共有6卷,凡是各种木制构件、屋架、雕刻、彩画、装修等都有详细图样,充分反映了我国古代工程制图学和美术工艺的高度水平。《营造法式》是中国古代最完善的土木建筑工程著作之一,是我国流传下来的古代建筑最详尽、最全面的一部建筑宏典。少林寺初祖庵是与《营造法式》颁布时间和地域关系最接近的古建筑。位于河南省新郑市龙湖镇梅山脚下的李诫墓,2006年5月26日被公布为全国重点文物保护单位。

二、活动于大嵩山地区的科学家

大嵩山地区以其独特的优势,对各方面的人才有强大的吸引力,蔡伦在洛阳完善造纸术,张衡、马钧等在洛阳分别发明地动仪、翻车,葛洪在大嵩山地区实现化学、医学上的突破,可为明证。而张仲景、僧一行、孙思邈、郭守敬等在嵩山地区的活动,也使嵩山地区成为中国医药、天文科技史上的里程碑。

张仲景,南阳郡(治今河南南阳)人,著名医学家,被尊为"医圣"。其《伤寒杂病论》系统地概括了"辨证施治"的理论,为我国中医病因学说和方剂学说的发展做出了重要贡献,被誉为"众方之宗、群方之祖"[①]。到了宋代,此书被分为《伤寒论》和《金匮要略》二书,与《黄帝内经》《神农本草经》并称为中医四大经典著作。《伤寒

① 〔清〕喻昌:《尚论张仲景伤寒论》,《豫章丛书》本。

杂病论》序云:"上以疗君亲之疾,下以救贫贱之厄,中以保身长全,以养其生。"这充分表现了张仲景作为医学大家的仁心仁德。张仲景在国际医药界享有崇高的声誉,日本、朝鲜称张仲景为医药先师。美国华盛顿大学医学院教授包德默给张仲景以高度的评价:"爱因斯坦创立了相对论,张仲景早在一千八百年前就已把相对论的原理运用到实践中去,张仲景是人类的骄傲。"又据《神仙传》记载,汉桓帝患了伤寒病,召张仲景入宫治疗,桓帝病愈后,封张仲景为侍中,张仲景见朝政腐败,叹曰:"君疾可愈,国病难医。"[1]遂挂冠遁去,隐居少室山。从南阳医圣祠石刻可以看出,隐居少室山是其人生的重要经历,嵩山丰富的中药材资源对其从医当有一定的影响。

孙思邈(581—682),京兆华原(今陕西铜川耀州区)人。著名医学家、道士,被后世尊奉为"药王"。孙思邈曾隐居太白山、嵩山、终南山,其所著《千金要方》,被后世奉为医学圣典。唐显庆六年(661),孙思邈开始隐居嵩山修道,其间,"初唐四杰"之一的卢照邻身患恶疾,孙思邈为其医治,使其病情好转。《太平广记》曾载释玄照赴少室山孙思邈处,请其护佑三龙召云致雨的故事。

僧一行(673或683—727),俗名张遂,魏州昌乐(今河南南乐)人,一说巨鹿(今河北巨鹿)人。唐代著名高僧,杰出的天文学家。20岁时,出家嵩山会善寺,拜普寂为师,取法名"一行"。开元年间,唐玄宗下令改历,并让其主持修订新历法。为使实地观测能得到精确数据,一行和机械制造专家梁令瓒合作创制了黄道游仪、浑天仪等大型天文观测仪器,为修订历法准备了物质、技术条件。他还主持了一次大规模的大地实测活动,这次测量的地点遍布全国,以黄河南北平原地区为中心,北到北纬51°左右的铁勒(今蒙古境内),南到南纬17°的林邑(今越南境内)。一行还派南宫说到阳城进行天文观测,为纪念周公测影旧制,把周公测影台换为石圭石表,并在石表上刻下"周公测景台"五个大字。一行根据测量结果,经过精确计算,得出了"大率三百五十一里八十步,而极差一度"[2]的结论。如果将一行算出的结果换算成现代的表示方法,就是一度为

[1]〔清〕张继宗:《神仙通鉴》,清康熙六十一年刻本。
[2]《新唐书》卷31《天文一》。

132.03 公里，这实际上是世界第一次实测子午线长度的活动，比公元 814 年阿尔马蒙实测子午线要早 90 年。开元十五年（727），在一行主持下，编撰成当时世界上最先进的历法《大衍历》。据《皇唐嵩岳少林寺碑》及《赐少林寺田牒》可知，唐玄宗"太宗文皇帝御书"七字即由一行送至少林寺刻在了碑上。

郭守敬（1231—1316），字若思，顺德邢台（今河北邢台）人，中国元朝著名的天文学家、数学家、水利学家和仪器制造家。元至元十三年（1276），元世祖迁都大都，并且采纳刘秉忠的建议，决定改订旧历，由王恂主要负责推算，郭守敬主要负责制造仪器和实际观测。郭守敬认为"历之本在于测验，而测验之器莫先仪表"[①]，遂设计和监制了高表、景符、窥几、简仪、候极仪、浑天象、玲珑仪、仰仪、立运仪、证理仪、日月食仪及星晷定时仪等。至元十六年（1279），元世祖接受了郭守敬的建议，派遣监候官 14 人分道而出，在 27 个地方进行了天文观测，这就是历史上有名的"四海测验"。登封告成观星台就是郭守敬当时所建的 27 处观测站之一。郭守敬亲自参加了从上都（多伦）、大都（北京）经河南阳城终抵南海一路的重要测验，并得出"河南府—阳城（即今河南告成镇）北极出地三十四度太弱"的观测结果。郭守敬根据"四海测验"的结果，并参考了 1000 多年的天文资料、70 多种历法，按照日月五星在太空运行的自然规律，在至元十七年（1280），编制成了《授时历》。《授时历》推算出的一个回归年为 365.2425 日，即 365 天 5 时 49 分 12 秒，与地球绕太阳公转的实际时间，只差 25.92 秒，和现在世界上通用的《格里高利历》的周期一样，但却比《格里高利历》早 300 多年。郭守敬创建的登封观星台，2010 年 8 月，被列入《世界文化遗产名录》。

朱载堉（1536—1611），字伯勤，怀庆府河内（今河南沁阳）人，明郑藩王族嫡世，被著名科技史家李约瑟尊称为"东方文艺复兴式的圣人"[②]。著有《律学新说》《算学新说》《嘉量算经》《乐律全书》等，内容涉及音乐、天文、历法、数学、舞蹈、文学等。

[①]《元史》卷 164《郭守敬传》。
[②][英]李约瑟:《中国科学技术史》，科学出版社，1975 年。

第九章　群星璀璨：嵩山大英杰

朱载堉对古代文化的最大贡献是创建了十二平均律，这是音乐学和音乐物理学的一大革命，也是世界科学史上的一大发明。李约瑟说："《乐律全书》出版于万历三十八年前后，但是早在万历十二年，他就已经证明了匀律音阶的音程可以取为二的十二次方根（即十二平均律），比欧洲人提前了数十年，这一发现彻底解决了困扰人们千年的难题，是音乐史上的重大事件。现代乐器的制造都是用十二平均律来定音的。"朱载堉和少林寺有很深的渊源。明嘉靖四十四年（1565）三月，郑藩掌国事德庆王撰《小山禅师行实碑铭》，朱载堉为之书丹并篆额，其后署"三教中人、狂仙载堉书"。此碑现存于少林寺钟楼前，碑阴便是朱载堉撰绘的《混元三教九流图赞碑》，上面刻有《混元三教九流图赞》和《混元三教九流图》，朱载堉在图赞下方钤印文"酒仙狂客""三教九流中人"[①]。

第五节　文学家与嵩山

大嵩山地区是文学的沃土，无数文学家或生长于斯，或游历于斯，留下了诸多有重要影响的文学作品。唐宋时期是嵩山地区文学最为繁荣之时，从洛阳越辕辕关而至嵩山的官道，是著名的唐宋诗歌之路，李白、韩愈、梅尧臣、范仲淹、欧阳修等皆在这条诗歌之路上吟咏出了不少名诗，而李白的《将进酒》就是这条诗歌之路最耀眼的明珠。后来，以周叙《游嵩阳记》、徐霞客《游嵩山日记》、袁宏道《嵩游记》、田雯《游太室记》为代表的明清文人的嵩山游记亦是历代散文不可或缺的名篇。

一、出生于大嵩山地区的文学家

中岳嵩山禀中和清淑之气，加之大嵩山地区长期位于京畿之地，

[①] 孙玮、常松木：《历代名人与嵩山》，河南人民出版社，2009年。

文化发达，受其浸润，诞生、孕育了列子、韩非、贾谊、潘岳、杜甫、白居易、李颀、元稹、刘禹锡、李商隐等一大批彪炳千古的文学家，他们创作的诗文是中国文学的宝贵财富，同时也极大地丰富和提升了大嵩山的文化内涵。

潘岳（247—300），字安仁，俗称潘安，西晋文学家，荥阳中牟（今河南中牟）人。潘安与陆机常常并称，史称"陆才如海，潘才如江"[①]，与其侄潘尼合称"二潘"。潘安诗歌长于铺陈，造句工整，充分体现了太康文学讲究形式美的特点。代表作有《悼亡诗》《秋兴赋》《闲居赋》等。潘岳还写有《许由颂》，歌颂了隐居在登封箕山的上古高士许由的高风亮节，今巩义市有潘岳墓。

杜甫（712—770），字子美，巩县（今河南巩义）人。伟大的现实主义诗人，1961年，在斯德哥尔摩世界和平理事会上，被定为世界文化名人。杜甫一生流离失所，在故乡的时间不长，但是他始终怀念着家乡嵩山，给我们留下了著名的怀乡诗句："露从今夜白，月是故乡明。""维南有崇山，恐与川浸溜。""寄书问三川，不知家在否？""足明箕颍客，荣贵如粪土。"这些都表达了诗人对家乡的无比眷恋。杜甫直接描写嵩山的诗作，《全唐诗》中仅见《寄张十二山人彪》《龙门山》《游龙门奉先寺》等。

李颀（？—约753），唐代开元、天宝年间著名诗人，河南颍阳（今河南登封）人，长期居住于颍水之阳的东川别业，是著名的边塞诗人，和高适、岑参、王昌龄并称"高岑王李"。李攀龙在《唐诗选序》中说："七言律体，诸家所难，王维、李颀颇致其妙。"李颀写有大量有关登封、嵩山、颍水的诗歌，著名的有《不调归东川别业》《晚归东园二首》《送王道士还山》《少室雪晴送王宁》《寄焦炼师》《宋少府东溪泛舟》《缓歌行》《留别王卢二拾遗》《送刘十一》等。他"家于颍阳"[②]，《缓歌行》中"男儿立身须自强，十年闭户颍水阳"，说明他曾在家乡苦读十年。《与诸公游济渎泛舟》中"我本家颍北，开门见维嵩"，说明其家乡在颍水之北，出门就可见到中岳嵩山。

[①]〔南朝梁〕钟嵘:《诗品》卷上。
[②]〔清〕彭定求等:《全唐诗》，中华书局，1960年。

白居易（772—846），字乐天，自号香山居士，生于河南新郑，晚年居洛阳香山。唐文宗大和四年（830）十二月，白居易被任命为河南尹。大和五年（831）初秋七月，其方外友智如、神照、宗实、清闲、远禅师等邀请他同游嵩山。这一次，白居易主要游山赏景，并且重点游历了嵩山太室山东麓的九龙潭，并挥笔写下了《与诸道者同游二室至九龙潭作》。然后，他们到了嵩山峻极峰下的嵩阳观，晚上还观看了云衣霓裳舞，写下了《嵩阳观夜奏霓裳》。大和六年（832）九月，白居易同朋友们又来到了嵩山，这次他们主要游览了龙潭寺、少林寺、法王寺、嵩岳寺等，写下了著名诗篇《宿龙潭寺》《从龙潭寺至少林寺题赠同游者》《夜从法王寺下归岳寺》等。开成元年（836）初春，白居易再次到嵩山游玩，主要游历了少室山三十六峰，写有诗歌《早春题少室东岩》《看嵩洛有叹》等。后来白居易用为元稹写墓志铭的报酬复修了龙门香山寺。白居易任河南尹时，在登封大冶教民冶铁，民感激之，今登封大冶镇有香山庙奉祀他。

刘禹锡（772—842），字梦得，祖籍河南洛阳，后迁居荥阳，中唐时期杰出的政治家、哲学家、文学家，有"诗豪"之称。唐贞元六年（790），刘禹锡游学洛阳，在士林中有极高的声誉。刘禹锡后曾任汝州刺史，晚年任太子宾客，分守东都洛阳，与朋友白居易、裴度、韦庄等交游，唱和对吟，和白居易留有《刘白唱和集》《刘白吴洛寄和卷》，与白居易、裴度留有《汝洛集》等。刘禹锡写有较多与嵩山有关的诗，如《送卢处士归嵩山别业》《罢郡归洛途次山阳，留辞郭中丞使君》《酬令狐相公见寄》等。在明嘉靖、清乾隆《荥阳县志》和民国时期的《续荥阳县志》中均有刘禹锡墓在檀山的记载。

李商隐（约813—约858），字义山，号玉谿生，生于荥阳，其祖籍怀州河内（今河南沁阳），祖辈迁于嵩山北麓荥阳。晚唐著名诗人，著有《樊南文集》《玉溪生诗集》《李义山诗集》等。李商隐在《祭裴氏姊文》中说："坛山（即檀山）荥水，实惟我家。"

他和杜牧合称"小李杜",与温庭筠合称"温李"。唐大和三年(829)移家洛阳,结识白居易、令狐楚等前辈。后因处于牛李党争的夹缝之中,一生不得志。约858年,李商隐在郑州病故,葬于荥阳。在《唐诗三百首》中,李商隐的诗作占22首,数量位列第四。无题诗是李商隐独具一格的创造,也是继杜甫之后唐代七律发展史上的又一座里程碑。清代吴乔评说:"于李、杜后,能别开生路,自成一家者,唯李义山一人。"

二、活动于大嵩山地区的文学家

由于大嵩山崇高的地位,自古及今,吸引了无数文人骚客前来游历,无论是曾长期居住于嵩山地区的王维、岑参、崔曙、元好问等,长眠于嵩山地区的"三苏"、欧阳修、范仲淹等,还是前来游历嵩山的司马迁、李白、谢绛、袁宏道、徐霞客、魏源等,他们留下的描绘、歌咏嵩山的作品不仅为嵩山地区增添了耀眼的光芒,也为中国文学增添了亮丽的光彩。

司马迁(约前145或前135—?),字子长,夏阳(今陕西韩城)人。西汉史学家、文学家、思想家,其不朽的巨著《史记》被鲁迅称为"史家之绝唱,无韵之离骚"。司马迁对嵩山有着深厚的感情,不仅到过嵩山,在《史记》中还多次写到嵩山。早年游历时,司马迁到过嵩山,曾登箕山访许由冢,并说"余登箕山,其上盖有许由冢云"[①]。司马迁在其《史记》中曾屡次提及嵩山、阳城,《史记·封禅书》中说:"昔三代之居皆在河洛之间,故嵩高为中岳,而四岳各如其方。"这一句话,阐明了嵩山在五岳中的重要地位。《史记》中还有"中国华山、首山、太室、泰山、东莱,此五山,黄帝之所常游,与神会"的记载,其中的太室,即指嵩山。《史记》列传中收录了许多诞生于嵩山地区的历史名人的传记,如许由、大禹、管子、列子、韩非子、陈胜等,并对他们作出了极高的评价。

卢照邻(约630—680后),字升之,自号幽忧子,幽州范阳(今

[①]《史记》卷61《伯夷列传》。

第九章 群星璀璨：嵩山大英杰

河北涿州）人。唐代诗人，与王勃、杨炯、骆宾王并称"初唐四杰"。卢照邻晚年染风疾，先后隐居太白山、嵩山。为了治病，他写过一篇《与洛阳名流朝士乞药直书》，遍呈朝中名士，开口求乞。后来客居嵩山东龙门山时，孙思邈曾亲自为其医治。其间，卢照邻曾经以弟子的身份向孙思邈学医，在孙思邈的精心调理下，其风疾曾一度好转。最后，卢照邻移居阳翟具茨山下，买园数十亩，疏凿颍水，环绕住宅，并预建了一座坟墓，偃卧其中，后不堪病痛折磨，自投颍水而死。卢照邻在武则天封禅嵩山后，写有《登封大酺歌》四首。其墓位于禹州市无梁镇。

宋之问（约656—约713），虢州弘农（今河南灵宝）人，一说汾州（治今山西汾阳）人。初唐时期的著名诗人。与沈佺期齐名，合称"沈宋"，为近体诗定型的代表人物，后人誉为"古今排律绝唱"。一次武则天游洛阳龙门，命群臣赋诗，左史东方虬诗先成，武后赏赐锦袍。及宋之问《龙门应制》诗成奉上，"文理兼美，左右称善"，武则天夺东方虬锦袍转赐给他。宋之问曾随武则天多次游嵩山，留下了许多描述嵩山的诗歌，第一类是应制诗，如《幸少林寺应制》《幸岳寺应制》《嵩山岭应制》《嵩山石淙侍宴应制》等；第二类是叙事写景诗，如《扈从登封途中作》《扈从登封告成颂》《奉使嵩山途经缑岭》；第三类是抒怀诗，有《嵩南山九里旧鹍村作》《登逍遥楼》《缑山庙》《嵩山夜还》《嵩山天门歌》《使至嵩山寻杜四不遇》《王子乔》《下山歌》等。抒怀诗是宋之问所写嵩山诗歌中最有艺术价值的。

孟浩然（689—740），襄州襄阳（今湖北襄樊市襄阳区）人，世称孟襄阳。盛唐主要的山水田园诗人，与王维齐名，合称"王孟"。唐开元二十五年（737）冬，孟浩然与张九龄等游历嵩山，写下了著名的《陪张丞相登嵩阳楼》一诗："独步人何在？嵩阳有故楼。岁寒问耆旧，行县拥诸侯。林莽北弥望，沮漳东会流。客中遇知己，无复越乡忧。"此诗是已知最早吟咏嵩阳楼的名诗，遂使嵩阳楼成为与鹳雀楼、蓬莱阁齐名的名楼之一。

王维（701？—761），字摩诘，唐代著名诗人，有"诗佛"之称。王维的母亲崔氏，笃信佛教，师事嵩山普寂大照禅师30多年。唐开元五年（717），王维举家迁到了嵩山脚下的东溪。当时不少有名的诗人如李颀、卢鸿、崔曙等都居住在这里。家住嵩山东溪这件事在他的诗里多有记载，如《早秋山中作》中有句："无才不敢累明时，思向东溪守故篱。"《座上走笔赠薛璩慕容损》也写道："春风何豫人，令我思东溪。"王维迁家于嵩山不久，即外出求仕。开元九年（721），王维进士及第，独居异乡的他十分惦念母亲和弟弟，他写了名传千载的《九月九日忆山东兄弟》。开元十四年（726）春夏之际，王维从济州参军任上归来，并未马上任官，除奔走于长安与洛阳之间外，大部分时间都在嵩山东溪闲居。开元二十二年（734）秋，王维的弟弟王缙在登封做官，王维再次回到嵩山隐居。不久，王维在张九龄的举荐下出任右拾遗，于开元二十三年（735）三月九日离开嵩山，到洛阳赴任。王维在嵩山隐居时交友甚多，《送方尊师归嵩山作》《过乘如禅师萧居士嵩丘兰若》《赠李颀》《戏赠张五弟三首》《留别山中温古上人兄并示舍弟缙》等酬和及送别诗中，多描写了嵩山美丽的景色。

李白（701—762），字太白，号青莲居士，祖籍陇西成纪（今甘肃静宁西南），诞生于唐安西都护府碎叶城（今吉尔吉斯斯坦托克马克附近）。李白一生和嵩山很有因缘，曾多次到嵩山游历、访友。唐开元十四年（726），李白离开扬州，在陈州（今河南淮阳）拜访了刺史李邕后，来到了嵩山南麓的汝州。不久，李白游历到湖北襄阳，在著名诗人孟浩然处结识了隐居嵩山的著名隐士元丹丘，自此对嵩山十分仰慕。元丹丘在嵩山隐居期间，当得知李白长安干谒受挫，失意归返安陆时，马上邀请李白一家到嵩山去隐居。于是李白前来嵩山，与元丹丘一起过了一段"朝饮颍川之清流，暮还嵩岑之紫烟"的隐居生活。开元二十年（732）秋天，李白再次来到嵩山，尽访嵩山胜迹，写下了歌咏王子晋的《感遇》、表达愿修道学仙的《赠嵩山焦炼师》等。看到元丹丘的颍阳山居，北依马岭，连峰嵩丘，南瞻鹿台，极目汝海，云岩掩映，景色优美，李白心里非常仰慕，于是接连写下了《题元丹丘山居》《题元丹丘颍阳山居》《观元丹丘座巫山屏风》《元丹丘歌》等几首诗。开元二十四年（736），李白从太原元演家返回，在洛阳与元丹丘相遇，元丹丘邀李白到他的颍阳山居小住，与岑参堂弟岑勋会面后，李白便写下《酬岑勋见寻，就元丹丘对酒相待，以诗见招》。不久，他们三人一齐登上了嵩山紫云山，站在紫云山顶上，远望黄河奔腾东下，东都洛阳也尽收眼底。回到山居时，他们开怀畅饮，李白心潮激荡，便挥笔写下了千古名篇《将进酒》。李白一生写了大量与嵩山有关的诗歌，如《送裴十八图南归嵩山二首》《送杨山人归嵩山》《嵩山采菖蒲者》《送于十八应四子举落第还嵩山》《赠卢征君昆弟》《口号赠征君鸿》等。他甚至将嵩山作为家乡看待，在《送杨山人归嵩山》中说："我有万古宅，嵩阳玉女峰。"

岑参（约715—770），生于仙州（今河南叶县），唐代边塞诗派代表诗人，与高适并称"高岑"。岑参父亲在登封购有田产，唐开元十七年（729），岑参15岁时举家移居嵩阳（今河南登封）。岑参在天宝二年（743）所作的《感旧赋（并序）》叙其早年经历："五岁读书，九岁属文，十五隐于嵩阳，二十献书阙下……荷仁兄之教导，主励已以增修。无负郭之数亩，有嵩阳之一丘。"从文中所叙可知，岑参于15—20岁之间隐居于嵩山。岑参最初结庐在嵩山太室山南麓，迁居颍阳不久，又迁少室山颍水南溪别业，最后结庐在少室山北麓的缑山西峰草堂。其歌咏嵩山的诗篇，最有名的就是《自潘陵尖还少室居止秋夕凭眺》《缑山西峰草堂作》《林卧》《南溪别业》《寻少室张山人闻与偃师周明府入都》《酬畅当嵩山寻麻道士见寄》等。

韩愈（768—824），字退之，河南河阳（今河南孟州南）人，常自称昌黎人，因而世称韩昌黎。唐元和四年（809）三月二十六日，韩愈与著作佐郎樊宗师、处士卢仝自洛中至嵩山少室山，拜访隐居在少室山的李渤。第二天，韩愈和李渤、卢仝、道士韦濛、僧荣从少室山出发，游历了嵩山诸寺，登上了嵩山极顶，晚上宿于登封坛下的石洞里。二十八日，韩愈一行游览了嵩山东麓的龙潭寺。二十九日，韩愈一行又来到了天封观，并在天封观石柱上题下了游历嵩山情况及在九龙潭遇雷的经过，然后才尽兴而归。其《嵩山天封宫题名》中记述了这次游历："元和四年三月二十六日，与著作佐郎樊宗师，处士卢仝，自洛中至少室，谒李征君渤。樊次玉泉寺，疾作归。明日遂与李、卢、道士韦濛、僧荣并少室而东，抵众室，上太室中峰，宿封禅坛下石室。遂自龙泉寺酌龙潭水，遇雷。明日，观启母石。入此观，与道士赵玄遇，乃归。闰月三日，国子博士韩愈题。"

卢仝（约775—835），唐代诗人，自号玉川子，济源（今河南济源）人，一说范阳（治今河北涿州）人。以"七碗茶歌"传世，人称"茶仙"。将满20岁时，卢仝变卖济源家产，隐居嵩山少室山，自号"少室山人"，在嵩洛一带结交了很多好友。朝廷闻知卢仝的才学，曾两度要起用他为谏议大夫，但卢仝都未应命而谢绝了。河南尹韩愈曾写诗赞誉他"少室山人索价高，两以谏官征不起"。后因韩愈的赏识，迁居洛阳，在洛阳长夏门东里仁坊居住。韩愈对卢仝时有接济，其《寄洛东卢仝》描述了卢仝在洛阳的贫寒生活："玉川先生洛城里，破房数间而已矣，一奴长须不裹头，一婢赤脚老不齿，辛勤奉养十余人，上有慈亲下妻子。"唐元和四年（809）三月二十六日，卢仝与韩愈等人自洛阳至少室，并登上嵩山中峰，还游历了嵩山天封观、龙潭寺和启母石等嵩山胜景。卢仝对嵩山怀有深厚的感情，并在诗中自称"嵩山之卢"，如《寄萧二十三庆中》："萧乎萧乎，忆萧者嵩山之卢。"

孟郊（751—814），字东野，湖州武康（今浙江德清）人。孟郊与韩愈并称"韩孟"，其与贾岛诗风相近，苏东坡称之为"郊寒岛瘦"。孟郊自幼生活在洛阳，父亲早逝，和母亲过着极为贫困的生活。孟郊少年时隐居嵩山，刻苦吟诗，不趋时尚，称为处士。在嵩山隐居期间，认识了韩愈，韩愈一见而为好友。元和初年，孟郊任职洛阳期间，曾游历嵩山，写下了《石淙十首》，这是其连作诗中最早的诗作。

梅尧臣（1002—1060），字圣俞，宣州宣城（今属安徽）人。梅尧臣一生曾两次登临嵩山。第一次是在北宋天圣十年（1032）春天，和欧阳修同游嵩山。他们从洛阳出发，经过缑氏县，越过轘辕关，参观了少姨庙、启母石、天封观，登上了嵩山太室山最高峰峻极峰。这次游嵩山，他和欧阳修以诗唱和，二人相继写下了《拜马涧》《公路涧》《二室道》《天门》《天门泉》《玉女窗》《玉女捣衣石》《天池》《登太室中峰》等，极尽游玩之乐。梅尧臣第二次游嵩山是在赐进士出身后，春风得意，复临嵩山，因此又乘兴写了《自峻极中院步登太室》《峻极寺》《启母石》等诗歌。

欧阳修（1007—1072），字永叔，号醉翁，晚年号六一居士。吉州吉水（今江西吉水）人，"唐宋八大家"之一，北宋文坛领袖。欧阳修24岁中甲科进士第14名，授西京留守推官。欧阳修到洛阳后，首先遇到洛阳主簿梅尧臣，二人一见如故，同登香山、游名园、访隐逸，吟诗作赋，共叙衷肠。后来和西京掌书记尹师鲁、通判谢希琛也成了志同道合的好朋友。北宋天圣十年（1032），欧阳修两游嵩山，第一次是在仲春，与梅尧臣、杨子聪同游嵩山，他们经缑氏县，过轘辕关，来到登封，游历了拜马涧、公路涧、峻极寺、峻极中院、启母石、天封观等景点，并登上了嵩山极顶峻极峰，观看了玉女窗、捣帛石、天池、天门等，每至一处，皆和梅尧臣以诗唱和。第二次是在九月，欧阳修与谢希琛、尹师鲁、王几道、杨子聪又同游嵩山。九月十三日，他们经缑氏，路过轘辕关，当夜住宿中岳庙内。十四日祭祀岳神后，便相商同登嵩山。他们先游览了新建的崇福宫，拜瞻了宋真宗的御容。然后顺山路经峻极中院到达嵩顶，观看了玉女窗、捣帛石，然后又到峻极峰北观看了八仙坛、三醉石、登封坛，仔细观看了武则天的《升中述志碑》，又参观了当年韩愈住过的石洞，当天晚上住在山顶。十五日，沿旧道下山，辞登回洛，晚上住在大金店。十六日，到达颍阳，游历了石堂山紫云洞和神清之洞，十七日才回到洛阳。游历嵩山后，欧阳修还和嵩山紫云山道士许昌龄结下了深厚的友谊，写了《赠许道人》《送龙茶与许道人》《赠许昌龄》《又赠许昌龄》等诗。这几首诗后刻为石碑，现立于登封颍阳镇安寨村玄都观，颍京城隍庙内还存有"文忠遗迹"刻石。

苏轼（1037—1101），字子瞻，号东坡居士，眉州眉山（今属四川）人，"唐宋八大家"之一。苏轼一生曾五次到嵩山南麓的汝州，身后又葬于嵩山南麓的汝州郏县。北宋绍圣元年（1094），苏辙任汝州知州，苏轼又被贬知英州，绕道汝州看望弟弟，对苏辙修缮龙兴寺大加赞扬，遂应方丈之请写下了《子由新修汝州龙兴寺吴画壁》。苏轼咏嵩山的诗不多，广为人知的是《题别子由诗后》："先君昔爱洛城居，我今亦过嵩山麓。水南卜筑吾岂敢，试向伊川买修竹。又闻缑山好泉眼，傍市穿林泻水玉。想见茅檐照水开，两翁相对清如鹄。"并有注释："元丰七年，余自黄迁汝，往别子由于筠，作数诗留别，此其一也。其后虽不过洛，而此意未忘，因康君郎中归洛，书以赠之。元祐元年三月十六日，轼书。"苏轼命苏辙把他葬于嵩山下："即死，葬我嵩山下，子为我铭。"

苏辙（1039—1112），字子由，眉州眉山（今属四川）人，因晚年定居在颍河上游，自号颍滨遗老。苏辙一生和嵩山关系密切。1094年，苏辙被贬知汝州，虽仅两个多月，但勤政爱民，引汝抗旱，被列入名宦。1094年初，苏辙命家兵和葆光法师同去祭祀嵩山，并亲自写了祝文[①]。苏辙死后还葬在郏县。苏辙曾两游嵩山，一次是在北宋熙宁五年（1072）八月，一次是在十几年后从淮阳到洛阳经过嵩山，具体游程无考。第一次游嵩山是他任陈州教授，在洛阳负责科考后回许昌，经过嵩少，游历了玉女窗、捣帛石、醒心泉、峰顶寺、登封坛、精思观、天封观、启母石、石淙河等，共写诗26首，如《登封道中三绝》《石径》《玉女窗》《玉女捣衣石》《醒心泉》《峰顶寺》《登封坛》《法华岩》《将军柏》《精思观吴道子画四真君》《启母石》等。对这次嵩山之行，苏辙晚年还记忆犹新，他在《蹇师嵩山图》中写道："峻极登高二十年，汝州回

[①]〔明〕傅梅：《嵩书》卷8，中州古籍出版社，2003年。

第九章 群星璀璨：嵩山大英杰

望一依然。君行亦是高秋后，试觅神清古洞天。"在《卢鸿草堂图》的题诗中苏辙也回顾了这次嵩山之行："昔为太室游，卢岩在东麓。直上登封坛，一夜茧生足……"

元好问（1190—1257），字裕之，号遗山，秀容（今山西忻州）人。金宣宗兴定二年（1218），元好问为避战乱移居登封，其《箕山》《琴台》等诗得到了文坛领袖赵秉文的赏识，于是名震京师，被称为"元才子"。兴定四年（1220）六月，31岁的元好问与好友雷渊、李献能同游嵩山玉华谷，写下了《同希颜钦叔玉华谷分韵得军华二字二首》和《水调歌头》。金哀宗正大元年（1224），元好问中博学宏词科，授国史院编修，第二年即辞职回到嵩山，开始编著《杜诗学》一书。作者的词风，也渐变为沉郁顿挫，如《浣溪沙·史院得告归西山》《江城子·嵩山中作》《满江红·嵩山中作》《雪中自洛阳归嵩山》等。元好问寓居嵩山时，和隐居在嵩山南麓玉溪的诗人王革结为莫逆之交，二人诗酒往还，有《水调歌头·赋德新王丈玉溪》《石州慢·与德新丈别于岳祠西新店》等。元好问咏嵩山的诗作很多，如《少室南原》《太室同希颜赋》《望嵩少》《嵩山玉镜》《会善寺》《纯孝伯庙》《少林》《箕山》《同雷渊希颜再登箕山》《颍亭》《启母石》《同希颜钦叔玉华谷还会善寺即事二首》等。元好问还写有《少林药局记》《登封令薛侯颂》等文。元好问在登封隐居九年，"予居崧山，往来清凉，如吾家别业"[①]，对登封感情尤深。

袁宏道（1568—1610），字中郎，公安（今属湖北）人。与其兄宗道、弟中道并称"三袁"，为明代公安派领袖。万历三十七年（1609）冬，时任吏部郎中的袁宏道来游嵩山，他翻越轘辕关，先参观了少林寺、甘露台、初祖庵、达摩洞、钵盂峰、觅心台。第二日，和登封知县傅梅等人至卢崖瀑布和卢崖寺。第三日，袁宏道游历了会善寺、嵩阳宫、崇福宫、启母石等。第四日，袁宏道和傅梅经万岁峰而登上了山顶。第五日，袁宏道又到石淙河游玩，称赞石淙河胜景为"箕颍之冠"。袁宏道这次嵩山之行，写下了《嵩游记》五篇，

[①]〔金〕元好问：《遗山集》卷55，文渊阁《四库全书》本。

分别被收入傅梅的《嵩书》和景日昣的《说嵩》。其次，还写了不少诗歌，如《望嵩少》《话无言上人方丈》《登太室绝顶》《观卢岩寺瀑布》《嵩阳宫古柏》《嵩阳观口占二绝》《偕朱非二入少林至初祖洞》《山中逢老衲少时从征有功者》等。而《山中逢老衲少时从征有功者》则被认为少林僧兵曾参加东南抗倭斗争的重要依据。

徐霞客（1587—1641），名弘祖，一作宏祖，号霞客，南直隶江阴（今江苏江阴）人。明朝地理学家、旅行家和文学家。其《徐霞客游记》，在国内外具有深远的影响。明天启三年（1623）二月十九日，徐霞客经密县（今河南新密）天仙院抵达登封。第二日，他游览了石淙河、卢崖寺，对此两处景色大加赞美。次日拜谒岳神后，在一樵夫的向导下，从金峰玉女沟过大铁梁桥、登高崖、白鹤观，登上了嵩山最高峰，游览了真武庙、御井后，从西沟悬溜而下，发出了"吾目不使旁瞬，吾足不容求息也"[①]的感叹，认识到自己"谓嵩无奇以无险耳"[②]太过武断，后经无极洞夜宿法王寺。第四日，他又游览了嵩阳宫及崇福宫故址、启母石、会善寺，来到少林寺，夜宿瑞光上人房。第五日，在少林寺僧人倩庵的前导下，徐霞客踏着僵雪，攀上了二祖庵和少室山。第六日，徐霞客经过甘露台、初祖庵，登上五乳峰，探访达摩洞，然后翻过镮辕关而向伊阙而去。这次游历，其《游嵩山日记》中有详尽描述，所开创的太室山下山道，现在已成为登嵩山的主道。

第六节　艺术家与嵩山

大嵩山地区有着深厚的文化艺术积淀，三教荟萃，林立的寺庙中保存了诸多金石精品。龙门石窟、巩义石窟、嵩山汉三阙、新密打虎亭汉墓等，亦令人叹为观止。从嵩山学书的蔡邕到绘《嵩山十志图》的卢鸿，从撰《嵩高请雨铭》的堂溪典到开清代雄健书风的

[①]〔明〕徐宏祖：《徐霞客游记》，中州古籍出版社，1992年。

[②]〔明〕徐宏祖：《徐霞客游记》，中州古籍出版社，1992年。

第九章　群星璀璨：嵩山大英杰

王铎，他们在嵩山地区这一艺术家的乐土上，取得了价值极高的艺术成就，推动了中国艺术的发展进程。

一、出生于大嵩山地区的艺术家

出生于大嵩山地区的颍川人刘德升开创了由楷书转入行书的先河，钟繇使楷书取代了隶书，郑道昭在隶书转为楷书过程中发挥了巨大作用，褚遂良、吴道子、郑虔、袁义等，亦各以其高超的书法、绘画造诣在中国艺术史上占据了应有的地位。中岳嵩山为他们提供了广阔的艺术舞台，他们也为中岳嵩山增添了亮丽的风采。

刘德升，字君嗣，颍川（今河南禹州）人，东汉桓帝、灵帝时著名书法家。因创造了介于楷书与草书之间的行书字体，被后世称为"行书鼻祖"。刘德升的行书书法虽草创，但字迹妍美，风流婉约，务求简易，笔画从略，离方遁圆，浓纤间书，如行云流水。晋卫恒《四体书势》记载："魏初有钟、胡二家，为行书法，俱学之于刘德升。"唐张怀瓘《书断》卷上说："行书者，刘德升所造也，即正书之小伪。务从简易，相间流行，故谓之行书。"《书断》卷中又云：德升"以造行草擅名。虽以草创，亦甚妍美，风流婉约，独步当时"，列刘德升行书为妙品。

钟繇（151—230），字元常。颍川长社（今河南长葛）人。建安二十五年（220），进封崇高乡侯。钟繇在书法方面颇有造诣，被后世尊为"楷书鼻祖"。南朝庾肩吾将钟繇的书法列为"上品之上"，唐张怀瓘在《书断》中则评其书法为"神品"。据唐代张彦远《法书要录·笔法传授人名》说：蔡邕受于神人，而传与崔瑗及女文姬，文姬传之钟繇，钟繇传之卫夫人，卫夫人传之王羲之，王羲之传之王献之。可见，钟繇是蔡邕书法的第三代传人。钟繇所处的时期，正是汉字由隶书向楷书演变并接近完成的时期，在完成汉字的这个重要的演变过程中，钟繇继往开来，起了有力的推动作用。钟繇在中国书法史上占有相当重要的地位，他和东汉的张芝被人合称为"钟张",又与东晋书圣王羲之被人并称为"钟王"。

郑道昭(约455—516),字僖伯,自号中岳先生,河南荥阳人。我国古代著名书法家,魏书体鼻祖,被誉为"书法北圣",与王羲之齐名,有"南王北郑"之誉。郑道昭留在世上的40余处碑刻,主要集中在山东青州、平度、莱州等地,总称"云峰刻石",是北魏书法艺术的三大宝库之一。康有为《广艺舟双楫》把郑道昭云峰刻石42种列为"妙品",称"其体高气逸,密致而通理。如仰人啸树,海客泛槎,令人想象不尽""神韵莫如郑道昭"。祝嘉先生把郑道昭与王羲之并称为"北方书圣",刘海粟则赞其为"一代文宗"[①]。

褚遂良(596—658或659),字登善,阳翟(今河南禹州)人。褚遂良是唐代著名书法家,世称"褚河南"。其书法继承王羲之传统,外柔内刚,笔致圆通,见重于世,与欧阳询、虞世南、薛稷并称"初唐四家"。刘熙载在《书概》中对褚遂良有这样的评价:"褚河南书为唐之广大教化主,颜平原得其筋,徐季海之流得其肉。""广大教化主"五字,足以形容褚遂良在中国书法史上的独特地位。他的传世书法有楷书《雁塔圣教序》《房玄龄碑》《伊阙佛龛碑》等。其中《伊阙佛龛碑》是书法艺术史上的珍品,后人一般称其为"褚遂良碑"。

郑虔,字弱齐,郑州荥阳(今属河南)人。唐代画家、文学家、书法家,因其诗、书、画并妙,被誉为"郑虔三绝"。"工于草隶,善于丹青,明于阴阳,邃于算数,百家诸子,如指掌焉。家国以为一宝,朝野谓之三绝。"[②]郑虔擅画山水,盛唐以来水墨山水画家众多,据《历代名画记》记载,成就突出的有卢鸿、郑虔、王维、张璪、刘方平、齐映、张志和、吴恬等。郑虔的书画墨宝尤为后代皇室及达官贵人所珍重,历代美术史家认为郑虔与王维一样是中国文人山水画的开创者,他去世后,诗圣杜甫有诗《存殁口号二首·其二》云:"郑公粉绘随长夜,曹霸丹青已白头,天下何曾有山水,人间不解重骅骝。"

吴道子,阳翟(今河南禹州)人,后人尊称其为"画圣"。吴

---

① 王新利:《郑道昭其人其事述略》,《鸡西大学学报》2014年第4期。
② 吴钢:《全唐文补遗(千唐志斋新藏专辑)》,三秦出版社,2006年。

第九章　群星璀璨：嵩山大英杰

道子曾游学洛阳，为唐玄宗李隆基所赏识，让其在宫廷作画，以剑舞享誉天下的将军裴旻请他为自己亡故的双亲在天宫寺绘制佑福的壁画，吴道子让其舞剑助兴，挥毫而就，张旭观罢二人舞剑、作画，亦乘兴书写一壁狂草，洛阳士人观看后说："一日之中，获观三绝，真乃人生之幸事。"事后，吴道子自称"平生绘事，得意无出于此"。开元和天宝年间是吴道子绘画创作的极盛时期。这时仅在洛阳、长安两京寺庙就留下壁画300多壁，此外还有大量卷轴画。宋代诗人苏辙有诗《登嵩山十首·吴道子画四真君》。由此可知，吴道子在嵩山精思观曾画有四真君像，此外少林寺还保存有吴道子的观音画像碑。

袁义，河南登封人，五代后唐侍卫亲军。在中国绘画史上，袁义以专门画鱼著称，与南唐杨晖齐名。袁义所画鱼，"穷其变态，得唼喁游泳之状。非若世俗所画，作庖中物"①。元代汤在《画鉴》中称："五代袁义、宋徐白，善画鱼，及观其迹，不过刀几间物耳，使人起羹脍之兴。"

郭忠恕（？—977），字恕先，洛阳（今属河南）人。郭忠恕善篆隶，清刘熙载《艺概·书概》称："忠恕以篆古之笔溢为分隶，独成高致。"而其"界画"更为世人推重，《圣朝名画评》中评他的界画，为"一时之绝"，列为"神品"。传世作品有《雪霁江行图》，上有宋徽宗赵佶题识，现藏"台北故宫博物院"。郭忠恕曾任郏县县令，赵明诚曾收藏有乾德元年（963）四月郏县宣圣庙始建碑记拓片，《金石录》卷10载："文宣王庙记，郭忠恕撰，并小篆。太祖皇帝乾德元年。"《金石录》卷30载："右周文宣王庙记，县令郭忠恕撰并书……记口：'县在汝水之汭，嵩山之阳。'"

二、活动于大嵩山地区的艺术家

书法艺术在汉代得到了长足发展，魏晋时期走向了艺术自觉，唐代达到了艺术高峰，而绘画艺术在唐代亦逐渐成熟，宋代得到了

①〔宋〕郭若虚：《图画见闻录》卷2。

充分发展。而这些与曾活动于嵩山地区的蔡邕、裴漼、薛稷、卢鸿、徐浩、李唐等人的努力密不可分。这些艺术家在汲取大嵩山文化营养的同时，也为大嵩山地区的文化积淀做出了巨大贡献。

蔡邕（133—192），东汉书法家、文学家，字伯喈，陈留圉（今河南杞县西南）人。蔡邕通经史，善鼓琴，精工篆隶，尤以隶书著称。汉献帝时曾拜左中郎将，故后人也称他"蔡中郎"，其代表作为立于洛阳太学的《熹平石经》。蔡邕是汉代书法理论的集大成者，唐张怀瓘《书断》等书法专著记载：蔡邕在嵩山学习书法，在一个石室里得到素书一部，其书法运笔锋利、八面得势，很像小篆和大篆，是李斯和史籀等人的笔法。蔡邕得到它以后三天没吃饭，只是大叫喜欢。蔡邕钻研了三年素书，终于掌握了它的规律，深得书中的精奥，使他的书法达到极高的造诣，遂有《笔论》一书，此书为千年书家授受之祖。另外，蔡邕还撰有《王子乔碑》，其嵩山太室少室开母三阙铭太室后铭少室题名季度铭合卷旧拓本亦流传于世。

薛稷（649—713），字嗣通，蒲州汾阴（今山西万荣西南）人，官至太子少保、礼部尚书，世称"薛少保"。唐代著名楷书家、画家。薛稷与虞世南、欧阳询、褚遂良并称为"初唐四大书法家"。其传世书迹有《升仙太子碑》碑阴题名、《信行禅师碑》、《涅槃经》等。他的书法作品还有《大周封中岳碑》。据《金石录》载，嵩山南麓大周封祀坛前有一通《大周封中岳碑》，碑文为："武后封中岳碑，已残缺，书撰人名皆不可考，然验其笔迹，盖薛稷书也。"

薛曜，字异华，蒲州汾阴（今山西万荣西南）人。薛曜与薛稷在书法上同一师承，皆学褚遂良，瘦硬有神，用笔细劲，结体疏朗，被后人评为"瘦金体之祖"。久视元年（700）五月，薛曜侍从武则天游幸登封石淙河，应制《奉和圣制夏日游石淙山》，并奉敕正书武后与诸侍从大臣的唱和诗，武则天又作《夏日游石淙诗（并序）》，皆让工匠刻于崖壁上。此即书法史上著名的"石淙河摩崖题记"，为河南省最大的摩崖碑刻。另外，万岁登封元年（696）武三思所撰的《大周封祀坛碑》也为薛曜所书，碑现存于登封市区西封祀坛。

第九章 群星璀璨：嵩山大英杰

卢鸿，又名鸿一，字颢然，亦作浩然，原籍幽州范阳（治今河北涿州），后徙居洛阳，是唐代著名的山水画家。唐开元年间，卢鸿遁迹山林，隐居于嵩山悬练峰下。开元初，唐玄宗召其进宫，卢鸿不为功名利禄所动。开元五年（717），求贤若渴的唐玄宗第三次下诏给卢鸿，卢鸿才应诏前往，唐玄宗拜卢鸿为谏议大夫，后卢鸿又辞职再隐嵩山。卢鸿回到嵩山后，把自己的居室命名为"宁极"，并扩大了学庐，以授徒讲学为业，每日里吟诗作画，怡然自乐。卢鸿善画山水，其《草堂十志图》，描绘了嵩山卢崖瀑布附近的胜景，表现了其在绘画艺术上的精深造诣。此图被收入《故宫名画三百种》，五代书法家杨凝式有《卢鸿草堂十志图跋》，可惜原作久已失传，唯能见到传为李公麟的《草堂十志图》临本。

徐浩（703—782），字季海，越州（治今浙江绍兴）人，世称"徐会稽"。唐代著名书法家，擅长八分、行、草书，尤精于楷书。李邕赞云："徐季海书若春云之高，无梯可上，幽谷之深，无径可寻，开元以来无比者。"《宣和书谱》称："盖浩书锋藏画心，力出字外，得意处往往近似王献之。"清代王澍《虚舟题跋》说："唐人隶书之盛无如季海，隶书之工，亦无如季海。"嵩山地区徐浩的碑刻，楷书有嵩岳寺《大证禅师碑》，隶书有嵩阳书院《大唐嵩阳观纪圣德感应之颂碑》。有人评论后者说："故浩之为书，识锐于内，振华于外，有君子之器焉。"识者评云："怒猊抉石，渴骥奔泉。"[1]

黄庭坚（1045—1105），字鲁直，号山谷道人，洪州分宁（今江西修水）人，北宋著名书法家、文学家，与苏轼并称"苏黄"。治平四年（1067），中进士，调汝州叶县尉。少林寺初祖庵存有黄庭坚的《达磨颂》碑，碑额书《祖源谛本》，嵩阳书院存有其诗书碑。

王铎（1592—1652），字觉斯，号嵩樵，河南孟津人。清代杰出的书法家，世称"神笔王铎"，与董其昌齐名，有"南董北王"之称。有《拟山园帖》《琅华馆帖》等传世。日本把王铎列为第一流的书法家，提出了"后王（王铎）胜先王（王羲之）"的看法。王铎一生和嵩山渊源颇深，青年时曾游学于嵩阳书院，《王铎年谱》载：

[1]《新唐书》卷160《徐浩传》。

图 9-2 《大唐嵩阳观纪圣德感应之颂碑》

第九章　群星璀璨：嵩山大英杰

"1613年，万历四十一年癸丑，二十二岁，嵩山之内有王铎书屋，当时或就读于此，有诗作《嵩山》五律两首。"后来亦不断在嵩山小住，"同月，与家人、亲友转道经伊水入鄂岭道而到嵩山少室……一直留住至初冬时节……十月十一日，仍在少室山，作《中岳神祝祠》"[①]。王铎最具有生命力的草书章法，深受嵩山影响而气韵生动。王铎曾说："凡作草书，须有登吾嵩山绝顶之意。"[②]嵩阳书院西碑廊里现有一方王铎撰并书的告文碑。

综上所述，嵩山地处京畿，"五岳之冠，孕灵生贤"[③]，思想家和政治家在此经邦济世，其智慧的火花熔铸了中国天人合一的思想和追求天下大同的理想。得中原者得天下，一代代名将逐鹿中原，奠定了一个个新王朝大厦的基石。嵩山是天下名山，历代文人学士前来游历，咏诗作赋，使得嵩洛古道成为一条诗歌之路、文学之路。以一王（大禹）、一帝（武则天）、一圣（"诗圣"杜甫）、一仙（"诗仙"李白）为代表的圣贤和英杰在嵩山地区的活动，不仅使嵩山星光璀璨，并书写下了嵩山波澜壮阔的文化历史，同时也塑造了自尊自信的华夏人文精神，树起了一座座文化丰碑，为嵩山中华文化圣山的定位做了极佳的诠释。

---

① 野鹤：《王铎》，中国文联出版社，2009年。
② 王强：《四面出锋，八方玲珑》，《齐鲁晚报》2016年1月22日。
③〔清〕景日昣:《嵩岳庙史》，中州古籍出版社，2003年。

郑泰森 摄影

第十章

传承创新：嵩山大作用

大嵩山地区以其独特的地理环境、适宜的自然气候、丰沛的水利资源、便利的交通优势，催生了中国农耕文明，孕育了华夏早期文明，在华夏文明发生、发展和形成过程中发挥了重要作用，具有特殊的历史地位。在中华文明发展进程中，这里人文荟萃，思想激荡，观念碰撞，文化交融，科技兴盛，成为华夏文明的发祥地与核心区，中华文化传承创新的重要支撑点，中外文化交流互鉴的重要平台。在打造华夏历史文明传承创新区、全面建成小康社会、实现中华民族伟大复兴的中国梦进程中，大嵩山仍将在文化传承创新、文明交流互鉴和引领经济社会发展方面，继续发挥其无可替代的重要作用。

第一节　大嵩山的当代价值

大嵩山既是历史的，又是当代的；既是昨天的，又是未来的。大嵩山能够继往开来，在华夏历史文明传承创新区建设中发挥核心作用，既源于其历史的积淀与禀赋，来自它曾经的承担与辉煌，更在于大嵩山文化具有的不可替代的当代价值，在于它对华夏历史文明传承创新区及当代文化建设所具有的重要作用。

一、大嵩山的文脉传承

大嵩山文化数千年来绵延不绝，一脉相承。从旧石器时期、新石器时期的文化遗存到黄帝活动的相关遗迹，从裴李岗遗址、大河村遗址到王城岗遗址、二里头遗址，从《诗经》《尚书》《周易》到魏晋玄学、程朱理学，从上古神话传说到当今非物质文化遗产项目，大嵩山文化完整地传承着中原文脉，展现着中原物质文化、精神文化的丰富多彩和无穷魅力，是华夏历史文明传承创新区建设的宝贵财富，是推动中原文化与世界文明对话交流的重要资源。

1. 嵩山物质文化传承着华夏文脉

大嵩山位于华夏文明的核心区域，华夏文明在大嵩山地区留下了清晰的发展脉络。裴李岗遗址、大河村遗址等新石器时期的文化遗存，为华夏文明的起源奠定了坚实的基础；二里头遗址、大师姑城址、郑州商城遗址、偃师商城遗址、郑韩故城等，承载着夏商周三代在大嵩山地区发展的历史，展示了三代文明在大嵩山地区的辉煌与厚重。秦汉以来，大嵩山地区的物质文化遗存不仅十分丰富，而且分别代表了不同时期的物质文化所达到的高度。位于登封嵩山的太室阙、少室阙、启母阙被称为"汉三阙"，反映出东汉人们对嵩山的崇拜，代表了东汉石刻艺术和建筑艺术的成就，折射出东汉曾经的繁华；位于嵩山太室山南麓的法王寺，与洛阳白马寺一道，共同见证了早期佛教在中土的传播；嵩山少林寺则见证了北魏以后佛教禅宗在中土的传播与兴盛；龙门石窟和巩义石窟寺，最早于北魏时开始造窟刻佛，历经东魏、西魏、北齐、隋、唐、宋各代，形成了颇为壮观的石窟群，反映出佛教在中原传播流行的盛况；位于登封告成镇的测影台和观星台，则反映出先人的天文观念；分布于巩义西村、芝田、市区、回郭镇一带的北宋皇陵统称"七帝八陵"，以及后妃、皇室亲王、勋臣名将等陵墓，见证了北宋王朝的兴衰；位于巩义市康店镇洛河岸边的康百万庄园，是17—18世纪华北地区封建堡垒式建筑的代表，也是大嵩山商业文化的典型代表。经历了明清时期的风雨沧桑，康百万庄园依然昭示着曾经的辉煌。它所保留的"留余"匾额是康家教育子孙的家训，也是对为人之道的深刻揭示，鲜明地反映出大嵩山文化知雄守雌、中庸平和的特征；而作为北宋"四大书院"之一的嵩阳书院，不仅成为程朱理学的发源地，培养了一大批北宋学人，奠定了宋明理学的发展基础，而且继承了中原悠久的教育传统，把中国的书院教育推向鼎盛，对中国宋代以来的学校教育乃至近现代教育都产生了重要影响。总之，大嵩山的物质文化遗存不仅积淀和承载着这一地区的文化精华，清晰地展现出华夏文明的发展脉络，而且为当代文化建设提供了非常宝贵的文化资源和可资借鉴的历史经验。

2. 嵩山精神文化传递着中国精神

精神文化是大嵩山文化的重要组成部分，也是嵩山最为闪光的内容。传说中的人文始祖黄帝在以嵩山为中心的大嵩山地区建都立业，修葺人文，剪恶除暴，开疆拓土，形成了早期的"天下"概念；尧舜时期，高士许由不受尧舜的天下之让，羞为九州长，隐居箕山，洗耳颍滨，成就了一段佳话，开启了中国隐逸文化的先河，也让后人看到了中国古代高士卓尔不群、超凡脱俗的精神境界；大禹治水，披荆斩棘，迎难而上，终于制服洪水，江河安澜，百姓乐业。为了治水，大禹公而忘私，三过家门而不入，展现出心怀天下的伟大情怀；郑国执政卿子产与商贾盟誓，支持商人合法经商，是契约精神在中国古代的具体体现，他首创"铸刑鼎"，把朝廷法律公示于众，体现了古代中国的法治精神；战国诸子之一的申不害（今河南荥阳人）主张"治不逾官"，要求明确官员的权力边界，官员行使权力不能超越职权范围，对现代吏治有诸多启示；西汉政治家晁错（今河南禹州人）深刻认识到农业对国计民生的关键作用，重视发展农业，在著名的《论贵粟疏》中提出了"粟者，王者大用，政之本务"的主张[①]，认为要治理好国家，首先要抓住粮食这一根本问题，把老百姓的温饱问题解决好，这种思想对中国古代农业的发展有深远影响；玄奘（今河南偃师人）历时18年，经历百般磨难从古天竺取回657部佛经，并亲自翻译了75部，为中印文化交流做出了重大贡献。他因此而成为古典名著《西游记》唐僧的原型，并被鲁迅称为"中国的脊梁"；有"诗圣"之誉的杜甫（今河南巩义人），一生都在实践他的"致君尧舜上，再使风俗淳"的理想，即使穷困

[①]《汉书》卷24《食货志》。

潦倒，仍矢志不移，表现出忧国忧民的伟大情怀；著名文学家白居易属于典型的"乐天派"，自称"性嗜酒，耽琴，吟诗，凡酒徒、琴侣、诗客多与之游"（《醉吟先生传》），但在文学创作上，他却主张"文章合为时而著，歌诗合为事而作"，最擅长讽喻诗，他的《长恨歌》《卖炭翁》《琵琶行》等新乐府名作，让人看到了这位伟大文学家的家国情怀；程颢、程颐两兄弟在嵩阳书院讲学时，剑南人杨时和同学游酢前来看望老师程颐，见老师正在闭眼午休，不敢打扰，就静静地站立门外守候，等程颐醒来的时候，门外已是积雪盈尺，这个发生在大嵩山地区的"程门立雪"的故事，成为中国古代尊师重教的佳话，也反映出中华民族尊重师长、重视知识的文化传统。至于《诗经》《周易》等与嵩山联系非常紧密的元典文化，表现出来的中国精神更是历久弥新，一直是激励中华民族百折不挠、砥砺前行的精神动力。如《周易》中的"天行健，君子以自强不息；地势坤，君子以厚德载物"，始终是中国文化的精神内核，对中华民族的影响至深至远。即使是在当下，它们仍然是中国精神的重要元素，对实现中华民族伟大复兴的中国梦仍然产生着深远影响。

3. 嵩山非遗文化寄寓着民族情怀

河南省现有国家级非物质文化遗产近百项，属于大嵩山地区的国家级非物质文化遗产有近20项。这些文化遗产涉及民间传说、传统戏曲和曲艺、杂技和竞技、民间传统音乐、民间美术和工艺，以及民间习俗和信仰等，其中一些非物质文化遗产在嵩山非遗文化中具有非常重要的典型意义，在当代社会仍然具有重要影响。

国家级非物质文化遗产项目新郑黄帝故里拜祖大典，是黄帝文化在当代的延续。黄帝是中华民族的人文始祖，建都于有熊（今河南新郑），大嵩山地区是其主要活动区域。大嵩山地区尤其是新郑、新密、禹州等地，至今仍流传着许多有关黄帝的传说，如黄帝诞生、黄帝战蚩尤、黄帝元妃嫘祖教民蚕桑等。这一地区还保留着许多有关黄帝的文化遗迹，如新郑具茨山有轩辕庙、嫘祖宫、中天门、轩辕阁等。坐落在新密武定湖畔的黄帝宫，相传是黄帝战蚩尤失利后招贤纳士、演兵习武的地方。他曾经在这里与风后一起研创了八阵兵法，并拜力牧、常先、大鸿等为将相，终于打败蚩尤，一统天下。武定湖内的龙凤岛上，有相传黄帝时期留下的城堡，城堡内有八阵图碑。清代诗人钱青简曾留诗歌颂黄帝功业："战败蚩尤犒旅徒，云岩深涧藏兵符。千秋永罢干戈事，蔓草寒烟锁阵图。"[1]位于禹州崆峒山的逍遥观，相传为广成子修道处，黄帝曾在这里向广成子问道，并在这里修炼，形成了无为而治的思想。这些民间传说虽然很难加以证实或证伪，但它表现的是黄帝对中华民族和华夏文明发展的重大贡献，反映的是人们对黄帝丰功伟绩的缅怀与敬仰，对创世英雄的礼赞，对天下太平、偃武修文的企盼。

国家级非物质文化遗产项目少林功夫，是大嵩山文化的典型代表。少林功夫不仅博采诸家之长，代表了中国传统武术最高境界，而且把中国传统文化的精华融会贯通，能够融儒家、佛教、道家、医家、兵家等于一体，通过武术的形式展示了中国传统文化的博大精深，展现了中国精神。

发源于汜水苌村（今河南荥阳苌村）的苌家拳，由清乾隆年间的苌乃周所创。该拳法集道家、阴阳家、医家之大成，融内气、外形、技法于一体，显示了中国武术的精妙。尤其是关于练气的理论，其主旨与道家哲学有内在一致之处。

在历代故事传说中，河图洛书的传说影响最大。河图洛书是有关华夏文明起源的传说，它与伏羲八卦、《周易》起源等有着非常密切的联系，对中国传统文化影响深远。传说人文始祖伏羲见龙马负图从黄河中出，神龟负书从洛河中出，受其启发而画出了阴阳八卦和太极图，这就是《周易·系辞》所说的"河出图，洛出书，圣人则之"。

阴阳八卦和太极图是华夏文明的渊薮，它不仅是《周易》之所本，而且对儒家和道家学说产生了深远影响，对人们的社会文化生活也有深远影响。而所谓的"河出图，洛出书"之地，就在大嵩山地区。洛河入黄河处，世称洛汭，传说是伏羲受启发画太极图之处，

[1] 张松林：《叩醒商都——郑州》，河南科学技术出版社，2010年。

洛阳孟津龙马负图寺传说是河出图之处。在洛河上游,传说有神龟负书出洛处。这些故事传说不仅为河图洛书的出现提供了一个充满神秘色彩的说法,也使华夏文明的起源与诸多神话传说相契合,顺应了人们对华夏文明起源的心理企盼。从这个意义上说,大嵩山地区的非物质文化遗产从不同层面和角度寄寓着人们的民族情怀,反映出民族期盼,让人们看到了其重要的历史文化价值之所在。

二、大嵩山的观念激荡

大嵩山地区是华夏文明发展演进的核心区域。在这一区域内,各种思想观念的激荡成为常态。大嵩山地区新旧观念的激荡,大嵩山地区与区域外的思想观念的激荡,以及随着佛教传入中土和近代以来国门打开而形成的大嵩山文化与境外思想观念的激荡,一直持续不断。伴随着时代发展和社会变革而形成的每一次思想观念的激荡与碰撞,都对大嵩山文化的发展起到了积极推动作用,对时代文化的发展发挥着引领作用。

1. 新旧思想观念的激荡与碰撞加速了新思想的诞生

大嵩山地区是许多新的思想观念的诞生地。新石器时期的裴李岗遗址见证了大嵩山地区早期农业观念的诞生,反映出当时人们对物候及谷物生长规律的认识;郑州大河村遗址证明,在属于新石器中期的仰韶文化中,大嵩山地区已经出现了早期的天文观念,表明当时人们对农业与天文的关系已经有了一定程度的认识。大河村遗址出土的彩陶双连壶,反映出这一时期工艺美术和艺术审美已经达到了很高水平;王城岗遗址、二里头遗址、大师姑遗址等夏代遗址,不仅显示出当时的城邑格局,而且鲜明地反映出当时人们的城邑建筑观念,对中国古代城市建设与发展有深远影响。

春秋战国时期百家争鸣局面的出现,是新旧思想观念的一次大碰撞、大交集,也是对诞生于大嵩山地区思想观念的一次大检阅,许多对中华文化的发展有着重要影响的思想观念,如诸子百家中的道家、儒家、法家、墨家、名家、阴阳家等，都是这一时期出现的，都与大嵩山有着非常密切的关系。它们之间的相互碰撞与激荡，对百家争鸣局面的形成有重要的促进作用。

秦汉时期，伴随着大一统国家的出现、"五经"及诸子百家的流传和新旧思想观念的激荡，一些新的思想观念应运而生。西汉初年，贾谊总结秦朝灭亡的历史教训，以为秦国之兴，在于"内立法度，务耕织，修守战之具"，而秦国迅速灭亡，则是因为"仁心不施，而攻守之势异也"①。贾谊以一个政治家的眼光，深刻洞悉了秦朝兴亡之因，指出国家之兴在于施行仁政。同时，出于对西汉初年诸侯形成尾大不掉之势的忧虑，为使国家长治久安，他提出了著名的"众建诸侯而少其力"主张，以此来削弱诸侯的力量，巩固中央集权。贾谊的思想对两汉政治格局和社会发展有重要影响。晁错深刻认识到中国农业社会的基本特征，他在继承先秦诸子学说的基础上提出了"贵粟"说，主张重视农业，发展农业。他提出的移民实边、寓兵于农的思想，奠定了"文景之治"的思想基础，对后世影响深远。

汉魏之际，李膺等遭遇"党锢之祸"后，处士横议、品核公卿，清议之风开始流行，至魏晋时期演变成以谈玄清议为主要特色的玄学，《周易》《老子》和《庄子》成为士人热衷谈论的"三玄"，两汉以来儒学独尊的局面至此一变。而引起魏晋时期思想观念发生巨变的核心区域就是大嵩山地区。

魏晋南北朝时期实行的九品中正制，是大嵩山对中国选官制度的重要贡献。该选官制度是由出生于颍川的魏吏部尚书陈群提出的，其法是在各州郡选择有识见、有名望的官员任"中正"，查访评定州郡人士，将他们分为九品，作为选拔官员的重要依据。整个魏晋南北朝时期，不论是影响深远的玄学思想，还是延续了300多年的选拔官员的九品中正制，都是在大嵩山地区出现的，都与大嵩山有着非常密切的关系。

北宋时期兴起于大嵩山地区的程朱理学，是在与传统儒学、魏晋玄学等思想观念的激荡碰撞中形成的，它既是对魏晋玄学的拨正，

---

① 〔汉〕贾谊：《新书》卷1《过秦上》，文渊阁四库全书本。

又是对传统儒学的发展。北宋以后，程朱理学被统治者奉为正宗，取代传统儒学成为主流思想，并对北宋以后的中国社会产生了巨大影响，甚至于科举考试也要以朱熹对《诗经》等经典的解释为正宗。

梳理中国思想史可以发现，从史前文化的发展和文明观念的产生，到春秋战国诸子百家、两汉经学，再到魏晋玄学、宋明理学，每一次重大的思想观念变化，每一种重要学说的诞生，都是在与传统思想观念的激荡碰撞中出现和形成的，都是在传承中发生的新变。每一次思想观念的碰撞和激荡，皆与大嵩山有非常密切的联系，而大嵩山的核心地位，正是在各种思想观念不断地激荡碰撞和传承新变中得以凸显和强化的。

2. 区域之间思想观念的激荡碰撞改变了域内文化的格局

大嵩山地区思想观念的新变既有纵向的新旧思想观念的激荡与碰撞，也有横向的与大嵩山地区之外的思想观念的激荡与碰撞。纵览大嵩山文化的发展历程，不同区域的思想观念有三次大的激荡碰撞：

春秋战国时期的百家争鸣，是大嵩山文化与不同区域思想文化观念的第一次大碰撞。春秋战国时期，诸子百家都试图言动诸侯，推销自己的治国理政学说。大嵩山地区和当时的齐国稷下，形成百家争鸣的两大核心。稷下学宫聚集了齐鲁等地的士子学人，而中原则是诸国交集之处、诸子游说之所。大嵩山地区得地利之便，成为各种学说激荡碰撞的主要区域。倡导仁爱和礼教的孔子，曾不辞辛劳来到洛阳向老子求教。其他诸子在游说诸侯的时候，不可避免地要受到大嵩山文化的影响，而他们的学说也对大嵩山文化产生了影响。大嵩山文化与域外文化相互影响成为这一时期思想文化的常态。如阴阳家所主张的阴阳平衡、五行生克，与老子的"万物负阴而抱阳"思想有相通之处，可以看出道家文化的某种影子。墨家主张的"兼相爱，交相利"，与儒家的仁爱思想也有一致之处。申不害的"君人南面之术"、韩非子的"法、术、势"学说，与荀子学说有相近之处。

北朝时期北魏孝文帝迁都洛阳，是大嵩山文化与不同地区思想文化观念的第二次大碰撞。北魏孝文帝迁都洛阳，使来自北方的鲜卑文化与大嵩山文化产生了近距离接触，并相互激荡碰撞。而激荡碰撞的结果，是两种文化的深度融合，并最终以中原文化对鲜卑文化的吸收和鲜卑文化在大嵩山地区的逐渐消解为结局。这种现象在杨衒之的《洛阳伽蓝纪》中可以得到印证。

元代以来草原游牧文化南下中原，是大嵩山文化与不同地区文化的第三次大碰撞。元代以来，来自北方的草原游牧文化曾经一度比较强势地占据主导地位，但它们一进入中原地区，进入大嵩山地区，游牧文明与农耕文明之间的激荡与碰撞就在所难免了。刚柔相济、兼容并蓄、革故鼎新、生生不息的大嵩山文化，与崇尚自然、向往自由、践行开放、恪守信义的草原游牧文化在长期的砥砺与磨合过程中，形成了和谐相处、共生共存的互动关系。曾经强势的草原游牧文化在中原地区不仅没有取代北宋时期形成的程朱理学的正统地位，而且，程朱理学在与北方草原游牧文化及其他域外文化的碰撞中，影响进一步扩大，并形成了宋明理学，并为元清时期的统治者所接受，成为继儒学之后占统治地位的思想。从这个意义上说，程朱理学以及在此基础上形成的宋明理学能够成为主流文化且达千年之久，不能不说是中国思想史上的奇迹。

3. 内外思想观念的激荡碰撞促进了传统文化的新变

大嵩山文化与域外思想观念的激荡碰撞，是佛教传入中土之后才发生的。佛教传入中土的时间，较为流行的说法是东汉明帝时期。汉明帝曾派遣蔡愔、秦景等出使西域，于永平十年（67）取得佛像经卷，用白马载回洛阳，建立白马寺储藏经卷，并令人翻译《四十二章经》。佛教最先在大嵩山地区与华夏文明开始碰撞与交融。永平年间，洛阳白马寺、嵩山法王寺先后建立，表明了大嵩山文化对佛教的包容和接受。但大嵩山文化在对外来文化采取包容态度的同时，也必然要与外来文化产生碰撞或冲突。三国和西晋时期中原佛教发展较为缓慢，从一个方面表明，当时的佛教仍处在寻求人们认同和

第十章 传承创新：嵩山大作用

接受的过程中。即使到了东晋，佛教的发展依然受到一些限制，当时以庾冰和慧远为代表的"沙门不敬王者"之争，就反映出这样一个问题①。

到了南北朝时期，佛教得到迅速发展，以至于南朝有所谓"南朝四百八十寺，多少楼台烟雨中"之说②；在北朝，随着北魏孝文帝迁都洛阳，佛教在大嵩山地区得到迅速发展。据北魏杨衒之《洛阳伽蓝记》记载，当时洛阳城内外共有1000多所寺庙，而杨衒之写到的寺庙也多达70余所。由此可见南北朝时期佛教是多么兴盛。但是，随着佛教的兴盛，废佛与兴佛事件持续不断地发生。如在中国佛教史上影响深远的"三武一宗法难"，虽然是由于佛道之争而引起，且其发生地也不在大嵩山地区，但对中原佛教的发展却产生了重大影响。譬如北周武帝受还俗沙门卫元嵩、道士张宾的影响，于建德六年（577）颁诏废除佛教，寺院财产全部充公，300万僧众被勒令还俗，其中多数还俗后充军。发生于唐武宗会昌年间的"会昌法难"，寺院财产被充公，寺院被拆毁，僧尼被勒令还俗，不少佛教经典被销毁。这些灭佛事件都对中原佛教产生了非常大的负面影响。虽然这些负面影响并不是由于佛教文化与大嵩山文化的冲突碰撞引起的，但这一时期，佛教文化与大嵩山文化的激荡与碰撞则是在所难免，而由碰撞和激荡而产生的文化新变自然亦在其中。

大嵩山地区的思想观念激荡与碰撞，不论是自身的，还是由内而外、自外而内的，其结果不是大嵩山文化的消解，而是大嵩山文化在吸收借鉴各种域外文化的基础上不断发展变化，是大嵩山文化与各种域外文化相互激荡碰撞而形成的新变，也是大嵩山文化与其他各种文化在相互包容的基础上达成的新的和谐。中原文化"刚柔相济，兼容并蓄，革故鼎新，生生不息"文化品格的形成，正是包括大嵩山文化在内的中原文化与域外各种文化在不断激荡碰撞中形成的。这样一种文化品格的形成对中原文化乃至中华文化的发展延续都具有非常重要的意义。

①〔南朝梁〕僧祐：《弘明集》卷5《慧远·沙门不敬王者论》。
②〔唐〕韦縠：《才调集》卷4《杜牧·江南春》。

三、大嵩山的革故鼎新

世界上任何一种文化发展历程，都是不断革故鼎新的过程。革故鼎新的过程一旦中断，也就意味着该种文化发展的终结。从这个意义上说，革故鼎新是文化发展的规律，也是一种文化持续发展的动力所在。大嵩山文化的发展历程表明，大嵩山文化是一种具有创新品质的文化，在不断的观念创新、内容创新和形式创新中，彰显着革故鼎新的品质，张扬着持续创新的精神，推动着中原文化的创新发展，对华夏文明传承创新具有重要的借鉴意义。

1. 大嵩山文化的观念创新

观念创新是大嵩山文化革故鼎新的基础和先导。《礼记·大学》有言："汤之《盘铭》曰：'苟日新，日日新，又日新。'《康诰》曰：'作新民。'《诗》曰：'周虽旧邦，其命惟新。'是故君子无所不用其极。"革新、创新、维新，为达此目的，必须想尽办法，竭尽全力。这是一种具有很高境界的创新观念，其文化根脉与大嵩山地区息息相关。大嵩山地区是华夏文明和中国农业文明的核心区域，这里的人们创新精神一直比较旺盛，创新观念也较为强烈。

比较一下大嵩山地区的裴李岗文化和仰韶文化，就会发现先民们的创新精神无处不在。裴李岗遗址出土的石磨盘、石磨棒，反映出先民们在谷物加工制作方面的创新精神。今天看来，这些加工器具可能十分笨拙简陋，但在当时来说，这应该是革命性的进步。石磨盘和石磨棒不仅可以脱去谷物的外壳，把谷物碾碎，便于食用，更重要的是它体现出当时人们的创新理念都是围绕着摆脱原始状态而展开的。不论就观念而言，还是就结果而论，这都是了不起的进步。

郑州大河村遗址出土的彩陶片上的太阳纹、月亮纹、星座纹、日晕纹以及曲线纹、水波纹等图案，反映出先民不再满足于对自然现象的观察，而是试图通过艺术创新来描绘和展现大自然的多姿多彩与神奇。至于彩陶双连壶，更是先民们观念创新的生动写照，也是他们艺术创造能力的真实展现。这种源自远古的创新精神，在大嵩山文化中得到了传承和弘扬，并成为大嵩山文化的内在品格。

大禹治水，首先是改变治水的理念，他汲取了父亲鲧治水的教训，改围堵为疏浚，使河水流畅，洪水不再为患，成就了大禹治水的佳话。如果大禹因循守旧，不敢创新，依然像他的父亲那样采取围堵的方法治水，其结果就可能重蹈鲧治水失败的覆辙。夏朝末年，汤广行仁政，消灭夏桀，建立了商朝。他继承前贤的创新精神，秉持创新理念，勇于创新，开创了商朝的新局面。《尚书》中的《汤誓》《汤诰》都记载了商汤的一些创新之举。《礼记》所载汤之《盘铭》，就是对商汤创新精神、创新理念的最好诠释。自商汤以下，数千年来，大嵩山文化始终秉持"苟日新，日日新，又日新"的理念，以观念创新为先导，促进内容创新和形式创新，使大嵩山文化始终保持创新品格，始终走在时代文化的前列。

2. 大嵩山文化的内容创新

大嵩山文化的创新理念和创新品格，必然带来文化内容的不断创新。梳理中国农业文化和华夏文明发展史可以发现，大嵩山文化的内容创新始终持续着在发展中创新、在创新中发展的乐章。

就宏观方面而言，大嵩山文化与华夏文明的发展相一致，从原始社会的刀耕火种到农业文明的出现，从原始聚落到城市的诞生，从土屋茅舍到华丽的宫殿，从结绳记事到文字的发明使用，从简单的村约民俗到相对健全的法律法规，都生动地践行着"苟日新，日日新，又日新"的创新精神，丰富着大嵩山文化的内容。郑国执政卿子产铸刑鼎，老子创作《道德经》，列子提倡循名责实，韩非纵论术与势，贾谊揭示暴秦过失，晁错申述农业的重要地位，二程阐述天理与人欲的关系，邵雍以河图洛书为基础论述《周易》象与数的相互联系，以及杜甫的诗歌、白居易的乐府，等等，无一不是内容创新的结果。

大嵩山文化之所以能够在华夏文明中占有核心地位，在中华文化发展进程中产生如此之大的影响，主要得益于大嵩山文化持续不断的内容创新，更得益于大嵩山文化通过持续不断的内容创新而与时俱进地推出具有地域特色和时代特征的新文化。譬如具有标志性意义的魏晋玄学和程朱理学,都是在新的时代文化背景下产生的思想学术流派,在华夏文明和中华文化发展史上都是具有重大意义的事件。魏晋玄学的代表人物何晏、王弼、夏侯玄以及阮籍、嵇康、向秀、郭象,或生活于大嵩山地区,或与大嵩山地区有非常密切的联系。他们生当儒家思想统治衰微之时,向《老子》《庄子》和《周易》寻求社会与人生的答案。他们的学说或是开启了魏晋玄学的先河,或是光大了魏晋玄学,让人们对魏晋玄学有了全新的认识;程朱理学的开创者程颢、程颐兄弟能够出入"五经"等儒家经典,从天理和人欲关系的角度来观照或解释传统的儒家学说,对传统的儒家学说是一种改良式的创新。正是由于他们创造性地发展了儒家学说,才有了"百姓日用即道"的说法①,使儒家学说进入百姓的生活,才使得宋明理学在宋代以后成为主流思想文化,影响中国社会长达千年之久。嵩洛文化的内容创新,不仅丰富了大嵩山的文化谱系,而且为华夏历史文明传承创新提供了更为厚重的思想文化内容。

3. 大嵩山文化的形式创新

形式和内容是互为依存的统一体,就像人的四肢皮囊与人的思想心理一样,原本不可分离。但是,内容更偏重于思想文化意义与价值功能,形式则偏重于表现(或表达)方式和技巧。大嵩山文化的形式创新,是与内容创新紧密相连的,每一次的形式创新,都伴随或伴生着内容创新;同样,每一次的内容创新,也都对形式创新产生强烈的冲击。

从裴李岗遗址的石磨盘和石磨棒,到大河村遗址的彩陶双连壶,简单的形式创新,反映出中国早期农业文明的巨大进步;从二里头遗址到郑州商城遗址,都城建筑的形制发生了历史性变化,反映出中国早期城市发展的轨迹与人们审美观念的变化;从告成周公庙测影台到元代建筑的观星台,反映出中国古代天文观念及观测技术的历史飞跃;从春秋时期的郑声、王风、桧风,到汉风唐韵,让人们感受到了大嵩山音乐文化的变迁与升华;从先秦时期的竹简到东汉

① 〔清〕黄宗羲:《明儒学案》卷32《泰州学案》。

造纸术，从雕版印刷到北宋毕昇发明活字印刷，中国古代的书写技术和印刷技术有了质的飞跃，有力地促进了文化的传播与发展；从以四言句为主的《诗经》，到东汉五言诗兴起、魏晋时期七言诗滥觞以及唐代各体诗歌的流行，不仅演示了中国诗歌的流变，而且丰富了中国古典诗歌的体裁，反映出中国古典诗歌形式创新的巨大成就……形式创新不仅为大嵩山文化创新提供了载体和平台，也促进了大嵩山文化的内容创新，从而引发了思想观念的创新，以及其他方面的创新。

创新是民族文化持续进步的不竭动力，也是促进社会文化发展的核心驱动力。大嵩山文化的创新精神，以及在思想观念、文化内容、表现方式等方面的创新，不仅促进了大嵩山文化的发展进步，而且展示了华夏文明的创新品质，生动地诠释了华夏文明革故鼎新的创新精神。这种创新品质至今仍然是推动世界文化交流互鉴的核心竞争力，是推动大嵩山文化走向世界的内在驱动力。

第二节　大嵩山的世界意义

唯有民族的，才是世界的。大嵩山文化既是属于中原的，也是属于中华民族的，同时也是属于世界的。大嵩山文化曾经为华夏文明的发展和中华文化的进步做出了独特的贡献，获得了广泛的认可。当今世界，大嵩山文化仍将以其固有的文化内涵和文化特质为促进世界和谐发展、推动世界发展进步、促进世界文明交流互鉴做出新的贡献。

一、大嵩山文化促进世界和谐

创造和谐世界是人类文明发展的趋势，也是全人类共同的价值追求。在这方面，嵩洛文化可以发挥其独有的优势，为共创和谐世界提供借鉴。

1. 诞生于大嵩山的中和思想，是促进和谐世界的精神动力

中和思想是大嵩山文化对中华文化的重要贡献。在《周易》《诗经》《尚书》《左传》等先秦典籍中，中和思想都有所表现，如《尚书·舜典》"八音克谐，无相夺伦，神人以和"，《左传·襄公十年》"八年之中，九合诸侯，如乐之和，无所不谐"等。但是，系统地提出和谐思想的是老子。老子在《道德经》中多次讲到了和谐的问题，概括言之，可以分为三个层次：一是自然的和谐，二是社会的和谐，三是个人身心的和谐。关于自然的和谐，老子提出了"道生一，一生二，二生三，三生万物。万物负阴而抱阳，冲气以为和"的观点①，认为万事万物皆是负阴抱阳，冲气居中调和，因而才能达至和谐；关于社会和谐，老子提出了"挫其锐，解其纷，和其光，同其尘，是谓玄同"的主张②，以为人与人之间要少些矛盾，多些理解，既能沐浴社会的阳光，也能与社会尘垢共处，无论顺境还是逆境，皆能和谐相处，只有这样才能达至社会和谐；在个人修养方面，老子十分看重自身的和谐，他认为婴儿"终日号而不嗄，和之至也"③，就是因为体内和气充足。因此，人们应善于培育冲虚之气，善于保持冲虚之气，冲虚之气足，就容易实现自身和谐，所谓"知和曰常"④。在以老子为代表的中原先贤的和谐思想影响下，大嵩山文化非常注重和谐文化的培育，形成了以"中庸""中和""中正"为特色的和谐文化传统，形成了具有河南地方特色的"中"文化。这种文化既注重自身的和谐，又注重与外在事物的和谐相处；既注重人与社会的和谐，又注重人与自然的和谐。

这种"允执厥中"的中和思想，对当今和谐世界的建设，至今仍有非常重要的借鉴意义。社会的发展和科技的进步，一方面丰富了人们的生活，给人们带来了极大的便利，但另一方面也使得许多人面对纷繁复杂的社会无所适从，有不少人不知不觉中已经被异化，这就造成了许许多多的社会矛盾。发展中国家是如此，发达国家也

①《老子·第四十二章》。
②《老子·第五十六章》。
③《老子·第五十五章》。
④《老子·第五十五章》。

是如此。面对无法化解的诸多社会矛盾，西方社会曾经向《道德经》寻求智慧，这从《道德经》在西方社会的发行量仅次于《圣经》，就可窥其一斑。英国历史学家阿诺德·汤因比在《人类与大地母亲》一书中说："在人类生存的任何地方，道家都是最早的一种哲学，它推断人类在获得文明的同时，已经打乱了自己的与'终极实在'精神的和谐相处，从而损害了自己在宇宙中的地位。人类应该按照'终极实在'的精神生活、行为和存在。"[①] 的确，《道德经》关于人与自然、人与社会以及人与人和谐相处的理论，对化解当前西方的社会矛盾，抚慰人们浮躁的心灵，甚至对于构建和谐世界，都具有深刻的启迪。所以，威尔·杜兰在《世界文明史》中写道：《道德经》"最重要的乃是他所蕴涵的思想，在思想史中，它的确可以称得上最迷人的一部奇书"[②]。

2. 和而不同是大嵩山文化的精髓

倡导和谐，从来不是，也不应该是消解文化个性。大嵩山文化以其丰富的内涵和生动的实践向人们昭示，和而不同才是大嵩山文化的精髓。从远古时期以迄于今，大嵩山文化一直在向世人展示着文化多样性和丰富性。从大的方面讲，大嵩山地区有远古文明，也有现代文明，有农业文明，也有工业文明；从学科划分来看，这一地区的社会科学门类齐全，自然科学门类众多。在社会科学方面，文学、艺术、历史、哲学、教育学等，应有尽有，且都表现不俗；在自然科学方面，天文、地理、医学、水利、建筑学等，也曾经各领风骚。丰富多样的大嵩山文化虽然在价值观和实用性方面表现出较强的一致性，但多样性的大嵩山文化却能和而不同，相互包容，共同发展。

佛教禅宗的和而不同很有代表性。禅宗在大嵩山地区居于主导地位，但佛教其他教派在大嵩山地区仍然得以存续和发展，如华严宗、天台宗等都在大嵩山地区得到了不同程度的发展。即使是同出禅宗一门，也同样奉行和而不同。如被称为"南能北秀"的慧能和神秀，都出自禅宗五祖弘忍门下。六祖慧能在南方传授禅宗，主张

[①] 老子文化研发中心：《老子故里风土名胜》，时代文艺出版社，2009年。
[②] 老子文化研发中心：《老子故里风土名胜》，时代文艺出版社，2009年。

图 10-1 嵩山玉女峰 郑泰森摄影

第十章　传承创新：嵩山大作用

顿悟；神秀在北方传授禅宗，主张渐修，世称"南顿北渐"。神秀和慧能都是禅宗的代表性人物，二人修行的主张殊途同归，显示了大嵩山文化和而不同的特色。

孔子说："君子和而不同，小人同而不和。"[①]大嵩山文化表现出的正是和谐基础上的和而不同，既注重和谐，又尊重个性、尊重差异，在和谐中保持差异，在不同中求得和谐。这正是保持世界文化多样性的思想基础。世界文化是多元文化，多样性是世界文化发展的内在要求和必然趋势，正如联合国教科文组织《保护和促进文化表现形式多样性公约》指出的那样："文化多样性创造了一个多姿多彩的世界，它使人类有了更多的选择，得以提高自己的能力和形成价值观，并因此成为各社区、各民族和各国可持续发展的一股主要推动力。"大嵩山文化和而不同的特质，与世界文化多元发展的趋势相契合，与保护及促进文化表现形式多样性要求相一致，可以为世界文化多样性提供借鉴，助推世界文化多样性发展。

和谐共生，和而不同，使大嵩山文化与域外文化显示出一种和合趋势。这也是当今世界文化发展的基本趋势。当今世界，文化多样性已经成为不可抗拒的历史趋势，强势文化也好，弱势文化也罢，都需要生存空间，都需要在相互交流互鉴中保持其基本特色，保持和而不同。只有这样，世界文化的多样性才能展示出来，才能显示出多彩光谱，保持无穷魅力。大嵩山文化不仅可以为世界文化的多样性提供基本精神和理念，而且可以提供相互交流互鉴的有益借鉴，促进世界文化的交流，促进世界和谐发展。

二、大嵩山推动时代发展

习近平指出："文化是民族生存和发展的重要力量。人类社会每一次跃进，人类文明每一次升华，无不伴随着文化的历史性进步。中华民族有着5000多年的文明史，近代以前中国一直是世界强国之一。在几千年的历史流变中，中华民族从来不是一帆风顺的，

[①]《论语·子路》。

遇到了无数艰难困苦,但我们都挺过来、走过来了,其中一个很重要的原因就是世世代代的中华儿女培育和发展了独具特色、博大精深的中华文化,为中华民族克服困难、生生不息提供了强大精神支撑。"[①] 优秀传统文化不仅是宝贵的精神财富,还是推动时代发展和社会进步的精神动力。大嵩山文化就具备了推动时代发展的内在潜质。

1. 大嵩山文化曾经以其独特的魅力推动着文明发展

大嵩山地区在新石器时代就已经步入农耕文明,是三皇五帝活动的主要区域。他们的历史贡献和发明创造,极大地推动了社会进步与时代发展。夏商周三代以来,大嵩山地区作为华夏文明核心区,长期是中国的政治经济文化中心,这一格局一直延续到北宋时期。在这一漫长的历史进程中,大嵩山文化始终居于主流文化的核心地位,并促成了汉风唐韵的形成,促成了北宋文化的空前繁荣。仅以文学创作而论,一些文学样式的出现,文学体裁的形成,文学流派的流行,都与大嵩山文化有密切联系。《诗经》是四言诗的典范之作,其中有大量作品诞生于大嵩山地区;以《古诗十九首》为代表的五言诗成熟于东汉,其所表现的内容与大嵩山地区息息相关;形成于汉魏之际的七言诗,其最早的作者是长期生活于大嵩山地区的孔融和曹丕;六言诗的形成,名列"建安七子"之首的孔融功不可没;至于魏晋南北朝时期流行的玄言诗、公宴诗、游仙诗、山水诗、田园诗等,都与大嵩山文化有这样或那样的联系。

科学技术是第一生产力,对经济社会发展具有强大的推动作用。大嵩山地区长期是古代中国科技发展的核心区域,许多对华夏文明发展和中华民族进步具有重大影响的科学技术,都是在大嵩山地区形成的。如早期农具的发明与使用,推动了中国农耕文明的发展;陶瓷技术和冶铸技术的出现,极大地改善了人们的生活生产水平,尤其是冶铁技术的出现,改善了生产条件,极大地促进了农业生产的发展。如古荥冶铁遗址出土的铁器有灰口铁、白口铁、铸铁脱碳钢、球墨铸铁等,不仅标志着大嵩山地区的冶铁技术在汉代已经达

[①] 中共中央宣传部:《习近平总书记在文艺工作座谈会上的重要讲话学习读本》,学习出版社,2015年。

到了世界最高水平，而且由于这些铁器被广泛运用到农业生产中，迅速提高了汉代农业生产水平，对社会历史发展具有很大的促进作用。至于那些具有世界意义的发明创造，如指南针、火药、造纸术、活字印刷等，至今仍对世界的发展进步发挥着重要作用。大嵩山文化始终以其特有的方式推动着华夏文明和中华文化的发展，并为世界文明的发展进步继续做出其应有的贡献。

2. 大嵩山文化对世界文化创新有借鉴意义

创新是一个国家和民族持续发展的不竭动力，也是文化发展中最具活力的要素。华夏文明之所以能够历久弥新，最核心的就在于它的创新性。大嵩山地区作为华夏文明核心区，千百年来一直持续着创新的历程，引领着华夏文明的发展。

在思想文化方面，老子、韩非子等先秦诸子对理想政治的憧憬，贾谊、晁错等对西汉政治格局的设计，都体现出创新精神，对时代进步发挥了重要的引领作用，对秦汉以后的中国社会产生了深远影响。

在制度文化方面，曹魏时期颍川陈群提出的"九品中正制"，是对两汉察举制的创新和发展，在整个魏晋南北朝时期成为基本的选官制度。

在科学技术方面，诞生于大嵩山地区的许多重大发明创造，对世界文化创新发展具有重要的借鉴意义。如张衡发明的候风地动仪，是世界上最早的观测地震的仪器，对世界地震科学有深远影响；《夏小正》首次按一年12个月的顺序，分别记述对应的星象、气象、物象及农事、政事活动，对世界农耕文明的发展有重要意义；造纸术的发明，对世界文化的传播发挥了不可估量的作用；指南针的运用，不仅对世界航海技术的发展具有重大意义，而且促进了中西文化交流，为世界文化的交流互鉴提供了技术支撑。

大嵩山文化持续不断的创新，不仅使大嵩山具有了引领华夏文明发展创新的资格，而且对世界文化的创新发展提供了借鉴或范本。譬如《周易》以阴阳二爻的组合变化表现象与数的关系，对计算机的发明有直接影响。德国科学家莱布尼茨受《周易》阴阳二爻的启迪,悟出了数字二进制排列矩阵,发明了可以进行四则运算和开方、乘方的计算器,为现代二进制计算机的出现奠定了理论基础。计算机是当代科技最为重要的发明创造,正是因为有了计算机,数字化和互联网的出现才成为可能。当人们谈论计算机、数字化和互联网等最新科技成果的时候,人们可能不会想到大嵩山文化,更不会想到大嵩山文化曾经发挥的重要作用。但事实上,大嵩山文化仍在一如既往地对当代世界的发展产生着重要影响。

3. 大嵩山文化在发展中与时俱进

时代在发展,社会在进步。不论人们是否愿意,历史总是要向前发展。所谓历史车轮滚滚向前,说的就是这个道理。文化发展也是这样,不与时俱进就难以发展,自然也就难以存续。所以,能否与时俱进,就成了一种文化能否持续发展的关键所在。大嵩山文化具有与时俱进这样一种品格,它不仅随时代的发展而发展,随社会的进步而进步,而且形成了与时俱进的文化品格。

不论是从人类蒙昧状态向文明社会过渡,还是从古史传说时代向阶级社会迈进;不论是从农耕文明向工业文明发展,还是从工业社会向信息化社会前进,大嵩山文化始终踏着时代的节拍发展着、变化着。到当今的大嵩山地区看一看,你就会感受到古老与现代的交融,淳朴与华丽的共存,古老文明与现代文明的辉映。一边是怪石嶙峋的嵩山古道,一边是现代化的电缆车;一边是古老的书院、千年的古柏,一边是手持自拍杆摆着各种萌态的游客;一边是禅院的诵经梵呗,一边是声光电交相辉映的《禅宗少林·音乐大典》;一边是洋溢着前人智慧的古建筑,一边是展现着现代科技水平的高楼大厦……

山还是那座山,水还是那条水,禅院还是那所禅院,但大嵩山文化却与时俱进地在发展着、变化着,并对世界文化的发展变化产生着重要影响。如少林禅武文化,已经通过国际少林武术中心等对外文化交流渠道,在世界各地广泛开展少林武术交流活动,传播着少林功夫，也传播着少林禅武精神，推动着世界武术文化的发展。少林武术如今已经成为中国功夫的代表，以至于一些外国朋友说起中国，都会竖起拇指说："中国功夫，厉害！"

三、大嵩山引领文化交流

文化因交流而多彩，文化因互鉴而厚重。大嵩山文化的当代价值，最为重要的是基于其自有品格之上的文化交流与互鉴。在当代文化交流互鉴中，大嵩山文化自觉地担当起引领中外文化交流的重任，在推动中华文化"走出去"的进程中发挥了不可替代的作用。伴随着改革开放而进行的当代中外文化交流是多层次、全方位的。但最有影响的则是遍布世界各地的少林武术中心和太极拳馆，而这两大开路先锋则都与大嵩山有着不解之缘。

1. 少林武术是中华文化对外交流的开路先锋

功夫文化是大嵩山文化的重要内容，也是大嵩山文化的亮点之一。20世纪80年代初，由香港中原电影制片公司制作、张鑫炎执导、著名功夫演员李连杰主演的电影《少林寺》在香港及内地上映，很快掀起了一股少林热。该片在海外也有很好的市场，在日本创下了40亿日元的票房纪录，在韩国创造了51亿韩元的票房纪录。《少林寺》在海外的上映及获得广泛好评，让人们记住了嵩山脚下的千年古刹少林寺，记住了盖世无双的中国功夫，也记住了号称五岳之尊的嵩山。于是，慕名来访者及前来学武者络绎不绝。当代大嵩山文化的对外交流由此拉开了序幕。

40多年来，少林武僧团（其前身为少林武术队）的足迹几乎遍布世界五大洲，他们在传播少林功夫的同时，也把少林的禅武文化传播到世界各地，让世界人民对大嵩山有了初步认识和了解。与此同时，因仰慕少林功夫和少林文化而前来嵩山少林寺观光习武的海外游客逐年增多，近几年少林寺每年接待游客300多万人次，其中有10多万游客来自境外。少林寺还通过在海外设立少林武术中心或少林寺海外分院等形式，扩大少林文化在海外的影响，增强以少林文化为代表的大嵩山文化与世界文化的交流。据不完全统计，如今世界上有各种少林文化机构约10万个，少林武术爱好者达6000万至7000万人，而每年来少林寺习武的外国人在2000人左右。作为大嵩山文化的重要组成部分，少林武术成了中外文化交流的先行者，促进了大嵩山文化与世界文化的广泛交流与合作。

2. 节会是大嵩山文化与世界文化交流互鉴的重要渠道

改革开放以来，尤其是21世纪以来，中国郑州国际少林武术节和新郑黄帝故里拜祖大典等有影响的节会，已经成为促进大嵩山文化与世界文化交流互鉴的重要渠道。中国郑州国际少林武术节始于1991年，每两年举办一次。从1993年开始，郑州国际少林武术节升格为国家级赛事，由河南省和全国武术协会主办。主要竞赛项目有少林拳、太极拳、南拳、剑术、刀术、枪术、棍术等，基本上囊括了中国传统武术和国际武术的项目。第一届至第七届中国郑州国际少林武术节，共有国内外200多个武术团队、3000多名运动员参加，运动员遍及五大洲，共有近200名运动员获得冠军或第一名。2004年，郑州承办了首届世界传统武术节（又称"世界传统武术锦标赛"），共有来自62个国家和地区的160多个武术团体、2000多名选手同台竞技。2006年，郑州又承办了第二届世界传统武术节，来自66个国家和地区的172个团队、2008名运动员参加了这次盛会。本届世界传统武术节欣逢北京成功申办2008年奥运会之后，参加比赛的运动员2008名，恰好与2008年北京主办奥运会相契合，有预祝2008年北京奥运会圆满成功的美好寓意。中国郑州国际少林武术节和世界传统武术节，不仅提升了河南的对外形象，促进了河南经济社会文化发展，而且让世人对大嵩山文化有了更多的了解，推动了大嵩山文化与世界文化的交流。

新郑黄帝故里拜祖大典是从新郑炎黄文化节演变而来。黄帝故里拜祖大典自2006年第一次由政协河南省委员会、中华炎黄文化研究会等单位主办，升格为省级节会以来，迄今已经举办了12届。

每一届的黄帝故里拜祖大典不仅祭拜人文始祖黄帝，还要召开黄帝文化国际论坛，探讨黄帝文化的发生、发展、演变、作用及影响。黄帝文化是大嵩山文化的重要组成部分，也是大嵩山文化的亮点。每年一次的黄帝故里拜祖大典，是大嵩山文化与世界华人文化圈的重要交流活动，黄帝故里拜祖大典因此也成为大嵩山文化对外传播交流的重要渠道之一，促进了大嵩山文化的对外传播与交流。

第三节　文明交流互鉴的嵩山论坛

2011年9月，国务院《支持河南省加快建设中原经济区的指导意见》正式发布，华夏历史文明传承创新区建设作为中原经济区的文化战略被提上了重要的议事日程。为打造华夏历史文明传承创新区，促进华夏文明与世界文明的交流互鉴，2012年在登封举办的首届嵩山论坛，旨在发挥大嵩山文化优势，促进世界文化交流互鉴，推动华夏历史文明传承创新区建设。2014年出台的《河南省人民政府关于支持登封市建设华夏历史文明传承创新示范工程的指导意见》（以下简称《指导意见》），明确提出要把登封市打造成为"具有广泛国际影响的文明对话交流平台。加强华夏历史文明和世界多元文明研究，全方位开展国际性、区域性文化交流活动，搭建世界文明对话和文化交流的重要平台"[1]。《指导意见》不仅为嵩山论坛的持续举办提供了政策支持，而且对嵩山论坛的文化定位作了明确界定，即成为"具有广泛国际影响的文明对话交流平台"。在河南省委、省政府的关心支持下，应运而生的嵩山论坛承担起"以国际视野和开放思维，高水平、高起点、高标准规划建设华夏文明与世界文明交流展示基地，逐步将其打造成彰显中原文化特色，体现华夏文明内涵，集会务、会展、研究、培训、商务等综合功能于一体的世界文明对话交流平台"的光荣使命[2]。

[1]《河南省人民政府关于支持登封市加快建设华夏历史文明传承创新示范工程的指导意见》，《郑州日报》2014年8月4日。
[2]《河南省人民政府关于支持登封市加快建设华夏历史文明传承创新示范工程的指导意见》，《郑州日报》2014年8月4日。

第十章 传承创新：嵩山大作用

一、文明对话的论坛

打造世界文明对话交流平台，是嵩山论坛的重要使命。首届嵩山论坛把文明对话作为论坛的重要议题，确定了"从轴心文明到对话文明"的论坛主题，开启了跨时代、跨区域、跨语言、跨种族的文明对话。

由北京大学高等人文研究院、河南华夏历史文明传承创新基金会、郑州嵩山文明研究院联合主办，登封市人民政府承办的首届嵩山论坛，于2012年9月23—25日，在嵩山脚下的登封市举行。登封因武则天登嵩山封禅而得名，是世界文化遗产"天地之中"历史建筑群所在地，也是华夏历史文明传承创新区建设的示范城市。全国人大常委会原副委员长、北京师范大学人文宗教高等研究院院长许嘉璐，河南省人民政府副省长张广智，北京大学校务委员会副主任、原常务副校长迟惠生等嘉宾出席。参加论坛的中外学者围绕"从轴心文明到对话文明"这一主题展开了热烈的对话与交流。

"轴心文明"是德国近代哲学家雅斯贝斯在其《历史的起源与目标》一书中提出的著名论题，他认为，公元前800年至公元前200年，尤其是公元前600年至公元前300年，是人类文明的"轴心时代"。其发生区域是北纬25°—32°之间。在这一时期这一区域，人类文明获得了重大突破。古代希腊、古代中国、古代印度等文明古国都产生了伟大的思想家，他们提出的思想原则塑造了不同的文化传统，并一直深刻地影响着人类生活。"轴心文明"距离当今社会已经有2000多年，"轴心文明"时代思想家的思想原则和聪明智慧如何为当今社会发展提供借鉴，如何通过中西文明的对话促进不同文化之间的交流，进而促进世界和谐发展，是首届嵩山论坛关注的主题。论坛秉持"互相尊重、求同存异、革故鼎新、文明对话"的理念，以开放包容、合作共赢的心态，邀请国内外学术领袖、文化名人、专家学者，以及各国政要、政府智囊、知名企业家等，齐聚嵩山，共襄盛举。来自美国、俄罗斯、新西兰、日本以及中国国

图10-2 嵩山论坛第一届年会现场

内的150多位专家学者，围绕"从轴心文明到对话文明"这一年度主题，从"文明对话""文化中国""世界伦理""价值认同""儒学反思"等方面进行深度探讨与交流。美国坦普尔大学对话学院院长斯维德勒教授、俄罗斯科学院院士赫鲁济教授等国际知名学者，以及国内楼宇烈、严绍璗、周生春等知名学者作了专题报告。

与会代表的睿智发言闪耀着思想的火花，碰撞出文明的镜鉴，展现出世界文明的多元性，体现出各国人民在文化交流互鉴基础上的相互理解与尊重。首届嵩山论坛很好地起到了华夏文明与世界文明对话交流重要平台的作用，达到了促进世界文明对话交流的目的。嵩山论坛组委会经过充分论证，决定在登封建立永久性会址，每年举办一届，把嵩山论坛持续办下去。从此，一个华夏文明与世界文明对话的高端论坛出现在华夏文明重要起源地河南，出现在登封嵩山。

二、生态文明成为对话主题

第二届嵩山论坛于2013年9月5—13日在登封举行。此次论坛由中国国际文化交流中心、河南省华夏历史文明传承创新基金会、北京大学高等人文研究院联合主办，河南省环保联合会、郑州嵩山文明研究院、河南建业集团联合承办。来自美国、俄罗斯、德国、韩国、日本等10多个国家的国际学者，国内经济界、文化界的专家学者和部委领导，以及企业界人士430人参加了论坛。

第二届嵩山论坛的"人文精神与生态意识"年度主题，与中共十八大把生态文明纳入中国特色社会主义"五位一体"总体布局的指导思想相契合，彰显了论坛主办者对年度主题的深刻把握。围绕生态文明建设，会议设立了三个分论坛。其一是以专家学者为主体的"人文精神与生态意识"学术论坛，其二是以政府政要为主体的"生态文明建设"论坛，其三是以企业家为主体的"生态文明与企业家精神"论坛。

论坛举办期间，主办方围绕推进华夏历史文明传承创新区建设和生态文明建设，邀请著名经济学家吴敬琏教授，国务院发展研究中心副主任卢中原，中央党校原副校长李君如，北京大学高等人文研究院院长、美国人文科学院院士、国际哲学院院士杜维明，中国人民大学环境学学院院长马中，美国波士顿大学博士、两岸人民服务中心荣誉主任冯沪祥等著名学者作了专题系列讲座，让与会代表分享了一场文化盛宴。

第二届嵩山论坛结束不久，《光明日报》就发表了《河南：从嵩山论坛看文化担当》的文章，对嵩山论坛的价值和作用给予了积极评价："河南致力于中原文化建设、弘扬华夏文明，不简单重复'文化搭台、经济唱戏'的做法，不做功利文化，而是自觉担起作为中原人的历史责任"；"文化建设应该为经济建设提供强大的精神动力和智力支持，不仅是为经济建设搭一个台，而是让文化建设承担起帮助人们树立理想信念、思想基础的责任，在文化建设中把握民族振兴之道"[①]。这是对嵩山论坛文化担当精神的肯定，也是对嵩山论坛当代价值的肯定。

三、文明多样性纳入视野

第三届嵩山论坛于2014年8月22—24日在登封举行。此次论坛由中国国际文化交流中心、北京大学高等人文研究院、凤凰卫视、河南省华夏历史文明传承创新基金会联合主办，嵩山论坛秘书处、河南省国际文化交流中心承办。全国人大常委会副委员长张宝文、日本前首相鸠山由纪夫等出席开幕式并发表演讲。韩国国画院院长叶欣，北京大学高等人文研究院院长、美国人文科学院院士、国际哲学院院士杜维明和世界哲学团体联合会秘书长卢卡　斯卡兰迪诺等来自世界各地的140多位专家学者齐聚登封，围绕"天人合一与文明多样性"这一年度主题，突出人类文明多样性、文明对话交流的论坛特色，就"在文化多样性中探索共同价值""传统文化与新时代商业文明"等议题进行深度交流，展开热烈研讨。

① 《河南：从嵩山论坛看文化担当》，《光明日报》2013年10月6日。

"天人合一"是具有鲜明的中国特色，同时兼具世界性的文化命题。它所具有的本源性、兼容性、涵盖性、前瞻性，对世界文化发展有积极意义。在全球面临各种危机的背景下，"天人合一"理论可以为人类社会应对危机提供智慧和借鉴。而文明多样性则是人类社会的一项基本特征，正如联合国教科文组织《保护和促进文化表现形式多样性公约》所指出的，"文化多样性是人类的共同遗产"，"它使人类有了更多的选择，得以提高自己的能力和形成价值观，并因此成为各社区、各民族和各国可持续发展的一股主要推动力"；"文化多样性通过思想的自由交流得到加强，通过文化间的不断交流和互动得到滋养"。文明多样性是世界文明发展的基本特征，也是人类可持续发展的根本动力。保护和推动文明多样性发展，不同文明在竞争比较中取长补短，在求同存异中共同发展，是人类社会持续进步的需要，也是世界文明交流互鉴的需要。第三届嵩山论坛以"天人合一与文明多样性"为年度主题，彰显出论坛主办方为推动世界文明多样性发展而努力。

华夏历史文明传承创新专题讲座，是论坛的另一重要内容。国际商会国际仲裁院委员陶景洲、沃尔沃集团中国投资有限公司董事长陈然峰、北京大学文化资源研究中心主任张颐武、中国城市和小城镇改革中心研究员杨禹、民生证券宏观院副院长管清友、清华大学国学院副院长刘东、苏州大学文学院院长王尧等知名专家学者，从不同视角和层面，就华夏历史文明传承创新问题作了专题演讲。

嵩山论坛的连续举办，有力地促进了华夏文明与世界文明的交流互鉴，让人们通过嵩山论坛这一窗口更多地了解世界，让世界对中国和中原有了更多的认识。同时，嵩山论坛也形成了蝴蝶效应，有力地推动了登封的文化旅游。据报道，仅2014年上半年，登封就接待游客495万人次，旅游收入37亿元。2014年郑州市11个在建的"三力"型文化创意旅游产业招商项目中登封占2个，6个谋划、在谈"三力"型文化创意旅游产业招商项目中登封同样占2个，4个项目总投资260多亿元[①]。

① 《嵩山论坛：革故鼎新再出发》，《河南日报》2014年8月25日。

四、在和而不同中对话

第四届嵩山论坛于 2015 年 9 月 11—13 日在登封举办。本届论坛由中国国际文化交流中心、中国文物学会、北京大学高等人文研究院、河南建业集团、华夏历史文明传承创新基金会主办，欧盟中国经济文化委员会、河南日报报业集团协办，嵩山论坛秘书处、河南省国际文化交流中心承办。全国人大常委会副委员长张宝文、意大利科森扎省省长马里奥·奥基乌托、河南省人大常委会副主任储亚平、河南省人民政府副省长张广智、中国国际文化交流中心秘书长丁奎淞等政要出席论坛开幕式；中国文物学会副会长、全国政协委员张廷皓，北京大学高等人文研究院院长、美国人文科学院院士、国际哲学院院士杜维明，建业住宅集团（中国）有限公司董事长胡葆森，国际哲学学院主席、国际哲学团体联合会名誉主席、土耳其马尔提普大学人权研究中心主任约安·娜库苏拉迪教授，国际哲学学院院士、国际哲学学会联合会名誉主席、丹麦奥胡斯大学教授彼得·肯普分别在开幕式上发表主旨演讲。

来自全球各大文明的 100 多名文化学者、企业界人士围绕论坛年度主题"和而不同：共建人类命运共同体"开展文明对话与交流。和而不同是中华文化的显著特征，也是中华文明 5000 年持续不断的内在动因。在华夏文明与世界文明的交流对话中，和而不同是应遵守的一项基本原则。只有秉持和而不同的精神，华夏文明与世界文明的对话交流才能持续推进，才能取得更多、更大的成效。

第四届嵩山论坛举办之际，正值国家"一带一路"倡议提出之时。嵩山论坛作为华夏文明与世界文明交流对话的重要平台，如何在国家"一带一路"倡议中发挥应有的作用，是论坛主办者着重思考的问题。围绕"一带一路"倡议，本届论坛专门设置了中国和意大利文化合作交流活动。通过文化合作交流，推动河南与"一带一路"沿线国家的合作交流，让河南更快地融入世界经济与文化。论坛期间，河南省企业界人士与意大利代表团还举行了中意经贸合作研讨会、嵩山论坛生态文化示范区招商推介会等活动。

五、嵩山论坛的重要价值

从 2012 年至今，嵩山论坛每年一届连续举办。每一届嵩山论坛都围绕华夏文明与世界文明的对话交流设置年度主题，从第一届的"从轴心文明到对话文明"、第二届的"人文精神与生态意识"，到第三届的"天人合一与文明多样性"、第四届的"和而不同：共建人类命运共同体"，无不深深地植入了华夏文明与世界文明对话的基因，表现出人类文明交流互鉴的共同特征，彰显出嵩山论坛的独有特色和价值。华夏文明与世界文明的对话交流是嵩山论坛的主题，也是嵩山论坛的光荣使命。承载着这一使命，以促进华夏文明与世界文明的对话交流互鉴为己任，嵩山论坛已经走过了四个年头，在国内外产生了广泛的影响，成为与博鳌论坛、夏季达沃斯论坛相呼应的文化高端论坛。

嵩山论坛通过文化名人、专家学者、政府政要、商界领袖等的对话交流，共同探讨华夏文明与世界文明对话交流的意义和价值，探讨华夏文明与世界文明的共有话题，探讨当今世界文化的多样性与丰富性，探讨不同文化之间和而不同、共生共存的发展路径，从而进一步推动华夏文明与世界文明的交流互鉴，很好地发挥了华夏文明连接世界文明的桥梁和纽带作用。诚如河南省人民政府副省长张广智所说："嵩山论坛已历四届，通过对中原文化、华夏文明的发掘和研讨，从中华优秀传统文化中汲取向善、向上的力量，致力于建设中华民族共有的精神家园。始终围绕华夏文明与世界文明对话主线，为推动世界文明交流、融合与发展提供有益借鉴，为各国文化的和谐发展提供有益帮助，在推动全球多元文明文化对话交流方面发挥了重要作用。"[①]

大嵩山地区是华夏文明的重要发源地，曾经创造出灿烂厚重的物质文化和丰富多彩的精神文化，在华夏文明和中华文化的发展进

[①] 何可：《嵩山论坛 2015 年会闭幕》，《河南日报》2015 年 9 月 14 日。

程中长期发挥着核心作用和引领作用，具有标杆意义和示范价值。在当代社会，大嵩山文化历久弥新，在建设社会主义核心价值体系、建设华夏历史文明传承创新区、打造全球华人根亲文化圣地和实现中华民族伟大复兴的中国梦进程中，依然具有独特的魅力，依然具有不可替代的作用，依然会散发出耀眼的光辉；大嵩山文化内容丰富、特色鲜明，是华夏文明的重要组成部分，对构建和谐世界，促进世界文化发展，具有推动作用和借鉴意义，并在与世界文明交流互鉴中越发显示出其卓越而不朽的价值。

中华民族因拥有大嵩山而骄傲，全球华人也因拥有大嵩山这样的精神家园而自豪！

后 记

中岳嵩山地处中原腹地，中华民族多元文化在这里碰撞、交流与融合，中华传统文化的核心与精髓在这里传承与繁荣，并由此向海内外辐射与拓展。研究以大嵩山为中心的嵩洛地区的历史文化，对华夏历史文明核心区进行全面、系统的解读，对建设中原经济区之华夏历史文明传承创新区有重要的现实意义。

在本书编写过程中，课题组多次召开研讨会，力图揭示大嵩山与华夏历史文明核心的内在联系，对华夏历史文明核心区作出富有创新意义的解读，以期对全面认识嵩山的历史地位，科学认知嵩山的人文价值有借鉴意义。

本书由张广智同志主持撰写，在充分讨论和共同研究的基础上确定研究框架，由以下撰稿人分头承担写作任务：

绪论由张广智承担，第一章由程胜利承担，第二章由宋豫秦、鲁鹏承担，第三章由赵保佑承担，第四章由张新斌承担，第五章由张玉霞承担，第六章由李乔承担，第七章由吕宏军、张国昌承担，第八章由王星光、郑言午承担，第九章由常松木承担，第十章由卫绍生承担。

赵保佑负责撰写期间的组织协调，宋豫秦负责审阅全稿，张广智负责统、定稿。

本书的撰写得到中共河南省委宣传部常务副部长王耀、中原出版传媒集团副总裁王守国和大象出版社社长王刘纯的关心和支持；

周昆叔、牛玉乾、赵长海等同志参加了提纲讨论；撰写组两度在黄河之滨的丰乐农庄温泉酒店讨论书稿，其间得到十一届全国政协委员、河南省工商联副主席、河南绿色中原现代农业集团董事长宋丰强的帮助；大象出版社编辑孙波同志对书稿进行认真负责的编辑，在此一并致以诚挚感谢。

赵保佑
2016 年 7 月 26 日